KB263490

인간의 본성과 운명 I

The Nature and Destiny of Man

Reinhold Niebuhr

인간의 본성과 운명

The Nature and Destiny of Man

라인홀드 니버 지음 | 오희천 옮김

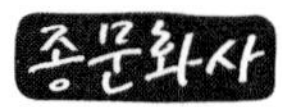
종문화사

라인홀드 니버(Reinhold Niebuhr 1892- 1971)는 미국의 신학자이자 사회윤리학자로서 미국 신학계는 물론 정치계에도 폭넓은 영향력을 주었다. 그 당시 정치학자인 한스 모겐소는 니버를 "현존하는 미국인들 가운데 가장 위대한 정치철학자"라고 평하였다.

니버는 일생동안 기독교의 아가페 사랑은 사회 속에서 정의를 통해서만 구체적으로 실현될 수 있다고 주장했다. 사회정의에 무관심한 기독교인이나 교회는 참된 기독교인이나 교회가 아님을 역설하기도 하였다. 또한 정의는 사랑에 의해 뒷받침되어야 한다고 하였다. 니버는 정의 없는 사랑은 감상주의이며 사랑 없는 정의는 정의이하라고 하였다.

니버는 20세기 명저로 알려져 있는 『도덕적 인간과 비도덕적 사회(Moral Man and Immoral Soceity』(1932)를 비롯해서 여러 권의 저서를 썼다. 『인간의 본성과 운명 (The Nature and Destiny of Man)은 『도덕적 인간과 비도덕적 사회』만큼 중요한 저서이다. 이 저서를 가리켜 흔히 니버의 제1주저(主著)라고 말한다. 이 저서는 20세기 기독교 인간이해의 가장 탁월한 저서로 평가받고 있다. 이 책은 본래 1939년 영국의 에딘버러 대학의 기포드 강좌로 행한 것이다. 기포드 강좌에는 유명한 신학자나 철학자들이 초청받았는데, 그 중에는 칼 바르트, 폴 틸리히, 루돌프 불트만, 화이트헤드, 존 듀이와 위르겐 몰트만 등이 있다.

니버의 사회윤리의 기초는 인간이해이다. 인간이해는 니버 신학의 사고구조, 그의 신학체계와 사회윤리를 이해하는 열쇠가 된다.

니버에 의하면 인간은 하나님의 형상대로 지음 받은 피조물이며 동시에 죄인이다. 인간이 '하나님의 형상'을 지닌 존재이면서 동시에 '피조물'

이라는 사실은 인간이 이중성을 지닌 존재를 뜻한다. 이 이중성은 흑백 논리와 이분법적 사고를 극복하는 니버의 변증법적 사고, 즉 모든 '긍정' 은 그곳에 대응하는 '부정'을 요청한다는 사고의 기초가 되었다.

하나님의 형상은 인간이 자유와 자기초월성을 지니는 존재임을 의미 하며, 피조성은 유한성과 제한성을 의미한다. 이 이중성은 권력의 속성을 말할 때 권력의 필요성과 위험성을 동시에 지니고 있음을 발견하는 도구 로 사용된다. 이것은 "정의를 위한 인간의 능력은 민주주의를 가능하게 한다. 그러나 부정의로 기우는 인간의 경향성은 민주주의를 필요하게 만 든다"는 니버의 말에 잘 나타나 있다.

이번에 새로 번역 출간되는 『인간의 본성과 운명』은 이미 1958년 번역 되어 출판된 적이 있었다. 그러나 그 책은 이미 절판되었고 번역의 미흡 함이 많이 발견된 번역서였다. 새 시대에 새 번역의 필요성을 지닌 책이었 는데, 이번에 새 모습으로 출판하게 되었다.

니버는 나에게 신학함의 의미와 가치를 심어 주었고 나의 신학적 사고 형성에 큰 영향을 주었다. 나는 니버 연구로 석사논문을, 본회퍼 연구로 박사논문을 작성하였다.

니버와 함께 신학공부를 시작한 사람으로 니버 연구에 새 계기가 되기 를 바라면서 기쁜 마음으로 이 책을 추천한다.

2013년 겨울, 유 석 성 (서울신학대학교 총장)

1964년 판 서문

약 25년 전 니버가 에딘버러에서 행한 기포드 강연들이 후에 『인간의
본성』과 『인간의 운명』이란 제목의 책으로 출판되었는데, 이 강연들은
서구문화의 두 가지 강조점들, 즉 개체성의 의미와 역사의 의미가 성서적
신앙에 뿌리를 두고 있으며 따라서 무엇보다 히브리 사상에 뿌리를 가
지고 있다는 주제를 다루었다. 나의 목표는 서구 역사에서 이들 두 개념
들이 어디에서 기원되어 어떻게 쇠퇴와 정화의 과정을 거쳤는지 추적하
는 것인데, 이것은 우리 문화에서 인간의 상황과 관련된 역사적 뿌리들
과 다양한 분야들을 보다 잘 이해시키기 위해서이다.

서구의 개인강조 사상과 관련하여 개인의 자아성은 개념화하고 분석
하는 이성의 능력에서가 아니라 자아의 자기초월 능력에 있다고 주장하
였으며 그런 생각은 지금도 변함이 없다. 따라서 극단적인 관념론과 극
단적인 자연주의는 모두 자아성의 영역을 모호하게 만드는데, 전자는
(플라톤과 헤겔에게서처럼) 자아를 보편적 이성과 동일시함으로써 그렇게
했고, 후자는 인과관계의 흐름을 초월하는 위치로부터 자기 자신과 세
계를 관찰할 수 없는 부자유한 본성에 자아를 제한함으로써 했다.

둘째, 인간의 본성에 관해 성서적-히브리적 사유가 강조하는 것은 자
아는 그의 몸과 마음, 정신에서 통일성을 이루고 있으며, 자아는 자연의
필연성으로부터 자유로우며, 자아는 피조물로서 이런 모든 필연성에 연
루되어 있다는 것이었다. 자아의 이런 통일성은 자아를 몸과 마음 또는
신체와 정신의 두 실체로 구분하는 모든 형태의 이원론에서 - 그 중에서
대표적인 것은 데카르트의 이원론이다 - 모호하게 되었다. 자아의 통일
성은 시적인 상징들과 종교적 상징들과 은유적 상징들에서 표현될 수 있

을 뿐이다.

기포드에서 이 강연이 행해진 이후 특히 나의 친구인 에릭 에릭슨에 의해 체계화된 현대의 "자아-심리학"은 자아의 이런 역설적 상태를 과학적으로 발전시켰다. 나는 에릭슨의 이런 견해에 동의한다. 그리고 그의 견해는 실제성에 관한 나의 주장에서 몇 가지 변화를 촉발시켰다.

인간의 자아성에 관한 세 번째 문제는 자아의 도덕적 능력에 관한 것이다. 과도한 이기심에서 가장 잘 나타나는 인간의 악은 인간의 본질적인 자유가 왜곡된 현상이며 인간의 자유와 함께 자란다. 그러므로 악을 전적으로 정신의 무지와 동일시하고 육체의 욕망과 동일시하려는 모든 노력은 악의 문제를 오해하여 생긴 오류이다. 나는 악의 문제와 관련하여 이런 잘못된 주장들을 타파하고 올바르게 설명하기 위해 "타락"과 "원죄"라는 전통적인 종교적 상징들을 사용하였다. 단지 유감스러운 것은 "타락"의 설화적 성격과 "원죄"의 모호한 함축적 의미가 그렇게 근대적 정신의 저항을 불러일으킬 것이라고는 미처 생각하지 못했다는 것이며, 그런 용어들 때문에 나의 본질적인 의도와 인간의 본성에 관한 "관념론적"이라기보다는 오히려 "현실적인" 나의 해석이 모호해졌다는 것이다.

성서적 신앙과 히브리 신앙의 두 번째 중요한 강조점은 역사가 의미충족적임을 과감히 단언하는데 있다. 모든 혼란들과 역사의 상반되는 목적들에서 의미를 찾아내려는 노력은 서구문화의 특징이며 서구문화를 추진시킨 역사적 동력이다. 그런 노력은 역사를 강조할 때 따르는 두 가지 악 때문에 인간의 역사적 역동성에서 오는 혼란과 책임으로부터 벗어나는 것이 곧 "구원"이라고 생각하는 모든 종류의 종교들로부터 구분되어야 한다. 그 종교들이 신비주의적인 종교이든 아니면 합리적 종교이든 간에 말이다. 역사를 강조할 때 따르는 첫 번째 악은 광신주의인데, 이것은 역사적으로 볼 때 거의 비현실적인 목표들이나 가치들에 궁극적 의미를 부여할 때 생기는 결과이다. 두 번째 악은 창조적이긴 하지만 역시 사람들을 현혹시키는 메시아 신앙, 즉 지상천국에 대한 희망과 우주적 평화와 의가 실현된 왕국에 대한 희망이다. 나는 근대의 공산주의를 히브리 사상과 기독교 사상의 공통된 특징인 메시아 신앙이 세속화된 환상이라고 해석하고자 했다. 나는 지금도 여전히 이런 해석의 틀에서 근대 공산주의를 이해해야 한다고 생각한다.

나는 그리스도와 적그리스도라는 특수한 상징들과 함께 제시된 신약의 종말론을 특히 강조했다. 나는 그리스도와 적그리스도는 다음과 같은 사실들을 상징한다고 생각한다. 선과 악은 모두 역사 속에서 일어난다는 사실, 악은 결코 독립된 역사를 가지지 않는다는 사실, 더 큰 악은 언제나 더 큰 선의 부패현상이라는 사실 등. 핵의 위협은, 내가 이런 주장을 했을 때 기대했던 것보다 훨씬 더 강력하게 이런 해석을 뒷받침해 준다. 그러나 지금 나는 현대인이 르네상스와 계몽시대의 메시아적이고 유토피아적인 희망을 부정하는 그의 비극적이고 이율배반적인 역사를 이해하는데 그런 역사적 상징들이 크게 기여할 것이라고 확신하지는 않는다.

따라서 지난 세대의 사람들은 그들이 가장 중요하다고 생각하는 것들을 변화시킬 능력이 없으며 어떤 경우에도 역사의 움직이는 드라마가 그들이 찾고자 하는 진리의 일부를 확인해 줄 수도 있다는 희망을 가지고 기다려야 한다. 우리가 논박하여 역사의 쓰레기통에 던져버린 이론들에 관해 우리는 아무것도 말하지 않을 것이다.

라인홀드 니버

Contents

편집자 해제

"자유사회의 이상은 문화적, 종교적, 도덕적 환경이 인간의
본성에 관해 지나치게 비관적이거나 지나치게 낙관적인 견해를
조장하지 않는 곳에서 최고로 실현된다."[1]
- 라인홀드 니버(1959)

『인간의 본성과 운명』은 철학, 종교와 정치를 광범위하게 개관하는 책
이다. 니버는 "인간의 본성"과 "인간의 운명"을 설명할 때 구약성서와 신
약성서, 고대철학과 근대철학, 19세기의 낭만주의, 마르크스의 유물론
등을 종합적으로 검토하고 있다. 니버의 다른 저작들과 마찬가지로 이
책이 다루고 있는 방대한 영역에는 저자의 천재성이 잘 반영되어 있다.
그러나 이 책의 힘은 책이 전달하고자 하는 메시지의 특수성에 있다. 이
책은 원래 니버가 1939년 에딘버러 대학교에서 행한 기포드 강연에 기초
한 것이다. 이 강연에서 니버는 서구의 사상이 인간의 자기이해에 기여한
점들을 요약하여 제시하였으며, 기독교적 인간이해를 적극적으로 옹호
하였다. 독일과의 전쟁이 또 한차례 불가피해 보일 무렵 영국의 청중들
은 니버의 이 강연을 듣고 용기를 얻었다. 당시는 사람들이 인간의 가능
성의 전 영역에 정통하기 위해서가 아니라 지금 그들이 서있는 곳의 위치
를 정확하게 알 수 있기 위해 역사적으로 중요한 선택을 거시적으로 볼
필요가 있을 때였다.

라인홀드 니버는 당시의 그런 시대적 상황에서 많은 사람들에게 - 우

---

[1] Reinhold Niebuhr, *The Children of Light and the Children of Darkness*(New york: Charles
Scribner, 1972), viii.

선은 에딘버러의 청중들에게, 그리고 다음에는 출판된 강의를 읽는 많은 독자들에게 – 방향을 제시해 줄 수 있는 아주 적절한 인물이었다.[2]

니버는 1892년 미주리에서 태어나 일리노이 주의 링컨시에서 성장하였으며, 엘머스트 칼리지와 뉴욕신학교에서 공부하였다. 1915년에 디트로이트의 베델 복음교회 목사가 되었다. 그곳에서 그는 1차 세계대전 후 여러 해 동안 미국의 여러 신흥 도시들을 긴장시킨 인종갈등과 노동쟁의를 직접 경험하게 되었다. 1920년대 후반까지 그는 설교자와 저술가와 정치 활동가로서 서서히 명성을 떨치게 되었으며, 1928년에는 뉴욕의 유니온 신학교 교수가 되었다. 1932년에 『도덕적 인간과 비도덕적 사회』[3]를 출판하면서 그는 개신교 사회윤리학 분야에서 최고의 권위자로 인정받게 되었다.

니버의 저서를 보면 북아메리카의 여러 신학교들에서 니버의 주장을 가르치는 학문적 경향이 새로 형성되고 있었음을 알 수 있다. 니버와 그의 동료 신학자들은 유럽의 신학자들보다 근대의 사회문제에 더 많은 관심을 가지고 있었다. 그리고 그들은 도덕신학의 전통들을 견지하면서도 새로 등장하는 사회과학 방법론들도 적극적으로 수용하였다.

그렇지만 라이홀드 니버는 유럽의 신학자들과 강한 연대를 계속 유지하고 있었으며, 1920년대에는 독일 전역을 여행하기도 했다. 그는 당시 유럽의 정치적 지형도를 바꾸어 놓았던 공산주의 혁명들과 민족주의 독재정권들은 단순히 1914년 이후에 일어난 사건들의 결과가 아니라는 사실을 대다수의 북아메리카 사람들보다 더 잘 이해하고 있었다. 공산주

[2] 『인간의 본성과 운명』은 원래 1941년과 1943년에 찰스 스크라이브너의 아들들에 의해 뉴욕에서 두 권으로 출판되었다. 니버가 새로 서문을 쓴 보급판은 1964년에 출판되었다.

[3] Reinhold Niebuhr, *Moral Man and Immoral Society*(New York: Charles Scribner's Son, 1932).

의와 파시즘은 모두 19세기 초의 유럽 낭만주의가 추구했던 꿈과 희망에 깊이 뿌리박고 있었다. 이 둘은 서로 다르긴 하지만 인간이 처한 복합적 상황을 제대로 파악하지 못해서 생긴 비극적 결과였다. 니버는 장차 마르크스주의와 파시즘에 대항해 싸워야 할 사람들은 누구나 단순히 그들의 적을 비방하고 자신의 장점을 지나치게 내세우기보다는 복합적인 사회적 현실과 역사적 현실을 직시하는 것이 바람직하다고 생각하기 시작했다.

- 기독교현실주의 -

1차 세계대전 이후 경제적 탈지역화와 정치적 각성이 일어나던 시기에 니버를 위시한 여러 사회윤리학자들이 제안한 "현실주의"의 핵심적인 주장은 사건들의 원인이 되는 힘과 이해관계에 주목하자는 것이었다. "종교적 현실주의" 또는 "현실주의적 신학"은 예일신학교에 기반을 둔 소그룹에서 처음 시작되었는데, 이 소그룹에 참여한 사람들 중에는 라인홀드 니버와 그의 동생 리처드 니버, 예일 신학교에서 그들을 가르친 교수, 매킨토시, 월터 마셜과 호턴 등이 있었다. 이들 소장파 신학자들에게 사회복음운동은 지나치게 감상적으로 보였다. 왜냐하면 사회복음운동은 종종 도덕적 교훈을 통해 사람들이 정의롭게 계몽될 것이라고 지나치게 낙관했기 때문이다. 『도덕적 인간과 비도덕적 사회』는 중산층이 소중하게 생각하는 도덕적 신념들을 분석하였으며, 법과 재산권 보호에 대한 대가로 중산층이 이행하는 도덕적 의무의 배후에는 이기심이 있음을 폭로했

다. 그러나 니버는 가난한 자와 힘없는 자의 혁명적 윤리에 대해서도 마
찬가지로 회의적인 시각을 가지고 있었다. "따라서 프롤레타리아 도덕성
과 중산층 도덕성 사이의 충돌은 위선과 폭력 사이의 대립이며, 감상주
의와 냉소주의 사이의 대립이다."[4]

하지만 니버에게 있어서 현실주의는 이기심이 광범위하게 지배하고 있
다는 이런 단편적인 인식 이상의 것이었다. 물론 그런 인식이『도덕적 인
간과 비도덕적 사회』에 있는 그의 분석 중 가장 분명하고 가장 논란이 되
는 부분이긴 하였지만 말이다. 아무리 현실주의자라 할지라도 이웃을
사랑하라는 도덕적 명령을 통해 이기심과 권력의 폭력성이 저절로 극복
될 수 있으리라 기대하는 사람은 결코 없을 것이다. 그러나 라인홀드 니
버와 같은 현실주의자는 도덕적 이념들과 신앙고백들도 역시 실제적이
며 따라서 현실의 사건들에 나름대로 강한 영향력을 행사한다는 사실을
결코 간과하지 않을 것이다.

니버는 사회의 변화와 갈등에 실제로 작용하는 모든 현실적 요소들을
주목하는 이런 사조에 대해 "기독교현실주의"란 개념을 사용했다. 『도
덕적 인간과 비도덕적 사회』에서 알 수 있듯이 기독교현실주의자인 니버
는 처음에는 정치적 현실주의의 관점에서 역사에 실제로 작용하는 경제
적 힘과 정치적 힘의 형태들을 분석한다. 즉, 다수당은 재력에 의존하는
특권층을 견제하고 보다 평등한 정의에 대한 그들의 요구를 관철시키기
위해 수적인 우세를 이용한다. 부자들도 그들의 재력을 통해 사회 전반
에 기여한 것에 대해 나름대로 정당한 보상을 요구한다. 이때 그들은 언
제나 엄격한 정의의 기준보다 더 많은 보상을 요구한다. 그러나 그들의
요구에 반대하는 사람들은 그들이 당연히 받아야 할 보상에 대해 인색
하게 평가한다. 현실적으로 이런 갈등들을 해결할 수 있는 결정적인 해

---

4 *Moral Man and Immoral Society,* 177.

결책은 결코 존재하지 않는다. 그러나 안정적인 사회를 위해서는 자유와 평등, 자유와 질서 또는 필요와 가치 사이에 효과적인 균형상태가 확립되어 있어야 한다.

니버는 정치학에 해박한 지식을 가지고 있었다. 뿐만 아니라 그는 해박한 역사적 지식을 가지고 있었기 때문에 이런 주제들을 서양의 역사 전체에 걸쳐 추적할 수 있었다.[5] 그렇지만 정치적인 것만 가지고는 그의 저서에서 발견되는 광범위한 관심을 설명할 수 없으며, 지식과 경험 면에서 니버를 능가하는 학자들과 정치지도자들이 왜 니버를 존경했는지 설명할 수도 없다. 니버의 위대한 업적은 정치적 대립에서 부침하는 권력을 인간의 본성에 내재하는 보다 깊고 보다 지속적인 성향과 관련시켜 생각하는 그의 도덕현실주의 사상에 있다. 많은 다른 주석가들도 개인적인 동기와 그 결과로 나타나는 행위들 사이의 관계들을 추론할 수 있었으며, 사건들을 한 나라와 그 국민의 고유한 성격과 관련하여 설명할 수 있었다. 예를 들면, 유럽의 위기는 히틀러의 무제약적인 야심이나 독일 국민의 완고한 민족적 자만심 때문이었다고 설명될 수 있었을 것이다. 니버는 그런 해석들을 인정하면서도 그런 해석들의 토대가 되는 보다 미묘하고 보편적인 형식을 통찰하였다. 따라서 그는 동기들과 그 결과 나타나는 행위들은 결코 선이나 악의 단순한 표출이 아님을 발견했으며, 모든 종류의 악과 다툼은 모든 인간이 공통적으로 가지는 교만이나 권력욕이라는 보다 근본적인 형식과 관련되어 있음을 발견할 수 있었다.

인간의 본성에 관한 주제를 다루는 『인간의 본성과 운명』의 제1부 10장은 인간 삶을 충실하게 기술하는데 필수적인 긴장들과 균형들을 체계적으로 제시하는데, 이 부분의 가장 중요한 과제는 우리의 정치와 역사

---

5 참조, "Liberty and Equality", in: Reinhold Niebuhr, *Pious and Secular America* (New York: Charles Scribner's Son, 1958), 158-98.

의 틀을 결정짓는 복합적인 도덕적 현실들을 사실대로 드러내는 것이다. 인간에게는 생명력과 형식이 모두 중요하다. 생명은 모든 한계들을 극복하고 자신의 정체성을 보존하지만 생명을 구성하는 구조를 상실하게 되면 곧 죽는다. 인간이란 존재자의 고유한 특성은 자유와 동시에 유한성이다. 인간은 그의 삶에 주어진 조건들에 국한될 수 없는 가능성들을 상정할 줄 아는 존재자이다. 그렇지만 그의 창조성은 언제나 그가 삶을 시작하는 장소에 의존한다. 그리고 변화에 대처하는 인간의 능력은 대단히 제한적이다. "인간은 그가 처해 있는 직접적인 자연적 조건보다 더 많은 것을 안다. 그리고 그는 끊임없이 그에게 직접적으로 주어진 조건을 전체적인 환경에 비추어 이해하고자 한다. 그렇지만 그가 총체적 인간의 상황을 정의하고자 할 때 그의 정의는 그가 처한 직접적인 환경 때문에 생긴 유한한 관점들에 의해 영향을 받지 않을 수 없다."[6]

지도자들과 국민들의 행위 유형을 똑같이 결정짓는 동기들은 이런 복합적인 인간의 환경에서 발생한다. 그리고 우리가 우리의 상황을 지나치게 단순화하여 이런 모호한 점들을 다른 사람들에게 숨기거나 아니면 어떻게든 그런 점들을 피할 수 있다고 자신할 때 역사의 비극들이 발생한다. "인간은 자신이 가진 지식의 한계성과 그가 보는 관점의 유한성을 부정하고 싶어 한다. 그는 유한한 삶의 한계를 넘어서는 지식을 획득했다고 생각한다. 이것은 인간의 모든 지식이 피할 수 없는 '이데올로기적 오염'(ideological taint)인데, 이런 오염은 단순한 인간의 무지 이상의 어떤 것이다. 그것은 언제나 부분적으로는 그런 무지를 가식에 의해 숨기려는 노력이다."[7]

따라서 니버의 도덕현실주의는 그의 정치적 현실주의에서 발견되는

---

6 *The Nature and Destiny of Man*, I, 182.

7 *ibid.*

생각들과 활동들을 분석하는 출발점이 된다. 그러나 한편 도덕현실주의는 신학적 현실주의에 기초한다. 즉, 우리의 생활과 사회의 삶에 방향을 제시해 주어야 하는 독특한 가능성들과 한계들을 제대로 이해할 수 있으려면 그런 이해의 한계를 동시에 인식해야 한다. 인간의 본성에 대한 깨달음이 깊어지면 우리는 자연스럽게 우리 자신의 한계를 초월하는 이해의 원천으로 눈을 돌리게 된다.

"세상 밖에 서서 세상을 초월할 수 있는 이런 능력은 우리를 과대망상에 빠지게 할 수 있으며, 우리 자신이 신처럼 우주의 중심이라고 착각하게 만든다. 우리는 자연의 흐름과 유한성으로부터 결코 벗어날 수 없기 때문에 그런 착각에 빠질 수밖에 없다. 그러나 사실은 우리는 경험한 것을 단순히 논리적으로 추론해서는 알 수 없는 영원성을 우리의 한계로 가진다. ... 그러므로 (우리 자신과 우리의 세계를 포함한) 전체를 파악하기 위한 유일한 원리는 불가피하게 우리의 이해의 한계를 넘어선다. 이와 같이 이해의 한계를 넘어서지만 이해의 근거가 되는 바로 그 이해의 원리에 의존하지 않고는 인간이 가진 자유를 완전히 이해할 수 없다."[8]

"우리의 이해를 초월한 이해의 원리"에 대한 이런 필요에 대해서는 다양한 의견들이 있을 것이다. 이런 원리를 기독교적 신앙과 동일시하는 것은 상당히 특별한 종류의 집중적인 논증에 의해 확립된 것이다.(그것이 정확하게 어떤 종류의 논증인지에 관해서는 이 해제의 다음 단원에서 보다 자세하게 설명될 것이다.) 지금 우리가 주목해야 할 것은 니버에게 있어서 정치적 통찰과 도덕적 통찰은 우리를 자유롭게 하면서 동시에 그 자유에 제한을

---

8 *The Nature and Destiny of Man*, I, 124-25.

가하는 하나님의 실재성과 불가분적으로 연결되어 있다는 사실이다. 니버의 정치적 분석에 놀라면서도 그의 신학에 실망하여 자신들을 "니버가 볼 때는 무신론자"[9]라고 선언한 당시의 정치학자들은 아마도 니버 자신의 사상에서 정치와 신학이 얼마나 밀접하게 연관되어 있었는지 이해하지 못했을 것이다. 『인간의 본성과 운명』의 대부분은 이런 연관성을 찾아 밝히는데 주력하고 있다. "기독교현실주의"는 당시의 중요한 쟁점들에 관한 일련의 의견 이상이라는 사실이 니버의 어떤 책에서보다도 이 책에서 더 분명하게 나타난다. 그 책은 정치적, 도덕적, 신학적 사상의 종합이다. 이런 종합적 사상에서 볼 때 자유의 절대성과 그 자유의 피할 수 없는 한계는 선택의 다양성과 그런 선택이 일어나는 환경의 궁극적 통일성을 동시에 이해하는데 중추적 역할을 하는 두 가지 사실들이다.

- "기독교적 해석" -

니버는 『인간의 본성과 운명』에 "기독교적 해석"이란 부제를 붙인다. 그러면서 그는 인간의 본성에 관한 포괄적인 해석이 얼마나 어려운지를 보여주는 진술과 함께 그 책을 시작한다. "인간은 언제나 인간 자신의 가장 풀기 어려운 문제였다. 인간은 자신에 관해 어떻게 생각할 것인가? 우주에서 인간이 차지하는 크기, 덕 또는 위치에 관한 모든 주장들을 자세히 분석해 보면 우리는 그 주장들이 서로 모순됨을 발견하게 된다. 그

---

9 참조, Daniel F. Rice, *Reinhold Niebuhr and John Dewey: An American Odyssey* (Albany, N. Y.: SUNY Press, 1933), 217.

주장들을 분석해 보면 명제가 주장하고자 하는 것을 부정하는 것처럼 보이는 모종의 전제나 암시를 발견하게 된다."[10]

그 책의 첫 페이지에 기록된 이 주장에는 후에 나오는 20장의 내용과 관련하여 많은 것이 시사되어 있다. 이 책에서는 중요하게 연구될 문제가 "하나님은 존재하는가?" "하나님의 본성은 무엇인가?"와 같은 신학적인 틀에서 다루어지지 않는다. 문제는 인간의 자기이해이다. 그러나 니버에 의하면 폭력과 지배, 창조성과 비극, 도덕성, 이기주의, 냉소주의, 어리석음, 희망과 같이 우리가 야기하는 모든 문제들은 인간의 자기이해와 밀접하게 연결되어 있다. 우리가 개인으로서 행하는 것과 하나의 사회로서 행하는 것은 우리가 이해하는 자아의 표현이거나, 아니면 자기를 이해하고자 하는 자아를 왜곡시키는 특별한 오해의 산물이다.

『인간의 본성과 운명』은 기독교현실주의자가 이런 쟁점들을 어떻게 다루는지 탐구한다. 그러나 이 책은 또한 기독교 신앙을 이렇게 이해하는 것이 타당하다는 논거를 제시하기도 한다. 우리는 이 책에서 단지 이런 "가장 풀기 어려운 문제"에 대해 기독교현실주의자가 어떻게 대답하는지 배울 뿐 아니라 이것이 올바른 대답임을 받아들일 이유들도 알게 된다.

이 책의 I부, 즉 "인간의 본성"으로부터 역시 10개의 장으로 구성되어 "인간의 운명"이란 제목이 붙여진 II부에 이르기까지 논의가 전개되는 구조를 이해하기 위해서는 니버의 논증방식을 이해하는 것이 중요하다. 니버는 인간의 삶에 관한 기독교적 해석을 고대와 근대의 문화들에 의해 제시된 대안적 해석들과 대비시키는데서 출발하여(1부) 역사를 총체적으로 이해하고자 하는 가장 성공적인 시도들조차도 한계가 있음을 지적하는 기독교 종말론의 해석(2부)을 제시한다. 이런 과정에서 우리는 니

---

10 *The Nature and Destiny of Man*, I, 1.

버가 어떤 방식으로 기독교현실주의적 견해를 견지하는지 발견한다.

비록 기포드 경의 기부금을 기초로 기포드 강연이 처음 기획했을 때는 거기서 행해지는 강연들이 그의 유언에 따라 자연신학의 문제들을 다루도록 되어 있었지만 니버는 하나님의 존재, 그의 본성과 목적에 관한 주제들을 논리적으로 입증하고자 하지 않는다. 자유와 유한성에 관한 우리의 경험을 기독교적 관점에서 설명하는 것은 논리만으로는 충분하지 않기 때문이다. 니버의 결론들 가운데는 그를 비판하는 철학자들이 속단했듯이 논리적 필연성에 따라 추론된 것은 거의 없다.

기독교 신앙과 일상적인 경험을 결합시킨 니버의 강연은 그 책의 소제목이 암시하듯이 논리적인 논증이라기보다는 오히려 하나의 해석이다. 그는 자유와 유한성의 문제를 기독교 신학의 죄 사상을 통해 설명함으로써 문제를 해결한다. 우리 자신의 유한성을 자각함으로써 느끼는 불안감 때문에 우리는 인간의 운명인 유한성을 거부하고 우리의 자유를 과장하게 된다. 유한성을 거부하고 우리 자신이 스스로 안전을 도모하고자 하는 그런 시도는 기독교에서 말하는 전형적인 죄이다. 그런 시도는 참 하나님을 떠나 우리 자신이 만든 다른 신들에게 의지하는 것이기 때문이다. 우리 본성의 한 요소인 자유가 또 다른 한 요소인 유한성과 서로 대립하고 있는 이런 긴장을 해소할 수 있는 유일한 길은 하나님에 대한 완전한 신뢰뿐이다. 이런 신뢰만이 우리를 모든 불안감에서 해방시켜 주며 따라서 스스로를 믿어야 한다는 강박감에서 벗어나게 해주기 때문이다.[11]

물론 니버의 이런 해석이 유한성과 자유의 문제를 해결해 주는 유일한 해석은 아니며 가장 절대적인 해석도 아니다. 낭만주의적 이상주의자나 냉소적 유물론자는 니버와는 전혀 다르게 해석할 것이다. 니버는 기독

---

11 *The Nature and Destiny of Man*, I, 287-95.

교적 해석이 논리적 필연성을 가지고 확립될 수 없음을 인정하기 때문에 모든 해석이 동일해야 한다고 강요하지 않으며, 그렇다고 그 해석들 사이의 선택이 사람에 따라 제멋대로 이루어져도 좋다고 생각하지도 않는다. 절대적인 결론은 불가능하다. 그러나 인간의 상황에 관한 서로 다른 해석들 사이에서 되는대로 아무것이나 선택할 수밖에 없는 것도 아니다. 『인간의 본성과 운명』보다 몇 년 후에 출판된 책에서 니버는 어떤 점에서 기독교적 이해가 타당한지에 관해 다음과 같이 설명했다.

> "그럼에도 불구하고 제한적이긴 하지만 복음의 진리는 합리적으로 정당화될 수 있다. 그런 정당화 작업은 두 가지 접근방식을 통해 이루어진다. 복음의 진리와 그 밖의 다른 진리 형식들 사이의 관계, 즉 완전한 사랑의 선과 우리가 현실 역사에서 발견할 수 있는 여러 형태의 덕 사이의 관계를 설명하는 하나의 부정적 접근방식과 하나의 긍정적 접근방식이 그것이다. 부정적인 관점에서 볼 때, 복음은 우리가 실제 역사에서 발견할 수 있는 다양한 형태의 지혜와 덕이 가진 한계들을 찾아냄으로써 정당화되어야 하며 또 정당화될 수 있다. 긍정적인 관점에서 볼 때, 복음은 신앙의 진리가 과학과 철학에 의해 확립될 수 있는 모든 종류의 진리들과 상관관계 속에서 그 진리들을 보다 깊고 보다 넓은 통일적 체계로 통합할 수 있을 때 정당화될 수 있다."[12]

니버는 기독교적 해석을 선호한다. 그것이 지금까지 시도된 어떤 다른 해석들보다 설득력이 있음을 알기 때문이다. 그리고 그는 실제로 다른 사람들을 설득할 수 있다고 생각한다. 그렇지만 그렇게 하기 위해서는

---

12 Reinhold Niebuhr, *Faith and History: A Comparison of Christian and Modern Views of History* (New York: Charles Scribner's Sons, 1949), p. 152.

인간 존재가 직면한 바로 그 "풀기 어려운 문제"의 해결에 초점을 맞추어 기독교 신앙의 핵심적 의미는 물론 인간의 상황을 설명하는 다른 대안적 해석들을 모두 포괄하는 복합적 해석체계가 필요하다. 『인간의 본성과 운명』 서두에서 니버는 이런 방법을 다음과 같이 단적으로 설명한다. "한 편에서, 우리는 기독교 신앙 내부에서 있었던 다양한 노력들, 즉 인간에 관한 여타의 다른 – 부분적으로는 대립되는 – 견해들과 무분별하게 혼합될 끊임없는 위험에 직면하여 이런 성서적 교리의 논리를 차별화하여 분명히 진술하고자 하는 노력들을 찾아볼 것이다. 다른 한편, 우리는 인간에 관해 다른 해석들이 무시했거나 제대로 파악하지 못했던 문제들에 대해 기독교적 해석이 얼마나 적절하게 대답했는지 제시함으로써 기독교적 견해의 정당성을 입증하고자 해야 한다."[13]

이러한 종합적인 해석에 있어서 중요한 것은 모든 다른 관점들의 척도가 되는 단 하나의 관점만 존재한다고 생각해서는 안 된다는 것이다. 해석의 각 단계마다 비판적 판단이 요구된다. 인간의 본성에 관한 성서적 이해의 핵심은 인간이 "하나님의 형상에 따라 창조되었기" 때문에 가지는 자기초월적인 자유와 하나님이 아니라 유한한 피조물이기 때문에 피할 수 없는 유한성 사이의 역설적 관계성이다.[14] 이런 성서적 이해의 "논리"를 제시하고자 하는 모든 시도는 불가피하게 성서적 견해의 본질적인 요소를 성서적 견해와 혼합된 – 때로는 상당히 그럴듯하게 혼합된 – 다른 관점들로부터 분리하지 않을 수 없다.[15] 성서적 해석을 체계화하는 작업은 성서적 해석과 나란히 제시된 다른 특수한 대안적 견해들에 의해 영

---

13 *The Nature and Destiny of Man*, I, 150-151.

14 *The Nature and Destiny of Man*, I, 150-177.

15 이런 해석학적 구분은 성서본문 자체의 해석과 함께 시작해야 한다. 성서 본문들에서 보면 다른 신앙체계들의 중요한 요소들이 인간을 하나님의 형상이면서 동시에 유한한 피조물로 보는 성서의 핵심사상과 긴장관계 속에서 발견되기 때문이다.

향을 받기도 한다. 기독교현실주의 입장을 취하는 사람은 인간 진보의 불가피성에 대한 감성적 이상주의의 신념을 상대하기 위해 또는 모든 것을 힘의 논리로 생각하는 냉소적인 정치적 현실주의에 대처하기 위해 기독교 교리를 다른 방식으로 체계화 하여 제시할 것이다. 그런 점에서 보면 기독교적 해석에 주도적인 역할을 하는 "논리"가 있음은 분명하다. 그러나 그렇다고 해서 인간의 본성에 관해 모든 다른 해석들의 기준이 되는 기독교적 해석의 결정적인 유형이 있다는 것은 아니다. 기준은 특정한 상황에서 인간의 필요에 대해 상대적 타당성을 가지는 것이며, 다른 과학적 방법과 철학적 방법에 의해 우리가 안다고 생각하는 다른 모든 일들과 상대적 일관성을 가진다.

– 기독교현실주의자와 기독교 신앙 –

니버는 기독교 교리를 해석하는 기독교현실주의자와 해석된 교리를 분명히 구분하고 있다. 우리가 『인간의 본성과 운명』의 논증내용을 이해하고자 한다면 더 많은 연구가 필요하다. 니버는 종종 자신이 신학자라는 사실을 거부하고 오히려 스스로를 "사회윤리학 교사"[16]라고 부르는 것이 자신의 정체성 확립에 중요함을 발견했다. 아마도 이것은 자신을 그렇게 부름으로써 몇몇 동료 신학자들 사이에서 벌어지고 있는 열띤

---

16 Reinhold Niebuhr, "Intellectual Autobiography", in: Charles W. Kegley and Robert W. Bretall (ed.), *Reinhold Niebuhr: His Religious, Social, and Political Thought* (New York: Macmillan Co., 1956), 3.

신학적 논쟁들을 자기도 이해하고 있지만 그것을 드러내 놓고 주장하지 않기 위해서였을 것이다. 그러나 그가 자신에 관해 그렇게 진술한 것은 인간론에 관한 그의 해석에 중요한 자료들과 관점들이 다양했기 때문이기도 했다.『인간의 본성과 운명』에서 니버가 주로 다룬 분야는 신학, 교회사와 성서신학이었다. 그러나 그는 정치학, 철학, 사회학과 법학에 의존하기도 했다. 그리고 많은 단편 저작들에서 분명한 신학적 물음들이 정치적 쟁점들과 경제적 쟁점들과 관련하여 간접적으로 다루어졌다.[17]

제1차 세계대전이 끝난 후 몇 년 동안 유럽과 북아메리카의 개신교 신학자들은 모두 19세기에 종종 기독교 신앙에서 중요한 주제로 다루어졌던 국가의 운명, 인종적 우월성 또는 인류의 필연적 발전에 관한 견해들로부터 기독교의 핵심적 교리들을 분리시키고자 했다. "인간에 관한 여타의 다른 – 부분적으로는 대립되는 – 견해들과 무분별하게 혼합될 끊임없는 위험에 직면하여 이런 성서적 교리의 논리를 차별화하여 분명히 진술하고자 하는" 니버의 노력은 당시 신학자들의 이런 보다 일반적인 관심을 반영하고 있다. 그러나 이런 목표에 도달하기 위해 니버가 취한 방식은 그들의 방식과는 상당히 달랐다.

칼 바르트는, 신학은 다른 지식체계들과 마찬가지로 신학 고유의 전제들로부터 출발하여 그런 출발점에서 벗어나는 어떤 쟁점들에 관해서도 판단을 거부하는 "신앙의 과학"이 되어야 한다고 주장했다.[18] 신학자는 하나님의 말씀에 의존해야 한다. 신학은 하나님의 말씀 이외에는 아무것도 말할 수 없다.

바르트 이후의 신학자들은 신학의 긍정적 내용을 바르트보다는 덜

---

17 참조, D. B. Robertson(ed.), *Love and Justice: Selections from the Shorter Writings of Reinhold Niebuhr* (Louisville, Ky.: Westerminster/John Knox Press, 1984).

18 참조, Karl Barth, *Anselm: Fides Quarens Intellectum* (London: SCM Press, 1960), 26-30.

강조했다. 그러나 그들도 신학자들의 고유한 작업은 기독교 신앙공동체의 고유한 담론의 틀 안에서 이루어져야 한다고 주장했다. 조지 린드벡은 하나님에 관한 언어가 기독교 공동체 내에서 어떻게 사용되어야 하는지를 결정하는 기독교 교리의 "문법"에 관해 말한다.[19] 그런 문법을 떠나서는 하나의 신학적 주장이 의미가 있는지 없는지 알 수 없다는 것이다. 따라서 사회윤리학을 하기 위해 무엇보다 중요한 것은 기독교 공동체가 사회윤리학 자체의 구현이라고 이해하는 것이다. 공동체가 공유하는 기독교적 담론은 공동체 구성원들이 공동체 자신의 삶에 적합하도록 해 주는 고유한 덕목들을 고양시킨다.[20] 그렇게 공유된 삶은 다른 공동체들과 별개의 고유한 기독교 공동체를 수립할 수 있는 가능성을 입증해 준다. 그러나 기독교 공동체의 근간이 되는 그런 신념들이 다른 대안들을 과소평가하는 기준이 되어서는 안 된다. 기독교 교리를 이해하기 위해서는 그 교리의 토대가 되는 "문법"을 어떻게 사용해야 할지 알아야 한다. 만일 우리가 어떤 다른 신념체계에 일단의 동일한 규칙들을 적용하려고 하면서 그 신념체계가 잘 유지되기를 바라는 것은 잘못이다. 영어 단어들을 히브리어 문법체계에 따라 나열하여 하나의 문장을 만들었다고 하자. 그런 다음 그 문장이 참인지 아닌지 묻는다면 그 물음은 무의미한 물음이며 그 문장도 아무런 의미를 가지지 않는다.

니버의 해석방법은 해석자와 기독교 신앙 사이의 관계성을 아주 다르게 설정한다. 성서적 교리의 "논리" 또는 그 교리의 "문법"이란 개념은 - 니버가 사용하는 "논리"라는 용어와 린드벡이 사용하는 "문법"이란 용어는 모두 기독교 신앙의 진술들에서 의미와 무의미를 구분하는 내적인 규

---

19 참조, George Lindbeck, *The Nature of Doctrine* (Philadelphia: Westminster Press, 1984).

20 참조, Stanley Hauerwas, *Against the Nations: War and Survival in a Liberal Society* (Minneapolis: Winston Press, 1985), 11-12.

칙들을 상징한다 - 신자가 알고 있는 유일한 언어가 아니다. 우리가 그렇게 자주 인간의 본성에 관한 성서적 이해를 일반적인 견해들과 혼동하는 것은 바로 그런 이유 때문이다. 하지만 우리는 하나의 "논리"나 하나의 "문법" 이상의 것을 알기 때문에 성서적 교리의 통찰들을 심리학적으로 재해석하여 성서적 교리를 다른 사람들에게 - 때로는 우리 자신에게 - 설명할 수 있으며, 이집트에서 히브리인들의 종살이와 남북전쟁 이전에 미국에 살던 아프리카인들의 노예생활 사이의 유사성을 이해할 수 있으며, 성서의 선지자들이 촉구한 과부와 고아에 대한 배려를 경제적으로 취약한 사람들에 대한 사회적 책임과 연관시켜 생각할 수 있기도 하다. 니버가 추구하는 "복음의 진리의 제한된 합리적 정당화"가 가능하기 위해서는 기독교 교리의 "논리"보다 더 포괄적인 담론 틀이 필요하다. 그런 틀이 없이는 기독교인들이 그들의 신앙의 의미를 이해할 때 가지는 문제들을 설명할 수 없으며, 그들의 신앙을 다른 신념체계들과 구분할 수 있을 정도로 잘 이해한다는 사실도 설명할 수 없다.

성서적 신앙을 설명하고 그 신앙이 오늘날 우리의 삶을 위해 가지는 의미를 찾아내고자 하는 사람들은 다른 신념체계들을 알아야 한다. 그들이 탐구하는 대안들이 기독교적 해석처럼 그렇게 행동 지침을 잘 제시해 주지 못하고 상황을 제대로 설명해주지 못함을 경험함에 따라 그들의 확신은 더욱 확고해진다. 처음에는 그들의 지성적 관심이 그렇게 확고하지 않을 수도 있으며 성서적 신앙과 다른 신념들과 가치들을 구분하는 능력이 제한적일 수도 있을 것이다. 그러나 시간이 지남에 따라 기독교 교리의 내용과 그 교리가 다른 체계들과 다른 특별한 차이점들이 점점 분명해진다. 신자의 신앙적 정체성이 지성적으로 점점 더 확고해진다. 그러나 니버에게 있어서 중요한 것은 이렇게 확립된 신앙정체성이 결코 완결된 것은 아니라는 사실이다. 해석 작업은 끝없이 계속된다. 그리고 "인간의 문제들에 대한 기독교 현실주의의 대답이 타당함"에 대한 기독교현실주의의 주장이 얼마나 설득력이 있느냐 하는 것은 적어도 다른 사람들이 다른 신념체계들을 받아들이게 된 경험들을 어느 정도 공감하느냐에 달려있다.

- 인간의 운명 -

니버의 신학에는 기독교현실주의를 적극적으로 지지하고 다른 대안적 주장들에 종지부를 찍을만한 어떤 결정적인 논증도 발견되지 않는다. 이 것은 기독교현실주의에 대한 니버의 확신이 약해서가 아니며 신앙이 오늘날 요구하는 것을 적극적으로 옹호하고자 하는 마음이 없어서도 아니다. 니버 자신은 정치적 문제들에 대단히 열정적으로 참여했다. 그리고 기포드 강연을 들은 청중들에 의하면 그의 강연에는 의심스럽거나 모호한 내용이 전혀 없었다. "인간의 운명"에 관한 그의 강연들은 2차 세계대전이 발발한 후 약 1개월 후인 1939년 10월 11일에 시작되었다. 리처드 폭스는 그의 강연이 청중들에게 끼친 영향에 관해 다음과 같이 설명한다.

전쟁에도 불구하고 청중은 강연에 빠지지 않았다. 그의 세 번째 강연 도중에 에딘버러 시가 폭격을 당했음에도 불구하고 말이다. … 니버는 강연에 너무 열중한 나머지 폭격소리조차 듣지 못했다. 니버는 그가 말했던 어떤 것에 관해 청중들이 어색한 반응을 보인다고 생각했다. 존 바일리는 청중들이 나머지 강연들을 듣기 위해 다시 돌아온 것을 보고 놀랐다. 그러나 그들이 강연을 끝까지 들은 것은 아마도 그 강연들이 기존의 기포드 강연들과는 달랐기 때문일 것이다. 니버의 강연들은 인간의 운명에 관한 기독교적 견해를 영감 있게 – 난해한 부분들이 더러 있긴 했지만 – 제시해 주는 설교였기 때문이다. 폭격이 예상되었음에도 불구하고 비극을 능가하는 감동적인 강연들을 듣기 위해 시간을 서둘러 일주일에 사흘간 오후에 강연을 계속한 것은 잘 한 일이었다.[21]

『인간의 본성과 운명』에서 기독교에 대한 지지가 불충분한 것은 기독교에 대한 니버의 확신이 부족해서가 아니었다. 오히려 니버는 성서의 교리 자체가 불완전함을 요구한다고 믿었기 때문이다.

"인간의 운명"에 관한 장들은 역사는 역사 밖에서 완성되어야 함을 강조한다. 우리는 인간의 본성 깊은 곳에서 사건들을 움직이는 힘을 이해함으로써 그 사건들에 어떤 의미를 부여할 수 있다. 우리는 대단히 가치 있다고 생각하는 모든 것들이 사라져도 여전히 남아 있는 더 큰 의미를 발견함으로써 비극을 극복할 수 있다. 그러나 역사에서 일어나는 어떤 것도 한 점 의혹도 없이 명쾌하게 밝혀질 수는 없으며, 역사의 비극들이 환희로 바뀌는 것도 아니다. 니버에 의하면 역사의 기피들이 역사의 한계를 넘어서지 못하는 문화들과 종교들에서는 필연적으로 역사는 무의미하다. 신비주의와 유물론은 이런 무의미성을 직시하고 그것을 극복하고자 함으로써 구원을 제시한다. 그렇지만 역사로부터 궁극적으로 도피하는 위안 이상을 바라는 신앙은 소망의 닻을 내릴 수 있는 한 점을 역사 너머에서 발견한다.

이런 소망의 대표적인 예는 기독교의 메시아적 소망이다. 그러나 이런

---

21 Richard Fox, *Reinhold niebuhr: A Biography* (New York: Pantheon Books, 1985), 191.

메시아적 소망이 성취되었음을 발견하는 기독교의 특별한 방법은 왜 궁극적 성취가 역사 너머에서 이루어져야 하는지를 보여주지는 않는다.

그리스도는 많은 사람들이 기다리던 그런 메시아가 아님이 드러났기 때문에 걸림돌일 수도 있다. 사실 우리는 참 그리스도는 기대들을 성취하면서 동시에 실망시켜야 한다는 의미에서 걸림돌이 되어야 한다고 교리적으로 단언할 수 있다. 그리스도는 어떤 기대들은 실망시켜야 한다. 메시아적 기대들은 불가피하게 역사의 의미를 왜곡시키지 않고는 성취될 수 없는 이기적인 요소들을 내포하기 때문이다. 모든 메시아적 대망에는 명시적이든 암묵적이든 역사가 그런 대망을 가지는 특정 지역의 문명과 문화로부터 성취될 것이라는 가정이 포함되어 있다.[22]

다시 말해 필연적으로 해석을 요구하는 역사에는 신앙이 깊이 관련되어 있기 때문에 어떤 해석도 역사를 모든 관점에서 의미 있게 만들고자 하는 그의 내적 목표를 달성할 수 없다. 예수가 성서적 신앙의 메시아적 기대들을 좌절시킴으로써 그 기대들을 성취했다는 기독교의 핵심적 주장은 역사 내부로부터 역사에 의미를 부여하고자 하는 모든 주장들을 철저히 배제한다. 우리의 해석들이 궁극적이기를 바랄 수 없으며 우리의 행위들도 그렇다. 일찍이 이것을 분명히 인식한 기독교현실주의자 니버는 궁극적인 대답을 제시했다고 생각하는 사람들에게 그들의 착각을 일깨워 주고자 하며, 이렇게 착각하는 사람들에게 이용당한 사람들을 해방시키고자 한다.

니버는 자신의 주장이 완전하다고 주장하는 신학들의 확실성을 당연히 거부한다. 그러나 그의 저서에서 가장 중요한 문제는 종교에서의 메

---

22 *The Nature and Destiny of Man*, II, 16.

시아적 확실성이 아니라 그 확실성이 정치에서 어떤 형태들로 나타나느냐 하는 것이다. 『인간의 본성과 운명』이 출판된 후 그는 독일 국민의 역사적 운명을 성취해야 한다는 히틀러의 주장들과 점점 더 강하게 대립하게 되었으며, 더 이상의 정치적 변화를 불가능하게 만들 마지막 정치적 혁명을 완수했다는 마르크스주의자들의 주장과도 그렇게 대립하게 되었다.

바로 그런 이유 때문에 니버는 "인간의 운명"에 관한 마지막 장들에서 인내와 정의에 관한 정치적 물음들을 중점적으로 다룬다[23] 어떤 정부 형태도 역사의 모호한 점들을 극복할 수 없다면 기독교현실주의자들의 과제는 하나의 정치적 공동체 내에서 그런 불확실성들과 모호한 점들을 가지고 함께 살아가는 길을 모색하는 것이다. 모든 정치적 문제가 다 특별한 기독교적 방식에 따라 해결되어야 한다는 요구는 올바른 신앙적 자세가 아니다. 그런 요구는 모든 역사적 사건들을 지배하는 하나님의 절대적 주권이 역사 속에서 결정적인 문화적 형식을 취해야 한다고 고집하기 때문이다. 반대로 기독교현실주의는 입헌민주주의에 의한 통제와 균형을 가장 적합한 정부형태라고 생각한다. 우리로 하여금 의미 있는 역사를 기대할 수 있게 해주는 것은 – 비록 인간의 유한성 때문에 결코 그런 기대가 성취될 수 없기는 하지만 말이다 – 자기를 초월하는 인간의 자유이기 때문이다.

『인간의 본성과 운명』에서 발견되는 민주주의에 대한 논리 정연한 지지는 나치즘에 대한 싸움이 도덕적으로는 물론 종교적으로도 중요하다고 믿었지만 "민주주의를 지키기 위한" – 이런 표어는 1차 세계대전 후 사람들로 하여금 커다란 환멸을 느끼게 했다 – 마지막 전쟁이라는 약속은 하고 싶지 않았던 전시의 정치지도자들이 말하고 싶은 것들을 대신

---

23 *The Nature and Destiny of Man*, II, 247-284.

말해 주었다. 민주주의가 역사의 도덕적 불확실성을 조정할 수 있는 정치체제라는 니버의 현실주의적 평가는 여러 해에 걸친 세계대전의 고통과 희생을 목격한 사람들에게 설득력이 있었다. 니버의 이런 해석은 그들로 하여금 그들 자신의 장점을 지나치게 신뢰할 필요가 없이 또는 그들의 궁극적 승리로부터 과도한 것을 기대할 필요가 없이 그들이 하고 있는 것을 신뢰할 수 있게 해주었다.

– "본성과 운명" 이후의 기독교현실주의 –

니버는 1944년에 처음 출판된 『빛의 자녀와 어두움의 자녀』(The Children of Light and the Children of Darkness)에서 인간의 본성에 관한 그의 해석이 민주정치를 위해 가지는 의미들을 이끌어 냈다. 그리고 그는 2차 세계대전으로부터 소련 공산주의와의 냉전으로 넘어가는 기간 동안 정치에 관한 많은 논문들을 발표했다.[24] 1940년대 말까지 그는 신학자로서 뿐만 아니라 정치 분석가로서도 국제적으로 널리 알려졌다. 그의 해석은 민주주의를 위협하는 실제적인 악들을 통제할 수 있고 인간의 발전에 대해 지나친 기대를 하지 않는 민주주의 형태를 제시해 주었기 때문이다.

자유와 정의를 수호하려는 우리의 노력으로부터 너무 많은 것을 기대하지 말라는 니버의 거듭된 경고 때문에 많은 사람들은 기독교현실주의

---

24 참조, Reinhold Niebuhr, *Christian Realism and Political Problems* (New York: Charles Scibner's Sons, 1953).

가 인간의 본성과 사회를 비관적인 시각으로 바라본다고 비판했다. 미국의 시사주간지 「타임」이 1948년에 발간 25주년 기념지의 표지인물로 라인홀드 니버를 선정했을 때 그의 사진과 함께 "인간의 이야기는 성공 이야기가 아니다"란 표제를 붙였다.[25]

확실히 니버는 인간의 역사를 "성공", 즉 인간의 발전에 관한 단순한 이야기로 해석하기를 거부했다. 하지만 기독교현실주의는 낙관적이지도 않고 비관적이지도 않다. 기독교현실주의는 인간의 본성에 내재하는 자유와 유한성 사이의 긴장관계 때문에 인간의 미래는 필연적으로 불확실할 수밖에 없다고 본다. 20세기 말에는 하나님 나라의 약속을 실현하게 될 사회변혁이 거의 현실화 단계에 이르렀다는 사회복음 운동의 신념을 지지할 수 있는 신학자들은 거의 없으며, 많은 정치 분석가들은 더 이상 서구 민주주의와 근대 과학의 필연적 발전에 기초한 미래의 청사진을 그리지도 않을 것이다. 이전에 니버는 인간의 본성에 관한 양자택일적 이해를 배경으로 성서적 교리의 논리를 해석한 적이 있었다. 그런데 이제 이런 양자택일적 이해는 두 차례의 세계대전에 의해 더 이상 논의의 장에서 사라지게 되었으며, 부분적으로는 인간의 "성공 이야기"는 불가능하다는 니버의 주장에 의해 그렇게 되었다.

『인간의 본성과 운명』의 논리는 이 점에서 기독교현실주의를 새롭게 해석하여 더 비관적인 세대에게 "인간의 자유는 막연히 회귀하는 자연을 넘어서기 때문에 역사에서 사람들이 추구하는 형제애의 순수성과 넓이에는 결코 제한이 있을 수 없음"[26]을 상기시키고 싶었을 것이다. 하지만 여러 가지 이유 때문에 많은 독자들은 기독교현실주의는 여전히 사회의 발전과 제도적 장점이 가지는 한계들과 관련되어 있다고 생각했다. 니버

---

25 참조, Fox, *Reinhold Niebuhr*, 233.

26 Niebuhr, *The Nature and Destiny of Man*, II, 244.

가 20세기 중반에 우리에게 각인시키고자 했던 것은 바로 이런 한계들이
다.

　니버의 이런 주장들이 변하지 않고 남아 있게 된 한 가지 이유는, 니버
가 자신이 쓴 글들을 재검토할 여유가 없었기 때문이다. 그의 엄청난 활
동과 저작활동은 1952년에 몸의 일부가 마비되는 병에 걸린 이후에는 약
화되었다. 비록 그가 1960년 유니온 신학교에서 은퇴할 때까지도 계속
가르치긴 했지만『인간의 본성과 운명』처럼 방대하고 체계적인 책들은
더 이상 없었을 것이다.

　1971년에 니버가 죽을 때까지 그의 활동은 당시 사람들의 뇌리에 너
무나 깊이 각인되어 있었기 때문에 대다수의 사회윤리학자들에게 있어
서 기독교현실주의는 당시의 쟁점들에 대해 니버가 취했던 견해와 동일
시 될 정도였다. 니버가 무대를 떠나자 니버의 이런 의견들은 그의 뒤를
이은 학자들이 그들의 이론을 측정하는 기준이 되었다. 니버는 젊은 시
절부터 디트로이트에서 목사로서 사회정의를 위해 활동했었다. 그러나
1970년대의 관점에서 볼 때 1950년대에 그가 연방대법원의 인종차별폐
지 결정으로부터 너무 많은 것을 너무 빨리 기대해서는 안 된다고 조심
스럽게 경고한 것은 기독교현실주의는 본질적으로 보수적이어서 그들
공동체 내에 있는 절박함과 분노에 공감할 수 없다고 주장하는 아프리
카 출신의 몇몇 미국 윤리학자들의 주장을 지지하는 것처럼 보였다.[27] 마
찬가지로 니버는 그가 타계한 1971년에조차도『인간의 본성과 운명』에
서 사용된 용어들이 여성신학자들과 윤리학자들에 의해 그렇게 빨리 비
판적 재평가의 도화선이 되리라고는 짐작조차 하지 못했다. 이 해제에서
니버로부터 인용된 글들이 가지는 언어적 특수성 때문에 오늘날 우리가

---

27 Herbert O. Edwards, "Racism and Christian Ethics in America", *Katallagete* (winter
　1971), P. 15-24.

그의 인용문을 읽을 때는 특별히 주의할 필요가 있다. 니버가 지금 살아 있다면 어떻게 쓸지 모르겠지만 그가 사용한 언어와 우리의 언어 사이에 있는 불일치는 그의 사후 25년이 지난 지금 니버는 더 이상 우리와 동시대인이 아님을 환기시킨다.

하지만 그런 차이가 시간이 지남에 따라 더욱 벌어지듯이 새로운 가능성들이 등장한다. 우리는 『인간의 본성과 운명』을 기독교현실주의의 결정적인 진술로 생각하는 대신 니버 자신이 그 책의 여러 곳에서 제안한 방법론에 따라 그 책을 읽기 시작할 수 있다. 우리는 기독교현실주의자인 니버가 인간의 본성에 관해 해석할 때 그 바탕에 깔린 "논리"가 무엇인지 분명히 알아야 하며, 니버 자신이 취했을 수도 있는 "다른 – 부분적으로는 모순되는 – 견해들로부터 유래한 혼란스런 혼합물들을" 걸러내야 한다. 그런 다음 우리는 "다른 견해들이 간과하거나 제대로 이해하지 못한 인간 문제들에 대한 니버의 대답이 적절한지" 다시 한 번 평가해 보아야 한다.

오늘날 우리의 문제들은 니버가 직면했던 문제들과는 다를 것이다. 냉전이 끝나고 양대 초강대국들의 대립이 해체된 지금의 세계정세는 니버가 상상할 수 없을 정도로 변했다. 환경파괴와 관련된 새로운 문제들과 세계적 규모의 새로운 경제관계는 니버가 기술한 국제관계들을 바꾸어 놓았다. 그리고 이제 우리는 그가 예상할 수 없었던 새로운 목소리들에 주목해야 한다.

그렇지만 니버의 저서에서 볼 수 있는 이런 한계들에도 불구하고 그가 기독교 사상에 기여한 공헌은 점점 더 분명해지고 있다. 니버 자신의 저서가 과거에 영향을 끼쳤듯이 인간의 자유와 유한성을 동시에 주목해야 한다는 그의 현실주의적 주장은 미래에 기여할 것이다. 권력의 실체에 대한 그의 강조는 20세기 초 우리 문화의 낙관적 태도를 수정하는데 기여

했다. 기술문명의 실패와 인간의 한계에 대한 두려움이 지배하는 지금 이
시대에 기독교현실주의는 인간의 가능성을 니버 자신의 저서들이 일반
적으로 허용하는 것보다 더 강조하도록 요구할 수도 있다. 그렇지만 인
간은 하나님의 유한한 피조물인 동시에 하나님 자신의 형상에 따라 창
조되었음을 알아야 한다는 그의 주장은 앞으로도 계속 기독교 사회윤
리의 지침이 될 것이다.

Robin W. Lovin.

1장

인간은 인간 자신에게 하나의 문제이다

1장

인간은 인간 자신에게 하나의 문제이다

인간은 언제나 인간 자신에게 가장 풀기 어려운 문제였다. 인간은 자신에 관해 어떻게 생각할 것인가? 인간이 우주에서 그의 크기, 덕 또는 위치와 관련하여 단언하는 모든 주장들을 자세히 분석해 보면, 우리는 그 주장들이 서로 모순됨을 발견한다. 그런 주장들을 분석해 보면, 우리는 명제가 단언하고자 한 것을 부정하는 것처럼 보이는 어떤 전제나 암시를 발견하게 된다.

만일 인간이 자신을 자연의 자녀라고 주장한다면, 그리고 동물보다 더 나은 존재인 것처럼 생각해서는 안 된다고 주장한다면 – 인간은 동물임이 분명하기 때문에 – 이것은 인간이란 존재자는 어쨌든 자기가 동물보다 낫다고 생각하고 싶어 하는 성향과 그렇게 생각할 수 있는 능력을 모두 가지는 특이한 동물임을 은연중에 인정하는 것이다. 반대로 인간이 자연에서 차지하는 유일무이하고 독특한 위치를 고집하고 그의 특별한 우월성에 대한 증거로 이성적 능력을 지적한다면, 일반적으로 인간이 유일무이함을 공언하는 그의 언명들에는 무의식적으로 짐승과의 유사성을 드러내는 불안감이 있다. 다원주의 내부에서 있었던 열띤 논쟁과 다원주의의 주장에 대한 전통주의자들의 적대적인 거부감은 역설적이게도 이런 불안감의 발로이다. 더 나아가 인간의 이성적 능력의 의미를 평가하고자 하는 바로 그런 노력은 '이성'이란 개념의 일반적 의미에서는 충분히 정의되거나 설명되지 않는 인간 자신을 넘어서는 정도의 초월성을 암시한다. 왜냐하면 인간의 이성적 능력의 중요성을 평가하는 사람은 어떤 의미에서 '이성'을 초월하는 사람이며, 일반적 개념들을 형성하는 능력 이상의 능력을 가지기 때문이다.

만일 인간이 그의 탁월한 능력을 당연한 것으로 생각한다면 그는 즉시 그의 장점과 관련하여 야기되는 물음들과 모순들을 피할 수 없게 된다. 만일 인간은 본질적으로 선하기 때문에 인간의 역사에서 일어나는 악은 특별한 사회적 원인들과 역사적 원인들 때문이라고 생각한다면 인간은 '선결문제해결의 오류'[28]에 빠지게 된다. 왜냐하면 역사에서 발견되는 이런 모든 악의 원인들은 자세히 분석해 본 결과 인간 자신에 내재하는 악한 성향의 특별한 결과와 역사적 형상화에 불과함이 밝혀졌기 때문이다. 인간 자신의 내면에 악한 능력과 악한 경향이 있음을 전제하지 않고는 결코 역사적인 악의 원인들이 이해될 수 없다. 이와 반대로, 만일 인간이 자기 자신에 관해 비관적인 결론에 도달한다면 그렇게 판단할 수 있는 그의 능력은 그 판단의 내용을 부정하는 것처럼 보일 것이다. 만일 인간이 자신이 악한 존재임을 안다면 어떻게 그가 '본질적으로' 악할 수

---

28 역자 주, '선결문제해결의 오류'(begging the question)는 라틴어 'petitio principii'(시초 또는 근거의 요구)에서 유래한 개념으로 시초 또는 근거에 대한 해명이 먼저 이루어져야 하는데 그렇지 못하기 때문에 발생하는 오류를 말한다. 즉, 먼저 해명되어야 할 전제를 당연한 것으로 간주하고 논의를 진행할 때 순환논법에 빠지게 되는 오류이다. 영어에서는 'begging the question'(물음에 대답하지 않고 회피함)이란 표현을 쓰는데 이것도 같은 의미이다. 본문에서는 "인간이 본질적으로 선함"이 선결문제로서 해명되어야 하는데, 이것을 당연한 것으로 간주하고 논의를 진행할 때 모순에 빠질 수밖에 없다.

있겠는가? 자신에 대한 그런 통렬한 판단을 초월하는 궁극적 주체인 가장 순수한 '나'의 특징은 무엇인가?

만일 우리가 인간의 삶의 가치에 관한 물음으로 관심의 방향을 돌려 삶이 가치 있는 삶인지 아닌지 묻는다면 그 물음의 성격상 그렇게 물은 사람은 어떤 의미에서 보면 그렇게 판단되고 평가된 삶의 영역 밖에 설 수 있어야 하며, 그런 삶을 초월할 수 있어야 한다. 이런 초월은 단순히 자살을 감행함으로써 실현되는 것이 아니라 삶을 부정하고 니르바나와 같이 '생명이 없는' 영원성을 삶의 유일한 목표로 간주하는 종교와 철학에 의해서 실현된다.

종교에서 내세를 그렇게 통렬히 비판하는 사람들은 비록 그들의 비판이 정당화될 수 있다 할지라도 도대체 삶을 부정하는 오류가 인간의 존엄성과 관련하여 어떤 의미를 함축하고 있는지 충분히 이해했는가? '삶'을 부정할 수 있는 사람은 단순한 생물학적 생명력 이상의 어떤 존재임이 분명하다. 그를 설득하여 자연적 생명력과 역사적 실존을 부정하지 못하게 하려는 모든 노력은 그 사람 안에 자연적 생명력과 역사 이상의 어떤 것이 있어야 가능하다. 그렇지 않으면 그는 설득되어 벗어나야 할 그런 오류에 빠질 수 없었을 것이다.

우주에서 인간의 위치와 관련해서도 우리는 동일한 이율배반에 빠지게 된다. 사람들은 주제넘게 우주의 중심을 차지하려고 한 대가로 주기적으로 양심의 가책과 현기증에 시달렸다. 삶에 관한 모든 철학은 인간 중심적 경향을 가진다. 신중심적 종교들조차도 세계의 창조자가 인간을 벗어날 수 없는 곤경으로부터 구원하려 한다고 믿는다. 그러나 인간은 언제나 그의 허위의식을 자제해야 하며, 인간은 단지 2등급의 태양계에 속하는 2등급의 행성에서 불확실한 실존의 삶을 사는 보잘것없는 동물에 불과함을 인정해야 한다. 근대인들은 이런 겸손이 근대인의 특징적 경향이라고 믿는다. 그리고 그들은 근대인이 이렇게 겸손한 성향을 가지게 된 것은 광막한 우주공간을 발견한 결과라고 믿는다. 그러나 근대의 천문학자보다 먼저 광대한 우주를 보고 다음과 같이 겸손하게 고백한 사람이 있었다. "주의 손가락으로 만드신 주의 하늘과 주의 베풀어 두신 달과 별을 내가 보오니 사람이 무엇이관대 주께서 저를 생각하시며 인자가 무엇이관대 주께서 저를 권고하시나이까?"(시편 8:3-4). 그렇지만 인간이 자신의 보잘것없음을 판단할 때 그런 판단의 근거가 되는 바로 그 관점이 오히려 중요한 관점이다. 이런 사실은 광대한 우주 앞에서 느꼈던 겸손이 광대한 우주를 발견했다는 자랑에 의해 크게 수정된 근대인들에게도 마찬가지였다. 스윈번[29]이란 근대의 한 시인은 다음과 같이 승리의 노래를 불렀다.

> 인간의 지식에 의해 보증된 것은 확실하다. 진리와 인간의 정신은 불가분적이다. … 지극히 높은 곳에서 인간에게 영광이! 인간은 만물의 영장이기 때문이다.

이렇게 노래함으로써 그는 세계에 관한 지식의 발전이 인간의 교만을 줄어들게 하지 못한다는 사실을 보여주고 있다.

인간의 자각이 가지는 이런 역설들을 간단히 정형화할 수는 없지만 그런 역설들은 모두 인간에 관해 두 가지 사실들을 지적하고 있다. 그 중 하나는 분명한 사실이며, 다른 하나는 그렇게 분명하지 않은 사실이다. 이 두 가지 사실들은 일반적으로 동일하게 공감되지는 않는다. 분명한 사실은 인간은 자연의 자녀이며, 자연의 순환에 따르며, 자연의 필연성에 의해 강요되며, 자연의 추진력에 의해 추진되며, 자연이 그의 변형된 유

---

[29] 역자 주, Algernon Charles, Swinburne(1837~1909): 영국의 시인이자 평론가.

기적 형식에게 허락하는 짧은 기간 동안 – 그 기간에 약간의 차이가 있긴 하지만 – 생존한다는 것이다. 비교적 분명하지 않은 사실은, 인간은 자연, 생명, 자기 자신, 그의 이성과 세계 밖에 서있는 하나의 정신이라는 것이다. 후자의 사실은 다양한 철학 이론들에 의해 서로 다른 측면에서 평가된다. 그러나 그 사실이 총체적인 관점에서 평가되는 경우는 드물다. 인간이 어느 정도는 자연을 초월해 있다는 사실은 인간을 가능하면 자연에 가까운 존재자로 보고자 하는 자연주의자들에 의해서도 인정된다. 자연주의자들은 적어도 인간이 도구를 사용하는 동물(homo faber)임을 인정해야 한다. 인간이 세계를 초월해 있다는 사실은 아리스토텔레스처럼 인간을 합리적 동물로 정의하며 이성을 '개념형성 능력'으로 해석하는 합리주의자들에 의해서 인정된다. 그러나 합리주의자들이 언제나 인간 이성의 능력에 인간의 자기초월 능력, 즉 자기 자신을 대상화할 줄 아는 능력까지도 포함된다고 생각하는 것은 아니다. 자기초월 능력은 이성(ratio)이나 누스(νοῦς) 또는 철학자들이 인간의 탁월함을 기술하기 위해 일반적으로 사용하는 어떤 개념들을 통해서도 완전히 설명되지 않는 정신의 능력이기 때문이다.

인간의 유일무이함과 인간과 자연계의 유사성들을 모두 정당하게 인정하는 것이 얼마나 어려운지는 인간의 이성 능력 또는 자기초월 능력을 기술하고 강조하면서 자연과의 관계성을 망각하고 인간을 성급하고도 주제넘게 신적인 존재자와 영원한 존재자와 동일시하는 철학자들의 고집과 인간의 유일무이함을 모호하게 만들려는 자연주의 철학자들의 고집에 의해 입증된다.

1. 고전적 인간관

인간이 언제나 자기 자신에게 하나의 문제이긴 하지만 근대인은 지나치게 단순하고 성급한 해결들을 제시함으로써 그 문제를 더욱 악화시켰다. 근대인은 - 그가 관념론자이든 자연주의자이든, 또는 합리주의자이든 낭만주의자이든 - 자기 자신에 관해 소박하게 확신하는 특징이 있다. 이렇게 근대인이 자신에 관해 확실하다고 생각하는 것들은 내적으로 서로 모순되든가 아니면 역사, 특히 동시대 역사의 분명한 사실들과 모순되기 때문에 근대인은 자신을 이해하기가 더욱 어려웠다. 그리고 그것들은 동시대의 역사에 의해 전복되었든가 아니면 잘 알려진 역사적 사실들을 무시한 채 확실하다고 간주되고 있다. 근대문화, 즉 르네상스 이후의 문화는 자연을 이해함에 있어서는 가장 위대한 진보를 이루었지만, 인간 이해에 있어서는 가장 큰 혼란에 직면했다고 해도 과언이 아니다. 아마도 근대문화에 대한 이런 긍정적인 평가와 부정적인 평가는 상호 논리적 연관성을 가지고 있을 것이다.

인간의 본성에 관한 근대의 상반되는 견해들을 충분히 파악하기 위해서는 인간에 관한 근대의 특징적 이론들을 서구문화의 근간이 된 고전적 인간관과의 역사적 관련성에서 파악하는 것이 필요하다. 근대의 모든 인간관은 원래 두 개의 상이한 인간관, 즉 (a)그리스-로마 세계의 고전적 인간관과 (b)성서적 인간관의 적용, 변형과 종합이다. 서로 상이하고 부분적으로는 양립할 수 없는 이들 두 개의 인간관이 중세의 카톨릭 사상에서 통합되었음을 기억하는 것이 중요하다. (이런 통합은 아우구스티누스의 사상과 아리스토텔레스의 사상을 종합한 토마스 아퀴나스에서 완성되었다.) 근대문화의 역사는 이런 종합의 붕괴와 함께 시작된다. 이런 붕괴는 유명론에서 그 조짐이 보였으며 르네상스와 종교개혁에서 완결되었다. 이렇게 종합이 해체될 때 르네상스는 그 종합으로부터 고전적 요소들의 정수를 추출했으며, 종교개혁은 성서적 요소들을 고전적 요소들로부터 독립시키고자 했다. 진보적 개신교는 성서적 요소와 고전적 요소를 다시 종합하고자 했지만 전체적으로 볼 때 그런 노력은 실패했다. 사실 그들 사이에는 공통적인 요소가 거의 없다. 근대사상이 고전적 인간관을 자연주의라는 보다 큰 틀에서 재해석하고 변형시킨 이후에는 두 견해들에 들어있던 공통적인 요소도 거의 완전히 사라졌다. 따라서 근대문화는 인간의 본성에 관한 상반되는 두 견해들의 대결장이었다. 이런 대립은 해소될 수 없었다. 결국 그런 대결은 근대화된 고전적 인간관의 다소 완전한 승리로 끝났다. 그런데 그런 승리가 완전한 승리가 되지 못한 것은 이 승리가 오늘날 어떤 외적 요인에 의해서가 아니라 자체 내에 있는 혼란에 의해 위태로운 상황에 처해 있기 때문이다. 그 문제에 관한 이런 분석이 정당함을 입증하기 위해서는 적어도 인간의 본성에 관한 고전적 견해와 기독교적 견해를 예비적으로 간단하게 분석할 필요가 있다.

　고전적 인간관은 인간의 본성에 관한 플라톤의 견해와 아리스토텔레스의 견해 및 스토아철학의 견해로 구성되기 때문에 그 강조점이 서로 다르다. 그러나 인간은 무엇보다도 탁월한 이성적 능력의 소유자라는 관점으로부터 이해되어야 한다는 공통적 확신에서는 일치한다. 인간이 다른 존재자들에 비해 탁월한 점은 그의 이성(νοῦς) 때문이다. 'νοῦς'(누스)는 '정신'으로 번역될 수도 있지만, 가장 중요한 강조점은 사유와 추리의 능력에 있다. 아리스토텔레스에게 있어서 νοῦς는 순수하게 지성적 활동의 전달수단이며 외부로부터 인간에게 부여된 보편적이고 영원한 원리이다. νοῦς는 '능동적' 누스와 '수동적' 누스로 구성되어 있는데, 그 중에서 오직 수동적 누스만이 특정한 유기체의 개체성과 불가분적으로 관련되어 있으며 그 개체성의 지배를 받는다. 아리스토텔레스의 '누스'가 얼마나 완전히 지성적인지는 아리스토텔레스가 누스의 자기의식 능력을 분명히 부정한다는 사실에서 가장 잘 알 수 있다. 누스는 이미 알려진 사물들을 의식의 대상으로 만들 때 이외에는 자신을 대상화하지 않는다. "어떤 마음도 이미 알고 있는 것에 관여함으로써 자신을 알지 못한다. 마음은 접촉하고 아는 작용에 의해 알려지게 된다. 그러므로 마음과 마음의 대상은 동일한 것이다."[30] 이런 정의는 오직 자기인식에 의해서 스스로를 표현하는 신적인 의식(능동적 누스: 역자)에 관한 아리스토텔레스의 개념과 대조될 때 그 의미가 보다 분명해진다.

플라톤에게서는 '누스' 또는 '로기스티콘'(logistikon)이 아리스토텔레스에게서처럼 그렇게 철저하게 영혼과 구분되지 않는다. 오히려 '누스'는 영혼을 구성하는 최고의 요소이다. 영혼을 구성하는 다른 두 요소는 '정신적 요소'($\theta\nu\mu o\varepsilon\iota\delta\acute{\varepsilon}\varsigma$)와 '감각적 요소'($\acute{\varepsilon}\pi\iota\theta\nu\mu\eta\tau\iota\acute{o}\nu$)이다. 플라톤과 아리스토텔레스는 모두 '마음'을 육체와 철저히 구분한다. 마음은 통합하고 정돈하는 원리, 즉 영혼의 삶을 조화시키는 '로고스의 기관'이다. 마치 '로고스'가 세계의 창조적이고 형성하는 원리이듯이 말이다. 그리스 철학의 형이상학적 전제들은 당연히 인간론에 결정적으로 중요하다. 그리고 파르메니데스 이후 그리스 철학은 한편에서는 존재와 사유가 일치한다고 주장했었으며, 다른 한편에서는 이성은 완전히 가공하기 어려운 어떤 형태가 없거나 형태가 부여되지 않은 재료에 작용한다고 가정했었다. 아리스토텔레스의 사상에서 질료는 "사물을 형상화하고 개념화하는 과정 이후에 남는 것으로, 자체로는 존재하지 않으며 이성에게는 알 수 없는 낮

---

30 *Physics*, 20.

선 것이다. 이런 비존재는 존재하는 것도 아니며 존재하지 않는 것도 아니다. 즉, 비존재는 오직 그것이 어떤 개념적 결정의 도구가 될 때에만 실재성을 가지게 된다."[31]

따라서 플라톤과 아리스토텔레스는 통상적으로 합리주의자라 할 수 있으며 이원론자라 할 수도 있다. 물론 플라톤은 명백한 이원론자인데 반해, 아리스토텔레스는 암묵적인 이원론자이다.[32] 이런 합리주의와 이원론은 고전적 인간론과 그 인간론에서 유래한 근대의 모든 이론들에 결정적인 영향을 끼쳤다. 그 결과 (a) 합리주의는 합리적 인간(본질적 인간)을 신적인 존재자와 거의 동일시한다. 이성은 창조적 원리로서 하나님과 동일하기 때문이다. 개체성은 신체의 특수성에 의존하기 때문에 중요한 개념이 아니다. 아리스토텔레스의 사상에서는 오직 능동적인 누스만이, 정확하게 말해 영혼에 연루되지 않은 마음만이 영원하다. 그리고 플라톤에게서는 이데아들의 불변성이 정신의 불멸성에 대한 증거로 간주된다. (b) 이원론은 육체를 악과 동일시하고 마음 또는 정신을 본질적으로 선하다고 생각하는 인간론에 영향을 끼쳤다. 육체와 정신을 구분하는 이런 이원론과 육체와 마음에 대한 가치판단들은 성서의 인간관과 가장 첨예하게 대립되며 인간의 본성에 관한 이후의 모든 인간론에 결정적인 영향을 주었다. 성경은 결코 마음이 선하고 육체가 악하다고 가르치지 않는다.

일원론적이고 범신론적 철학인 스토아 철학은 많은 점에서 플라톤과 아리스토텔레스의 견해와 전적으로 다르지만 인간론에 있어서는 차이

---

31 참조, Werner Jaeger, *Aristoteles*, 8장.

32 아리스토텔레스의 자연론에도 불구하고 그의 심리학은 플라톤의 심리학에 의존한다. 그러므로 아리스토텔레스의 이원론을 암묵적 이원론이라고 말하는 것은 잘못일 것이다. 그것은 아주 분명하다. 그는 육체가 없는 삶이 영혼의 정상적인 상태이며 영혼이 육체에 머무는 것은 심각한 질병이라고 믿었다. 참조, Jaeger, *ibid*. p. 51.

점들보다는 유사점들이 더 많다. 어쨌든 이런 유사점들 때문에 스토아 철학은 일반적인 '고전적' 인간론의 일부로 분류되기에 충분하다. 스토아 철학은 플라톤 철학보다 더 철저하게 이성이 우주 만물에는 물론 인간의 영혼과 육체에도 내재한다고 생각한다. 그렇지만 스토아 철학에서 인간은 본질적으로 이성이다. 그리고 그 철학에 이원론적인 요소가 전혀 없는 것도 아니다. 왜냐하면 인간을 지배하는 이성이 인간으로 하여금 그의 이성 외부에 있는 자연을 모방하도록 하는 것이 분명한지 아니면 신적 이성의 특수한 불꽃인 이성이 인간으로 하여금 자연의 충동을 거스르도록 하는지에 관해 스토아 철학은 확실한 입장을 취하지는 않지만 대체로 고전적 견해들을 근본적으로 거부하지는 않기 때문이다.[33] 스토아 철학의 인간론은 인간의 자유를 강조하는데, 여기서 그 철학의 형이상학이 가지는 범신론적 자연관이 극복된다. 그리고 스토아 철학은 인간의 열정과 충동적 삶에 대해 철저하게 부정적인 태도를 취하기 때문에 이성을 육체의 충동과 전혀 다르다고 생각한다. 비록 스토아 철학이 이성을 육체 내에 있는 본질적인 조화의 원리라고 생각하기는 하지만 말이다.

인간에 관한 '고전적' 견해를 정의하는 플라톤의 인간론, 아리스토텔레스의 인간론과 스토아 철학의 인간론이 인간의 본성에 관한 그리스 철학의 입장을 모두 대변하는 것이 아님은 분명하다. 근대의 생기론

---

33 스토아 사상이 인간의 이성과 자연에 내재하는 이성을 혼동하고 있다는 사실은 - 이런 혼동은 스토아 철학에서 차용된 18세기의 사상들에서 빈번하게 나타났다 - 제논의 사상에 관한 디오게네스 라에르티오스의 주석에 잘 드러난다. 그에 의하면 "이성적 동물들에게 보다 완전한 우월성의 증거로 이성이 부여될 때 자연에 따르는 그들의 삶은 당연히 이성에 따르는 삶을 의미하는 것이다. 이성은 마치 솜씨가 뛰어난 장인처럼 충동과 욕망을 조정하기 때문이다. 따라서 제논의 정의에 의하면 삶의 목표는 자연에 따라 사는 것이며, 자연에 따르는 삶은 덕스러운 삶을 사는 것을 의미한다. 자연은 덕으로 이끌기 때문이다. 한편, 덕에 따르는 삶이란 인간의 본성이 우주적 자연의 일부라는 우리의 경험에 따르는 삶을 말한다." Diogenes Laertius VIII, 85.

(vitalism)과 낭만주의는 디오니소스 종교, 흐름과 불을 궁극적 실체로 보는 헤라클레이토스의 사상, 그리고 특히 디오니소스를 주제로 다룬 그리스 비극들에서 유래하였다.[34] 그후에 나타나는 신비주의는 오르페우스교와 피타고라스주의에서 기원되었다. 현대 문화에서의 인간론을 위해 훨씬 더 의미가 있는 것은 데모크리토스와 에피쿠로스가 그들의 유물론적 자연관에 따라 탁월한 이성적 능력의 소유자인 인간을 자연 밖에 서있는 존재자가 아니라 전적으로 자연의 일부로 해석했다는 사실이다. 이와 같은 그리스의 유물론은 플라톤주의나 아리스토텔레스주의에 못지않게 합리적이었지만 세계에 내재하는 이성을 기계론적 필연성에 불과한 것으로 격하시켰으며 인간도 이런 기계론의 틀에서 이해하고자 했다. 근대문화는 스토아 철학의 자연관을 데모크리토스와 에피쿠로스의 자연관과 결합시킴으로써 근대문화의 가장 특징적인 인간이해, 즉 인간은 본질적으로 자연의 자녀라는 인간이해에 도달했다.

인간의 덕에 관한 고전적 견해는 기독교적 견해와는 달리 인간의 인격에 아무런 본질적 결함이 없다고 생각하기 때문에 낙관적이며 따라서 합리적 인간의 덕을 전적으로 신뢰하지만, 근대의 사상가들처럼 덕을 행하거나 행복할 수 있는 능력이 모든 사람에게 있다고 믿지는 않는다. 그러므로 그리스의 삶에 드리워진 우울한 분위기는 지금은 퇴조하는 부르주아 문화의 만연된 낙관주의와 첨예한 대조를 이룬다. 부르주아 문화가 고전적 세계관과 그리스적 인간관을 온전히 회복했다는 부르주아 문화의 주장에도 불구하고 말이다. 호메로스의 『일리아스』에서 제우스는 다

---

34 니체는 『비극의 탄생』(*Birth of Tragedy*)에서 그리스의 비극작가들이 그의 생철학의 대변인들이라고 조금도 거리낌 없이 주장한다. 비극의 의미는 그리스 사상에 들어 있는 아폴론적 원리와 디오니소스적 원리, 즉 합리적 원리와 생명의 원리 사이의 끝없는 충돌에 있다. 질서와 척도의 신인 제우스가 그리스 비극에서 여전히 궁극적 심판자로 남아있는 것은 중요한 사실이다.

음과 같이 선언한다. "내가 볼 때 지상에서 기어 다니고 숨을 쉬는 모든 것 중에서 인간보다 더 경건한 것은 아무것도 없다." 그리고 이런 지적은 호메로스로부터 헬레니즘 시대에 이르기까지 그리스 사상 전체에 일관되게 흐르는 경향이었다. 그리스인들을 우울증에 빠지게 한 것은 무엇보다도 인생의 무상함이었다. 그들은 영혼불멸에 관한 플라톤의 확신이나 죽음 저편에는 아무것도 없기 때문에 죽음을 두려워할 필요가 없다는 에피쿠로스의 조언에도 불구하고 이런 우울한 기분에서 벗어날 수 없었다.

아리스토텔레스는 "태어나지 않는 것이 최선이며 죽는 것이 사는 것보다 더 낫다"고 고백했으며, 우울증은 천재의 운명이라고 생각했다. 철학자들은 지혜로운 사람에게는 높은 덕이 있을 것이라는 낙관적인 확신을 가지고 있었다. 그러나 슬프게도 그들은 대중이 지혜로울 수 있다고는 믿지 않았다. 스토아 철학자 크리시포스는 오직 지혜로운 사람만 행복하다고 생각했으며, 대다수의 사람들은 어리석다고 확신했다. 스토아 철학자들은 모든 사람들이 다 신적 이성의 불꽃을 가지고 있기 때문에 모든 사람은 형제라고 생각했다. 그러나 다른 한편, 그들은 대다수의 사람들은 합리성의 은혜를 입지 못하고 있기 때문에 그들을 불쌍하게 생각했다. 따라서 그들의 평등주의는 곧 노예를 "살아있는 도구"로 경멸한 아리스토텔레스와 크게 다르지 않은 배타적 아량으로 전락하게 되었다. 세네카는 그의 훌륭한 보편주의에도 불구하고 다음과 같이 기도한다. "세상을 용서하옵소서. 그들은 모두 어리석기 때문입니다."

그리스와 로마의 고전주의 학자들은 모두 인간의 역사에 어떤 특별한 의미가 있다고 생각하지 않았다. 그들에게 역사는 일련의 순환, 즉 끝없는 반복의 장(場)이었다. 아리스토텔레스에 의하면 예술과 학문은 나타났다 사라지는 과정이 한 번으로 끝나는 것이 아니라 무한히 반복된다.[35] 제논은 세계의 종말에는 엄청난 대화재에 의해 세상이 파괴될 것이라고 예견했다. 인간과 인간의 역사에 대한 이런 비관적 견해는 플라톤주의의 한계를 훨씬 넘어서 정신과 육체를 극단적으로 분리하는 이원론적 그리스 사상의 자연스런 결과이다. 이런 비관주의는 언제나 예외 없이 '육체가 무덤이라는 신념'(σῶμα_σῆμα)[36]에까지 이르게 되었는데, 이런 신념 때문에 오늘날도 사람들은 신플라톤주의를 그리스 사상의 논리적 완성이라고 생각한다.

그리스 비극의 비관주의는 철학자들의 비관주의와는 약간 다르며, 기독교적 인생관에 가장 근접해 있다. 그러나 그리스 비극은 기독교 사상과는 달리 거기서 드러난 문제에 대해 아무런 해결책도 제시하지 않는다. 아이스킬로스(Aeschylus, 525-456 B. C.)와 소포클레스(Sophocles, 497-406 B. C)의 비극에 보면 호메로스의 전설에 나타나는 유한한 인간에 대한 제우스의 변덕스런 질투가 무절제한 인간의 열정을 제지하는 법과 질서의 궁극적 원리라는 정당화된 질투로 바뀐다. 그러나 철학자들과 달리 비극작가들은 인간의 열정을 단순한 육체적 충동 이상의 어떤 것으로 본다. 제우스에 의해 대변되는 질서와 척도의 원리는 인간의 생명에 내재하는 창조적이며 동시에 파괴적인 생명력의 저항에 끊임없이 부딪힌다. 역사의 비극은 바로 인간의 삶이 파괴적이지 않고는 창조적일 수 없다는데 있으며, 생물학적 힘이 악마적 정신에 의해 고양되고 승화된다는데 있으며, 이러한 악마적 정신은 교만의 죄를 범하지 않고는 표현될 수 없다는데 있다. 그리스 비극에 나타나는 영웅들은 언제나 그들이 죽을 수밖에 없는 존재임을 기억하고 적절한 절제수단을 지켜 'νέμεσις'(네메시스)를 피

---

35 참조, S. H. Butcher, "The Melancholy of the Greeks", in: *Some Aspects of the Greek Genius*.
36 참조, E. Bevan, *Stoics and Sceptics*, P. 100.

하라는 조언을 받는다.[37] 그러나 제우스의 기분을 상하게 하는 교만(ὕβρι
ς, 히브리스)은 역사에서 그들이 행하는 창조적 행위에 불가피하게 동반되
는 것이다. 비극적 영웅들은 바로 그들이 이런 현명한 절제의 조언을 무
시하기 때문에 영웅이다. 그런 의미에서 그리스 비극은 니체의 다음과 같
은 관찰에 대한 해설이다. "모든 행위자는 그의 행위를 과도하게 사랑한
다. 그리고 최선의 행위들은 그들에게 어울리지 않는 그런 과도한 사랑
에서 나온다. 비록 그들의 가치가 대단히 크기는 하지만 말이다."[38]

더 나아가 인간 역사의 다양한 생명력들은 단지 외적으로 제우스와
충돌할 뿐만 아니라 내적으로도 서로 충돌한다. 국가와 가정 사이의 대
립을 간단히 해결할 방도는 없다. 국가와 가정 사이의 대립은 일반적으
로 남자와 여자 사이의 갈등으로 상징되는데, 이때 여자는 정치적 공동
체와 대조되는 혈연공동체와 가정을 의미한다. 간단히 말해, 그리스 비
극에 나타나는 싸움은 신들 사이의 싸움, 즉 제우스와 디오니소스 사이
의 싸움이다. 그 싸움은 신과 악마 사이의 싸움이 아니며, 정신과 물질
사이의 싸움도 아니다. 인간의 정신은 마음의 조화시키는 힘에서 표현될
뿐만 아니라 그의 생명력에서도 표현된다. 이때 더 궁극적인 것은 합리
적 질서의 원리인 마음의 조화시키는 능력이지만 – 여기서 비극작가들은
전형적으로 그리스적이다 – 인간사에서 창조성은 오직 이런 질서를 깨
뜨리는 대가로서만 가능하다.

따라서 그리스 비극에 따르면 생명은 자신과의 내적 모순관계에 있다.
그 모순은 해결될 수 없는 모순이다. 아니 생명이 가진 생명력과 질서의

---

37 역자 주, 네메시스는 율법의 여신으로, 인간의 교만에 대한 신의 보복을 의인화한 것이
   다. 그녀는 한 손에 사과나무 가지를 들고 다른 손에는 물레바퀴를 든 모습으로 형상화
   되든가, 아니면 괴수가 끄는 전차를 탄 모습을 하고 있다.

38 *Kritik und Zukunft der Kultur*, Ch. IV, Par. 13.

원리 사이의 충돌을 해결할 단 하나의 비극적 해결책이 있을 뿐이다. 제우스는 여전히 신이다. 그러나 그리스 비극을 읽는 사람은 제우스를 무시하는 이들에게 경탄과 연민을 갖게 된다. 고전주의를 부활시켜 표면상으로는 그리스 사상의 토대에서 그들의 인간관을 수립한 근대의 사상가들은 그리스 비극에 의해 제기된 이런 뿌리 깊은 문제를 전혀 감지하지 못했다. 그들은 플라톤과 아리스토텔레스를 이해했을 수도 있고 오해했을 수도 있다. 그러나 아이스킬로스와 소포클레스의 메시지는 결코 이해되지 못했으며 오해되지도 못했다. 그 메시지는 단순히 무시되었다. 근대 문화에서 발견되는 비주류의 낭만적 기록만이 그 가치를 인정한 적이 있었고 부분적으로는 오해한 적이 있긴 했지만 말이다.

2. 기독교적 인간관

근대문화는 표면적으로는 기독교적 인간관을 전적으로 거부한다. 그러나 인간의 본성에 관한 근대문화의 견해는 기독교적 인간관에 의해 생각보다 큰 영향을 받았다. 이런 기독교적 인간관이 이 책에서 보다 충분히 분석될 것이다. 지금 우리는 기독교적 견해와 고전적 인간론의 차이를 구별함으로써 그 결과 예상되는 논의들을 간단하게 생각해 볼 필요가 있다. 고전적 견해가 그리스의 형이상학적 전제들에 의해 결정되듯이, 기독교적 견해는 기독교 신앙의 궁극적 전제들에 의해 결정된다. 하나님을 세계의 창조자로 믿는 기독교 신앙은 합리성의 규범들과 이율배반들을 초월한다. 특히 정신과 물질 사이의 이율배반과 의식과 연장(extension) 사이의 이율배반을 초월한다. 하나님은 단지 형태가 없이 미리 주어진 질료를 형상화시키는 정신이 아니다. 하나님은 생명력이면서 동시에 형식이며, 모든 존재의 근원이다. 그는 세계의 창조자이다. 이 세계는 하나님이 아니다. 그러나 하나님이 아니기 때문에 세계가 악하다고 볼 수는 없다. 세계는 하나님의 피조물이기 때문에 선하다.

인간의 본성에 관한 기독교적 견해에 근거하여 세계를 이렇게 이해하는 사람은 인간의 인격에서 영혼과 육체가 통일성을 이루고 있음을 파악할 수 있게 된다. 관념론자들과 자연주의자들도 이런 이해를 추구했지만 성공하지 못했다. 더구나 그런 세계관을 가진 사람은 정신은 본질적으로 선하고 영원하며 육체는 본질적으로 악하다고 생각하는 관념론적 오류를 범하지 않는다. 그러나 그런 세계관을 가진 사람은 또한 자연으로서의 인간에게서 선을 찾고 정신 또는 이성으로서의 인간에게서 악을 찾는 낭만주의적 오류에도 빠지지 않는다. 성서적 견해에 따르면 인간은 그의 육체와 정신이 모두 창조된 유한한 존재이다. 극단적인 합리주의적 전제에 기초한 견해는 그 전제가 합리적으로 해명될 때 즉시 모순에 빠지게 된다. 모든 것을 합리적 일관성에 의해 설명하고자 하는 이성은 진리로 인정된 하나의 전제를 설명의 원리로 삼아 다른 모든 것들을 그 원리에서 추론하게 된다. 아주 자연스럽게 이성은 자신을 바로 그런 궁극적 원리로 생각하게 되고 따라서 그 결과 자신을 신으로 선언하게 된다. 기독교 심리학과 기독교 철학은 이런 과오에서 완전히 벗어나지 못했다. 그렇기 때문에 자연주의자들은 잘못되긴 하지만 그럴듯하게 기독교 신앙을 관념론의 원천으로 간주한다.

바로 이런 이유 때문에 인간을 육체와 정신의 통일성으로 보는 성서의 견해가 종종 미발달된 유치한 히브리 심리학의 결과에 불과한 것처럼 보이게 되었다. 히브리 사상에서 보면 인간의 영혼은 그의 피에 존재한다. 그러므로 죽을 수밖에 없는 육체에 불멸의 정신이 깃들어 있다는 견해가 히브리 사상에는 전혀 없다. 모종의 구별들이 점차 형성된 것은 사실이다. 처음에는 히브리어 '루아흐'(ruach)와 '네페쉬'(nephesh)는 모두 단순히 '숨'을 의미했다. 그러나 그 단어들이 점차적으로 구별되어 '루아흐'는 정신 또는 '누스'와 거의 동의어가 되었고, '네페쉬'는 영혼 또는 '혼'과 동의어가 되었다. 그러나 그리스 사상과는 달리 이런 구분은 이원론으로까지 발전되지는 않았다. 일원론적인 성서의 견해는 아낙사고라스 이전의 그리스 사상처럼 육체(physis), 영혼(psyche), 정신(nous)을 구분하지 않는데, 그것은 단순히 발달되지 않은 심리학의 결과 때문이 아니다. 성서의 일원론은 궁극적으로 하나님을 창조자로 보는 성서와 피조물을 선하다고 믿는 기독교 신앙에서 기원되었다.

　　기독교적 인간관의 두 번째 중요한 특징은 인간이 그의 탁월한 합리적 능력이나 자연과의 관계성으로부터 보다는 오히려 하나님의 관점으로부터 이해된다는 것이다. 인간은 "하나님의 형상"으로 창조된 존재자이다. 많은 기독교 합리주의자들은 "하나님의 형상"이란 용어는 철학이 인간을 이성적 동물로 정의할 때 의도하는 것을 종교적이고 상징적으로 표현한 것에 불과하다고 주장하는 오류를 범했다. 이미 앞에서 암시적으로 언급되었듯이 인간의 정신은 무한회귀의 방식으로 끊임없이 자신을 초월하는 특수한 능력을 소유하고 있다. 의식은 세계를 관찰하는 능력이며, 통제센터로부터 행위를 결정하는 능력이다. 자기의식은 자아가 궁극적으로는 언제나 대상이 아니라 주체인 방식으로 자신을 대상화하는 보다 고차원적인 초월이다. 따라서 세계를 관찰하여 일반적 개념을 형성하고 세계의 질서를 분석해 내는 이성의 능력은 기독교에서 말하는 "영혼"(spirit)의 한 측면에 지나지 않는다. 자아는 그가 세계를 아는 한에 있어서 세계를 안다. 자아는 자기 자신과 세계를 모두 초월해 있기 때문이다. 이것은 자아가 자기 자신과 세계 너머로부터 이해될 때 이외에는 자신을 이해할 수 없음을 의미한다.

　　인간 정신의 이런 본질적인 불안정성(homelessness)은 모든 종교의 근거이다. 자기 자신과 세계를 모두 초월해 있는 자아는 자신에게서도 세계에서도 생의 의미를 발견할 수 없기 때문이다. 자아는 삶의 의미를 자연에 내재하는 인과성과 동일시 할 수 없다. 자아의 자유는 분명 자연의 필연적인 인과관계와는 다르기 때문이다. 자아는 의미의 원리를 합리성과 동일시할 수도 없다. 자아는 자기 자신의 합리적 추론과정들을 초월하여 자아의 합리적 형식들과 자연의 순환과정들과 형식들 사이에 적절한 관련성이 있는지 물을 수도 있기 때문이다. 위대한 문화들과 철학들로 하여금 합리주의를 넘어서 드디어 삶의 의미를 무조건적인 존재의 근거에서 찾도록 한 것은 바로 이런 자유의 능력이다. 그러나 인간 사유의 관점에서 볼 때 이런 절대적 존재의 근거, 즉 이런 하나님은 단지 부정적인 개념들을 통해서만 정의될 수 있다. 모든 종류의 신비주의 종교들, 특히 서구 문화에서 신플라톤주의 전통은 인간의 본성에 관한 견해에 있어서 기독교와 하나의 흥미 있는 유사성과 하나의 중요한 차이를 가진다. 기독교와 마찬가지로 그들도 인간 정신의 깊이를 자기초월능력에 의해 평가한다. 따라서 플로티노스는 '누스'를 아리스토텔레스와는 다르게 정의한다. 플로티노스에게 있어서 '누스'는 무엇보다도 자기인식 능력으로 신에게까지 도달할 수 있다. 신비주의와 기독교는 모두 인간을 신의 관점으로부터 이해한다. 그러나 신비주의는 결국 획일적인 궁극적 실체를 목표로 하기 때문에 개체성을 포함하는 특수성은 본질적으로 악하다고 생각할 수밖에 없다. 그러므로 모든 신비주의 종교들은 개체성이 신비주의에서 강조하는 바로 그런 자아의식 능력을 가지고 있어 단순한 신체적인 개체성 이상일 경우에만 개체성으로서의 가치를 인정한다. 그러나 모든 신비주의 철학자들은 결국 그들이 가장 강조하는 바로 그 개체성을 놓치고 만다. 무차별적인 신적인 존재의 근거를 지나치게 강조하여 유한한 특수성을 무시하기 때문이다.

　따라서 기독교 신앙의 견해에서 보면 의지와 인격성을 가진 하나님만이 실제적인 개체성의 유일한 가능근거이다. 비록 하나님이 자기의식의 유일한 가능조건은 아니지만 말이다. 하나님을 의지와 인격을 가진 존재자로 믿는 신앙은 자신을 계시하는 그의 능력에 대한 믿음에 의존한다. 따라서 그리스도의 계시에서 완성되는 하나님의 자기계시를 믿는 기독교 신앙은 기독교적 인격성 개념과 개체성 개념의 근거이다. 이런 신앙에 의해 인간은 자신을 하나님의 뜻을 지향하는 의지의 통일체로서 이해할 수 있다. 따라서 인간의 본성에 관한 문제는 신학이 그렇게 지속적으로 관심을 가지는 일반계시와 특수계시의 관계에 관한 많은 암시들 중 하나이다. 인간은 철저하게 자연과 이성 밖에 서있기 때문에 자연을 통해서이든 이성을 통해서이든 오해 없이 자신을 이해할 수 있다는 확신은 일반계시에 속한다. 인간의 상황을 면밀하게 분석해 보면 그런 이해에 도달하게 된다는 의미에서 말이다. 그러나 인간에게 하나님에 관한 더 이상의 계시가 없다면 그는 자연과 이성의 조건들에서 벗어나고자 할 때 자신을 오해할 것이다. 그는 결국 전부이면서 동시에 무인 절대적인 신적 실재와의 합일을 추구할 것이다. 자신을 참으로 이해한다는 것은 그가 자신 저편으로부터 이해된다는 믿음, 즉 그가 하나님에게 알려지고 그에게 사랑을 받으며 하나님의 뜻에 순종함으로써 자신을 발견해야 한다는 믿음과 함께 시작하는 것을 의미한다. 하나님의 뜻과 인간 의지의 이런 관계는 인간이 하나님인 체 하지 않고 하나님과 관계를 맺을 수 있게 해준다. 그리고 인간의 본성이 악한 것은 그가 유한하기 때문이라고 믿지 않고도 피조물로서 하나님과 그의 거리를 인정할 수 있게 해준다. 자연주의가 주장하고 싶어 하듯이 육체를 가지고 역사 속에서 살 수밖에 없는 인간의 유한한 실존은 이론의 여지없이 확실하다. 그렇지만 인간 정신의 탁월성은 관념론이 평가하는 것보다 훨씬 더 위대하다고 할 수 있다. 물론 언제나 인간과 하나님 사이의 본질적인 차이는 잊지 말아야 한다. 뿐만 아니라 정신과 육체의 통일성은 정신과 육체를 동시에 창조한 창조자이자 구원자와의 관계에서 보면 더욱 보다 분명해진다. 이상의 내용들은 인간에 관한 기독교적 지혜의 초이성적 기초들이며 전제들이다.

그렇지만 인간의 본성에 관한 이런 견해는 완전한 기독교적 인간관은 아니다. 기독교 사상에서 "하나님의 형상"이란 개념에 내포된 인간의 존엄성에 관한 높은 평가는 인간의 덕에 관한 저평가와 이율배반적인 관계에 있다. 인간은 죄인이다. 인간의 죄는 하나님에 대한 반역이라 한다. 기독교가 인간의 악을 그처럼 심각하게 생각하는 것은 바로 인간의 인격 한 가운데 악이 있다고 보기 때문이다. 우리는 이런 악이 인간의 유한성 때문에 생긴 불가피한 결과라고 생각하거나, 인간이 자연의 우연성과 필연성에 연루된 결과라고 간주하여 위안을 삼아서는 안 된다. 죄는 인간이 그의 "피조성"을 거부하고 자신이 삶의 총체적 통일성의 한 요소에 불과함을 인정하지 않는다는 바로 그 사실에서 기원되었다. 인간은 과대망상에 사로잡혀 있다. 인간은 합리주의적 이원론과 신비주의적 이원론에서처럼 그의 죄는 그의 참 자아가 아닌 곳, 즉 육체적 필연성과 연루된 그곳에 거주하기 때문에 자신과 무관하다고 간단히 무시해 버릴 수도 없다. 기독교에서는 유한한 인간을 심판하는 이는 영원한 인간이 아니다. 죄인을 심판하는 이는 영원하고 거룩한 하나님이다. 뿐만 아니라 구원도 점진적으로 유한성을 탈피하는 영원한 인간의 능력에 있지 않다. 인간은 본질적 인간이 비본질적 인간으로부터 벗어날 수 있도록 그렇게 자기분열적인 존재자가 아니다. 인간은 그의 참 본질의 내적 조건들에서 볼 때 자기 모순적 존재자이다. 그의 본질은 자유로운 자기결정이다. 그의 죄는 자유의 남용과 그 남용의 결과에 따른 파괴이다.

인간은 개체이지만 자기충족적인 존재는 아니다. 인간 본성의 법은 사랑, 즉 그의 생명의 신적인 중심이자 원천에 복종할 때 맺어지는 생명과 생명의 조화로운 관계이다. 인간이 스스로를 자기 생명의 중심이자 원천이라고 생각할 때 이 법은 손상된다. 그러므로 인간의 죄는 육욕적이 아니라 정신적이다. 비록 반역의 역병이 정신으로부터 육체에까지 퍼져 신체의 조화도 흐트러지게 하지만 말이다. 다시 말해, 인간이 죄인인 것은 그가 전체 속에 제한된 하나의 개체이기 때문이 아니라, 전체를 개관할 줄 아는 바로 그 능력에 의해 자신이 전체라고 터무니없는 상상을 하기 때문이다.

　인간의 생명력이 불가피하게 도를 넘어 표출된다는 사실은 기독교 신앙의 전제들이 없이도 관찰될 수 있다. 이런 사실이 그리스 비극에서 분석되었다는 것은 이미 언급되었다. 그러나 기독교 신앙의 전제들이 없다면 인간 자신의 내면에 있는 죄의 근원을 발견하는 것은 불가능하다. 그리스 비극에 의하면 인간의 악은 생명력과 형식 사이의 대립, 즉 디오니소스와 올림포스 신들 사이의 싸움의 결과이다. 하나님이 인간 저편으로부터 그리고 생명력과 형식의 대립 저편으로부터 인간에게 자신을 계시하는 계시종교에서만 인간은 자신의 내부에 있는 죄의 뿌리를 발견할 수 있다. 인간의 본질은 자유인데, 바로 그 자유에서 죄가 범해진다. 그러므로 죄는 인간의 본질에 내재하는 어떤 결함 때문이라 할 수 없다. 죄는 인간이 자유를 가진다는 사실에 의해 가능하게 되지만 그로부터 필연적으로 따르는 것은 아니기 때문에 하나의 자기모순으로 이해되어야 한다.

　그러므로 기독교는 불가피하게 양심의 가책을 종교적으로 표현하는 종교가 될 수밖에 없다. 오직 기독교 신앙 안에서만 인간은 자신의 내부에 악이 실재함을 이해할 수 있을 뿐만 아니라, 그 악을 자기 이외의 어떤 것에게 전가하는 오류를 피할 수 있다. 물론 인간은 그가 처해있는 상황에 의해 유혹을 받는다. 그는 자연과 정신의 교차점에 서있다. 정신의 자유는 인간으로 하여금 자연의 조화를 깨뜨리게 하고, 정신의 교만은 새로운 조화를 수립하지 못하도록 방해한다. 정신의 자유는 인간이 자연의 힘과 작용을 창조적으로 이용할 수 있게 해준다. 그러나 인간의 유한한 실존의 한계를 인지하지 못하면 인간은 자연과 이성의 형식과 속박을 무시하게 된다. 인간의 자아의식은 크고 포괄적인 세계를 지향하는 높은 탑이다. 인간의 자아의식은 그가 바라보는 것은 큰 세계이지 세계의 흔들리는 모래밭 한가운데 불안하게 세워진 좁은 탑이 아니라고 헛된 상상을 한다.

　이 책의 목적들 중 하나는 죄에 관한 기독교적 견해의 의미를 보다 충분히 분석하고 양심의 가책이 기독교에서 어떤 방식으로 표현되었는지 설명하는 것이다. 지금은 인간의 본성에 관한 기독교적 견해가 인간의 높은 위상을 주장하면서 동시에 인간의 악에 관해 다른 인간론보다 더 심각하게 생각하는 역설에 빠져 있다는 사실을 기록하는 것으로 충분하다.

3. 근대의 인간관

근대적 인간관은 고전적 요소, 기독교적 요소 그리고 독특한 근대적 요소가 종합되어 형성되었다. 근대적 인간관에서는 고전적 요소가 전형적인 고전적 합리주의인 플라톤과 아리스토텔레스의 합리주의로부터 비교적 자연주의적인 합리주의로 이행하는 경향이 있다. 즉, 그리스 사상의 고전적 시기에는 주목을 받지 못했던 에피쿠로스와 데모크리토스의 자연주의가 근대에는 지배적인 사상이 된다. 이런 근대적 자연주의는 인간을 '피조물'로 보는 기독교의 인간관과는 일치하지만, 인간을 피조물과 죄인으로 보는 기독교적 인간관에 반대하여 초기 르네상스가 강조했던 "하나님 형상"으로서의 인간관과는 모순된다. 근대의 인간관에는 인간의 본성에 관해 고전적 개념, 기독교적 개념 그리고 독특한 근대적 개념이 기묘하게 합성되어 있기 때문에 여러 가지 문제들과 혼란이 발생하였다. 이런 문제들과 혼란들은 다음과 같이 요약될 수 있을 것이다. (1) 인간의 본성에 관해 근대의 사상들에서 발견되는 관념론적 합리주의와 자연주의적 합리주의 사이의 내적 모순과, 합리주의자들과 – 그들이 관념론적 합리주의자들이이든 아니면 자연주의적 합리주의자들이든 – 생기론(vitalism) 및 낭만주의 사이의 내적 모순. (2) 근대의 역사에서 널리 확산된 인간의 본성에 관한 근대문화의 확신들, 특히 개체성에 관한 확신. (3) 인간의 본성에 관한 확신, 특히 기존의 역사적 사실들과 모순되는 인간의 선함에 관한 확신.

(1) 근대문화에서 미해결로 남은 이율배반들 중 하나는 관념론자들

과 자연주의자들의 모순된 주장이다. 관념론자들은 기독교에서 주장하는 인간의 피조성에 관한 교리와 죄에 관한 교리를 모두 거부한다. 이것이 르네상스의 일반적인 분위기였다. 인간론에 관한 르네상스의 사상은 플라톤 사상, 신플라톤 사상과 스토아 철학에 의해 결정적인 영향을 받아 형성되었기 때문이다. 브루노는 인간 자아의식의 무한성을 확립하고자 했다. 공간의 무한성은 단지 정신의 이런 무한성이 그의 범신론적 체계에서 '유비적으로 표현된 것'(analogue)에 불과하다. 그는 코페르니쿠스의 천문학에 의해 성취된 업적들을 높이 평가한다. 코페르니쿠스는 "작은 창문을 통해서만 별을 볼 수 있었던 감옥으로부터 우리의 지식을 해방시켰기" 때문이다. 마찬가지로 레오나르도 다빈치는 자연의 신비를 드러내어 자연의 질서와 규칙적인 순환운동을 밝히는 수학적 방법론은 위대한 인간 정신의 결실이자 상징임을 입증하는데 더 많은 관심을 가지고 있었다. 수학적 방법론이 자연을 지배하는 수단임을 입증하기 보다는 말이다. 페트락(Petrach)에 의하면 인간은 자연이란 거울 속에서 자신의 진정한 위대성을 발견한다.

그렇지만 르네상스에는 마침내 18세기의 자연주의적 합리주의에서 구체화된 하나의 희미한 징후가 있었다. 프랜시스 베이컨의 자연에 대한 관심과 인간을 그의 자연적 차이의 다양성에서 이해하고자 한 몽테뉴의 시도가 바로 그런 징후였다. 베이컨은 "인간 정신의 탁월성", 즉 브루노가 인간성의 본질적 특징이라고 찬양한 무한성에 대한 바로 그 동경이 과학의 냉철한 귀납적 방법론을 가지고 "원인들을 탐구하는데 가장 방해가 되지" 않을까 걱정했다. 따라서 근대문화는 초기 르네상스 시대의 본질적 플라톤주의로부터 데카르트와 스피노자와 17세기의 스토아주의로 일대 변혁이 일어났으며, 다음에는 18세기의 보다 급진적인 유물론적이고 데모크리토스적인 자연주의로 이행되었다. 근대인은 결국 자연과의 관계에 의해 자신을 이해하고자 했다. 그러나 근대인은 자연에 내재하는 이성과 인간에 내재하는 이성의 관계에 관해 스토아 철학자들보다 훨씬 더 애매한 입장을 취했다. 프랑스 계몽운동의 사상은 이런 혼란의 극치였다. 이런 자연주의에 대한 관념론적 반작용은 독일 관념론에서 발견될 수 있다. 독일 관념론에서는 칸트를 예외로 하면 이성과 자연이 플라톤주의에서보다 더 부당하게 동일시되었다. 근대문화의 원천인 데카르트는 인간을 순전히 사유의 관점에서 파악하고 자연을 기계론의 관점에서 파악했으며 그 둘 사이의 어떤 유기적 통일성도 발견하려고 하지 않았다. 따라서 데카르트는 근대성의 모순들과 터무니없는 생각들을 모두 자기 안에 지니고 있었다.

사회사적 관점에서 보면 인간을 피조물과 죄인으로 보는 기독교적 인간관에 대한 관념론적 반발로부터 인간을 "하나님의 형상"으로 보는 인간관에 대한 자연주의적 반발로 이행하는 이런 근대사상의 과정은 범속한 물질주의적 인간의 어처구니없는(anti-climactic) 역사로 설명될 수도 있을 것이다. 중산층 세계는 자연을 지배하는 인간 정신의 능력에 대한 과신과 함께 시작된다. 그러나 범속한 물질주의와 기술 세계는 중세의 인간이 그가 실제로는 자연에 의존하고 있음을 인정하면서도 자연을 정신적으로 초월할 때 궁극적 기준으로 삼았던 그것을 파괴한 후 결국 자연의 확실성과 안정성에서 은신처를 찾게 되었다. 근대의 자본주의는 실제로 관념론적이면서 동시에 자연주의적인 양면성을 동시에 가진다. 자본주의 정신은 자연이 잘 살 수 있도록 모든 것을 보장해 주는 부의 보고라고 간주하여 자연을 부적절하게 개발하는 정신이다. 인간은 자연을 지배한다. 그러나 자본주의의 사회조직은 적어도 이론적으로는 자연이 인간을 지배한다는 소박한 믿음과 자연의 예정된 조화는 인간의 기획이 어떤 심각한 파국에 휘말리지 않도록 해 줄 것이라는 소박한 믿음에 의존한다.

　관념론적 합리주의와 자연주의적 합리주의 사이의 대립은 또 다른 요인에 의해 더욱 복잡하게 되었다. 그 요인은 인간의 본질을 생명력이라고 생각하며 창백한 이성이나 기계론적 자연 어느 것도 인간의 진정한 본질에 결정적인 요소는 아니라고 보는 낭만주의적 자연주의자들의 반론이다. 이런 낭만주의적 인간이해는 몇 가지 측면에서 근대의 인간관에서 가장 새로운 요소이다. 그런 낭만주의적 인간이해는 고전적 인간론이나 기독교적 인간론에서는 거의 발견되지 않기 때문이다. 낭만주의적 인간이해의 가장 비극적인 결과는 근대의 파시즘이다. 마르크스의 사상은 인간론의 유형을 더욱 복잡하게 만들었다. 왜냐하면 마르크스는 인간의 존재를 무엇보다 생명력의 관점에서 해석하였으며, 인간 자신의 유한성을 깨닫지 못하는 합리적 인간의 허세를 올바로 지적하였기 때문이다. 그러나 바람직한 인간은 생명과 생명 그리고 이익과 이익의 가장 놀라운 합리적 결합에 의해 통치될 사회를 건설할 것이다. 합리주의와 낭만주의 사이의 대립은 모든 가능한 종교적 정치적 함수관계 때문에 우리 시대의 가장 중요한 이슈들 중 하나가 되었다. 간단히 말해, 근대인은 자신을 무엇보다 그가 가진 이성의 탁월함이란 관점에서 이해할 것인지 아니면 자연과의 유사성이란 관점에서 이해할 것인지 결정할 수 없다. 그리고 만일 후자의 관점이라면 인간의 본질을 결정하는 실제적인 단서가 자연의 순수한 질서와 평화인지 아니면 자연의 생명력인지 결정할 수 없다. 따라서 근대인이 확신하는 것들 중 일부는 서로 상충된다. 그리고 근대문화가 그런 이슈들을 다룰 때 전제하는 것들의 한계 내에서 그런 대립이 해소될 수 있는지에 대해 물음이 제기될 수도 있다.

　(2) 근대문화에서 개체성 개념은 자신에 관한 근대인의 확신들 중에서 역사가 흐르면서 점차로 희미하게 사라진 그런 유의 확신에 속한다.

르네상스 시대에 개체성에 대한 특별한 강조는 분명 기독교적 토양에서만 성장할 수 있었던 하나의 꽃이었다. 왜냐하면 르네상스는 외견상 고전문화로의 회귀였는데, 고전문화에는 개체성에 대한 이런 강조가 전혀 없었기 때문이다. 이탈리아 르네상스는 신플라톤의 개념들을 사용하여 인간의 존엄성과 자유에 관한 자신의 사상을 수립했다. 그러나 만일 기독교적 관념들이 전제되지 않았다면 신플라톤주의의 이런 개념들도 개체성 관념을 산출해 낼 수는 없었을 것이다. 르네상스의 특별한 목적은 신의 예정에 관한 기독교 교리에 반대하여 인간 정신의 자유를 확립하는 것이었다.[39]

피코 델라 미란돌라는 플라톤주의에서 이끌어낸 개념들에서 인간 정신의 자유를 극도로 찬양했다. 피코에 따르면 하나님이 인간에게 다음과 같이 말했다.

"만일 우리가 너에게 부여해 준 의지에 의해 네가 받아들이지 않는 한 너는 어떤 것에도 전혀 속박되지 않는다. 나는 너를 세상의 중심에 세워놓았다. 네가 보다 쉽게 주위를 돌아보고 그 안에 있는 모든 것을 바라볼 수 있도록 하기 위해서 말이다. 나는 너를 세속적 피조물로 창조하지 않았고 거룩한 피조물로도 창조하지 않았으며, 죽을 수밖에 없는 존재로 창조하지도 않았고 불사의 존재로 창조하지도 않았다. 그러므로 너는 너 자신의 창조자가 될 수 있으며 네가 어떤 형태를 취하고 싶든 그것을 선택할 수 있을 것이다."

---

[39] 이와 관련하여 중요한 몇몇 문서들에는 다음과 같은 것들이 있다. 마네티(Manetti)의 *De dignitate, ex exellentia hominis;* 발라(Valla)의 *De libero arbitrio;* 폼파나치(Pompanazzi)의 *De fato, libero arbitro et predestinatione;* 피코 델라 미란돌라(Pico della Mirandola)의 *Oratio de hominis dignitate.*

르네상스는 인간의 탁월성과 인간 정신의 자유를 강조함으로써 인간이 의존적이고 연약하다고 보는 기독교 사상에 저항하기 위해 고전적 사상을 이용하지만, 고전주의에는 르네상스가 그토록 소중하게 생각하는 개체성 개념을 떠올리게 할 만한 내용이 전혀 없다. 개체성 개념은 부분적으로는 기독교의 유산이며, 부분적으로는 역사와 전통을 고수하는 중세 세계의 결속력과 전형적 패턴들과 속박들로부터 부르주아적 개인이 출현한 결과였다. 이런 부르주아적 개인은 자신이 자기 자신의 운명의 주인이라고 느꼈으며, 따라서 고전적 삶과 중세적 삶의 특징인 종교적 결속과 정치적 결속을 모두 참을 수 없었다. 사회적 관점에서 보면 부르주아적 개인은 그가 중세의 결속들을 파괴함으로써 이런 개체성을 확립하자마자 곧 그 개체성을 상실하게 되었다고 말할 수도 있을 것이다. 그는 자신이 농경세계에서 알려진 어떤 것보다 더 사람을 노예로 만드는 기계적 상호의존성과 집단성을 창조하는 기술문명의 숙련공임을 발견하였다. 더 나아가 부르주아적 개인주의가 상상하듯이 그렇게 완전하고도 철저하게 개인일 수 있는 사람은 아무도 없다. 그가 농경사회의 유기적 형태의 개인이든 아니면 기술사회의 보다 기계적 형태의 개인이든 간에 말이다.

철학적 쟁점들과 관련하여 볼 때 부르주아적 개인주의는 그것이 최초로 표현된 플라톤주의와 신플라톤주의에서는 물론이고 18세기와 19세기의 자연주의에서도 확실한 토대를 가지지 못했다. 관념론은 인간의 자유와 자연에 대한 초월성을 강조하지만, 결국은 합리적 개념의 보편성과 궁극적으로는 신적 존재자의 무차별적 전체성에서 개인을 상실한다. 자연주의는 자연의 다양성과 특수성을 강조한다. 따라서 몽테뉴는 지형적 다양성의 영향으로 형성된 다양한 형태의 사회적 도덕적 관습들을 묘사하는데 관심을 가지고 있었다. 그러나 자연에서 발견되는 다양성을 개체성이라 할 수는 없다. 순수한 정신이나 순수한 자연 어디에도 개체성을 위한 자리는 없다. 관념론이 절대적 정신에서 개체성을 상실하듯이, 자연주의는 그 문제를 심리학적으로 다룰 때에는 "의식의 흐름"에서 개체성을 상실하고, 사회적으로 생각할 때는 "운동의 법칙"에서 개체성을 상실한다. 따라서 부르주아의 자유주의적 관념론이 정치적으로 와해되어 파시즘적 전체주의와 마르크스주의적 전체주의에 굴복하였듯이, 르네상스의 개인주의와 18세기의 개인주의는 문화적으로 흩어져 소멸되었다. 순수한 개체성은 단지 인간의 개체성이 역사에서 일어나는 모든 유기적 형태들과 사회적 긴장들과 직접적으로 연루되어 있음을 인정하면서도 그 개체성이 자기초월이란 최고의 단계에 도달하면 모든 사회적 상황과 역사적 상황을 궁극적으로 초월하게 된다고 높이 평가하는 종교적 전제들에 의해서만 보존될 수 있다. 인간을 피조물이면서 동시에 하나님의 자녀라고 주장하는 역설은 개체성 개념의 필연적의 전제로, 역사의 압력에 저항할 수 있을 만큼 충분히 강하며 사회적 삶의 유기적 결속을 수용할 만큼 충분히 현실적이다.

(3) 근대 인간학의 마지막 특징은 그 인간학이 악의 문제를 낙관적으로 다룬다는 사실이다. 근대인은 본질적으로 낙관적인 도덕관념을 가지고 있었다. 그리고 근대문화의 다양하고 조화를 이루지 못하는 특징들에도 불구하고 근대인은 인간을 죄인으로 보는 기독교적 견해에 대해서는 일치되게 반대하였다. 근대인은 인간이 그의 인격 한 가운데에서, 즉 그의 의지에서 죄성을 가진다는 생각을 전적으로 거부했다. 근대인이 기독교의 복음을 전적으로 부적절하다고 생각하게 만든 것은 바로 이런 거부감이었던 것처럼 보인다. 이런 거부감은 기독교 복음을 신뢰할 수 없다는 어떤 확신보다 훨씬 더 중요한 사실이다. 만일 근대문화가 인간을 무엇보다 그의 탁월한 합리적 능력에서 파악한다면, 근대문화는 인

간이 자연적 충동들과 자연적 필연성들에 연루되어 있음에서 악의 뿌리를 발견했다. 그렇다면 근대문화의 목표는 인간의 이성 능력을 고양시킴으로써 이런 자연적 충동들과 자연적 필연성들로부터 인간을 자유롭게 하는 것이다. 이렇게 본질적으로 플라톤적인 관념이 은연중에 많은 사회학 이론들과 교육학 이론들에 영향을 끼쳤다. 그 이론들이 외견상 자연주의적으로 보이고 플라톤적인 것처럼 보이지 않을 때조차도 말이다. 다른 한편, 만일 근대문화가 인간을 무엇보다 자연과의 관련성에서 파악한다면, 그 문화는 인간을 자연의 조화와 고요함과 순수한 통일성으로 돌아가게 함으로써 그의 영적 삶을 지배하는 악마적 카오스로부터 인간을 구출하고자 한다. 바로 이런 점에서 프랑스 계몽운동의 기계론적 합리주의와 루소의 낭만주의는 공동의 기반에 서있는 것처럼 보인다. 이성적 인간이나 자연적 인간 모두 본질적으로 선하다고 이해된다. 구원을 위해 유일하게 필요한 것은 인간을 자연의 카오스로부터 정신적 조화의 단계로 고양시키거나 정신의 카오스로부터 자연의 조화로 낮아지게 하는 것이다. 구원의 전략들이 그렇게 완전히 서로 모순된다는 바로 그 사실은 근대인이 그의 삶에서 악의 문제를 해결하는데 얼마나 무관심했는지 말해준다.

근대 낙관주의의 또 다른 결과는 발전을 표방하는 역사철학이다. 자연 자체에 내재하는 힘에 의해서이든, 이성의 점진적 확장에 의해서이든, 아니면 성직과 군주정부와 사회의 계급갈등과 같은 악의 특별한 근원들을 제거함으로써든 근대인은 모종의 완전한 사회가 건설될 것이라고 기대했다. 발전을 지향하는 근대의 그런 발전 이념은 많은 요소들이 복합되어 형성되었다. 특히 중요한 것은 근대문화가 전혀 의식하지 못했던 한 요소를 생각해 보는 것이다. 발전의 이념은 오직 기독교 문화의 토대에서만 가능하다. 그 이념은 역사를 무의미하게 보는 그리스의 역사관과는 달리 역사를 유의미한 것으로 보는 히브리적인 역사관과 성서의 묵시록이 세속적으로 해석된 것이다. 그러나 인간이 죄인임을 가르치는 기독교 교리가 무시되어 배제되었기 때문에 기독교 철학에 들어있는 복잡한 요소는 제거되고 단순한 역사해석의 길이 열리게 되었다. 이런 단순한 역사해석은 역사를 가능한 한 생물학적 과정과 관련시켜 생각하기 때문에 인간의 고유한 자유를 제대로 설명하지 못하며 인간의 자유에 대한 악마적 남용도 막지 못한다.

물론 이런 낙관주의에 대한 비관적인 반작용들도 있었다. 홉스의 기계론적 자연주의와 니체의 낭만주의적 자연주의에는 철저한 비관주의가 정교하게 체계화되어 있었다. 니체 사상의 근대적 열매들 중 하나는 프로이드의 비관론이다. 프로이드는 결코 인간의 본성이 선하다고 생각하지 않는다. 그렇지만 이런 비관론에는 아무런 양심의 가책도 없다. 기독교 사상이 죄의 근원으로 간주하고 부르주아적 자유의지론에서는 새로운 교육이나 새로운 사회조직에 의해 제거되어야 할 결함으로 간주되는 이기심과 권력의지가 프로이드에게는 정상적이고 규범적인 것으로 간주된다. 홉스는 권력의지를 수용했고 니체는 찬양했다. 홉스는 개인의 이기심을 통제할 하나의 정치적 관점을 제시했지만[40], 국가에서 구체화된 집단이기주의를 통제할 수단은 제시하지 않았다. 니체의 새로운 가치평가에서는 인간의 삶에서 삶과 삶 사이의 갈등을 조장하는 특징들이 가장 이상적인 것으로 찬양되었다. 홉스의 냉소주의와 니체의 허무주의가 현대의 정치적 삶에 끼친 치명적인 결과들은 도처에서 분명하게 발견된다.

---

40 역자, 홉스에 의하면 인간은 자연적 상태에서는 개인의 이기심 때문에 만인의 만인에 대한 투쟁 상태에 처하게 되는데, 이런 무질서를 통제하기 위해 인간은 계약에 의해 국가를 만들었다. 개인의 이기심을 통제할 정치적 관점이란 바로 이런 사회계약을 가리킨다.

근대성의 혼란을 밝혀줄 수 있는 하나의 가능한 광원으로서 기독교적
인간관이 적절함을 확인하기 위해 우리는 이 장에서 간략하게 언급된 근
대문화의 문제점들을 다음의 세 장들에서 보다 충분히 생각해야 한다.

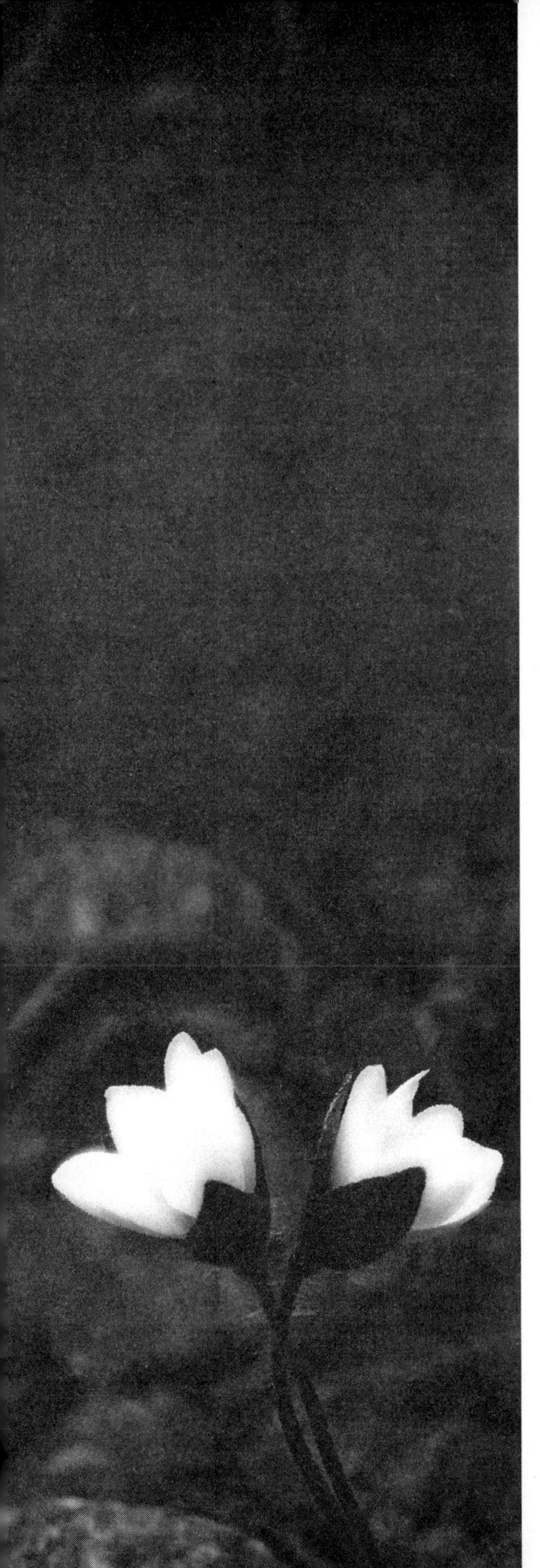

2장

인간의 본성에 내재하는 생명력과 형식

2장

인간의 본성에 내재하는 생명력과 형식

모든 피조물은 특정한 통일성과 질서와 형식의 한계 내에서 왕성한 생명력을 표현한다. 동물은 동물 특유의 단호한 생존의지를 가진다. 그러나 그 의지의 생존전략은 - 그 의지가 개체의 생존을 위한 의지이든 아니면 종의 생존을 위한 의지이든 - 그 동물이 속한 종과 유의 특유한 존재형식에 따라 다양하게 표현된다. 따라서 생명력과 형식은 창조의 두 가지 양상이다. 인간의 존재는 분명 그의 창조적 능력에 의해 동물과 구별된다. 제한적이긴 하지만 인간은 자연의 형식들을 깨뜨리고 새로운 형태의 생명력을 창조한다. 인간은 자연의 과정을 초월할 수 있는 능력을 가지기 때문에 기존의 생명력 형식과 통일성을 개조할 수 있다. 이것이 바로 역사는 없고 단지 기존의 형식 내에서 끝없이 반복되기만 하는 자연과 달리 점진적으로 형식을 개조해 나가는 인간 역사의 기본원리이다.

인간은 한편에서는 자연의 형식들에 깊이 연루되어 있지만, 다른 한편에서는 그 형식들로부터 자유롭기 때문에, 즉 인간은 성적, 인종적 그리고 (비교적 적은 정도이긴 하지만) 지리적으로 미리 결정된 조건들을 불가피한 운명으로 받아들여야 하지만 그럼에도 불구하고 어느 정도는 자연의 생명력과 통일성을 조정할 수 있기 때문에 인간의 창조성에 관한 문제는 대단히 복잡하다. 인간의 입장에서는 다음과 같은 4가지 조건들이 고려되어야 한다. (1) 자연의 생명력(자연의 충동과 추진력), (2) 자연의 형식과 통일성, 즉 특정한 본능 및 자연적 결속과 자연적 차이의 형식, (3) 제한적이기는 하지만 자연적 형식을 초월할 수 있고 생명력에 방향을 지시하고 수정할 수 있는 정신의 자유, (4) 정신의 창조적 능력, 즉 새로운 영역의 질서를 창조할 수 있는 정신의 능력.

이상의 4가지 요인들은 모두 인간의 창조성과 관계가 있으며 간접적으로는 인간의 파괴성과도 관계가 있다. 창조성은 언제나 생명력과 형식을 포함한다.[41] 자연과 정신은 모두 생명력과 형식을 자원으로 가진다. 자연의 자원은 비교적 부정적일 수도 있다. 자연의 생명력과 형식은 인간에 고유한 창조성을 적극적으로 실천하는 능력이라기보다는 오히려 그 창조성의 절대적 전제조건이다. 그러나 그것들이 무시될 수는 없다. 마찬가지로 4요소들은 모두 인간의 파괴성과도 관련이 있다. 비록 자연의 생명력과 통일성이 인간의 파괴성에서 정신의 생명력과 통일성보다 더 부정적인 역할을 할 수도 있긴 하지만 말이다. 예를 들면, 자연적인 성적 충동은 파괴적인 성적 탈선의 부정적 힘이긴 하지만 동시에 모든 고차원적인 혈통조직 형식들의 절대적 조건이기도 하다. 마찬가지로 종족과 인종의 자연적 결속은 고차원적인 정치적 창조의 기초이면서 동시에 인종 간의 무정부상태와 국제적 무정부상태를 야기하는 부정적인 요인이기도 하다.

---

41 여기서 생명력과 형식은 실러(Schiller)의 표현을 빌면 "형식충동"(Formtrieb)과 "질료충동"(Stofftrieb)을 말한다. 물론 생명력을 순수한 자연적 역동성, 즉 질료충동과 동일시한 것은 실러의 낭만주의적 경향 때문이다.

　근대문화는 특히 합리주의와 낭만주의 사이의 논쟁과정에서 생명력과 형식이 가지는 다양한 형태의 문제들을 드러내 보여주었으며, 자연과 정신이 나름대로 생명력과 형식에 기여한 다양한 양상들도 드러내 보여주었다. 그러나 그 문제와 관련하여 어떤 만족할 만한 해결책도 제시할 수는 없었다. 왜냐하면 인간에 관한 근대문화의 해석들은 실재성의 한 측면을 전체의 해석원리로 간주하는 관념론적인 형이상학 이론과 자연주의적인 형이상학 이론에서 기원되었기 때문이다. 인간에 관한 근대문화의 이론들은 이들 두 종류의 형이상학 이론들을 토대로 하여 형성되었다. 관념론은 너무 소박하게 정신을 이성과 동일시했고, 이성을 신과 동일시했다. 그러므로 관념론에서는 본질적 인간이란 합리적 인간이며, 그의 이성은 생명력과 형식 모두의 원천이든가 자연의 무질서한 생명력을 순수한 창조성으로 변환시키는 질서와 형식의 원천이다. 정신이 파괴적일 수 있다는 생각은 관념론에서는 원천적으로 불가능했다. 이성으로서의 정신은 질서의 참된 원리로 간주되었기 때문이다.

　관념론적 합리주의와 반대로 낭만주의는 인간에게 고유한 창조성의 원천으로서 자연적 생명력이 가장 중요하다고 강조하든가 아니면 질서와 덕의 원천으로서 자연적 통일성과 형식의 의미를 강조했다. 그러나 낭만주의는 그가 그렇게 찬양하는 자연적 생명력에 정신의 자유가 얼마나 영향을 끼쳤는지 인식하지 못했으며, 자연의 통일성과 결속이 인간의 자유에 의해 얼마나 필연적으로 수정되는지 깨닫지 못했다. 따라서 생명력과 형식의 문제는 부분적 진리와 부분적 진리가 대결하는 끝없는 논쟁의 원인이었다. 근대문화는 이런 오해로부터 발생하는 혼란을 피할 수 없었다. 이런 혼란은 생명력과 형식을 모두 초월하는 해석원리를 가진 기독교 문명, 부패하지 않은 순수한 기독교 문명의 쇠퇴 때문이었다. 기독교 신앙의 하나님은 세상의 창조자이다. 그의 지혜는 형식의 원리, 즉

'로고스'이다. 그러나 창조는 단순히 원초적 카오스가 로고스에 의해 정돈된 것이 아니다. 하나님은 질서의 근원이면서 동시에 생명력의 근원이기도 하다. 질서와 생명력은 하나님 안에서 하나의 통일성을 이룬다. 기독교 신앙에서 삼위일체의 제2의 위격과 동일시된 로고스도 단순한 질서로서의 로고스 이상이다. 그리스도는 하나님을 그의 대속의 생명력에서 계시하는 ─ 이 계시는 창조된 질서의 계시를 초월하는 계시이다 ─ 대속자이다. 실제로 "세계는 그에 의해 창조되었다." 그는 원형, 즉 창조의 로고스이다. 그러나 그는 또한 타락한 세계를 그것이 창조될 때의 원형으로 회복시키는 대속의 의지를 계시한다.

하나님의 의지와 지혜의 통일성에 대한 이런 믿음에 따라 인간은 자연적이고 영적인 인간의 생명력이 하나님의 질서지우는 의지에 따라 정돈된 의지의 통일성으로 해석된다. 인간 이성의 모형이 아니라 오직 하나님의 의지만이 형식과 질서의 원리일 수 있으며, 따라서 인간의 삶은 그 원리에 합치되어야 한다. 그런 의미에서 기독교 신앙은 모든 관념론을 거부하고, 관념론에 대한 낭만주의적이고 유물론적인 저항에 동참한다. 기독교 신앙에 따르면 인간 이성의 형식과 통일성과 원형은 본질적으로 역사적 상대성과 불가분의 관계에 있다. 기독교 신앙의 관점에서 보면 그렇지 않다고 생각하는 것이 바로 교만하게도 자신의(인간 정신의) 논리적 일관성과 합리적 통일성 체계를 절대적이라고 주장하는 인간 정신의 본질적인 죄이다.

한편, 자연적 생명력은 그 자체가 악은 아니다. 그러므로 구원의 본질은 자연적 충동을 억제하거나 초월하는데 있지 않다. 서구 문명에서 역사적 행위가 동양에 비해 월등히 역동적이었던 것은 바로 기독교의 이런 주장이 그 원인이다. 일단 생명력과 형식의 기독교적 통일성이 와해된다면 낭만주의적 생기론은 이런 역동적 생명력의 쇠퇴현상으로 간주되거나 아니면 자연적 형식과 통일성을 소박하게 강조하는 것으로 간주되어야 한다. 낭만주의적 생기론은 또한 은연중에 기독교 문화에 들어와 자리 잡은 고전적 인간론에 대한 부분적으로는 타당한 저항으로 간주되어야 한다. 이렇게 합리주의적으로 해석된 기독교는 인간의 내면에 있는 자연적 생명력의 가치를 제대로 파악하지 못했으며, 모든 창조성을 너무 단순하게 인간의 이성능력에 돌리는 경향이 있었다. 고전주의에 대한 낭만주의의 저항은 무엇보다 기독교에 대한 저항으로 나타났다. 이것은 불가피한 현상이었다. 관념론적으로 왜곡된 기독교는 기독교 시대에 이미 고전적 전통을 전달하는 도구가 되어 있었기 때문이다. 그럼에도 불구하고 성서적 기독교에는 낭만주의에 들어있는 옳은 점을 구체화하고 관념론과 합리주의에 들어있는 잘못된 점을 논박하는 요소들이 있다.

이런 요소들이 기독교 전통으로부터 분리될 때 낭만주의적 저항은 공허하고 원시적이 되는 경향이 있다. 그렇게 되면 낭만주의적 저항은 모든 형식과 질서를 허무주의적으로 무시하게 되며, 생명력이 스스로를 정당화한다고 생각한다. 아니면 원시적이고 자연적인 형식의 질서와 결속이 유일하게 가능한 조화의 원리라고 생각하려 한다. 낭만주의와 생기론의 이런 모호한 성격은 우리 시대의 비극을 더욱 가중시킨다. 그것은 사회적 무정부상태를 억제하려 하지만 더욱 악화시킬 뿐이기 때문이다. 나치의 인종주의와 원시주의(primitivism)[42]가 의식적으로든 무의식적으로든 처음에 계획했던 인종적 유대관계를 거부하고 제국주의로 서서히 변질된 것은 인간이 그의 자유에서 자연이나 초기 사회의 순수한 통일성으로 되돌아가는 것이 얼마나 불가능한지 입증해 준다.

---

42 역주, 원시주의는 자연이나 자연적인 것을 인간적 가치의 기준으로 보는 입장

1. 인간의 본성에 관한 합리주의적 견해

우리는 앞에서 플라톤주의가 고전적 인간관에 끼친 지속적인 영향에 주목하였으며, 고전적 인간관이 은연중에 기독교적 인간관과 자연주의적 인간관에 자리 잡게 되었음을 살펴보았다. 어떤 의미에서 플라톤주의는 인간의 창조성에 관해 가장 분명하고 그럴듯한 결론을 내리고 있다. 인간은 자연의 충동을 새롭고 보다 포괄적인 유형으로 개조할 수 있는 능력을 가지기 때문에 창조적이다. 그리고 인간이 그런 방식으로 창조적이기 때문에 인간의 창조적 능력을 이성과 동일시하고 창조성을 이미 주어진 자연의 생명력에 형식을 부여하여 정돈하는 능력으로 정의하는 것은 플라톤주의의 가장 분명한 결론이다. 이론적으로 볼 때 영혼은 몸에 내재하는 질서의 자연적 원리이다. 그러나 플라톤은 『파이돈』에서 다음과 같이 말한다. 영혼은 "거의 언제나 일생동안 모든 방식으로 영혼을 구성하는 요소들에 저항하고 그 요소들을 억압한다. 때로는 약품과 체조의 고통을 견디면서 비교적 격렬하게, 때로는 비교적 부드럽게. 어떤 때는 욕망과 열정과 공포를 위협하고, 어떤 때는 타이르면서. 마치 영혼이 아닌 다른 물건에게 말을 하듯이 말이다." 이런 내적 갈등은 모든 동물들 중에서 오직 인간만이 자기모순적인 존재자임을 입증하는 분명한 사실이다. 인간의 이런 자기모순은 인간 정신의 자기초월성에 의해 가능하다. 인간은 단순히 육체의 통일성으로서 영혼일 뿐만 아니라 육체와 영혼을 모두 초월하는 능력으로서 정신이기도 하기 때문이다. 그러나 플라톤은

'영혼'이 통제하는 무질서한 충동들은 단순한 신체적 충동 이상이라는 사실을 간과했다. 무질서하다고 생각되는 그 충동들은 인간이 자연일 뿐 아니라 정신이기도 하다는 사실에 의해 그들의 자유에 부여된 충동들이다. 따라서 플라톤이 무질서를 육체의 충동과 동일시한 것은 잘못이다. 플라톤은 "전쟁과 투쟁, 당파싸움은 어디서 유래하는가?"라는 물음에 대해 "육체와 육체의 정욕으로부터가 아니면 어디이겠는가?"라고 잘못 대답했다.

인간의 본성에 관한 이런 이론은 당연히 신적인 이성이 무질서하게 미리 주어진 질료를 그 이성의 이데아들과 형상들에 따라 정돈함으로써 창조가 이루어진다는 플라톤의 형이상학과 일치한다. 플라톤의 이런 사상은 정신을 이성과 동일시하는 모든 유형의 서구 합리주의의 토대가 되었다. 그리고 창조성은 미리 주어진 생명력을 정돈하는 능력과 동일시되었다. 충동과 이성의 관계는 부정적이다. 플라톤은 "영혼이 육체적인 것들과 대립되는 수천가지 사례를"에 관해 말한다. 이성이 본능을 무기력하게 하고 파괴한다는 낭만주의적 비판을 야기한 것은 바로 고전주의 사상의 이런 측면이었다.

하지만 '에로스'(ἔρως)에 관한 플라톤의 주장에서 우리는 플라톤 사상의 또 다른 측면을 발견한다. '에로스'는 이성에 의해 억압되기 보다는 오히려 승화된 자연적 생명력이다. 플라톤의 "지성적 사랑"은 자연적 생명력과 욕망을 억압하는 것이 아니라 승화시킨다. 영혼의 세 양상을 상징하는 전사와 2마리의 말에 대한 그의 유명한 비유에 의하면 이성은 전사로서 "사망의 오염물질로 오염되지 않은" 신적인 아름다움을 향하여 말을 몰아간다. 이 비유는 이성과 자연 사이의 부정적 관계가 아니라 오히려 긍정적 관계를 상징적으로 보여준다. 물론 플라톤의 비유에 나타나는 2마리의 말들 중 1마리는 "아무렇게나 조련되어 꼬부라져 다루기 힘

든 동물"이다. 그 동물은 다루기 힘들기 때문에 "전사는 훨씬 더 강하게
비틀어 날뛰는 말의 고삐를 당기고, 그의 사나운 혀와 턱에 망을 씌우지
않을 수 없으며, 다리와 엉덩이를 땅에 주저앉혀야 한다."[43]『심포지온』에
보면 지성적 사랑과 자연적 욕망의 관계가 다음과 같이 설명되어 있다.
"몸이 튼튼한 사람들은 오로지 여인들에게 온 정력을 쏟아 아이를 낳기
에 바쁘다. 이것이 그들의 사랑의 특성이다. 그들의 자식들은 그들의 소
원대로 그들의 돈을 보전하여 그들에게 그들이 장차 원하는 축복과 불
멸성을 줄 것이다. 그러나 영혼이 건강한 사람들은 ― 왜냐하면 육체보다
는 영혼이 더 창조적인 사람들이 분명 있기 때문이다 ― 영혼이 마음에 품
거나 담기에 적합한 것을 마음에 품는다. 이렇게 영혼이 마음에 품어야
할 것은 무엇인가? 지혜와 덕이다." 플라톤의 분석이 잘못되었다는 것은
다음과 같은 사실에서 잘 드러난다. 오직 몸만 건강한 사람들이 있다고
하자. 그가 아이를 낳는 것은 "그들의 돈을 보전하고 불멸의 축복을 그
들에게 주기 위함"이다. 그런데 이런 목적은 순전히 신체적 충동의 영역
에 속한다고 볼 수는 없는 하나의 야망이다.

　하지만 플라톤의 '에로스' 이론은 플라톤주의에서 보이는 이성과 자연
의 관계에 관한 전적으로 부정적인 정의를 완화시키는 장점과 자연을 합
리적으로 고양될 생명력의 원천으로 인정하는 장점을 가지고 있다. 칸트
와 헤겔에게서 기원된 근대문화의 기본적인 관념론 형태들은 '에로스' 이
론에서 완화된 플라톤주의보다 더 이원론적이든가 아니면 더 일원론적
이다. 칸트에 의하면 이성은 창조성의 형식과 생명력을 모두 마련해 준
다. 그리고 감각세계의 생명력은 인간의 창조성의 영역으로 인정되지 않
는다. 지성계는 보편적으로 적용할 수 있는 이성의 규범들에 의해 형식들
을 마련해 준다. 인간의 의지는 지성계가 형식으로 마련해 준 이성의 규

---

43 이 비유는『파이드로스』에 기록되어 있다.

범들에 복종해야 한다. 지성계는 또한 생명력을 마련해 주기도 한다. 도덕적 행위의 생명력은 자연의 생명력으로부터는 아무것도 빌리지 않지만, 지성계의 자원으로부터 발생된 법에 대한 존중이기 때문이다. 칸트의 관념론은 어떤 유형의 그리스 고전주의보다 더 완벽하게 자연의 충동을 바깥 어둠 속으로 던져 버린다(도외시한다).

한편, 헤겔의 관념론은 정신적 삶과 자연적 삶의 총체적 역동성을 이성의 작용으로부터 도출한다. 헤겔의 범논리주의에 의하면 '로고스'는 '로고스'이면서 동시에 '에로스'이다. 이성은 인간 존재의 모든 생명력을 변형시키고 길들인다. 따라서 헤겔주의는 인간 삶의 통일성과 역사적 존재의 역동성에 관한 기독교적 견해를 합리주의적 관점에서 변형시킨 것이며 왜곡시킨 것이다. 헤겔주의에서는 하나님의 창조와 섭리에 관한 기독교 사상이 합리성의 범주로 축소되며, 몸과 영혼의 통일성에 관한 기독교 사상은 모든 자연적 충동들이 이성의 합리적 과정에서 파생된 것으로 보는 관점에서 해석된다.

중요한 것은 헤겔의 관념론이 낭만주의의 반발보다는 오히려 마르크스의 반발을 야기했다는 사실이다. 왜냐하면, 낭만주의와는 달리 마르크스주의의 관심사는 자연적 충동이 정신에 의해 약화될 위험에 맞서 자연적 충동의 생명력을 강조하는데 있지 않았기 때문이다. 마르크스주의의 관심사는 오히려 이성이 창조성의 유일한 원천이라는 제국주의적 주장들, 즉 헤겔주의에서 가장 전형적으로 표현된 주장들에 맞서 부분적으로는 집단적 경제활동에서 표현된 비합리적 역동성의 창조적 힘을 역설하는데 있었다.

2. 합리주의에 대한 낭만주의적 반발

이미 언급되었듯이 근대문화의 역사는 인간을 이성으로 해석하는 사람들과 인간을 자연과의 관계에서 설명하고자 하는 사람들 사이의 끝없는 논쟁의 역사였다. 그러나 근대문화의 후반부 역사는 이들 두 사상들 사이의 논쟁이라기보다는 오히려 인간의 본성에 관한 해석에서 합리주의가 범한 오류들에 반발하는 – 관념론적 합리주의이든 아니면 자연주의적 합리주의이든 – 낭만주의와 유물론과 정신분석학적 심리학의 반발이었다. 이 반발에서 부르주아적 자유주의의 옛 자연주의는 낭만주의적이고 유물론적이며 정신분석학적인 신념을 가지는 요란한 근대의 자연주의자들을 지지하는 것보다 더 빈번하게 고전주의를 지지하였으며, 기껏해야 그들 사이의 논쟁에서 중도적 입장을 취했다. 옛 자연주의는 결코 생명의 충동이 가지는 깊이와 복잡성이 낭만주의적 자연주의가 중요하게 생각하는 이성보다 수준이 낮다고 의심해 본 적이 없었다.

(1) 낭만주의의 반발은 여러 가지 형태로 일어났다. 그 중 하나는 이성을 강조함으로써 자연의 생명력이 약화될 위험에서 그 자연의 생명력을 역설하는 형태로 나타났다. 이런 형태의 반발에서 낭만주의는 실러의 표현을 빌면 "형식들에 있어서 부지런함은 때때로 질료의 순수한 진리를 망각하게 할 수 있음"[44]을 입증하는데 주력했다. 이런 반발의 마지막 형태는 이성의 규제에 반대하여 "몸의 지혜", 즉 힘에의 의지(니체가 물리적 충동이라고 생각하는 생명력)를 역설하는 니체의 사상에서 성취되었다. 낭만

---

44 Schiller, *Letters on the Aesthetic Education of Mankind.*

주의의 반발은 니체에게서 허무주의 형태로 나타났다. 니체는 생명력을 자기정당화로 간주했으며, 본능의 강한 표현을 가능한 모든 형식과 훈육에 대립시켰기 때문이다. 원래 그의 가장 주된 관심사는 "소크라테스적" 문화의 이성적 훈육을 거부하고 "디오니소스적" 충동의 주도적 역할을 강조하는 것이었다.[45] 그후 그의 저항은 점점 기독교에 지향되었으며, - 아마도 그는 쇼펜하우어와 같은 방식으로 기독교를 이해했을 것이다 - 모든 유형의 형식과 훈육에 지향되었다.[46] 물론 어떤 유형의 완전한 도덕적 허무주의도 가능하지는 않다. 가장 철저한 생기론에서도 형식과 질서의 원리를 어느 정도 인정하는 것은 불가피하다. 니체에게서 이런 불가피성은 초인의 힘에의 의지는 "동물 집단"의 도덕성이 우월성을 획득한 이성적 사회보다 더 높은 가치의 사회를 창조할 것이라는 그의 주장에서 최소한으로 인정되었다.

(2) 낭만주의적-유물론적 반발의 또 다른 형태는 - 이런 형태에서는 마르크스주의가 낭만주의보다 더 중요한 역할을 하는데 - 이성이 자연적 삶의 생명충동을 지배한다는 또는 창조한다는 이성의 허황된 주장에서 이성의 부정직함을 발견한 것이었다. 이것은 충동적인 자발성과 생명력이 이성의 규제를 통해 약화될 것을 두려워하는 낭만주의적 염려와 어느 정도 모순된다. 낭만주의적-유물론적 비판의 핵심은 인간의 의식적 삶은 깊은 무의식적 충동을 규제하기보다는 오히려 합리화시키기 때문에 그 무의식적 충동의 도구이며 노예라는 사실이다.

---

45 참조, *Birth of Tragedy.*

46 많은 유사한 표현들 가운데서 단 하나만 선택한다면 니체의 다음과 같은 말이 있다. "가치를 행위규범으로 생각하는 것은 질병이며 실제적인 도덕성, 즉 행위의 본능적 확신이 마귀의 수중에 들어갔다는 증거이다. 강한 나라와 시대는 그의 권리에 관해 깊이 생각하지 않으며, 원리나 행위에 관해서도 숙고하지 않으며, 본능과 이성에 관해서도 깊이 생각하지 않는다." *Works XV*, p. 166.

프로이드는 이런 충동을 개인주의적이고 성적인 방식으로 해석했다. 마르크스에 의하면 정신은 충동을 합리화시켜 주고 그 충동을 위해 "이데올로기"를 마련해 주는데, 그는 그런 충동을 본질적으로 집단적이고 경제적인 것이라고 생각했다. 마르크스에 의하면 그런 충동은 사회의 생산관계에서 표현된다. 이때 생산관계는 문화와 철학, 종교와 도덕과 같은 상부구조의 토대가 되는 하부구조이다. 따라서 모든 문화적 성취는 한 사회의 힘의 균형을 통제하는 지배계층이 그 계층의 지배를 정당화하고 그 계층의 특권을 유지하기 위해 철학적, 도덕적, 법적인 체계를 규정함으로써 그 사회에서 이미 주어진 힘의 균형을 정당화하는 것에 불과하다.

마르크스는 프로이드주의의 소박한 쾌락주의와 공통점이 전혀 없다. 그는 비이성적 본성의 기본적 충동이 쾌락-고통의 도식에 의해 최초로 결정된다고 믿지 않는다. 프로이드와 달리 그는 오히려 인간이 선을 추구하는 것은 사실이지만 그 선을 자신의 이익의 관점에서 정의한다고 주장한다. 따라서 그는 인간의 정신과 도덕성이 가지는 깊은 역설, 즉 만일 자아의 이익이 일반적 이익과 보편적 가치라는 명분을 통해 위장되지 않는다면 그 이익이 추구될 수 없다는 역설을 인식했다. 어떤 쾌락주의자도 이런 사실을 인식할 수 없었다. 기독교 신학에서 원죄에 있는 필연적인 부정직의 요소로 간주되는 이런 사실이 마르크스주의에서는 계급투쟁의 도구가 되었다. 그것은 지배계급의 가치를 다른 기준에 의해 재평가하고 그들의 세력을 파괴하는데 이용되었다. 따라서 마르크스주의는 인간의 본성에 관해 귀중한 통찰을 발견했지만 결국은 그 통찰의 본래적 의미를 상실하고 말았다. 이것은 마르크스주의가 인간의 모든 이성적 활동에는 하나의 이데올로기적 요소가 있는데, 이런 이데올로기는 지배적인 부르주아 계급의 정신에서만 나타나는 것이 아니고, 경제적 이익의 합리화에서만 나타나는 것이 아니라 모든 계급에서 표현되며 지형적, 경제적, 정치적인 모든 환경을 인간이 그의 특별한 가치가 보편적 의미를 가짐을 주장하기 위한 근거로 이용한다는 사실을 인식하지 못했기 때문이다. 인간의 삶에서 발견되는 이런 결함은 구조적으로 너무나 뿌리가 깊이 사회를 재구성한다고 해서 제거될 수 있는 것이 아니다. 이것은 마르크스주의의 유토피아적 꿈이 근본적으로 잘못되었음을 말해준다.

그렇지만 마르크스주의의 분석에서 발견되는 오류들에도 불구하고 인간을 이해하는데 그들이 끼친 순수하고 필연적인 기여는 부정할 수 없다. 마르크스주의의 유물론은 헤겔의 합리주의와 합리적 인간을 본질적 인간으로 칭송하는 모든 유형의 주장에 대한 필연적 반작용이다.

낭만주의의의 가장 중요한 관심사는 자연의 생명력을 긍정하고 그 생명력을 약화시키는 위협에 맞서 그 생명력을 보존하는 것이었다. 그렇지만 낭만주의에는 마르크스와 프로이드의 비판, 즉 이성이 생명의 충동을 지배하는 것처럼 보이지만 사실은 그렇지 않다는 비판과 관련된 요소들도 있다. 니체는 합리적 의식의 부정직한 허세를 아주 잘 이해하고 있었다. 니체는 말한다. "당신 자신을 속이지 마시오. 근대적 영혼들과 근대적 책들의 가장 중요한 특징은 거짓말이 아니라 그들의 지성적 부정직의 핵심적 요소인 순진무구함이다. ... 오늘날 우리 문화인, 우리의 '선한' 인간들은 거짓말을 하지 않는다. 그것은 사실이다. 그러나 그것이 그들의 명예를 높이지는 않는다. 실제적인 거짓말, 순수하고 결정적으로 정직한 거짓말은(그런 거짓말의 가치에 관해서 당신은 플라톤에게 들을 수 있다) 결국 그들에게는 너무 거칠고 강한 어떤 것을 입증할 것이다. 그것은 사람들이 그들에게 하라고 요구해서는 안 될 것을 해야 한다고 요구하는 것일 것이며, 그들 자신의 자아에 대해 눈을 뜨라고 요구하는 것일 것이며, 그들 자신의 자아에서 '참'과 '거짓'을 구분할 줄 알라고 요구하는 것일 것이다."[47]

숨겨진 거짓말, 즉 인간의 자기기만 능력에 대한 니체의 이해는 마르크스와 프로이드와 관련이 있을 뿐 아니라 기독교의 원죄 개념과도 관련이 있다. 그러나 이 점에 있어서 잠정적인 사상의 유사성은 니체가 강하고 "정직한" 거짓말에 의해 은폐된 거짓말을 극복하고자 했을 때 즉시 와해되었다. 니체의 사상에 있는 이런 요소는 부분적으로 파시즘적 정치의 철면피한 부정직에 대해 책임이 있다. "정직한" 거짓말이 아무런 실제적 소득도 제시해 주지 못한다는 사실은 지적할 필요도 없다. 인간 본성의 부정직한 허위의식은 진리의 가치를 거부한다고 해서 치유되지는 않는다. 우리가 부분적으로만 인정하는 가치와 우리가 실제보다 더 크게 인정한다고 생각하는 가치를 거부한다고 해서 어떤 문제도 해결되지는 않는다. 우리는 죄와 진리의 문제를 기독교 신앙의 관점에서 생각할 때 이 문제를 다시 논의할 것이다(2권 7장).

(3) 합리주의와 관념론에 대한 낭만주의적 반발의 또 다른 유형은 - 연대기적으로는 앞에서 생각된 유형들보다 앞서는데 - 이성이 인간 삶을 조직하고 형성하는 원리라는 주장을 논박한다. 이런 유형의 낭만주의 학파는 의식적 이성의 분석하고 나누는 경향을 거부하고 자연의 통일성과 형식을 강조한다. 이런 낭만주의 학파를 대표하는 베르그송은 원시 부족에서이든 대도시의 인구 밀집지역에서이든 사회적 결속을 보증하는 것은 자연적 충동이라는 사실에 주목한다. 그는 원시종교를 "인간이 자기가 혼자라는 생각이 들자마자 피하여 도망치는 그 위험에 대한 경계수단", 즉 "지성의 풀어 해소시키는 힘에 대항하는 방어적 반작용"이라고 생각한다.[48]

---

47 *Genealogy of Morals, Third Essay*, Par. 19.

48 *Two Sources of Religon and Morality*, 112-113.

베르그송은 원시적 삶에서 발견되는 자연적 충동들은 지나치게 편협하다는 사실을 발견했다. 그래서 그는 원시적 삶의 폐쇄된 도덕성과 "정적인 종교"로부터 벗어나는 길을 신비주의 종교에서 찾았다. 특히 베르그송에게 있어서 "정적인 종교"는 개인의 자아의식이 고양되어 순수하게 자연적인 유기적 결속이 와해된 후 이런 결속의 대체수단으로 등장하였다. 그는 "닫힌" 종교와 "열린" 종교, 즉 신비주의 종교를 철저히 구분하는데, 이때 닫힌 종교는 자연의 좁은 통일성과 형식을 보존하는데 기여하고, 열린 종교는 이런 형식을 깨뜨려 보편적 형식과 가치를 창출하는데 기여한다. 베르그송의 이런 구분은 그의 사상이 일반적인 낭만적 원시주의의 틀을 넘어 서게 하지만, 형식을 창조하고 형식을 파괴하는 인간 정신의 역설적 능력을 이해하지 못하는 낭만주의의 한계를 드러내기도 했다.[49] 베르그송은 정적인 종교, 즉 부족 종교가 보편성이 가지는 제국주의적 경향과 허위의식을 조성하였다고 생각하는데, 이런 사실은 원시인에게도 무정부적이고 악마적인 성향이 있음을 지적해 준다. 다른 한편, 베르그송의 신비주의 종교는 고전적 신비주의가 그랬듯이 모든 역사적 관심을 포기하든가, 아니면 보편적 가치를 추구하는 그 종교에 부분적이고 상대적인 역사적 가치들이 은연중에 자리 잡는 위험을 감수해야 한다. 다시 말해, 인간은 순수한 자연도 아니고 순수한 정신도 아니다. 역사에서 일어나는 인간의 모든 활동은 창조성과 파괴성의 역설에 불가분적으로 연루되어 있는데, 이런 역설은 다음과 같은 인간의 능력 때문에 발생한다. (1) 자연적 결속의 통일성과 형식을 긍정하면서 동시에 파괴할 수 있는 능력, (2) 자연적 결속의 통일성과 형식이 무정부상태에 빠질 정도로 그것들을 과도하게 긍정하는 능력, (3) 높은 합리적 통일성과 일

---

⁴⁹ 이런 역설을 보다 깊이 이해하기 위해서는 참조, Paul Tillich, *The Interpretation of History*, Part II, Ch. 1.

관성의 영역을 창출하지만 부지중에 이것들을 편협하게 고집함으로써 다시 부패시킬 수 있는 능력.

쇼펜하우어의 낭만주의에서는 자아의식적인 이성의 분열에 대한 반발이 결과적으로 원시적 도덕성보다는 오히려 금욕주의적 도덕성으로 이어진다. 쇼펜하우어가 의식적이고 합리적인 실존의 다양화와 분열에 대립시키는 생명력의 통일성(의지로서의 세계)은 원시적 사회 형식에서 발견되는 생명과 생명의 편협한 통일이 아니라 이성에 의해 그 생명의 통일성이 의지의 분열된 개체들로 객관화되기 이전에 실체의 세계에 있던 생명의 절대적 통일성이다. 쇼펜하우어에 의하면 인간의 이기적인 악마적 열정, 즉 모든 형식과 통일성을 파괴하는 자기중심적 성향은 생명이 가진 야만적 생명력의 노력, 즉 단일 개체라는 지나치게 편협한 운반도구를 통해 자신을 분출하고자 하는 원초적이고 분화되지 않은 의지에 의해 생겨난다. "그러므로 의지는 도처에서 무수히 많은 개체들에게서 나타난다. 그러나 이 개체들은 의지 자체가 아니라 단지 의지의 현상들에만 관심이 있다. 의지 자체는 모든 개체들 내면에 총체적이고 분열되지 않은 상태로 현존하며, 자기 주변에서 자신의 본성의 수많은 이미지들을 바라본다. 그러나 의지는 이런 본성 자체, 즉 실제로 실제적인 그것을 오직 자기 자신의 내적 자아에서만 발견한다. 그러므로 모든 사람들은 모든 것을 오직 자신만을 위해 열망하며, 모든 것을 소유하고자 하거나 아니면 적어도 통제하기를 바란다. 따라서 모든 개체는 비록 그가 무한한 세계 속으로 완전히 사라져 없어지게 된다 할지라도 여전히 자신을 세계의 중심이라 생각하며, 세계의 어떤 다른 것보다도 먼저 자신의 존재와 안녕에 관심을 가진다. 그는 대양에 떨어진 한 방울의 물과 같은 자신의 자아를 조금 더 유지하기 위해서라면 세계를 소멸시킬 준비가 되어 있다."[50] 쇼펜하우어에 의하면 이런 질병을 치료하기 위해서는 "생에의 의지"를 완전히 부정하고 자기 자신에게 돌아가는 길밖에 다른 길은 없다. 하지만 그는 어떻게 의지가 자신을 개체로서 표현할 수 있으며 개체성이 자신의 원초적이고 분열되지 않은 통일성을 다시 회복할 수 있는지에 관해서는 설명하지 않는다. 그의 사상체계는 본질적으로 불교적인 결론들에 도달한다. 그러나 생명력에 대한 서구 기독교적 강조가 너무나 강하여 이런 결론들이 불교와 똑같은 방식으로 표현되지는 않는다. 그가 추구하는 이상적 세계는 동양 사상에서처럼 모든 생명력이 파괴된 세계가 아니라 분화되지 않은 의지의 세계이다.

쇼펜하우어의 낭만주의와 니체의 낭만주의는 그들이 모두 생명을 원초적 의지로 정의한다는 점을 제외하면 공통점이 전혀 없다. 쇼펜하우어의 낭만주의에서는 개별적 생명력이 모든 형식들을 무시하고 표현된다. 그리고 니체의 낭만주의에서는 개별적 생명력이 파괴된다. 왜냐하면 개별적 생명력이 인간의 삶에서 표현되면 그 생명력은 불가피하게 그의 고유한 본질을 상실하고 니체가 찬양하는 바로 그런 유의 악마적 열정이 된다고 생각되기 때문이다. 그러므로 니체가 잘못 생각하여 기독교의 특징이라고 간주한 회의론은 실제로는 기독교가 쇼펜하우어적인 불교로 변형된 것이다.

니체와 쇼펜하우어의 대립에서 중요한 것은 합리주의를 공격할 때 낭만주의가 취하는 전혀 다른 두 가지 전략이다. 니체에게서는 이성에 의해 창조된 통일성과 형식은 인간 내면의 근원적 생명력을 위협하는 것으로 간주된다. 쇼펜하우어에게서 이성은 통일성과 형식이 가지는 분열적이고 해체하는 힘으로 생각된다. 이들의 낭만주의는 그 유형은 서로 다르

---

50 *The World as Will and Idea (English and foreign Philosophical Library)*, P. 428.

지만 이런 근원적 통일성을 원초적 삶의 특징으로 이해한다는 점에서는 일치한다. 낭만주의는 합리적 자아의식을 비판하는데, 비판하는 이유는 낭만주의가 취하는 학문적 경향에 따라 전혀 다르다. 어떤 유형의 낭만주의는 합리주의가 자연적 생명력을 약화시킨다고 비판하고, 다른 유형은 합리주의가 자연적 생명력을 강화시킨다고 비판한다. 어떤 유형의 낭만주의는 합리주의가 "생에의 의지"나 "힘에의 의지"를 너무 넓은 형식과 너무 좁은 형식으로 표현한다고 비판한다. 바로 이런 사실 때문에 낭만주의의 관점으로부터는 인간 정신의 역설을 통찰하는 것은 불가능하다.

3. 낭만주의가 범한 오류들

그러나 낭만주의가 범한 오류는 합리주의와 관념론을 향해 겨누는 상호 모순된 비판들에만 있는 것이 아니다. 낭만주의는 인간의 생명력에 관한 한 최고의 권위를 자처함에도 불구하고 그 생명력을 해석할 때에도 오류를 범한다. 낭만주의가 범한 오류는 부르주아적 자연주의처럼 그렇게 인간의 생명력을 단순히 생명-역학적(bio-mechanical) 관점에서 해석하는데 있지 않다. 낭만주의의 본질적 오류는 자연과 정신의 복합체, 즉 생물학적 충동과 합리적이고 정신적인 자유의 복합체인 인간의 생명력이 생물학적이고 유기체적인 영역에 속한다고 생각하려는데 있다. 인간은 단순한 이층집이 아니다. 인간은 이층의 관점에서 이해하려는 노력이 실패했음에도 불구하고 일층으로부터는 이해될 수 있는 그런 단순한 존재가 아니다. 합리주의가 생물학적 충동의 의미와 힘과 내적 질서를 평가절하 했다면, 낭만주의는 인간의 본성은 순수한 동물적 충동만으로 구성된 것이 아님을 인식하지 못하고 그런 충동을 과대평가 하는 경향이 있다.

모든 생물학적 사실과 모든 동물적 충동은 그것이 인간의 영혼에서 구현되었기 때문에 더 이상 단순한 생물학적 사실과 동물적 충동이 아니다. 그것이 인간 이하의 세계와 맺고 있는 관계가 아무리 분명하다 할지라도 말이다. 말하자면 인간의 자유는 단지 이층에서 밖을 내다보는 마음의 창들로 구성되어 있을 뿐만 아니라 모든 자연적 충동에 동물이 알지 못하는 자유를 허락하는 환기구들로도 구성되어 있다. 그러므로 낭만주의처럼 인간에게 있는 동물적 충동의 통일성이나 생명력이 전적으로 자연에서 기원되었다고 생각하는 것은 잘못이다. 원시 부족에서조차도 사회적 결속의 통일성은 늑대 집단의 통일성과는 다르다. 자기 사회에 대한 긍지와 다른 사회에 대한 멸시는 사회적 결속을 유지하기 위해 필요하다. 그리고 사회적 인습은 사회적 연대성과 역학관계를 형성하게 된다. 인간이 성적 충동의 활력을 통제하기 어려운 이유는 자연이 인간의 삶에 필요한 것 이상의 추진력을 가지는 성적 충동을 부여해 주었기 때문이 아니다. 오히려 성적 충동이 통제되기 어려운 이유는 동물의 경우와는 달리 인간에게서는 성적 충동이 자연적 과정의 총체적 질서 속에 편입되어 있지 않기 때문이다. 그러므로 모든 신체적 충동은 자연에서 그것을 둘러싸고 있는 억압들에서 자유롭게 될 때 자신이 가진 최상의 성향들을 발휘할 수 있다. 그러므로 인간이 그의 다양한 충동을 어떤 방식으로든 조화시킬 때 경험하는 어려움은 자연의 저항성 때문에 일어나는 것이 아니라 정신의 자유가 그 원인이다. 소위 자연의 관성조차도 정신적 특성들을 가진다. 합리적 자유에 의해 창출된 포괄적 통일성의 영역에서 일어나는 편협한 충성들의 무정부상태는 언제나 부분적으로는 자연의 관성의 결과가 아니라 인간으로 하여금 가족과 종족의 자연적 통일성들을 강화시킬 수 있게 해주고 그 통일성들을 인간의 교만의 도구로 사용할 수 있게 해주는 자유의 결과이다.

총체적이고 조직화된 인격의 생명력은 특수하고 개별적인 충동의 힘과 더불어 영적인 요인들로 채워져 있다. 니체는 총체적 자연을 경쟁적인 의지들 사이의 투쟁으로 해석함으로써 그의 기본적인 생명력 개념인 힘에의 의지를 순전히 자연적인 충동과 동일시하고자 한다.[51] 니체의 차라

---

[51] 니체에 의하면 "생리학자들은 생존본능을 유기체의 기본적인 추진력이라고 간주하는데, 이것은 지나치게 소박한 생각이다. 모든 생명은 무엇보다 자신의 힘을 표현하고자

투스트라는 다음과 같이 말한다. "나는 철저하게 육체일 뿐 그 밖의 어떤 것도 아니다. … 그대의 육체에는 최고의 지혜에 있는 지성보다 더 많은 지성이 존재한다. 창조적인 육체는 그의 의지의 도구로 영혼을 창조했다." 그렇지만 순수한 자연에는 결코 힘에의 의지가 없다. 순수한 자연은 삶에의 의지, 즉 개개의 유기체의 생존본능으로 채워져 있다. 기초적인 자연적 생명력을 "의지"로 규정하는 낭만주의의 정의는 인간의 독특한 생명력 범주들을 통해 – 인간의 생명력에서는 자연적 충동이 이미 정신에 의해 의식적으로 조직화되고 동물적 존재에서는 알 수 없는 방향으로 설정되어 있다 – 자연을 해석함으로써 촉발된 오류임이 분명하다.

지혜, 용기와 힘이 순전히 생물학적인 충동에서 발견될 수 있다는 니체의 주장은 합리주의에 대한 증오에서 유발된 의도적인 왜곡일 수도 있다. 왜냐하면 그의 첫 번째 저서인 『비극의 탄생』에서 니체는 생명을 의도적으로 그리스 비극이 해석하고자 하는 디오니소스적인, 형식을 무시하는 정신의 욕망과 관련하여 해석하기 때문이다. 디오니소스는 신이다. 그는 정신이며 육체가 아니다. 그리스 비극에서 제우스의 규율을 무시하는 자신감과 야망은 분명 "정신의 과일들"이다. 그리고 니체도 그것을 다른 방식으로 해석하려 하지 않는다. 다른 낭만주의자들과 달리 니체는 순수한 신체적 충동과 정신의 욕망이 다르다는 것을 누구보다 잘 알고 있었지만 논쟁거리를 남기기 위해 그것을 명확하게 표현하지 않았을 것이다.

후기 낭만주의자들과는 반대로 루소도 니체처럼 순수한 신체적 충동과 정신의 욕망을 구분한다. 그에 의하면 자만심과 힘에의 의지는 그가 철저하게 생물학적 용어를 빌어 "자존심"이라고 정의하는 비교적 단순

한다. 생명은 자체가 힘에의 의지이다. 생존본능은 단지 이 의지의 간접적이고 빈번한 결과에 불과하다." *Kritik und Zukunft der Kultur,* Ch. IV, Par. 13.

한 동물적 이기심이 정신적으로 변조된 것이다. 그는 "모든 동물이 자기 자신의 보존을 기대할 수 있게 해주는" 이런 단순한 동물적 생존본능을 "사회적 상태에서 발생하여 각 개인으로 하여금 어떤 다른 것보다 자기를 중요하게 생각하도록 만드는 순전히 상대적이고 인위적인 느낌", 즉 후에 낭만주의자들이 순전히 생물학적 용어로 해석한 바로 그 힘에의 의지로부터 구분하고자 했다. 그러나 그는 이성이 자연적 생존본능을 "동정심에 의해 조정할 수 있으며", 따라서 "인간성과 덕을 창조할 수 있다"는 생각을 하였지만 바로 그런 정신의 능력이 '삶에의 의지'를 '힘에의 의지'로 바꾼다는 사실은 알지 못했다.[52]

　이렇게 인간의 생명력을 순전히 생물학적 용어로 해석하는 점에서 프로이드의 심리학은 낭만주의와 완전히 일치한다. 프로이드의 심리학에 따르면 기초적인 생물학적 충동은 성적 충동이다. 그러나 생물학적 충동이 거주하는 곳인 '이드'(id)는 "카오스, 즉 끓어오르는 흥분의 도가니"이다. 이드는 "아무런 조직도 가지지 않고 아무런 통일된 의지도 가지지 않으며, 오직 쾌락의 원리에 따라 본능적 필요를 만족시키려는 충동을 가질 뿐이다."[53] '이드'의 본능적 충동은 고도로 조직화되어 있지는 않지만 의식적 '에고'의 감지장치를 피하기 위해 놀라울 정도로 예민한 전략들을 가지고 있다. 다시 말해, 이드의 충동은 정신의 교활함을 갖추고 있다. 프로이드에 의하면 "우리는 꿈을 분석하여 우리가 '이드'에 관해 알고 있는 아주 적은 부분을 알게 되었다"(p. 103). 이것은 프로이드의 심리학에 있는 기본적인 오류를 드러내는 하나의 중요한 고백이다. 꿈의 세계, 즉 의식과 무의식 사이에 있는 희미한 불빛이 순전히 생물학적인 충동들의 의미로 들어가는 문이라니 얼마나 놀라운가. 여기서 프로이드는 자기

---

52 *Social Contract (Everyman's Edition)*, p. 197.

53 Freud, *New Introductory Lectures on Psychoanalysis*, p. 104.

의식의 긴장감으로부터 단순한 생물학적 존재의 단순성으로 도피하고 자 하는 구약성서의 욥으로부터 어떤 것을 배웠을 수도 있다. 그는 이런 도피처를 잠에서 찾는다. "혹시 내가 말하기를 내 잠자리가 나를 위로하 고 내 침상이 내 수심을 풀리라 할 때에 주께서 꿈으로 나를 놀라게 하시 고 환상으로 나를 두렵게 하시나이다."(욥 7:13-14) 꿈은 순전히 생물학적 인 충동과는 상당히 다른 어떤 것을 드러내 보여준다. 아니면 동물이 오 이디푸스 콤플렉스에 의해 심적인 괴로움을 당한다고 생각될 수 있으며, 근친상간의 충동이 무의식의 깊은 곳에서 표출되려고 하기 때문에 죄의 식 때문에 동물이 고통을 당한다고 생각될 수 있는가?

프로이드의 심리학 전체는 그것이 표면적으로 선언하는 것에서가 아 니라 그것이 내포하는 의미에 있어서 정신과 자연, 동물적 충동과 정신적 자유가 인간의 실존에서 얼마나 놀랍게 조합되어 있는지 보여주는 두드 러진 증거이다. '이드'는 자연에 속하지 않는 미묘한 점들과 전략들을 드 러내 보여준다. 다른 한편, 프로이드는 "자아(ego)의 여러 부분들과 초자 아(super-ego)는 무의식적임"(p. 105)을 기억해야 한다고 경고한다. 프로 이드주의는 인간 정신의 모든 복잡성들을 생물학적으로 설명할 수 있다 고 생각하지만, 생물학적 충동이 어떻게 그렇게 고도로 복잡한 정신적 현상들로 변하게 되었는지는 설명하지 못한다.[54]

---

54 프로이드는 흥미롭게도 그의 생각에 오류가 있었음을 인정했는데, 이것은 프로이드가 깨달았던 것보다 훨씬 많은 것을 시사해 준다. 오이디푸스 콤플렉스 분석에 관한 보고에 서 그는 다음과 같이 단언하고 있다. "놀랍게도 그 결과는 우리가 기대했던 것과는 정반 대였다. 불안을 야기하는 것은 억압이 아니다. 불안이 먼저 있고 그 다음에 그 불안이 억 압을 야기한다."(*Ibid.*, p. 120) 만일 프로이드가 불안이 얼마나 본질적으로 인간의 자유 에 동반되는지 깨달을 수 있었다면, 그리고 그 불안이 "외적인 위험"과 거의 관련이 없음 을 깨달았다면 그가 다루고 있는 모든 탈선행위들은 "초자아"를 억압한 결과가 아니라 인간에게 고유한 바로 그 자유의 특성으로부터 발생한다는 사실이 분명해졌을 것이다. 근대의 대단히 지성적인 프로이드주의자인 카렌 호르나이(Karen Horney)는 알프레드 아들러가 기초적 충동으로 간주하는 "힘에의 의지"와 프로이드의 리비도 충동은 모두 그것들보다 더 근본적인 불안에서 파생되었음을 증명하고자 했다. "프로이드와 아들러

4. 마르크스주의에 있는 낭만주의적 요소들

물론 인간의 비합리적 삶에 관한 마르크스주의적 해석은 낭만주의적 해석과는 전혀 다르다. 마르크스주의는 개인의 충동보다는 사회적 계급들의 공통의 추진력을 더 강조하기 때문에, 그리고 이런 추진력은 무엇보다 경제적 관점에서 해석되기 때문에 인간의 비합리적 삶에 관한 해석에서도 마르크스주의는 생물학적 개념보다는 오히려 유물론적 개념들을 이용한다. 마르크스주의 이론에 따르면 역사적 행위의 생명력은 결코 순수한 자연에 의해 제공되는 것이 아니다. 엥겔스는 다음과 같이 선언한다. "우리가 자연에 대한 인간의 반작용을 무시하는 한 자연에는 오직 무의식적인 맹목적 행위자들만이 서로 영향을 주고받으면서 존재할 뿐이다. 그리고 그들의 상호작용을 통해 일반법칙들(general laws)이 탄생한다. … 한편, 사회의 역사에서 보면 능동적인 행위자들은 언제나 의식이 뛰어난 사람들이며, 언제나 사상과 열정을 가지고 분명한 목표를 향해 일하는 사람들이다. … 그러나 이런 개인적 차이에도 불구하고 역사가 일

는 모두 불안이 그런 기초적인 충동들을 야기하는데 어떤 역할을 하는지 잘 알고 있었다."(*The Neuroic Personality of Our Time*, p. 187) 호르나이 여사는 프로이드의 이론이 지나치게 편협한 생물학적 이론이라고 간주한다. "그는 사회적 현상들을 심리적 요인들에 돌리고, 심리적 요인들을 다시 생물학적 요인들에 돌리는 경향이 있다."(p. 28) 그러나 그녀는 이번에는 불안을 순전히 사회학적 관점에서 설명한다. "근대문화는 경제적으로 경쟁의 원리에 기초한다. … 개인들 사이의 보이지 않는 적대적 긴장감 때문에 두려움이 끊임없이 발생한다."(p. 284) 이렇게 불안의 근원에 관해 순전히 생물학적인 해석을 사회-경제적 해석으로 대체함으로써 호르나이 여사는 진리에 조금 더 접근했을 뿐이다. 근대의 심리분석은 불안의 기본적인 특성 및 인간의 자유와 불안의 관계와 관련하여 이 문제를 깊이 탐구한 최고의 기독교 심리학자 키에르케고르에게서 많은 것을 배울 수 있을 것이다 (*Der Begriff der Angst*).

반법칙들에 따라 움직인다는 사실이 달라지지는 않는다. … 인간 사회에는 수많은 개인적 의지들과 행위들의 충돌로부터 무의식적이고 자연적인 세계에서 일어나는 상황과 아주 유사한 상황이 발생한다. 행위의 목표는 의지에 의해 결정될 수 있다. 그러나 이런 행위에서 실제로 초래되는 결과는 의지대로 되지 않는다. 아니면 그 결과가 생각한 것과 일치하는 것처럼 보인다 할지라도 궁극적으로는 그 결과는 원래 목표로 했던 결과와는 상당히 다르게 된다."[55]

엥겔스의 이런 역사기술에 따르면 – 그 기술의 정확성은 거의 부정될 수 없는데 – 역사적 창조성의 역동적 추진력은 의식적 인간의 의지에 의해 결정될 수 있지만, 형식과 방향의 원리는 인간의 의지를 지배하는 보다 높은 초인간적인 논리에 의존한다. 기독교 신학에서 말하는 하나님의 섭리를 합리적이고 기계론적으로 해석한 엥겔스의 이런 논리, 즉 역사의 변증법에서 우리는 마르크스주의가 스토아 철학의 합리주의와 같은 맥락에 서 있음을 알 수 있다. 그러나 마르크스주의에서 합리적으로 해석된 신의 섭리는 역사의 법칙이지 자연의 법칙이 아니란 점은 스토아 철학과 다르다. 그러므로 엥겔스의 그 논리는 자연의 조화와 통일성을 인간 행위의 선험적 목표라고 생각하지 않는다. 다시 말해, 마르크스주의는 이 점에까지도 헤겔의 합리주의적 입장에 머문다. 마르크스주의는 형식의 합리적 원리를 부정하지 않는다. 그렇지만 헤겔처럼 역사적 추진력의 근원이 순수한 이성이라고 보지는 않는다. 마르크스에 의하면 역사의 추진력은 경제관계의 역동성에 있다. 생물학적 관계에서 볼 때 그것은 역사의 추진력이 배고픔의 충격에 있음을 의미할 것이다. 그러나 중요한 것은 마르크스주의는 인간 역사의 생명력을 그렇게 생물학적으로 환원하지 않는다는 것이다. 인간의 사상을 결정하는 것은 결코 배고픔의 충격

---

55 F. Engels, *Ludwig Feuerbach* (Duncker ed.), p.56.

이 아니라 배고픔을 채워주기 위해 기획된 모종의 사회적 조직이다. 엥겔스는 다음과 같이 단언한다. "인간 사상의 가장 본질적이고 중요한 기초는 정확하게 말해 인간을 통해 야기된 자연에서의 변화이지 자연 자체만은 아니다."[56]

역사의 생명력은 자연의 충동이 역사에서 인간의 의식에 의해 미리 조직되고 형태화된 것이라는 가정에서 출발함으로써 마르크스주의는 인간의 행위와 역사를 해석할 때 자연의 생명력과 합리적 자유를 모두 중요시하여 놓치지 않으려 한다. 그러나 마르크스주의의 그런 노력은 결국 실패한다. 왜냐하면 마르크스주의의 형이상학적 전제들은 자연적 필연성과 정신적 자유의 관계에 관해 마르크스주의가 그의 사회철학에서 주장하는 내용과 모순되기 때문이다.

그의 사회철학에서 보면 마르크스주의는 유물론을 결코 기계론적 관점에서 해석하지 않음이 분명하다. 마르크스주의는 인간의 의식에 있는 자유의 요소를 간과하지 않는다. 엥겔스에 의하면 "유물론적 역사관에 따르면 생명의 생산과 재생산은 결국 역사의 결정적 요인을 구성한다. 마르크스와 마찬가지로 나도 전에는 결코 더 이상의 다른 의도는 없었다. 어떤 사람이 나타나서 우리의 이런 주장은 경제적 요인이 유일한 결정적 요인을 의미하는 것이라고 왜곡하는 지금 그는 이전의 전제를 무의미하고 추상적이며 모호한 표현으로 바꾸고 있다."[57] 한편, 비록 점증하는 불행이 프롤레타리아의 혁명의지를 자극하지만 레닌은 "노동운동의 자발성을 지원하는 것을" 거부했으며, "의식적 요소의 역할을 축소시키는 것"에 반대했으며, 혁명가는 그의 경제적 환경보다는 오히려 그가 가

---

56 Sidney Hook, *Toward an Understanding of Karl Marx*, 165. (이 인용문은 시드니 후크의 Dialektic und Natur로부터 인용한 것임.)

57 Sidney Hook, *ibid.*, p. 179. (J. Bloch에게 보내는 편지에서 인용함.)

진 혁명의지의 질에 의해 평가되어야 한다고 주장했다.[58] 마찬가지로 엥 겔스도 의식적인 인간의 결단에 의해 영향을 받은 역사적 요인들이 이번 에는 순전히 경제적인 원인들과 함께 역사에서 결정적인 요인이 됨을 인 정했다. 그에 의하면 "하나의 역사적 요인은 일단 그것이 다른 사실, 즉 궁극적으로는 경제적 사실과 결합되어 구체적으로 현실화되면 이번에 는 거꾸로 주변의 환경에 영향을 주며 심지어는 자신의 원인들에게도 영 향을 끼친다."[59]

그런 해석에 따르면 마르크스주의가 주장하는 생명력은 자연의 단순 한 생명력이 아니라 부분적으로는 초인간적인 역사적 논리에 의해 형성 되고 부분적으로는 인간의 의식 자체에 의해 형성되는 생명력뿐이다.

그러나 이런 입장은 일관되게 견지되지 못했다. 역사적 결정들에서 그 렇게 생명력을 형성하는 역할을 하는 합리적 의식이 마르크스주의에서 는 무의식적인 힘의 단순한 도구로 전락하고 말았다. 마르크스에 의하 면 "인간의 두뇌에서 일어나는 환상들은 인간의 현실적 삶, 즉 경험적으 로 확인할 수 있고 물질적인 전제들과 결합된 인간의 현실적 삶을 필연 적으로 보완하는 역할을 한다. 도덕, 종교, 형이상학과 그 밖의 다른 이 데올로기들과 그것들에 상응하는 의식 형태들은 여기서 더 이상 독립적 인 지위를 유지하지 못한다. 그들에게는 아무런 역사가 없으며, 발전도 없다. 그러나 물질을 생산하고 거래하는 인간은 그가 행하는 이런 현실 적 활동과 함께 그의 사상과 그 사상의 산물을 바꾼다. 의식이 삶을 결정 하는 것이 아니라 삶이 의식을 결정한다."[60]

마르크스의 사회이론에서는 의식의 역할이 일관되게 강조되지 않았고

---

58 Lenin, *Works*, Vol. IV (Engels trans.) p. 122.

59 Sidney Hook, *ibid.*, p. 342. (F. Mehring에게 보낸 편지에서 인용함.)

60 *Capital (Modern Library)*, p. 8.

평가절하 되었지만 마르크스의 심리학과 인식론은 처음부터 끝까지 유물론적 결정론의 입장을 고수한다. 마르크스주의의 인식론은 철저한 감각론이며, 심리학은 이성의 활동을 생물학적 영역으로 환원시킨다. 엥겔스는 이렇게 단언한다. "우리의 의식과 사상은 그것이 아무리 초자연적인 것처럼 보인다 할지라도 단지 물질적 신체 조직인 뇌의 작용에 불과하다. 물질은 정신의 산물이 아니지만 정신은 그 자체가 물질의 최고의 산물이다."[61]

결과적으로 마르크스주의는 옛 자유주의와 적어도 하나의 공통적 특징을 가진다. 마르크스주의의 사회이론은 비록 제한적이긴 하지만 주의론(voluntarism)의 입장을 취하는데, 이것은 그의 심리학과 모순된다. 마르크스주의는 그의 고유한 철학적 입장에서 볼 때 인간 정신의 실제적인 자유와 초월을 인정할 수 없다. 마르크스주의는 충분한 비일관성을 그의 사회이론에 도입하여 역사적 사건을 올바르게 설명하고자 하는데, 이런 설명은 그것이 역사적 자유와 역사적 운명의 역설적 관계를 기계론적으로 이해한다는 점을 제외하면 지극히 타당한 이론이다. 그러나 인간의 위치에 관한 관점에서 마르크스주의는 인간의 인격 깊은 곳에 정신이 자리하고 있음을 부정했다. 따라서 마르크스주의는 인간이 저지르는 악의 실제적 성격을 이해할 수 없다. 마르크스주의 이론에서 악의 본질을 상징하는 지배적인 부르주아 계급의 탐욕은 분명 제도화된 배고픔 이상의 어떤 것이다. 소유하고자 하는 충동은 그 자체가 육체적이라기보다는 정신적이다. 그리고 그것은 많은 경우 권력욕을 위한 도구에 불과하다. 그러나 마르크스주의는 권력의지의 속성을 제대로 이해하지 못했다. 그렇기 때문에 마르크스주의는 모든 인간의 육체적 필요가 평등하게 충족되면 완전한 사회적 조화가 이루어질 것이라고 낭만적인 기대를 할 수

---

61 *Ludwig Feuerbach* p. 64.

있었다. 그리고 그렇기 때문에 러시아에서는 새로운 소수독재(oligarchy)의 권력의지가 아무런 사회적 저항도 받지 않고 비극적인 분노와 함께 표출된 하나의 새로운 사회가 건설될 수 있었다.

마르크스주의는 소유욕과 권력욕의 정신적 성격을 거의 이해하지 못했듯이 부정직의 정신적 성격도 거의 이해하지 못했다. 마르크스주의는 의식을 단순히 물질적 조건의 반영과 산물이라고 해석함으로써 모든 문화현상들의 이데올로기적 성격에 대한 그의 위대한 통찰이 빛을 잃게 되었다. 다시 말해, 마르크스주의는 보편타당하다고 인정된 관념들로 위장하여 이기심을 은폐하려는 인간의 성향을 단순히 환경에 의존할 수밖에 없는 인간 정신의 유한성 때문이라고 보았다. 그러나 그렇기 때문에 마르크스주의는 인간의 정신이 왜 그렇게 위장해야한다고 느끼는지에 관해서는 설명하지 못한다. 왜 인간은 자신의 이익을 동물들처럼 단순하게 추구하지 않는가? 인간의 정신은 그의 생존욕구를 초월하여 자기 자신의 삶보다 더 보편적인 가치 영역을 직시할 수 있는 존재자이기 때문에 이렇게 보다 포괄적인 영역에 충실한 것처럼 보임에 틀림없다. 실제로는 그렇지 못함에도 불구하고 말이다. 이렇게 자신을 위장할 줄 아는 정신적 능력이 부정직하기까지 하다면 무의식적인 부정직의 오류들에 의식적인 기만의 요소가 더해진다. 엥겔스는 이런 진실의 일부를, 단지 일부만을 다음과 같은 말로 인정하고 있다. "이데올로기는 소위 사상가라는 사람들의 잘못된 의식과 함께 진행된 하나의 과정이다. 그 이데올로기를 움직이는 실제적인 추진력은 알 수 없는 어떤 힘이다. 그렇지 않으면 이데올로기는 없을 것이다."[62] 잘못된 의식 너머에 어떤 참된 의식이 있다는 엥겔스의 통찰은 옳다. 비록 그 통찰이 모든 의식은 단지 한 인간의 이익균형(관심균형) 상태를 반영하는 것에 불과하다는 일반적인 마르크스주

---

62 Hook, *op. cit.* p.341. (F. Mehring에게 보낸 편지에서 인용됨).

의 이론과는 일치하지 않지만 말이다. 그러나 이익의 합리화는 단지 그 이익이 의식되지 않은 상태로 머물러 있을 때에만 가능하다는 그의 주장은 잘못된 것이다. 합리화는 의식적이기도 하고 무의식적이기도 하다. 말하자면 의식적인 악행에만 가해져야 할 도덕적 경멸을 가지고 정적의 이데올로기를 공격함으로써 마르크스주의의 정치적 논쟁에는 완전히 무의식적인 합리화에 대한 이런 정의를 부정하는 내용이 자주 발견된다.

5. 상충되는 이론들의 사회적 기초

관념론과 낭만주의, 정신분석과 유물론 사이의 논쟁에서 옛 합리주의적 자연주의가 취하는 애매하고 모호한 입장은 이미 앞에서 언급되었듯이 자연주의 안에 합리주의적 요소가 은연중에 내재되어 있기 때문이었다. 그러나 옛 자연주의의 중립성도 비교적 최근에 등장한 낭만주의적이고 유물론적 유형의 자연주의로부터 가해진 맹렬한 공격도 순전히 문화적인 관점에서는 이해될 수는 없다. 그 논쟁의 실제적 역동성은 사회-경제적 관점에서 설명되어야 한다. 18세기의 사상을 주도한 자연주의는 신흥 중산층의 삶이 철학적으로 표현된 것이었다. 봉건주의에 대항해 혁명을 감행하던 시기에 이 계층은 자연주의 철학에 근거하여 기독교적인 고전적 합리주의의 보수주의를 거부하고 자연의 생명력과 역사의 상대성을 높이 평가하였다. 이런 봉건적 보수주의는 봉건주의에 의해 이미 확립되어 다시 재건할 필요가 없는 사회를 지지하기 위해 변하지 않고 영속적으로 타당한 합리적-사회적 형식들이 있다는 합리주의적 관념을 이용하였다. 그런데 바로 이 중산층들이 이제 근대 사회에서는, 적어도 여전히 잔존하는 부르주아 시민사회에서는 지배적인 세력이 되었다. 그러므로 그들은 생명력과 상대성이 중요하다고 생각했고, 인간을 자연과 역사의 과정과 관련하여 이해하기는 했지만 여전히 확고한 형식을 강조하는 합리주의적 생각이 더 타당하다고 생각했다. 이런 부르주아 합리주의는 처음부터 플라톤적 합리주의보다는 오히려 스토아와 에피쿠로스의 합리주의에 의해 영향을 받았기 때문에 자연의 생명력과 합리적 규율이

전적으로 대립된다고 생각하지 않았다. 삶의 실제적인 긴장이 부르주아 합리주의 사상에서 모호해졌다. 그 사상은 점점 세력이 강해지고 있었기 때문에 비극적인 것에 대한 느낌이 전혀 없었으며, 따라서 그 사상이 지배적인 시기에는 삶의 비극적인 대립들, 특히 창조와 파괴의 역설이 높이 평가되지 않았다. 이런 이유 때문에 기독교와 합리주의를 모두 거부하는 니체와 마르크스의 저항은 부르주아 세계의 비교적 불분명한 반기독교적 사상보다는 기독교의 본질적 통찰과 더 많은 유사점들을 가진다.

인간의 본질이 합리성에 있다고 생각하는 합리주의와 이성에 의한 생명력의 약화에 대한 낭만주의와 유물론의 반발은 상류층이 독점한 경제적, 정치적 패권에 도전해야 할 역사적 필연성을 느낀 근대 사회의 두 계층인 하급 중산층과 산업 노동자들에 의해 일어났다. 하급 중산층은 다양한 형태의 낭만주의에서 나타나 결국 파시즘적 독재정치에 이르렀는데 반해, 산업 노동자들은 자연스럽게 유물론과 공산주의에 매력을 느꼈다. 이런 저항들은 부르주아 시민계급의 세력과 신망이 약화됨에 따라 더욱 설득력을 얻게 되었다. 왜냐하면 문화에서 구현된 진리는 그 진리의 관념들에 내재하는 본질적 타당성에 의해서보다는 그 진리가 실현된 시민사회의 신망과 안정성에 의해 더 잘 유지되기 때문이며, 모든 역사적 진리가 불가피하게 연루된 오류를 덮기 때문이다.

불행하게도 인간의 본성과 역사에 관해 낭만주의와 유물론이 발견한 중요한 진리들에도 불구하고 이 철학들은 한편에서는 점점 심화되는 데카당 운동의 도구가 되어가고 있었으며, 다른 한편에서는 잘못된 쇄신의 도구가 되어가고 있었다. 그들은 인간 본성의 문제를 제대로 보지 못하고 서로 모순되는 주장을 하였으며, 때로는 근대문화가 처음부터 휘말려 든 오류들을 더욱 악화시키기도 하였다. 낭만주의는 합리주의가 주장하는 보편성을 거부하고 자연의 생명력과 그 생명력이 가지는 원초적이고 유기적인 통일성을 주장하였다. 그러므로 낭만주의는 니체에게서처럼 형식과 질서의 모든 원리를 무시하든가 아니면 통일성이 가진 원시적이고 불충분한 자연적 형식들을 강조했다. 따라서 낭만주의는 새로운 질서에 이르는 길을 제시하지 못하고 부르주아 시민사회의 몰락을 재촉하는 데카당스 운동의 도구가 되었다. 중요한 것은 어쩔 수 없이 고립을 피하여 인종과 민족의 통일성으로 도피한 개인들과 역사관이 없이 원시적 부족주의 관점에서 역사를 발견한 사람들이 주류를 이룬 하급 중산층들이 이런 데카당 운동의 도구들이었다는 사실이다.

한편, 마르크스의 유물론은 독창적인 해석원리를 가지고 있다. 그 유물론은 그 자체가 일종의 합리주의이다. 그것은 이성의 창조적인 능력을 믿기 때문이다. 비록 그 이성이 인간의 이성은 아닐지라도 말이다. 역사에서 인간의 창조적 힘은 계급관계의 역동성에서 표현되는 생명의 충동에 있다. 그러나 마르크스주의 유물론에 의하면 이런 생명의 충동은 역사의 변증법이라는 보다 높은 단계의 논리에 의해 단적으로 지배된다. 마르크스의 유물론은 사회체제를 단순히 바꾸기만 해도 인간의 파괴성을 통제할 수 있다고 착각함으로써, 그리고 인간의 창조성에서 그 창조성이 가진 파괴성을 제거할 수 있다고 착각함으로써 기존의 사회질서와 문화질서를 거부하는 근대적 저항들이 악마적 분노로 발전하도록 조장했다. 그 저항들에 의한 파괴가 결국은 인간 실존의 생명력이 변증법적인 초인간적 역사논리의 구성하는 힘에 의해 통제되는 새로운 사회를 건설하게 될 것이라고 부추김으로써 말이다. 낭만주의가 정치에서 결국 원시적인 종족주의와 그에 따른 무정부상태의 원인이 되었다면, 마르크스의 유물론은 근대사회에서 일어나는 계급갈등의 무정부상태는 그 갈등에 깔려 있는 논리를 이해하는 사람들에 의해 모든 갈등이 해소될 수 있다고 믿었다.

　마르크스주의 정치가 결국 러시아에서 파시즘의 결과와 크게 다르지 않은 정치적 현실들로 나타나게 되었던 것은 전혀 이상하지 않다. 왜냐하면, 이 두 경우에는 모두 인간의 생명에 내재하는 창조적 힘과 파괴적 힘의 역설적 관계가 충분히 이해되지 못했으며, 인간의 창조성에 내재하는 형식과 생명력의 관계도 충분히 파악되지 못했기 때문이다. 부르주아 합리주의 문화에 들어있는 위선적 요소를 간파한 낭만주의 파시스트는 인종과 혈통의 낭만적이고 자연적인 질서가 충분한 생명력을 가지고 표현되기만 한다면 그 질서는 어떤 규범이나 원리가 없이도 스스로 유지되는 특성이 있다고 주장함으로써 모든 규범들과 합리적인 질서의 원리들을 불필요한 것으로 만들었다. 마찬가지로 합리주의자의 사회적 기준들에 들어있는 위선적 요소들을 간파했지만 인간 자신을 포함한 모든 형태의 인간 정신에는 어느 정도의 위선이 불가피함을 간과한 마르크스주의의 반발은 인간의 창조성이 파괴성을 동반하지 않고 표현되고 인간의 생명력이 하나의 완전한 사회적 조화 속에서 획득되고 보존될 새로운 사회질서를 지나치게 낙관적으로 기대했다. 따라서 마르크스주의자의 잠정적 냉소주의는 보편적 형식과 질서의 지나치게 단순한 원리가 도덕의 모습으로 표출된 것이다. 이것은 순수한 허무주의적 관점에서 볼 때는 존재할 수 없는 낭만주의자의 보다 깊은 냉소주의가 지나치게 원시적이고 편협한 자연적 결속과 질서의 원리와 결합되어 있는 것과 마찬가지였다. 두 경우에 모두 외적으로 드러난 도덕적 입장은 인간의 충동들이 충분히 절제되지 않고 표현되도록 허용한다. 따라서 잠정적 냉소주의와 심층적 냉소주의는 모두 정치적 결과에 있어서 유사했다. 하지만 낭만주의적 파시즘의 도덕적 냉소주의와 허무주의는 공산주의의 잠정적인 냉소주의와 궁극적인 유토피아적 이상주의보다 더 철저하게 파괴적이었다.

　더 나아가 프로이드 심리학의 통찰은 사회사적 측면에서 볼 때 인간의 본성과 역사에 관한 합리주의적 해석에 대한 낭만적-유물론적 반발을 심리학적으로 심화시킨 것이라고 간주될 수도 있다. 프로이드의 반발에서는 공동반역의 여러 모습들 중에서 하급 중산층과 프롤레타리아 혁명가들에게보다는 오히려 지배적인 사회 계급 구성원들에게 유용한 측면들이 강조된다. 프로이드주의에 의하면 무의식적 충동의 어두운 미로는 우리가 합리적 인간의 허위의식을 신뢰하지 않고 문화와 문명에 대한 신뢰를 버릴 때 비로소 밝아진다. 이런 통찰들은 기존의 사회질서 한계 내에서 표현되며 도덕적 또는 정치적 대안들을 제시하지 않기 때문에 어떤 특정한 문명이나 문화가 아니라 문명 자체를 부정하는 더 깊은 비관주의에 빠지고 말았다. 이것은 사회적으로 지나치게 자신들의 문화와 문명만 고집하여 다른 대안들을 보지 못하는 개인들의 무기력감 때문이었을 것이다. 그것은 또한 모든 것의 원인을 무의식의 영역으로 돌려 특정한 역사적 형식과 규율이 가지는 위선들에 대한 통찰들을 빗나가게 함으로써 여전히 사회적으로 그 형식과 규율을 고집하고 그 형식과 규율의 특권으로부터 이익을 챙기는 개인이 사회적-도덕적 대안들을 찾는 수고를 할 필요가 없도록 만들 수도 있다. 프로이드는『문명과 그 문명의 반항아들』(Civilization and its Discontents)에서 거의 니체의 허무주의와 같은 허무주의적인 결론에 도달한다. 그는 초자아(super-ego), 특히 초월적 정신이 아니라 사회적 구성체로 간주된 초자아의 규제가 강박관념(콤플렉스)과 이상행동을 유발시킨다고 믿었다. 이런 전제들로부터 무정부주의적 결론들을 이끌어내는 경향이 있는 프로이드도 결국은 사회적 규제의 필요성을 부정할 수 없거나 아니면 그런 규제에 필연적으로 동반되는 병적인 심리적 탈선을 치료할 수 없다. 이렇게 해결할 수 없는 문제 때문에 그는 극단적 비관주의에 빠지게 되었다.

어떤 점에서 보면 마르크스주의가 프롤레타리아 계급의 근본적인 정신적 문제를 명확히 밝혀냈고, 파시즘이 하급 중산층의 근본적인 정신적 문제를 분명히 들추어냈듯이 프로이드의 비관적인 결론들은 상위 중산층의 근본적인 정신적 문제를 밝혀냈다. 프로이드주의는 합리적 질서와 규범의 위선 그리고 부분적 성취 아래 은폐되어 있는 카오스의 영역(무의식, 역자)을 밝혀낸 일부 상위 중산층의 양심의 가책에 의해 생산된 전형적 산물이다. 그러나 프로이드주의는 그가 발견한 그 문제에 대한 근본적인 해결책을 발견할 수 없었으며 또 발견하고자 하는 의지도 없었다.

사실 근대문화가 – 합리주의적이든 낭만주의적이든 – 이 문제를 바라보는 영역의 한계 내에서는 생명력과 형식의 문제를 해결하는 것은 불가능하며, 인간의 창조성과 파괴성의 역설을 충분히 이해하는 것도 불가능하다. 그런 한계 내에서는 근대문화는 다음과 같은 네 가지 관점들 사이에서 선택할 수밖에 없는데, 이 네 관점들은 모두 설득력이 없다. (1) 근대문화는 파시즘에서처럼 파괴적 분노를 자극한다. 그런 분노는 생명력이 있기 때문이다. (2) 근대문화는 자유주의에서처럼 역사에서 사실들에 의해 왜곡된 생명력의 조화를 상상한다. (3) 근대문화는 마르크스주의에서처럼 합리적 규범의 부정직한 위선과 인간 파괴성의 실제성을 일시적으로 인정하지만 혁명적 사회재건을 통해 인간의 환경이 완전히 바뀌기를 바란다. (4) 근대문화는 프로이드주의에서처럼 생명력과 규제의 문제에 대해 아무런 본질적인 해결책도 제시하지 않으며 문제를 완화시키는 것으로 만족한다.

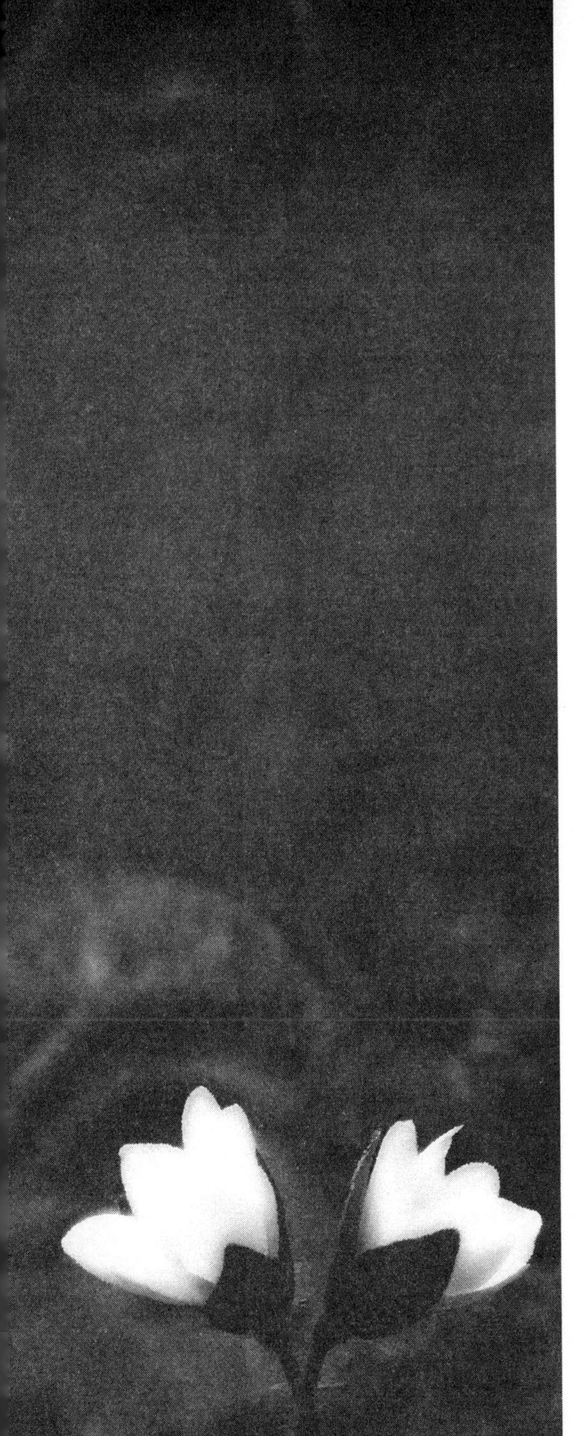

3장

근대문화에서 개체성

3장

근대문화에서 개체성

개체성은 자연의 결실이며, 동시에 정신의 결실이기도 하다. 그것은 자연의 산물이다. 자아성의 토대는 몸의 특수성에 있기 때문이다. 자아는 자기만의 고유한 존재를 유지하며 자기만의 특수하고 오랜 역사를 가지는 신체조직에 근거하고 있다는 단적인 사실에 의해 다른 자아들과 가장 분명하게 구분된다. 그렇지만 자연은 오직 점진적으로 개체성을 성취한다. 무생물의 세계에서는 물체들이나 힘들이 통합되고 분해되는 과정을 거쳐 일시적으로 '유일무이한' 사건들을 일으킨다. 예를 들면, 어떤 산이 융기되었다가 서서히 침식되는 사건이 그것이다. 그러나 단위로서의 개체들이 유일무이하거나 재생 불가능한 것은 아니다. 그러므로 무생물의 세계는 순환하는데, 이런 순환과정은 수학적 정확성을 가지고 도식화될 수 있다. 따라서 물리학과 수학은 밀접한 관계를 가진다.

유기체 세계에서 자연은 상호 의존적이고 파괴할 수 없는 통일성을 특징으로 하는 유기체의 특수성을 가지게 된다. 식물은 하나의 개체로서 산다. 식물의 죽음은 그 식물을 구성하는 분자들이 무생물의 세계로 다

시 돌아감으로써 그 특수한 개체가 파괴됨을 의미한다. 훨씬 높은 수준
에서 동물의 삶은 중추신경조직을 가지는 유기체를 통해 고도의 특수성
을 성취한다. 이런 신경조직을 통해 동물은 그의 환경과 뚜렷이 구별된
다. 그렇지만 동물의 행동은 개체로서의 동물이 그 종의 일반적 특성에
따르는 본능적 행위이다. 색, 크기, 기질의 변화는 어떤 중요한 의미가 있
는 것이 아니라 우연적이며 예측 가능하게 순환된다. 동물의 삶에서 실
제로 유일무이한 것은 개체라기보다는 오히려 종이다. 특수한 동물은
단지 그 종의 특별한 생명전략(life-strategy)을 무한히 되풀이 하여 표현
할 뿐이다.

　독립성과 유일성을 모두 구현하는 순수한 개체성은 인간 삶의 특징이
다. 인간의 삶은 당연히 자연의 산물이며 동시에 정신의 산물로 간주되
어야 한다. 자연은 특수성을 제공하지만, 실제적 개체성의 원인은 정신
의 자유이다. 동물의 존재와 달리 인간은 단지 하나의 중심축을 가질 뿐
만 아니라 자신 너머에 하나의 중심축을 가진다. 인간은 자신을 대상화
할 수 있는 유일한 동물이다. 인간에 내재하는 정신(spirit)을 그가 동물의
존재와 공유하는 영(soul)으로부터 구분시키는 이런 자기초월 능력이야
말로 인간의 고유한 독립된 개체성의 토대이다. 이런 자기의식은 세계를
"타자"로 의식하기 때문이다. 동물은 그의 특수한 필요를 알며 환경세계
에서 그런 필요를 충족시키는 특별한 대상들을 안다. 그러므로 동물의
의식은 그가 연루되어 있는 자연적 과정을 초월하지 못한다. 동물의 의
식은 단지 하나의 유기체가 그의 직접적 환경과 관계할 때 중추적 역할
을 하는 유기적 통일성의 표현에 불과하다. 인간의 의식에서는 자아와
세계 전체가 뚜렷이 구분된다. 따라서 자기의식은 고유한 독립된 개체성
의 기초이다.

　인간의 자기초월 능력은 또한 자유의 토대이며, 따라서 개인의 유일무

이성의 토대이기도 하다. 인간의 의식은 단지 자연의 과정을 초월할 뿐 아니라 자기 자신도 초월한다. 이렇게 인간의 의식이 자기를 초월함으로써 인간의 실존을 특징짓는 인간의 능력들은 끝없이 변형되고 세련될 수 있다. 인간에게 있는 모든 자연적 충동은 끝없는 변형의 과정에서 수정될 수 있고, 확장될 수 있고, 억제될 수 있으며, 다른 충동들과 결합될 수 있다. 결국 어떤 개인도 다른 개인과 같지 않다. 그들의 유전형질과 환경이 아무리 같다고 할지라도 말이다. 인간은 어는 정도까지는 어떤 환경을 거부하고 대신 다른 환경을 선택할 수 있는 자유를 가진다. 만일 그가 20세기의 정신적 분위기를 싫어한다면 그는 의식적으로 19세기의 삶의 유형에 따라 살 수도 있다. 그의 신체적 조건이 마음에 들지 않는다면 그것을 수정할 능력도 가지고 있다. 인간의 능력을 과신한 근대인은 때로 인간이 초월할 수 없는 피조성의 한계가 있다는 사실과 인간이 무시할 수 없는 냉혹한 자연의 힘이 있다는 사실을 망각하기도 했다. 그럼에도 불구하고 인간의 정신은 인간의 자유와 그에 따른 인간의 독특한 개체성에 의해 동물의 존재와 철저히 구별됨을 기억해야 한다.

인간의 개체성은 자연의 산물이며 동시에 정신의 산물이기 때문에 발전한다. 원시인은 비교적 조화롭게 단체생활의 "원시적 우리"의 일원이 된다.[63] 그는 이런 집단의식으로부터 단지 점진적으로 하나의 개인이 된다. 그러나 이렇게 형성되는 개인은 태어나면서부터 원래 그에게 부여되어 있던 것이다. 이렇게 인간에게만 특별히 천부적으로 부여된 것의 유일무이성은 그것이 오직 인간의 삶에서만 개인으로 구체화된다는 사실에 의해서 뿐만 아니라 원시적 존재의 특성에 의해서도 입증된다. 동물은 자유를 가지고 있지 않기 때문에 아무 문제없이 통일성을 이루는데 반해, 원시 공동체는 자연적 충동을 억제하는 공통의 관습과 방법을 확립해야

---

63 참조, *inter alia,* Fritz Kunkel, *Charakter, Einzelmensch und Gruppe.*

했다. 원시 공동체에서는 사회적 자유가 결여되어 있었기 때문에 원시인의 자유는 미성숙할 수밖에 없었다. 이렇게 미성숙한 자유 때문에 원시인은 충동을 아무런 제재 없이 그대로 표현하였다. 원시 공동체는 다양성 속에서 통일성을 이루는 지성이 부족했기 때문에 획일성을 강조해야했는데, 이런 획일성은 다시 규범들을 강화시키는 결과를 낳았다. 이 규범들은 처음에는 순전히 역사적으로 우연히 등장했을 수도 있지만 점차로 그 유용성이 실용적으로 검증되었다.[64]

---

[64] "정신", 즉 인간 자유의 출현을 순전히 사회학적인 관점에서 설명하려는 노력은 자기모순이다. 따라서 미국에서 광범위한 지지를 받는 사회적 행동주의 관점을 체계화한 미드(George H. Mead) 교수는 그 이유를 그의 책 『정신, 자아 그리고 사회』(*Mind, Self and Society*)에서 다음과 같이 설명한다. "우리의 견해는 정신에 관해 일방적으로 사회적인 견해와 명백히 구분된다. 이런 견해에 따르면 정신은 단지 조직화된 사회집단 내에서만 또는 그런 집단에 의해서만 표현될 수 있다. 그렇지만 정신은 그럼에도 불구하고 어떤 의미에서 천부적인 능력, 즉 개개의 유기체에 공통되는 또는 유전적인 생물학적 속성이다. ... 후자의 견해에 따르면 사회적 변화는 정신의 산물을 전제하며 따라서 어떤 의미에서 정신의 산물이다. 이와 정반대로 우리는 정신이 사회적 변화를 전제하고 그런 사회적 변화의 산물이라고 생각한다. 우리의 견해는 정신에 관해 자세히 설명할 수 있으며 정신의 기원과 발전을 제대로 설명할 수 있다."(p.224) 엄밀한 일관성을 제외하면 내세울 것이 아무것도 없는 이 관점은 미드 교수가 각주에서 다음과 같이 설명할 때 그 일관성마저 상실한다. "따라서 정신은 오직 인간의 중추신경계를 생리학적으로 가능하게 만드는 인간 사회 내에서만, 즉 사회적 관계와 상호작용의 특수한 복합적 상황에서만 발생하거나 발생할 수 있다. 그러므로 인간이란 존재자는 자아를 의식하거나 의식할 수 있는 유일한 생물학적 유기체임이 분명하다." (p. 235)

1. 개체성에 관한 기독교적 견해

여러 세기에 걸친 초기의 문명단계에서 개체성이 어떻게 발전되어 왔는지 추적하는 것은 현재로선 불가능할 것이다. 우리에게 중요한 것은 개체성의 관념과 사실이 기독교에서 최고의 발전단계에 이르렀다는 점이며, 르네상스에서 시작되는 근대문화는 개체성 관념과 관련하여 한편에서는 사랑의 법에 의해 그리고 다른 한편에서는 인간이 피조물이라는 관념에 의해 기독교에서 개체성에 대해 설정된 제한들을 폐지하고자 노력했지만 결국은 개체성 관념과 개체성 사실을 모두 놓쳐버렸다는 점이다.

근대문화에서 왜 이런 주목할 만한 개체성의 자기파괴가 일어났는지에 관해서는 다음 장에서 추적하기로 하고 여기서는 개체에 관한 기독교적 견해를 간단히 설명하는 것이 필요하다. 기독교는 개체성 의식의 강화에 중요한 역할을 했다. 왜냐하면 기독교 신앙에 따르면 인간의 정신은 그의 자유에 있어서 최종적으로는 단지 하나님의 뜻에 의해서만 제한되기 때문이며, 인간 정신의 가장 은밀한 비밀은 단지 하나님의 지혜에 의해서만 완전히 알려지고 판단되기 때문이다. 이것은 인간의 삶에는 종족의 관습, 합리적인 행동방식, 그리고 보편적이고 추상적인 모든 행위규범을 초월할만한 궁극적인 종교적 근거가 있음을 의미한다. 그렇지만 진정한 의미의 기독교 도덕은 그것이 그리스도 안에서 계시된 하나님의 뜻에 의해 제한된다고 해서 결코 이율배반적이지는 않다. 사도 바울은 말했다. "만물은 다 너희 것이요 너희는 그리스도의 것이다." 플로티노스의 신비주의에서 우리는 인간 정신의 초월성과 관련하여 같은 의미의 내용을 발견한다. 그러나 신비주의는 결과적으로 단지 인간의 정신이 유일무이하다는 의식을 고양시켰지만 개체의 유일무이함은 간과하였다. 유일무이한 개체성이 신비주의에서는 자연적 상태의 피조물과 동일시되며, 따라서 극복되어야 할 악의 뿌리로 간주된다. 마이스터 에크하르트에 의하면 "당신의 마음은 순수해야 한다. 그리고 오직 피조물의 상태에서 벗어난 마음만이 순수하다."[65] 기독교 신앙에 따르면 개개인의 삶은 하나님의 뜻을 따라야 한다. 유한한 인간의 의지와 하나님에 의해 통치되는 총체적인 세계질서 사이에 바른 관계를 수립되는 것은 바로 하나님의 뜻에 대한 이런 순종에 의해서이다. 신비주의에 따르면 비록 그것이 마이스터 에크하르트의 유사 기독교적(semi-Christian) 의미에서 해석된다 할지라도 덕은 오직 개인의 의지를 무화시킴으로써만 도달될 수 있다. "불쌍한 사람은 하나님의 뜻을 행하고자 하는 사람이 아니라 자기 자신의 의지에 따라 하나님의 뜻으로부터 자유로운 방식으로 사는 사람이다. 그가 존재하지 않았을 때 그가 존재하기나 했던 것처럼 말이다."[66] 다시 말해, 신비주의는 인간 정신에서 최고의 단계를 주장하지만 유일무이한 개체성을 극복되어야 할 피조물의 상태와 동일시한다. 궁극적으로 개인은 신적인 존재자에 흡수되어 동화된다. 여러 자연종교들에서 보면 인간의 정신은 주어진 환경을 초월할 수도 있지만 그 정신이 속한 종족, 민족, 문화나 시대에서 벗어나지 못한다. 따라서 기독교만이 (그리고 예언자적 성경의 전통을 따르는 유대교는) 인간의 정신을 그의 총체적 깊이와 유일무이함에서 통찰하고 확립한다.

물론 이런 높은 개체의식은 위험성이 없지 않다. 만일 하나님에 대한 종교적인 책임감과 하나님 앞에서 회개하는 겸손함이 약해진다면 기독

---

65 Franz Pfeiffer(comp.), *Meister Eckhardt*, Vol. I, (trans. by deB. Evans), p.48.

66 *Ibid.*, p. 220.

교적 개체성은 무정부상태의 혼돈을 야기할 수도 있다. 서구 기독교 역사에서 발견되는 일부 잔인하고 악마적인 모습들은 이런 이유 때문일 수도 있다.

카톨릭 교회가 지배하던 중세 전반에 걸쳐 기독교적 개체성은 결코 일관되게 표현되지 않았다. 이것은 부분적으로는 사회-경제적 원인들 때문이었다. 중세의 봉건적 농업경제 체제는 여전히 이전의 튜턴 족들의 종족 통일체와 밀접한 관계에 있었다. 그리고 사회적 복잡성 때문에 개체의식은 아직 완전히 표출되지 못했다. 다른 한편, 카톨릭 교회는 높은 개체의식이 표출되는 것을 방해했다. 이것은 부분적으로는 그리스 합리주의가 카톨릭 신학에 혼합되어 개체를 자연법의 보편적 규칙에 종속시켰기 때문이며, 부분적으로는 종교를 제도화하여 영혼과 하나님 사이를 차단한 카톨릭의 종교적 권위주의 때문이었다. 그럼에도 불구하고 결코 합리적으로 설명될 수 없는 하나님의 의지가 전적으로 일반적 규범들을 특수한 상황들에 결의론적으로[67] 적용하는 역사적인 관습에 의해서만 설명되었기 때문에 개체는 언제나 자신이 사회적, 도덕적, 정치적인 보편적 범주들의 일부라는 의식을 가지고 있었다. 개체는 결코 자신을 하나의 개체로서 표현하지 못했다.

그러므로 근대의 개체성 의식은 한편에서는 프로테스탄티즘에서 시작되었으며, 다른 한편에서는 르네상스에서 시작되었다. 전형적인 근대의 관점에서 볼 때 프로테스탄티즘과 르네상스는 단순히 개인의 자유를 추구한 두 방향의 운동으로, 차이점이 있다면 후자가 전자보다는 조금 더 근대적 정신에 적합하다는 것이다. 두 운동의 실제적인 중요성은 프로테

---

67 역자. 결의론(決疑論; casuistry)이란 일반적인 원리를 특수한 경우에 적용시켜 문제를 해결하는 방법론으로 사회적 관습이나 교리에 비추어 도덕 문제를 해결하려는 중세 스콜라 철학의 윤리학 이론이 대표적이다.

스탄티즘이 최고의 개체성을 기독교적 관점에서 추구하는데 반해, 르네상스는 훨씬 더 나아가 기독교에서 설정된 한계 너머의 개체성, 즉 "자율적" 개인을 추구한다는 사실에 있다. 바로 이런 자율적 개인이 근대문명에서 실제로 선구적 역할을 했지만, 그 문명의 마지막 단계에서는 결국 완전히 무화되었다.

프로테스탄티즘에서 도달된 높은 개체성 의식은 신학적으로 볼 때 "모든 신자들이 사제"라는 종교개혁의 원리에서 표현되었다. 이런 개체성 의식에서는 진리를 알 수 있는 개인의 능력보다는 오히려 하나님에 대한 개인의 책임이 강조되었으며, 개인의 믿음이 없다면 어떤 제도도 대신 중재할 수 없는 개인의 죄에 대해 자비가 보증되었음이 강조되었다. 이런 개체성 개념에는 개인과 하나님의 직접적인 관계에 의해서만 극복될 수 있는 무의미성의 위험이 인간 정신의 자유에 있다는 강한 느낌이 수반된다. 루터는 그 문제를 그에게 전형적인 강한 어조로 다음과 같이 설명한다. "당신은 임종의 순간 '교황이 이러이러하게 말했습니다'라고 말함으로써 스스로 위안을 받을 수 없습니다. 마귀는 그렇게 보증하는 말에 구멍을 뚫을 수 있습니다. 교황이 잘못이었다고 생각하십니까? 그렇다면 당신은 실패할 것입니다. 그러므로 당신은 언제나 '이것은 하나님의 말씀입니다'라고 말할 수 있어야 합니다."

하나님에 대한 개인의 직접적인 책임을 강조하는 개신교 사상은 강한 반율법주의(anti-legalism)를 함축하고 있으며 그것을 발전시킨다. 이것은 단지 외적인 어떤 특별한 규범도 그 규범에 적합한 행위를 유발시킨 동기들의 선을 보증해 줄 수 없기 때문이며, 모든 행위가 그의 내적인 면과 외적인 면에서 가지는 선과 악의 가능성들이 무한히 많은 상황에서 합법적이고 합리적인 도덕규범들은 덕의 지침으로 부적절하다고 간주되기 때문이다. 특히 프로테스탄티즘은 "자연법"의 합리적 개념을 카톨릭 사상에서보다 더 하찮게 생각한다. 프로테스탄티즘은 개인의 상황과 그 상황에 직면한 개인의 유일무이함을 지나치게 강조하기 때문에 일반적인 법칙을 신뢰하지 않는다. 하나님의 뜻이 규범이며, 그리스도의 삶은 그 뜻의 계시이다. 그리고 개인은 하나님의 뜻이라는 궁극적인 하나를 제외한 어떤 다른 규범에도 매이지 않고, 인간 실존의 모든 복잡한 상황 가운데서 하나님의 뜻을 행하고자 하는 무거운 책임감을 가진다.

인간의 정신은 하나님 이외의 어느 누구에게도 책임이 없을 만큼 모든 상황과 규범을 초월한다는 이런 심오한 종교적 사상에도 불구하고 프로테스탄티즘은 사회적 덕과 정치적 정의의 적절한 기준들과 구조들을 제시하지 못하고 지원하지도 못함으로써 종종 근대적 삶이 무정부상태에 빠지게 하였으며, 따라서 낭만주의가 정치와 도덕 분야에서 모든 합리적이고 전통적인 규범들을 무시하는데 간접적으로 기여했다. 그런 의미에서 기독교적 개체성의 가장 심오한 표현은 그 자체가 근대적 삶이 무정부상태의 혼란에 빠지게 된 것에 대해 일부 책임이 있다. 종교가 쇠퇴한 시기에는 "만물은 너희 것이요 너희는 그리스도의 것이다"는 깨우침을 받은 개인은 "너희는 그리스도의 것이다"는 말씀에서 표현된 궁극적인 종교적 책임감을 쉽게 망각하고 단지 "만물은 너희 것이요"라는 경구 전반부의 법을 무시하는 의미만 기억할 수도 있다.

2. 르네상스의 개체성 관념

기독교적인 개체성 사상이 프로테스탄티즘에서 최고조에 이르렀다면, 르네상스는 자율적 개인이라는 비기독교적인 개념이 형성되어 실현된 실질적인 요람이었다. 개인의 자율성에 대한 르네상스 시대의 강조는 부분적으로 카톨릭의 권위주의에 대한 반작용이었다. 종교적 독단론의 지배로부터 학문을 해방시키는데 르네상스가 기여한 역할이 너무나 위대했기 때문에 근대성의 "과학적 정신"을 무비판적으로 지지하는 대다수의 사람들은 이런 자율성 사상에 들어 있는 위험을 인식하지 못했다. 표면적으로 볼 때 르네상스 사상은 고전주의의 부활이었다. 그리고 이렇게 부활된 고전주의의 권위는 기독교의 권위와 대립하거나 아니면 기독교의 권위를 변화시켰다. 그렇지만 고전주의 사상은 개인에 대한 열정이 르네상스가 생각했던 것처럼 그렇게 강하지 않았다. 사실 르네상스는 오직 기독교의 토양에서만 성장할 수 있었던 하나의 관념을 이용했다. 르네상스는 이 관념을 고전적 합리주의의 토양에 이식하여 고전주의에도 없었고 기독교에도 없었던 개인의 자율성이란 새로운 개념을 만들어냈다.

기독교적 개인과 르네상스의 개인을 매개해 준 사상은 하나님에 대한 개인의 단독적인 책임을 강조하는 개신교 사상이 아니라 인간 정신의 무한한 가능성을 주장하는 중세 신비주의 사상이었다. 이런 신비주의 사상의 계보는 마이스터 에크하르트로부터 시작해서 "공동체 형제들"과 존 뤼스브뢱(John Ruysbroek)을 거쳐 르네상스의 가장 위대한 창조적

인물들 중 하나인 쿠자누스로 이어졌다.[68] 에크하르트를 따르는 신비주의자들에게 있어서 그리스도는 인간이 가진 신적인 잠재성의 상징이었다. 에크하르트에 따르면 "성부 하나님은 끊임없이 그의 아들을 낳고 있다. 더 나아가 그는 나를 그의 아들, 즉 바로 그 자신의 아들로 낳는다." 인간 정신의 가능성은 무한하다. "올바른 영혼은 하나님과 같으며, 하나님 곁에 있으며, 하나님과 같은 수준에 있다. 하나님보다 더 낮지도 않고 더 높지도 않다."[69]

에크하르트의 사상에서 이런 신적인 잠재성은 개체성을 강화시킨 것이 아니라 궁극적으로는 개체성을 파괴했다. 인간이 신적 잠재성을 가진다는 사상이 르네상스에서 어떻게 인간의 개체성과 독자성 개념으로 변했는지는 쿠자누스의 다음과 같은 기도에서 아름답게 표현되어 있다. "당신의 진실한 얼굴은 조금도 제한이 없으며, 양적인 속성도 질적인 속성도 가지지 않으며, 시간성도 공간성도 가지지 않습니다. 당신의 얼굴은 절대적 형상이며, 얼굴들 중의 얼굴이기 때문입니다. ... 그러므로 당신 자신의 내면을 응시하는 모든 얼굴은 그 자신의 얼굴과 다르지 않은 어떤 것을 바라봅니다. 그 얼굴은 그 자신의 진리를 바라보기 때문입니다. ... 오, 주님! 젊은이에게는 젊게, 성년에게는 성숙하게, 노인에게는 늙게 느껴지는 당신의 얼굴은 얼마나 놀라운지요. 모든 얼굴들에는 얼굴들 중의 얼굴인 당신의 얼굴이 신비에 싸여 숨겨져 있습니다. 모든 얼굴들 저편에 있으며 얼굴들에 관한 지식과 개념이 조금도 남아있지 않는 그 신비하고 어두운 고요의 경지에 인간이 들어갈 때까지 그 얼굴은 베일에 가려져 있습니다."[70] 이것은 르네상스로 넘어가는 문턱에 서 있는 한 기

---

68 참조, Ernst Cassierer, *Individuum und Kosmos in der Philosophie der Renaissance*, p. 35.

69 *Op. cit.*, Vol I, p. 162.

70 Cassierer, *op. cit*, p. 34.

독교 신비주의자의 주목할 만한 감회이다. 그가 느끼고 표현한 것은 기독교 사상과 반대되는 것이 아니었다. 그렇지만 개체성의 유일무이함에 대한 르네상스의 강조는 기독교 사상의 경계와 신비주의 사상의 경계를 모두 깨뜨렸다. 하나님은 개개의 독자적인 인간 개체성의 완성이지 그의 죄를 심판하는 분이 아니라는 르네상스의 생각에는 하나님을 "그 생각이 우리의 생각과 다른 사람들"을 심판하는 분으로 묘사하는 예언자적 전통이 완전히 사라져 전혀 발견되지 않는다. 중요한 것은 영원성이 결국 모든 개체성을 삼키게 된다는 신비주의 사상이 결과물로 보존되었다는 것이다.

지오다노 브르노(Giordano Bruno)는 쿠자누스보다 덜 기독교적이고 더 신플라톤적이다. 그의 주된 관심사는 인간 정신의 유일무이함보다는 인간 정신의 신적인 잠재성에 있었다. 그의 관심은 인간이 "저 초월적 존재자와의 지성적 연합을 통해 신적 존재자가 되며, 신적인 일들 이외에는 아무것도 생각하지 않으며, 일상적인 사람들이 가장 중요하게 생각하는 것에 대해서는 무관심함"을 역설하는 것이었다.[71] 그러나 인간 정신의 신적인 잠재성에 관한 신비주의 이론은 브루노에게서 묘하게도 인간의 개체성이 유일무이하다는 새로운 이론이 형성되는데 결정적인 역할을 했다. "시는 규정들에서 태어나지 않는다. 규정들은 시에서 유래한다. 그러나 참된 시인들은 어떻게 파악될 수 있는가? 그들의 노래에 의해서이다."[72] 브루노에 의하면 개인은 완전히 자율적인 존재이다. 그리고 그의 이런 사상은 그에게 권위주의에 대한 저항의식을 고취시켰다. 영혼이 가지는 의무감은 영혼 자신의 본성에서 기원한다. 그리고 이런 본성은 스토아 사상이나 칸트의 사상에서처럼 합리성의 일반적 법칙이 아니다. 내

---

71 William Boulting, *Giordano Bruno*, p. 178.

72 *Ibid.*, p. 180.

적인 빛이 모든 사람을 인도한다. 브루노에게 있어서 무한한 공간은 영혼의 무한한 잠재성을 상징하는 것이기 때문에 영혼불멸의 이론이 그의 사상에 중요할 것이라고 생각될 수도 있다. 하지만 불멸의 소망에 대해 그가 취하는 태도는 분명하지 않다. 이런 모호한 태도에서 볼 때 우리는 그의 범신론적 경향이 그의 강한 개체성 의식보다 우세함을 알 수 있다. 마치 개체성이 신적인 것에서 완성된다는 쿠자누스의 견해가 모든 개체성을 삼키는 "어두운 고요"의 신비적 통찰과 함께 최고의 단계에 이르듯이 말이다.

이 점에서 우리는 개체성 개념을 파괴하는 경향이후대의 합리주의에서보다 먼저 이미 르네상스에 있었음을 알 수 있다. 그리고 르네상스가 개체성 개념을 위해 제시하는 근거는 성서적 종교가 제시하는 근거보다 덜 확고하였다. 성서적 종교에서는 개체성이란 관념이 부활의 소망에 간직되어 있기 때문에 확고하다. "몸의 부활"이라는 철저하게 비합리적인 사상은 개체성의 원천이 정신은 물론 자연에도 있음을 암암리에 무의식적으로 표현한다. 몸의 특수성이 없다면 인간의 정신은 신적 정신의 보편성, 즉 영원성의 무차별적인 존재에 쉽게 흡수되어 정체성을 잃게 된다. 당연히 건전한 합리주의는 일시적으로 존재하는 특수한 개체들이 영원성을 가진다고 주장하는 것은 불가능하다고 생각한다.

인간이 위대하고 유일무이하다는 생각에 근거한 르네상스의 개체성 개념에는 당연히 인간의 자유가 포함된다. 그러므로 르네상스 사상가들의 가장 중요한 관심사들 중 하나는 신적인 예지가 인간 행위의 자유를 제한하지 않으며 역사에서 인간의 창조적 역할을 무가치하게 만들지 않음을 입증하는 것이었다. 의지의 자유는 이탈리아 르네상스 사상가들에

게 가장 중요한 관심사였다.[73]

개체성에 대한 르네상스의 강조는 어떤 단순한 일련의 사상들에 의해 촉발된 것이 아님이 분명하다. 그것은 다양한 철학들에 기초하고 있기 때문이다. 하나님에 중독된 브루노와 마찬가지로 냉정하고 회의적이며 땅에 발을 굳게 딛고 있는 몽테뉴도 개체성을 철저히 강조하였다. 개체성에서 몽테뉴가 가장 중요하게 생각한 것은 인간의 삶이 표현되는 무한히 다양하고 상대적인 형식들이었다. 그는 이렇게 다양한 형식들을 보편적 범주들에 따라 정형화하려는 모든 노력을 경멸하였다. 그 범주들이 도덕적 범주이든, 법적 범주이든 아니면 합리적 범주이든 간에 말이다. 개체성에 관한 몽테뉴의 사상은 부분적으로 다양성에 대한 이런 관심의 확장이었다. 인간은 무한히 다양한 존재자이다. "플루타르크는 동물들 사이에는 인간들 사이에서처럼 그런 다양성이 없다고 말했다. ... 나는 플루타르크의 생각에 동의한다. 그리고 나는 사람과 사람 사이에는 사람과 동물 사이의 다양성보다 더 큰 다양성이 있다고 생각한다."[74] 어떤 의미에서 몽테뉴가 지지한 개성화는 자연적 역사, 즉 다양한 지리적 환경과 역사적 환경의 결과로 형성된 개성화였다. 이와 달리 이탈리아 르네상스의 지도자들의 가장 중요한 관심은 정신의 개성화, 즉 내적 성찰의 신비와 자화상의 예술에 있었다. 그렇지만 몽테뉴도 플루타르크와 이탈리아 르네상스와 마찬가지로 자서전의 예술에 관심이 있었으며, "나는 나 자신이 일어서고 앉는 모습, 앞모습과 뒷모습, 오른쪽과 왼쪽, 그리고 나의 모든 자연적 태도들을 그린다."[75]고 자랑했으며, "모든 사람은 자기 내면

---

73 이탈리아 사상가들이 쓴 논문들 중 특히 이런 주제를 다루는 두 개의 논문들은 다음과 같다. Pompanazzi, *de fato, libro arbitro et praedestinatione*(1436); Valla, De libro arbitrio(1520).

74 John Florio, *The Essays of Montaigne* Book I, Ch. XLII.

75 *Ibid.*, Book III, Ch. 8.

에 인간 본성의 완전한 형상을 가진다."[76]고 확신함으로써 그런 연구의
중요성을 정당화하였다. 몽테뉴의 자연주의에도 불구하고 그런 사상은
실제로는 유명론과 신비주의의 결합에서 유래했다. 그리고 우리는 그런
사상이후대의 낭만주의, 즉 개인을 보편자의 계시라고 보는 괴테와 슐라
이어마허의 견해에서 보다 완전하게 체계화되었음을 발견한다.

---

76 *Ibid.*, Book III, Ch. 2.

3. 부르주아 문명과 개체성

개체성에 관한 르네상스의 이론은 다양한 철학적 관념들과 신학적 관념들, 즉 기독교적 관념들과 고전적 관념들, 범신론적 관념들과 자연주의적 관념들, 신비주의 관념들과 유명론적 관념들을 이용했기 때문에 이 관념들 중 어떤 관념이 르네상스의 개체성 이론에 결정적인 영향을 주었는지 단적으로 말할 수는 없다. 르네상스의 개체성 사상의 문화적 뿌리는 역설적이게도 중세의 기독교 형태를 약화시킨 고전적 영향력에 있기보다는 기독교 자체에 있다. 그러나 이것이 왜 개체성에 대한 이런 강조가 바로 이때에 등장하여 최근에 이르기까지 근대문화를 지배했느냐 하는 물음에 대한 답은 아니다. 그 대답은 그 시대의 순전히 문화적인 역사에서 보다는 오히려 사회적 역사에서 찾아야 한다. 상업계층과 부르주아 계층의 출현과 함께 개체성 의식이 고취되었다. 이탈리아의 도시국가들에서 부르주아 문화의 싹이 트기 시작했다. 나머지 유럽 국가들에서는 여전히 지주계급이 지배하고 있었지만 이탈리아의 도시들에서는 신흥 사업가가 자신의 문화를 형성할 수 있는 기회를 가지게 되었다. 중요한 것은 이 문화의 형식들이 많은 특별한 점에서 계몽주의 문화에 선구적 역할을 했으며, 이 계몽주의 문화는 유럽의 다른 지역들에서 사업가가 득세하는 신호탄이 되었다는 것이다.

사업가는 상속받은 재산보다는 오히려 개인의 창의성과 재력에 의존하며 정적인 사회적 관계보다는 오히려 역동적인 사회적 관계를 창조하는 유형의 경제적 힘을 가지게 되었다. 당연히 그런 경제적 힘은 인간의 역사를 움직일 수 없는 운명으로 보기 보다는 오히려 인간에 의해 결정되는 영역으로 보았다. 마찬가지로 그것은 자연을 인간 의지의 주인이 아니라 도구로 간주했다. 자연과학이 처음에는 단순히 인간의 이런 자립심의 부산물로 발생했다. 자연은 단순히 인간의 위대함을 반영하는 것에 불과하다고 생각되었기 때문이다. 그러나 인간이 자연의 힘을 실제로 지배하는데 과학이 점점 더 기여함에 따라 과학은 인간이 스스로 모든 것을 할 수 있다는 자부심을 가지게 하는 새로운 자극제가 되었다.

그의 결정이 역사에 끼치는 영향력과 그의 행위가 자연에게 행사하는 힘에 놀라고 자신이 창조자라는 것을 발견한 인간의 이런 자부심과 힘은 역설적이게도 하나님 앞에서 모든 인간이 중요하다는 기독교 사상과 함께 등장했다. 실제로 그것은 기독교 사상을 세속적 관점에서 해석한 것이었다. 이것은 비기독교 국가들도 카톨릭 국가들도 - 카톨릭 국가들의 문화에서는 기독교가 고전사상의 영향에 의해 바뀌었다 - 근대의 상업적-산업적 문명의 역동성에 크게 관여하지 않았다는 사실에 의해 입증된다. 그것은 또한 개신교의 개인주의와 부르주아 문화의 세속적 개인주의 사이의 복잡한 상호작용에 의해서도 입증된다. 근대적 개인은 기독교 문화 이외의 어떤 문화에서도 발생할 수 없었다. 그렇지만 그의 사상적 진보는 개체성의 기독교적 토대를 파괴했다. 그리고 그의 문명이 발달함에 따라 개인의 창의성, 풍부한 자원과 결정적 행위가 효과적일 수 있게 해주는 사회적 경제적 기초가 파괴되었다.

사회적 경제적으로 개체성이 붕괴된 것은 산업문명의 발달에서 절정에 달한 상업문화가 기계론적이고 비인격적으로 제도화된 결과였다. 근대의 산업주의는 비인격적인 금전거래와 신용거래의 논리를 극단화시켰다. 비교적 단순한 경제체제에서는 인격적인 관계구조에서 이루어졌던 생산과정과 교환과정이 점차로 와해되어 자동적이고 합리화된 관계의 영역으로서 제도화되고 개인은 그 과정의 일부로 전락하게 되었다. 중세 시대 농업경제체제의 전통적인 사회적 통일성과 충성과 관성을 약화시키고 사업가가 출현하여 역사에서 창조적 역할을 할 수 있게 한 바로 그 역사적 역동성이 부식작용을 계속해서 드디어 공동체들과 국가들이 무엇보다 먼저 기계적인 상호의존성의 끈에 의해 서로 결합되고 이런 상호의존에 수반되는 불화에 의해 서로 충돌하는 상태에 이르렀다.

당연히 생산과 교환 과정에서 자동적으로 이해관계가 조화될 것이라는 자본주의 철학자 아담 스미스의 초기 전망은 실현되지 않았다. 인간이 이 과정을 지나치게 통제하여 그런 조화를 깨뜨린 것이다. 기계를 통제하고 소유한 사람들은 역사상 전례 없이 막강한 사회적 권력을 휘둘렀고 유력한 사회적 지위를 차지하게 되었다. 그들은 옛 시대의 소수 독재자들보다 더 권력의 유혹을 이길 수 없었다. 그러나 그들이 저지른 불의들은 비교적 동적이지 않던 시대의 불의들보다 더 직접적으로 그들 사회의 기초를 파괴했다는 점에서 이전의 독재자들과 다르다. 결과적으로 근대사회는 재앙으로 전 세계를 위협하고 그들 자신의 냉혹한 논리에 의해 발생한 것처럼 보이는 불화와 부패에 휩쓸리게 되었다. 부패를 막으려는 인간의 모든 노력을 무시함으로써 말이다.

인간이 역사적 운명을 결정하는 힘이 있다고 낙관함으로써 그 시대를 주도한 부르주아 계급의 사람들은 개인들이 피할 수 없는 운명의 희생자가 되어 불운하고 무기력하게 살아가는 역사가 전개되고 있음을 보았다. 사실 그들이 결정한 것들 중 대부분은 근대사회의 난제들을 더욱 악화시키는 경향이 있었다. 중요한 경제적 사회적 힘을 장악하고 있는 사람들이 그들의 권력을 유지하기 위해 정책을 결정했기 때문에 결과적으로 그들의 그런 결정들은 총체적인 사회적 무정부 상태에 빠지게 되었던 것이다. 따라서 중세의 시대정신인 사회적 결속과 억압과 관성으로부터 벗어나 자신이 자연과 역사의 주인이라고 생각한 부르주아 개인은 쇠퇴기의 운명적인 역사적 필연성 속에서 그리고 광적으로 구성된 종족의 연대성 속에서 불명예스럽게 사라져 갔다. 하급 중산층은 낭만주의의 왜곡된 형태들에 의해 동기화되어 이런 연대성을 형성했다. 그리고 프롤레타리아 계급은 인간이 역사를 지배한다는 부르주아적 견해를 거부하고 역사적 운명에 복종해야 한다고 생각하는 역사철학을 가지고 있었다. 불행하게도 이 계급은 그 시대의 기계적 역사관에 의해 지나치게 오염되어 있었기 때문에 부르주아적 개인주의에서 잘못된 것은 물론 옳은 것까지도 거부하였다. 그러므로 그 계급은 역사적 운명을 기계론적 관점에서 이해했으며, 역사를 "운동의 법칙"에 의해 이해하고자 했다.

4. 자연주의에서 개체성의 파괴

르네상스는 역사에서 인간의 자유와 힘을 지나치게 높이 평가하는 오류를 범했다. 역사에서 이런 힘과 자유는 두드러진 역할을 하지 않는다. 인간의 행위와 결정은 그가 생각하는 것처럼 그렇게 특별하지 않다. 그것은 인간이 결정하는 것들의 성격이 통계적으로 파악될 수 있으며 결정들이 이루어지는 환경에 따라 정확하게 예측될 수 있다는 사실에 의해 입증된다. 인간의 힘과 자유보다는 오히려 그가 가진 특권과 증권, 또는 그렇지 못함, 그리고 그의 직업이 그가 결정하는데 상당히 결정적인 역할을 한다. 더 나아가 인간의 힘과 자유는 역사의 방향을 결정하는데 르네상스가 생각했던 것처럼 그렇게 중요한 역할을 하지 않는다. 그의 힘과 자유는 매순간마다 다른 사람들이 가지는 부분적으로는 의식적이고 부분적으로는 무의식적인 희망과 두려움과 노력에 의해 영향을 받으며, 그런 것들에 의해 수정되고 때로는 무력하게 되기도 한다. 자신이 의식적으로 결정했던 것들이 무의식적인 두려움에 의해 좌절되는 경우도 허다하다. 그런 순간에 개인이 여전히 주체적 개인으로 남을 수 있는 것은 오직 최고의 초월적 정신에 도달할 때뿐이다. 그런 단계에 도달한 인간은 역사적 운명을 무시할 수 있으며, 그의 삶이 의미를 가지는 - 역사는 그 의미를 부정하지만 - 의미영역에 호소할 수 있다. 그렇지만 역사에서 결정할 수 있는 그의 능력은 바로 이런 초월성의 영역에 의존한다. 아무리 역사적 현실에만 완전히 매몰되어 사는 개인이라 할지라도 변화무쌍한 그런 과정이 일정한 어느 순간에 결정적으로 중요하다고 생각하는 도덕적 규범, 정치적 규범과 종교적 규범을 인정하지 않을 수 없다. 한 문화나 문명의 승리에 이의를 제기할 수 있는 개인의 능력은 그 문화나 문명의 전제들과 신조들에 매이지 않는 상당한 정도의 자유에 의존한다. 빈번하게, 그리고 일반적으로 이것은 그 문화나 문명과는 다른 관점에서 삶과 역사를 이해하는 모종의 철학에 전적으로 의존함을 의미한다. 이런 의존성은 문화와 문명에 도전하는 개인 자신의 대의명분이 여전히 상당한 성공을 약속하는 한 그 개인의 정체성을 보존해 줄 수도 있다. 그러나 그 개인의 삶에 의미를 주는 사회적 – 역사적 대의명분이 복구할 수 없을 정도로 완전히 무너지면 필연적으로 그 개인은 철저한 무의미성에 빠지게 된다. 그런 실패를 영원한 존재자의 관점에서 해석하는 종교에 의해 그 개인의 정체성이 지탱되지 못한다면 말이다.

하지만 개인이 도피하는 그 영원성이 모든 역사를 부정하고 역사의 의미를 인정하지 않는 무차별적인 존재의 영역이라면 그는 그 부정에 삼켜져 개체성을 상실하게 된다. 신비주의의 논리에 의해 충분히 입증되듯이 말이다. 결국 개인의 정체성은 기독교와 같은 예언자 종교인에서만 보존될 수 있다. 이런 종교만이 개체성의 자연적 토대와 정신적 토대를 모두 보장해 줄 수 있다. 그런 종교는 역사를 진지하게 생각하기 때문에 역사적 실존의 긴장들 내에서 형성된 각 개인의 고유한 성격, 즉 자연적, 지형적, 경제적, 인종적, 그리고 성적 조건들에 뿌리를 가지는 긴장들 내에서 형성된 각 개인의 고유한 성격이 중요함을 인정한다. 그러나 예언자 종교는 영원한 존재자의 관점에서 역사를 해석하기 때문에, 즉 역사의 시작과 종말을 역사 너머에서 보기 때문에, 비록 개인이 관계하는 특정한 역사적 운동이 완전히 실패한다 할지라도 그 개인에게 의미의 세계 안에서 설 자리를 제시해 준다.

어떤 철학이나 종교도 인간의 실존구조를 바꿀 수 없다. 인간의 실존

구조는 특정한 몸의 자연적 사실과 자기 초월성의 정신적 사실로 구성된 개체성을 포함한다. 그러나 다양한 종교와 철학은 자아가 그런 초월성의 자리에서 자신의 정체성을 보존할 수 있게 해주는 중요한 역할을 한다. 자연주의 철학들은 혈족관계와 그 밖의 다른 자연적 힘들을 유일한 의미근거라고 강조함으로써 개체성을 파괴할 수도 있다. (그리고 근대의 자연주의에서는 실제로 개체성이 그렇게 파괴되었다.) 반대로 정신을 강조하는 철학들은 초월적인 자아(정신)가 특수성과 불확실한 변화의 위험을 가지는 역사로부터 역사와 개체성을 부정하는 의미영역으로 도피하도록 부추길 수도 있다. 개체성의 개념과 실재는 모두 기독교 신앙의 독특한 산물이다. 개체성은 오직 개인이 역사의 내부와 외부에 모두 설 수도 있다는 기독교적 믿음에 의해서만 가능하기 때문이다. 개인은 그의 믿음이 역사가 의미 있다고 확신하기 때문에 역사 내적인 존재자이며, 그의 믿음이 역사는 영원한 존재자의 의지에 의해 탄생되었다고 확신하기 때문에 역사 외적인 존재자이다.

근대문화의 역사는 하나의 특별한 '페이소스'(pathos, 연민의 정)를 불러 일으킨다. 왜냐하면 개인의 역사적 힘과 자유에 초점을 맞추어 기독교의 개체성 개념을 단언하면서 동시에 변형시켰던 바로 그 르네상스의 성향이 결국은 모든 개체성 개념을 파괴하는데 이르렀기 때문이다. 이런 문화적인 개체성 파괴는 기계문명의 발전 이전에도 있었고 그와 동시에도 있었기 때문에 그런 문화적 개체성 파괴가 기계문명이 개인의 자유와 유일무이함을 무화시키는데 실제로 기여했을 수도 있고, 거꾸로 그런 기계문명의 영향을 받아 개체성 파괴가 일어났을 수도 있다.

이런 무화의 논리는 분명하다. 근대문화의 자연주의적 성향은 인간의 내면에 있는 정신의 전 영역을 무차별적인 "의식의 흐름"으로 축소시키고자 했다. 비록 자연주의가 실제로 의식자체를 완전히 기계론적 관점에서 해석하고자 하지는 않았다 할지라도 말이다. 한편, 관념론은 마음으로서의 정신을 중요하게 생각하기는 했지만, 대체로 인간 자아만이 가지는 고유한 특징들을 마음이 가지는 추상적인 보편적 특징들과 동일시했다. 자연주의와 관념론 사이에서 자아의 본질이 위험에 처하게 되었다.

자아, 즉 초월적 개체성의 의미가 실제적으로 일관되게 부정되는 것은 토마스 홉스에서 시작하여 경험론과 자연주의를 통해 더욱 강화되었다. 홉스의 감각론적 심리학과 유물론적 형이상학에는 인간 개체성이 들어설 자리가 전혀 없었다. 그가 주장하는 개인은 자아성의 본질이 생존욕구에 있는 동물적 본성이다. 인간의 이성은 이런 욕구를 자연에서 이미 알려져 있는 한계 너머로 확장시켜 다양한 개인들이 가지는 동일한 요구들 사이에 충돌을 일으킬 뿐이라는 것이다. 그러나 서로 충돌하는 개인들의 이런 주장들은 충동을 통제하는 어떤 초월적 이성에 의해서 중재되는 것이 아니다. 그런 주장들은 모든 도덕의 유일한 원천인 정치적 권력에 의해 억압되고 중재되어야 한다는 것이다. 사람들은 공멸에 대한 두려움 때문에 역사적 결정, 즉 사회계약을 하게 되었고, 이런 사회계약에 의해 정부가 탄생되었다는 것이다. 그러나 이런 역사적 결정은 신화적 과거에 있다.[77] 이런 철학은 사회적 변화를 완전히 초월하는 어떤 존재자가 중요한 결정을 한다고 생각하지 않고 인간의 역사를 인간의 순수한 결정의 결과라고 해석하는 자연주의적 사상의 기이한 장난으로 간주될 수

---

77 역자 주, 여기서 "신화적 과거"란 구약성서 욥기 41장에 나오는 리바이어던(leviathan)에 관한 신화를 가리킨다. 리바이어던은 바다에 산다고 생각된 괴물로 교만이 극에 달한 태초의 용과 같은 존재이다. 홉스는 사회계약에 의해 탄생된 국가는 리바이어던과 같이 막강한 권력을 가지고 있기 때문에 개인의 교만과 허영을 누를 수 있다고 보았다. 국가의 목적은 개개인으로부터 양도받은 권력을 이용해 교만과 이기심 때문에 남에게 해를 끼치는 자를 제압함으로써 만인의 만인에 대한 투쟁을 해소하고 평화를 보장하는 것이다. 그런데 평화를 위해 개인의 기본권을 크게 제약할 수 있기 때문에 절대왕권을 정당화한다는 비판을 받기도 했다.

도 있다.

로크는 데카르트의 영향을 크게 받아 자아를 "생각하는 사물"로 정의했으며, 실체로서의 인격적 정체성을 강조했다. "자아는 의식을 가지고 무엇인가를 생각하는 사물로, 쾌나 고통을 느낄 수 있거나 의식할 수 있으며 행복이나 불행을 느낄 수 있어서 그 의식이 미치는 한 자신에 대해 관심을 가진다. (그렇게 생각하는 사물로서의 자아가 정신적이냐 아니면 물질적이냐, 단순한 것이냐 복합적인 것이냐 하는 것은 중요하지 않다.) … 이 의식은 한 개인의 비물질적인 실체에 동반되는 것으로 그 실체의 성정(性情)이다."[78] 로크의 관심은 정체성을 결정하는 것은 "숫자상의 실체"가 아니라 의식임을 증명하는 것이었다. 의식에 관한 이런 설명은 동물의 의식, 즉 중추신경계를 가지는 유기체에게도 동일하게 적용될 것이다. 그러나 자기의식에 관한 로크의 이론은 자아의 직관적 자기의식을 강조한다는 점에서 데카르트를 따른다. "만일 내가 모든 것을 의심한다면 바로 그 의심은 나로 하여금 나 자신의 존재를 지각할 수 있게 만들지 그것을 의심하도록 하지는 않을 것이다."[79] 자아의 존재에 관한 이런 자각은 인간에게 고유한 자아의식의 전 영역과 인간의 유일무이함을 완전하게 기술한 것이라 할 수는 없다. 그럼에도 불구하고 그것은 홉스나 흄에게서는 발견되지 않는 인간의 독특함을 인식한 것이다. 특히 생각하는 자아와 관련하여 하나님의 존재를 논증하는 로크의 논증을 고려할 때 그렇다. 그렇지만 로크에게 있어서 자각은 인격적 정체성과는 무관하다. 그는 기억에 내포된 자기초월성의 요소와 인격적 정체성은 전혀 무관한 것이라고 생각하기 때문이다. "과거의 행위에 관한 모든 기억이나 의식을 완전히 상실한 정신이 있다고 가정할지라도 인격적 정체성에는 아무런 변화가 없

---

78 *An Essay Concerning Human Understanding*, Book II, Ch. 25.
79 John Locke, *ibid.*, Book IV, Ch. 9.

을 것이다."[80] 정신이 그런 상태에 있다 할지라도 "경험적 자아", 즉 몸의 통일성에 동반되는 자아의 정체성은 결코 달라지지 않을 것이다. 정확하게 말하면, 의식의 의식으로서 의식을 초월해 있으면서 기억과 예견의 방식으로 나타나며 인격성의 실제적인 핵심이 되는 것은 바로 순수자아 또는 초월적 자아이다.

흄은 다른 점들에서와 마찬가지로 이 점에서도 보다 순수한 경험론을 위해 로크의 사상에서 데카르트적 요소를 제거하였으며, 자아의 어떤 자각 가능성도 인정하지 않았다. "내가 나 자신이라 부르는 것 안으로 아무리 깊이 들어간다 할지라도 나는 언제나 뜨거움이나 차가움, 빛이나 그늘, 고통이나 즐거움을 어떤 방식으로든 지각한다. 나는 결코 지각이 동반되지 않은 상태에서는 어느 때에도 나 자신을 파악할 수 없으며 그 지각 이외의 어떤 것도 관찰할 수 없다."[81] 이런 관찰은 순수자아가 독자적으로 존재한다고 보는 데카르트의 사상에 대한 정당한 비판이라 할 수도 있다. 자아는 언제나 관계의 중심이기 때문에 "나는 지각이 없이는 나 자신을 파악할 수 없다"는 관찰은 전적으로 옳다. 그러나 "지각 이외의 어떤 것도 관찰할 수 없다"는 흄의 마지막 결론은 분명 이전의 관찰로부터 논리적으로 추론된 것은 아니며 사실과 부합하지도 않는다. 그렇지만 경험적 자아를 인상들의 흐름으로 해석하는 흄의 주장이 옳다면 그가 "내가 나 자신이라 부르는 것 속으로 아무리 깊이 들어간다 할지라도"라고 말할 때 그가 의미하는 "나"의 본성을 탐구하는 것은 여전히 유효할 것이다. 자아를 순전히 경험론적인 관점에서 보는 모든 해석들의 타당성에 대해 이의를 제기하는 것은 주체로서 바로 그 "나"의 실체이

---

80 *Ibid.*, Book II, Ch. 25.

81 David Hume, *A treatise of Human Nature*, Vol. I, Part IV, Sec. 6.

다.[82]

　근대 심리학의 성과가 아무리 위대하다 할지라도 자연주의적 전통의 한계 내에 머무는 심리학적 체계는 결코 홉스와 로크와 흄의 해석을 넘어서지 못한다. 행동주의 심리학은 홉스의 입장을 체계화한 것이었다. 로크의 입장은 자아의 주도적 역할과 그 과정의 통일성을 강조하는 모든 "역동적" 심리학자들에 의해 지지되었다. 흄을 따르는 사람들에 관해서는 윌리엄 제임스라는 유명한 인물을 예로 드는 것으로 충분할 것이다. 제임스는 의식의 통일성과 초월적 자아를 모두 부정하였다. "만일 의식의 상태들이 매 순간 흘러가지 않는다면 우리는 하나의 지속적인 원리, 즉 절대적으로 자신과 하나인 원리가 우리 각자 안에 있는 지속적인 사유주체라고 가정할 수도 있을 것이다. 그러나 의식의 상태들이 현실적 사실들로서 주어진다면 생각하는 주체 안에 그런 '실체적' 동일성이 있어야 한다고 가정될 필요가 없다. 어제의 의식 상태와 오늘의 의식 상태는 아무런 실체적 동일성을 가지지 않는다. 오늘의 의식 상태가 여기 있을 때는 어제의 의식 상태는 이미 지나갔기 때문이다. … 결국 의식의 상태들은 전적으로 심리학적 관찰의 대상일 뿐이다. 형이상학이나 신학은 영혼의 존재를 입증할 수도 있지만, 심리학은 그런 실체적인 통일성의 원리를 가정할 필요가 없다."[83]

　실체적인 통일성의 원리를 가정할 필요가 없다는 제임스의 주장은 하나의 자연과학으로서의 심리학이 (그리고 그 문제에 관해서는 모든 자연과학이) 순수학문으로서 그의 특성을 형이상학적 회의론에 의해 확인하려는 끝없는 노력의 한 좋은 예이다. 그러나 불행하게도 이런 회의론

---

82 참조, C. D. Broad, *The Mind and Its Place in Nature*, Ch. 6.

83 *Psychology, Briefer Course*, p. 203. 제임스는 "사상 자체가 사상가이다"라는 말로 그의 입장을 단적으로 정리했다.

은 결국 형이상학적 신념이 되고 말았다. 표면과 깊이를 모두 가진 대상은 실제로는 두 개의 차원을 가지기 때문에 일차원적인 방식으로는 올바로 해석될 수 없다. 바로 이런 이유 때문에 과학적이기만 한 과학은 과학적으로 정확할 수 없다. 이것은 특히 물리학과 대조되는 정신과학(Geisteswissenschaft)의 경우에 그렇다. 과학적 방법론을 초월하는 인간 정신의 깊이를 다루는 심리학의 경우는 더 그렇다. 순수한 과학의 한계를 벗어나지 않으려는 모든 엄격한 노력은 심리학을 생리학으로 축소시키고, 생리학을 생체역학으로 축소시킨다. 인간 자아의 궁극적 통일성과 초월성은 분명 순수한 과학의 차원을 넘어선다. 그렇지만 그 "넘어서는" 영역의 실체가 무엇인지 탐구하는 것은 필요하다.[84]

물론 지난 수십 년 동안 심리학 이론에는 의식의 문제를 기계론적 관점에서 해석하는 학파로부터 유기체적 관점에서 해석하는 학파에 이르기까지, 그리고 행동주의적 관점에서 해석하는 학파로부터 전체 형태를 강조하는 형태심리학(Gestalt Psychologie)의 관점에서 해석하는 학파에 이르기까지 다양한 심리학 학파들이 있었다. 하지만 자연주의 심리학이 의식 내의 유기적 통일성 개념에 어렵게 도달했으며 자아와 자아의식을 특별한 연구 대상으로 삼은 경우가 극히 드물다는 사실은 흥미로운 일이다.[85] 자기의식의 실제적 깊이에 관심을 가진 사람들, 즉 개인이 한편에

---

84 이것은 미국의 심리학파들에서보다는 유럽의 심리학파들에서 보다 일반적으로 인정된 사실이다. 참조, G. E. Stout, *Manual of Psychology.* "자유는 심리학이나 윤리학이 다룰 수 있는 문제가 아니다. 자유의 문제를 충분히 논의하기 위해서는 개별적 마음의 사상과 의지와 우주의 실체의 관계를 자세히 탐구할 필요가 있다. 이런 관계는 어떤 유한한 과학의 관점에서도 해명할 수 없다. 우리가 자유의 문제를 어떤 개별 과학의 일상적인 카테고리들에 의해 엄밀하고 양심적으로 설명하고자 노력하면 할수록 그만큼 더 자유는 기적이며, 실로 기적들 중의 기적임이 분명해진다. 심리학은 한 개인이 어떤 것을 의식적으로 생각하거나 의도하는 것이 어떻게 가능한지 설명할 수 없다." P. 735.

85 자아의식에 관한 소수의 연구들 중 하나는 칼킨스에 의한 연구였다. 참조, M. W. Calkins, *A First Book in Psychology.*

서는 자연과 역사의 세계에 대한 그의 관계의 넓이에서, 그리고 다른 한 편에서는 자기를 의식하는 자아로서 그의 차원의 깊이에서 경험하는 복합적인 문제들에 관심을 가진 사람들은 오직 자연과학의 경계를 과감하게 떠나 심리학을 인문과학(cultural science)으로 간주하는 심리학파들에 속한 사람들뿐이었다. 이것은 그들의 심리학적 탐구가 철학적 전제들과 반종교적인(semi-religious) 전제들에 의해 촉발되고 인도되었음을 의미한다.

5. 관념론에서 자아의 상실

물론 심리학에서 "인문과학"이 특별히 강조되기 훨씬 이전에 철학은 이미 인간 의식의 문제를 다루었으며, 인간 정신의 본성 및 자연과 역사와 우주에 대한 정신의 관계를 해명하고자 했었다. 우리의 연구에서 볼 때 중요한 것은 자연철학들이 인간의 자아를 인격적 동일성이 극히 미미한 의식의 흐름과 동일시하는 경향이 있었는데 반해, 관념론은 정도의 차이는 있지만 의식을 신적인 정신 또는 절대정신과 동일시하였으며, 최소한 특별히 또는 정치적으로 파악된 모종의 우주적 정신과 동일시하는 경향이 있었다는 사실이다.

자아는 관조적인 유기적 통일성이기 보다는 오히려 행동하는 유기적 통일성이다. 그러나 그것은 유기적 통일성 이상이다. 그것은 그를 둘러싼 자연의 과정과 자신의 의식을 모두 초월하는 정신적 능력을 가진다. 의식이 과정을 초월하는 원리이듯이 자기의식은 의식을 초월하는 원리이다. 관념론 철학은 인간 정신의 이런 깊이를 인정한다는 점에서 자연주의보다 장점을 가진다. 그러나 그 철학은 일반적으로 자기를 초월하는 자아의 보편적 측면을 보편적 정신과 동일시함으로써 이런 장점을 잃어버리고 만다. 그러므로 관념론에서 말하는 참 자아는 더 이상 진정한 의미의 자아가 아니라 단순히 보편적 정신의 한 측면이 된다. 관념론적 합리주의의 이런 자아는 현실의 자아보다 못하기도 하고 그 이상이기도 하다. 그 자아는 키에르케고르에 의해 다음과 같이 설명된 의미에서 보면 현실의 자아보다 못하다. "신앙의 역설은 개인이 우주보다 높다는 바로 그것이며, 개인은 절대자에 대한 그의 관계에 의해 보편과의 관계를 결정하지 보편에 대한 관계에 의해 절대자와의 관계를 결정하는 것이 아니라는 바로 그것이다."[86] 관념론에 의하면 참 자아는 자아를 보편과 관련시키는 바로 그 이성이다. 그러나 관념론적 사상에서 말하는 참 자아는 이런 보편적 이성 이상도 아니고 이하도 아니기 때문에 현실의 자아는 사실상 보편적인 것에 흡수된다. 하지만 현실의 자아는 이성 이상이면서 동시에 이성 이하이기도 하다. 모든 자아는 사유와 삶의 통일성인데, 이런 통일성에서는 사유가 유한한 존재의 모든 유기적 과정들과 유기적 통일성을 이루고 있기 때문이다. 모든 관념론 철학은 이런 사실을 인식하지 못했기 때문에 죄의 문제를 왜곡하였다. 관념론은 죄를 정신의 보편성과 대립되는 인간의 "동물적 본성"에서 오는 타성이라고 생각하였다.[87] 관념론은 유한성이 어느 정도까지 여전히 인간 정신의 기본적 특성으로 남아 있는지 인식하지 못했다. 다시 말해, 자아는 그가 합리적으로 작용하는 과정들에서 보이는 시각의 넓이보다 더 좁은 자연적 토대와 더 높고 더 좁은 정신의 첨탑을 가진다. 자아는 넓은 시야를 가지는 좁은 탑이다. 관념론에서는 자아의 넓은 시야만 강조되기 때문에 자아의 높고 좁은 한 측면이 무시되며, 자아의 시야의 넓이가 궁극적 실체와 동일시된다. 관념론은 자아를 이성이라고 생각하며, 이성을 신이라고 생각한다.[88]

---

86 *Fear and Trembling*, quoted by W. Lowrie, *Kierkegaard*, p. 264.

87 보상케(Bosanquet)는 "동물적 본성"이란 도발적인 표현을 일관되게 사용한다. 참조, *Philosophical Theory of the State*, p. 143.

88 제임스 워드(James Ward)는 이성을 다음과 같이 정의한다. "이성이 관계하는 세계는 그의 총체성에 있어서 하나의 체계로서의 총체성이든가 아니면 의미를 가지는 총체성이다." *The Realm of Ends*, p. 418. 모든 합리주의의 오류는 "체계로서의 총체성"을 "의미를 가지는 총체성"과 동일시하는 것이다. 총체적 체계, 즉 그 체계의 "로고스"는 이성에 의해 분석된 그런 구조와 일관성이다. 기독교에 의하면 총체성은 이런 구조에서 파악될 수 없고 그 구조와 동일할 수도 없다. 그리고 의미는 합리적 일관성과 동일시될 수 없다. 이런 구분의 타당성은 다음과 같은 사실에 의해 입증된다. 즉 자아는 그 자신의 합리적 과정

모든 형태의 관념론이 다 보편적 정신 속에서 개체성을 상실한다고 말할 수는 없을 것이다. 라이프니츠와 헤르바르트처럼 개체성을 강조하는 관념론의 형태들도 많이 있었다. 더 나아가 관념론의 범신론적 경향에 대립되는 기독교적 유신론의 영향을 강하게 받아 형성된 관념론 형태들도 있었다.[89] 그렇지만 관념론에서 개체성이 상실된다는 비판은 모든 형태의 절대적 관념론과 관련해서는 정확한 지적이다. 칸트의 비판적 관념론에서 보면 자아는 비록 그것이 보편성 속으로 사라지지는 않지만, 지성적 자아의 보편성과 경험적(즉 감성적) 자아의 특수성 사이에서 희미하게 존재한다. 자아는 지성적 자아의 도덕법을 수용함으로써 존재한다.[90] 따라서 "무릇 자기 목숨을 보존하고자 하는 자는 잃을 것이요 잃는 자는 살리라"는 기독교의 도덕적 역설을 존재론적으로 해석하여 참 자아와 참 개체성은 현실의 자아와 개체성과는 상당히 다르다고 주장하는 것은 관념론 사상의 일관된 경향이다. 보상케는 절대적 관념론의 논리를 다음과 같이 완벽하게 제시한다. "하나님은 하나의 자아를 나누어 줌으로써 비로소 자기 자신을 나누어 줄 수 있었다는 것이다. 자아는 오직 하나님이 나누어 준 바로 그 자아에 의해서 비로소 하나의 자아일 수 있다."[91] 이런 결론은 여러 단계들을 거쳐 도달된 것인데, 그 단계들은 다음과 같은 인용문들에 단적으로 요약되어 있다. (1) "우리는 개체를 무엇보다 먼저

밖에 서있기 때문에 그의 이성이 실체의 구조를 파악할 수 있는지 그리고 그 구조가 실체의 총체성을 포함하고 있는지 물을 수 있다. 우리의 비유와 관련하여 볼 때 자아는 단지 세계를 바라보고 그 세계의 "무엇"을 이해할 뿐만 아니라 그 세계 너머에서 그 세계의 "왜"를 통찰할 수도 있는 높은 탑이다. "무엇"은 "왜"에 단서를 줄 수도 있지만 그 "왜"에 관해 결정적인 대답을 할 수는 없다.

[89] 예를 들어, 워드의 저서 *The Realm of Ends*에서 깊이 있게 설명된 유신론적 다원론에서 그렇듯이 말이다.

[90] "불행한 의식"의 개인이 그 개인의 "참 자아"인 "불변의 의식"으로 바뀐다는 헤겔의 이론은 이 책의 4장에서 더 자세히 분석될 것이다.

[91] Bernard Bosanquet, *The Principle of Individuality and Value*, p. 342.

마음으로서 생각하고자 한다."[92] (2) "마음에 관한 가장 일반적인 설명은 그것을 세계라고 부르는 것이다. 하나의 마음을 구성하는 세계는 경직된 규칙들에 따라 제한되지 않는다. 하나의 단일한 마음은 많은 조건들 아래서 구성되어 하나 이상의 신체들을 통제한다."[93] (3) 그러므로 개체는 "하나의 제한된 물체 안에서 전체의 논리와 정신을 현실화시키는 하나의 세계이다. 그리고 원칙적으로 자아에 관한 이해는 증가하지 않으며 자아는 변하지도 않는다. 즉 자아는 개체에게 일어나는 사건으로서 파악할 수 없는 것이다."[94] (4) "개체성은 긍정적이고 건설적이다. 만일 자아의식이 자아의 생각을 부정한다면 개체성은 더 이상 개체성일 수 없다. … 개체성의 자기동일성의 원리에 의해 판단된 그의 배타적 독자성은 완전한 독립성이 아니다."[95]

보상케의 합리주의가 자아 자체를 악이라고 보는 고전적 신비주의의 신념에 얼마나 가까운지 살펴보면 우리의 논의에 도움이 될 것이다. 신비주의는 자아가 무차별적인 신적 통일성에 합일될 것을 희망하며, 보상케는 자아가 "자아와 비아의 반성적 의식을 넘어" 합리성에 도달할 때 그 자아가 사라지기를 바란다. 기독교적으로 볼 때 인간은 언제나 피조물이며, 따라서 "자아와 비아의 반성적 의식 넘어서는" 곳에 도달할 수 없다. 이상적인 가능성은 자아와 다른 자아 사이의 사랑의 관계성 속에서 서로의 소원함(alienation)이 제거되고 개개의 정체성은 그대로 보존되는 것이다.

절대적 관념론의 관점에서 기독교적 자아개념을 올바로 이해할

---

92 *Ibid.*, p. 282.

93 *Ibid.*, p. 288.

94 *Ibid.*, p. 287.

95 *Ibid.*, p. 285-6.

수 없다는 점은 요시아 로이스의 책 『세계와 개인』(The World and the Individual)에서 잘 지적되고 있다. 로이스는 정확한 개체성 개념을 보존하기 위해 필사적으로 노력하고 있다. 그는 신비주의에서처럼 자아를 잃어버려서는 안 된다고 주장하는데, 이것은 옳다. 그리고 그의 논박의 대부분은 궁극적이고 무차별적인 실체 속에서 모든 개체가 상실되는 신비주의 이론에 지향되어 있다. 그가 주장하는 절대자는 개체의 다양성을 포함하기 때문에 그만큼 포괄적이다. 그러나 로이스에게 있어서 개체는 단순히 특수성일 뿐 인간의 개체성을 자연의 특수성과 차별화 하는 정신의 특수한 깊이가 아니다. "어떤 유한한 관념이라도 그것이 관념인 한 하나의 자아이다. 나는 나의 현재의 자아를 과거의 자아나 미래의 자아와 대조시켜 뚜렷이 의식할 수 있으며, 어제의 희망과 대조시키거나 내일의 행위와 대조시켜 그렇게 할 수 있다. 나의 현재의 자아를 당신의 내적 삶과 대조시켜 드러나게 하듯이 말이다. 나는 나의 현재의 자아를 내가 속해 있는 전체 사회와 대조시켜 두드러지게 의식할 수 있으며, 자연에 관한 우리의 경험을 통해 추측할 수 있는 삶 전체와 대조시켜 그렇게 수 있으며, 마지막으로는 하나님의 영원한 생명과 대조시켜 그렇게 할 수 있다."[96] 따라서 유한한 자아는 모든 유한한 실체와 동일한 범주에 있으며, 궁극적 자아는 절대자와 동일한 수준에 있다. 로이스에게 있어서 절대자는 "바로 우리 자신의 완성된 자아"[97]이기 때문이다. 로이스는 악의 뿌리로서의 자아의식에 관해서는 보상케보다 덜 관심을 가지고 있었다. 로이스는 말한다. "그러나 만일 우리가 '무엇이 우리를 절대자로부터 분리하여 우리의 의식을 지금처럼 편협하게 만들었는가?'라고 지속적으로 묻는다면 나는 단지 일반적으로 대답할 것이다. 그런 편협성은 절대자가

---

96 *The World and the Individual*, Book II, p. 273.

97 *Ibid.*, p. 302.

완전할 수 있도록 하기 위해 절대적 생명 내부에 위치함에 틀림없다고 말이다. 그렇다면 플로티노스가 물었듯이 왜 영혼이 하나님으로부터 멀리 떨어져 나왔는지 설명하기 위해 아무런 새로운 원리도 필요하지 않다. 절대자의 관점에서 볼 때 유한한 존재자들은 결코 절대자에서 멀리 떨어져 있지 않다. 그들은 지금 그들이 있는 곳에 있다. 즉 그들은 절대적 통일성 안에서 절대적 통일성을 이루고 있다."[98] 기독교 교리와 관련하여 로이스의 견해를 해석하면 이렇다. 즉 개개인은 하나님의 관점에서 볼 때는 그리스도이지만, 단지 인간 자신의 관점에서 볼 때는 피조물이며 죄인이다. 아니면 그의 견해에서 보면 인간의 유한성은 단지 그 유한성이 가지는 배타성과 분리성이 아직 합리적 시각에서 – 이런 합리적 시각은 논리적으로 볼 때 하나님의 시각에서 최고의 단계에 이르는데 – 초월되지 못했을 때에만 죄이다.[99] 따라서 보편적 정신은 대속의 "그리스도"이다.

개체성을 무시하는 관념론의 논리는 아마도 이탈리아의 관념론자인 젠틸레의 사상에서 가장 일관되게 (그리고 불합리하게) 표현되었을 것이다. 그는 "사유하는 인격성의 실체를 부정했다."[100] 개체성을 둘러싼 관념론자들 사이의 논란은 이렇게 종결되었다. 그리고 관념론은 "사상 자체가 사상가"라고 주장하는 점에서 급진적 경험론과 일치했다.

---

98 *Ibid.*, p. 303.

99 경건한 기독교인이었음에도 불구하고 로이스가 기독교적 인간관의 기본적인 전제들을 얼마나 제대로 이해하지 못했는지는 그가 성서의 인간관과 플라톤의 인간관을 동일시하는데서 드러난다. "유럽의 역사에서 고차원적 자아와 하급 자아의 이원성을 가장 강조한 두 이론들, 즉 플라톤의 윤리학과 기독교의 복음은 고급 자아는 영원한 세계의 영향력을 통해 형성된다고 – 개체로서의 인간은 이런 영향력을 주도적으로 행사할 능력이 없으므로 – 주장하는 점에서 일치했다. 영혼이 자신의 저급한 본성으로부터 벗어나는 과정에 관한 플라톤의 설명에 의하면 영원한 이데아들은 진리와 선의 초자연적인 원천이다. ... 기독교는 그의 모든 본질적 가르침들에서 고차원적 자아에 관해 말함으로써 플라톤과 유사한 원천과 의미를 강조했다." *Ibid.*, p. 251.

100 Roger Holmes, *The Idealism of Giovanni Gentile*, p. 175.

관념론의 개체성 부정이 서구문명의 역사에서 궁극적인 문화적 의미(significance)는 물론 직접적인 사회-정치적 의미를 가진다는 사실은 그 개체성 부정이 근대사회에서 국가가 신격화되는데 크게 기여했다는 사실에 의해 입증된다. 관념론이 신비주의의 무차별적 절대자를 피하고자 하여 관념론은 순수한 명상이라기보다는 오히려 역사적 행위의 필연적 산물임을 입증하고자 할 때는 언제나 관념론의 합리적 보편자는 근대국가라는 바로 그런 모호한 신에서 구체화되었다. 보상케에 의하면 "이상적인 것은 우리가 국가에서 또는 국가의 도움에 의해 이기적인 충동들을 자제하고, 해야 할 어떤 것의 범위를 넓혀가며, 인간 자아의 본성이 요구하는 그런 것에 관심을 가지는 것이다. 말하자면, 만일 당신이 현사실로서의 인간의 모습에서 시작하여 어떻게 하면 그에게 그의 능력에 적합한 출구와 확고한 목적, 즉 만족할 만한 삶의 동기를 마련해 줄 것인지 그 방안을 찾고자 한다면 당신은 국가와 아마도 그 이상의 것이 필요함을 절실하게 느낄 것이다."[101] 국가는 그의 포괄성과 안정성에 있어서 인간의 순간적이고 단편적인 의지를 제한하는 "현실의 의지"를 대표한다. 헤겔과 그의 추종자들이 이와 같이 국가를 신성시한 것은 다음과 같은 역설적 결과를 낳았다. 즉 국가의 전체적인 악마적 열광은 부분적인 역사적 힘으로서 개인보다는 더 보편적이었지만 가치나 외연에 있어서는 국가가 주장하는 것보다 덜 보편적이었으며, 그 열광이 개인적 실존의 단편성과 유한한 측면들에 대단히 민감한 관념론자들에 의해서는 인정을 받지 못했다. 보상케의 사상에서는 부분적 실체로서 절대적 가치를 요구하는 국가의 죄악성이 가지는 이런 엄청난 문제점이 "당신은 국가와 아마도 그 이상의 것이 필요함을 절실하게 느낄 것이다"란 순진한 제한조건에서 표현되며 동시에 은폐되어 있다. 그 이상보다 훨씬 더 이상의

---

101 *The Philosophical Theory of State*, p. 140.

사실들이 필요하며 "아마도"가 아니라 '확실히'라고 말해야 한다.[102]

기독교적 관점에서 볼 때 원죄의 파토스(비애감)가 그대로 관념론적 사상의 모호한 주장들에서 나타난다. 개체는 정치적 또는 초역사적인 관점에서 이해된 합리적 보편자에 희생되었다. 개인의 이런 전적인 희생이 아닌 어떤 대책도 결국은 저마다 개성을 주장하는 개체성의 혼돈과 "배타적 의식"의 죄로 귀결될 것이라는 두려움 때문에 말이다. 그러나 인간의 교만은 어떻게 해서든 신적이고 우주적이라고 상정된 이성을 단지 어떤 보편적 인간성으로서 뿐만 아니라 신적이고 우주적인 이성을 이해하는 그 철학자의 선입관과 관점에 부합하는 특수한 형태의 보편성으로서 되찾고자 한다. 제임스 워드는 헤겔의 사상에 있는 이런 어처구니없는 특징을 다음과 같이 역설적으로 기술한다. "그에 의하면 지구는 태양계의 진리이다. 태양, 달과 별들은 지구를 위해 봉사하는 부수조건들에 불과하다. 지구의 여러 대륙들 가운데서도 유럽은 그의 지정학적 특징에 의해 지구의 의식, 즉 지구의 합리적 부분을 형성하며, 유럽의 중심에는 독일이 있다. 그는 자신의 철학이 철학의 완성이라는 거만한 확신을 가지고 있었다. 그리고 그는 슈타인의 지도하에 프로이센이 회복되었을 때 세계사가 최고점에 이르렀다고 생각했다."[103]

---

102 캐릿(E. F. Carritt)은 국가에 관한 보상케의 사상에서 유사한 제한조항들이 자주 나타남에 주목하여 그의 사상이 헤겔과 다른 점은 무엇보다 "이런 훨씬 납득하기 어려운 제한조건들을 삽입한 것"이라고 주장했다.

103 *The Realm of Ends*, p. 180.

6. 낭만주의에서 자아의 상실

자연주의는 삶을 자기초월적인 인간 정신을 포괄하는 충분한 깊이에서 보지 못했기 때문에 개체성을 잃어버렸다. 인간의 정신은, 자연주의가 우주를 이해하는 유일한 원리인 인과율의 범주에서 파악될 수 없는 실체이다. 반면에 관념론은 인간 정신을 자연의 순환과정을 초월하는 그의 높이에서 발견했지만, 그렇게 발견한 인간의 정신을 다시 잃어 버렸다. 왜냐하면 개체성의 독자성과 독단성이 실체를 해석하는 개체성의 유일한 원리인 합리성에 합치되지 않기 때문이다. 이와 관련하여 개체성을 강조하는 라이프니츠의 철학과 같은 다원론 철학조차도 개인을 단지 소우주의 소우주적인 한 유형이라고 생각했다는 사실은 시사성이 있다. 이런 해석이 계기가 되어 크리스티안 볼프와 같은 일원론자는 강조점을 약간 수정하여 개인을 보편자에 다시 흡수시켜 보편자와 동일시하게 되었다. 키에르케고르는 보편적 체계를 구축하려는 관념론의 열정을 다음과 같이 비판했다. "그 체계가 완성되기 이전에 실존의 모든 부스러기는 영원한 존재에 삼켜져 단 한 조각도 남지 않게 되었음이 분명하다. 그 체계를 기록하신 존경하는 그 교수님이 제시하신 흔들리는 한 조각도 마찬가지였다."[104]

자연주의와 관념론이 제시하는 대안들 가운데서 어떤 입장을 택하든 근대인은 딜레마에 빠질 수밖에 없었다. 즉 자연주의적 입장을 택하면 인간의 개체성과 정신이 모두 자연의 인과성에 함몰되게 되며, 관념론의

---

104 D. S. Robinson(ed.), *Anthology of Modern Philosophy*, p. 649.

입장을 취하면 인간의 개체성과 그의 정신의 신성함이 이성의 보편성에 함몰될 수 있다는 것이다. 개체성을 무시하든 아니면 신성시하든 개체성이 무화될 수밖에 없는 상황에서 근대문화는 또 다른 출구를 모색할 수밖에 없었을 것이다. 근대문화는 이 출구를 낭만주의에서 발견했다.

르네상스 시대에 파라켈수스에서 시작된 낭만주의는 근대문화의 역사에서는 단지 합리주의에 대한 승리자로 등장하는 부수적인 역할을 하였다. (낭만주의의 정치적 형식과 도구는 파시즘이다.) 낭만주의는 원래 개체를 가장 중요시하는 사조였다. 낭만주의는 개인의 신체적 존재의 특수성과 그의 정신적 삶의 유일무이한 자기인식에 의해 개체를 이해하는 것처럼 보였다. 낭만주의의 전통은 루소의 원시주의와 기독교의 경건주의가 기묘하게 혼합되어 형성된 것이기 때문이다. 상징적으로 말해, 낭만주의는 지혜를 정신에서보다는 오히려 육체에서 찾았다(니체). 그러나 인간의 신체적 존재를 생체역학적인 관점에서 이해하지는 않았다. 반대로 낭만주의에서 말하는 신체는 감정, 상상력과 의지를 의미한다. 낭만주의는 정신, 특히 마음으로 이해된 정신보다 오히려 감정, 상상과 의지를 더 선호한다. 낭만주의와 합리주의의 대결은 사실상 몸과 밀접하게 결합된 영혼(혼)과 이성(ratio)으로 이해된 정신의 대결이었다. 그러나 기독교 경건주의와 연합됨으로써 낭만주의는 이 영혼의 자기초월성을 대단히 강조하였기 때문에 낭만주의에서 말하는 몸-영혼의 결합이 실제로는 특수성과 개체성을 가지는 정신을 - 합리주의에서 말하는 합리적이고 보편적인 정신과 달리 - 의미할 정도였다. 이런 "정신적"이란 강조는 종종 표면적으로 드러난 것보다 더 많은 함축적 의미를 가진다. 예를 들어, 니체는 동물적 잔인성을 찬양한다. 그러나 그가 찬양하는 잔인성은 동물들 가운데서는 없고 오직 정신적 소양을 갖춘 인간들 사이에서만 일어난다. 더 나아가 그는 동물의 자기보존 충동을 거부하고 대신 실존의 근본적 생명력으로서 정신적인 "힘에의 의지"[105]란 개념을 사용한다.

　근대문화에서 개체성 개념의 변천이란 관점에서 볼 때 낭만주의의 의미는 개인을 어떤 형태의 합리주의보다 더 철저하게 고양시켰지만, 또한 어떤 형태의 합리주의보다 더 신속하고 완전하게 개인을 잃어버렸다는 것이다. 낭만주의에서 개체성이 이렇게 파괴되는 과정은 다음과 같이 요약될 수 있다. 즉 관념론은 오직 개인이 역사의 합리적인 보편적 가치와 관련될 때에만 그 개인에게 의미가 있다고 간주하는데 반해, 낭만주의에서는 개체성이 영원한 의미의 원천과 직접 연관되며 따라서 무제한적으로 중요시된다. 그렇지만 시기적인 차이는 있지만 니체를 제외한 모든 낭만주의 사상가들은 곧 이렇게 순전히 개인적인 자기신성화의 위선에 반발하였다. 그들은 "보다 큰 개인"을 추구함으로써 – 그들은 이렇게 "보다 큰 개인"을 이상적인 국가에서 발견했다 – 이런 자기미화의 타당성은 증가시키고 위선은 감소시키고자 했다. 그렇게 되면 국가라는 이런 집합적 개체가 존재의 중심이자 의미의 원천으로서 단일 개인을 대체한다. 낭만주의자는 하나의 인격체보다 더 큰 어떤 것을 그의 중심으로서 추구하는 과정에서 절대자보다 조금 더 가정적이고 현실적인 어떤 의미의 원천을 발견하고자 하는 절대적 관념론자를 만났다. 따라서 그들은 모두 국가에서 현실적인 집합적 개체를 발견했는데, 그들의 국가관은 서로 달랐지만 국가를 신성시하는 점에서는 일치했다. 인종이나 국가가 보편성의 한 유형이라는 사실은 – 낭만주의는 이런 유형의 보편성을 민족적 결속(혈족)의 결과라고 보았으며, 관념론은 이성의 고유한 산물이라고 생각한 것처럼 보이는데 – 국가라는 단일한 역사적 실체를 배경으로 낭만주의와 관념론을 결합시켰다. 이것이 근대 민족주의의 문화적 역사이다. 비록 사회-정치적 역사는 아니지만 말이다. 근대 민족주의라는

---

105 *Beyond Good and Evil*, p. 20.

병적 현상에서 니체의 철학적 요소와 헤겔의 철학적 요소가 동시에 발견되는 것은 이런 비정상적인 연합의 결과였다. 낭만주의의 초기 역사에서는 이 두 요소들이 피히테의 사상에서 결합되어 있었다.

이상에서 우리는 낭만주의에서 개체성이 파괴되는 과정을 간단히 살펴보았는데, 이제 이 과정을 좀 더 자세히 설명해 보자. 이미 언급되었듯이 낭만주의 전통은 루소의 원시주의와 기독교의 경건주의가 결합되어 형성되었다. 낭만주의는 루소의 영향을 받아 인간의 인격성 내부에 있는 비이성적 요소들인 정서와 상상과 의지를 강조하였으며, 경건주의의 영향을 받아 하나님과 개인의 직접적인 관계에 관심을 가지게 되었다. 낭만주의는 하나님과 개인의 직접적인 관계라는 이런 종교적 요소를 비종교적으로 해석하여 개인은 단지 의미의 원천과 중심인 하나님과 직접 관계를 맺고 있을 뿐만 아니라 스스로 자기를 정당화하고 자율적이 된다고 보았다.

개체성에 관한 낭만주의의 견해는 무엇보다도 경건주의 신학자 슈페너의 "영적 제사장직"(spiritual priesthood)이란 개념에 의해 영향을 받았다. 모든 신자들이 제사장이라는 개신교의 원리를 경건주의 입장에서 해석한 슈페너의 이 개념은 원래의 의미와 약간 다르지만 그 차이는 중대하다. 루터의 종교적 개인주의는 개인의 신앙과 책임감이 하나님께 대하여 갖는 특별한 관계를 강조하였다.[106] 경건주의자들은 오히려 신자와 하나님 사이의 직접적인 연합경험의 가능성을 더 강조했다. 친첸도르프(Graf von Zinzendorf)에 의하면 "모든 개인은 구세주를 직접 경험하

---

106 루터에 의하면 "아무도 나를 대신해 지옥이나 천국에 갈 수 없듯이 어느 누구도 나를 대신해 믿을 수 없으며, 따라서 암도 나를 위해 천국이나 지옥의 문을 열거나 닫을 수 없다. 그리고 아무도 나를 강요하여 믿게 하거나 믿지 못하게 할 수 없다."

며 다른 사람에게서 들은 것을 단순히 되풀이하지 않는다."[107] 경건주의
의 이런 개체성 개념은 프로테스탄트 교리와 신비주의 이론이 결합되어
형성된 것이었다. 그러나 경건주의의 이런 개체성 개념은 신비주의적이
라기보다는 오히려 프로테스탄트적이다. 왜냐하면 경건주의는 하나님
과 개인의 연합이 인간 자신의 신비주의적 규제를 통해서라기보다는 오
히려 하나님의 은총을 통해서 성취된다고 보기 때문이다. 개인이 "자연
적 상태로부터 은총의 상태에" 이르는 것은 만물을 압도하는 주님의 위
대성과 능력을 통해 일어난다(Franke). 그러므로 경건주의적 개인주의는
신비주의에서처럼 개체성이 와해될 위험에 빠지지는 않지만 정통적인 개
신교가 피조물과 창조자 사이에 설정해 놓은 한계를 쉽게 넘었다. "나는
그리스도의 몸의 일부이다"라는 친첸도르프의 확언은 "그리스도께서 내
안에 태어나셨다"라는 마이스터 에크하르트의 고백과 마찬가지로 낭만
주의적 개체성 이론의 기초가 되었다. 경건주의와 낭만주의 사이의 역사
적 연결고리 역할을 한 슐라이어마허는 이런 이론을 다음과 같이 진술하
였다. "따라서 지금 나에게 가장 확실해진 그것이 나에게 점점 분명해졌
다. 나는 모든 인간은 자신의 고유한 방식으로 인간성을 표현하도록 되
어 있음을 분명히 보았다. 각자가 인간성의 요소들을 고유한 방식으로
결합하여 그 인간성이 모든 양태로 드러날 수 있도록 함으로써 말이다.
그리고 그 인간성의 자궁으로부터 나올 수 있는 모든 것이 무한한 공간
과 시간의 충만함 속에서 현실화된다는 것도 분명히 보았다. … 그러나
인간이 그의 개체성에 관한 완전한 지식에 도달하기란 지극히 어렵다. 인
간은 그의 개체성을 그의 이상으로서 언제나 추구하는 것은 아니다. 인
간은 오히려 그가 인간성과 함께 공유하고 있는 선에 그의 눈을 돌린다.
사랑과 감사하는 마음으로 이런 공통의 요소에 집착하기 때문에 인간은

---

107 Otto Uttendoerfer, *Zinzendofr's Weltbetrachtung*, p. 303.

종종 그의 개인적 자아를 그가 인간성과 함께 공유하는 그 선으로부터 분리해야 하는지 의구심을 갖는다."[108]

낭만주의는 개체성의 자연적 근원과 정신적 근원, 즉 몸의 특수성과 인간 정신의 궁극적인 자기초월성을 가장 잘 이해하고 있었다고 볼 수도 있다. 그러나 개체성의 생명은 합리주의에서보다 낭만주의에서 훨씬 짧았다. 합리주의에서는 르네상스의 개체성 강조가 일소되는데 한 시대의 전체 역사에 해당하는 상당히 오랜 기간이 소요되었다. 낭만주의에서는 개체성이 사실상 낭만주의 사상가 개인이 살아있는 동안에만 강조되었다 사라졌다. 루소는 개체성을 강조하기는 했지만 곧 개인의 의지를 신비적으로 이해된 일반적 의지에 종속되는 것으로 보았다. 그렇게 이해된 일반적 의지가 바로 개인의 실제적인 의지라고 생각했기 때문이다. 독일의 낭만주의 작가들은 그들의 주장과는 달리 개체성보다는 오히려 독창성과 독특성을 중요하게 생각했다. 슐라이어마허에게 있어서 "개인"은 단순히 사람일 뿐만 아니라 동시에 종족이나 국가나 가정과 같은 집합적 개인이기도 했다. 슐레겔에 의하면 "정확하게 말해 인간의 내면에 있는 영원하고 근원적인 것은 개체성이다. 한 개인의 최고의 소명으로서 이런 개체성을 양성하고 발전시키는 것은 거룩한 이기심일 것이다."[109] 그러나 슐레겔은 개인의 인격성에서와 마찬가지로 고국의 특수한 풍경에서도 개체성의 표현이 중요함을 발견했다. 헤르더, 라바터, 하만과 노발리스는 다양성을 중요시하는 이런 이론에 함축된 미학적 의미를 중요하게 생각했다. 노발리스에 의하면 "하나의 시가 개인적이고 지역적이며 그 시대의 고유성을 잘 표현하면 할수록 그만큼 더 시의 본질에 가깝다."[110]

---

108 *Monologen*, II.

109 *Athaneum*, III, 15.

110 *The Great Chain of Being*, (quoted by O. Lovejoy), p. 307.

낭만주의 이론은 도덕과 종교와 정치 분야에서 완전히 상대주의적 입장을 취했다. 슐라이어마허는 말한다. "왜 도덕의 영역에서는 최고의 인간의 삶을 생명이 없는 획일적인 하나의 틀에 정형화시키고자 하는 이런 가련한 획일성이 지배하는가?"[111] 이런 물음에서 우리는 슐라이어마허와 니체 사이의 정서적 유사성을 발견하며, 군중의 도덕관념을 경멸하면서 자율적이고 자기를 정당화하는 초인을 찬양하는 니체의 초인사상을 엿볼 수 있다.

종교와 정치 분야의 낭만주의적 상대주의는 특히 주목할 필요가 있다. 왜냐하면 거기에는 개체성 개념이 스스로 파괴되는데 원인을 제공한 낭만주의 논리가 분명히 드러나 있기 때문이다. 낭만주의 작가들의 종교적 상대주의는 그들이 기독교 신앙에서 얼마나 멀리 떠났는지 잘 보여준다. 기독교에서는 유일무이한 개인은 그의 존재의 우연적이고 임의적인 모습을 참을 수 있는 것이라고 생각한다. 왜냐하면 그런 모습은 우주에서 존재의 합리적 구조와 임의적으로 일어나는 사실들을 모두 초월하는 영원한 하나과 관련되어 있으며, 그 하나님에 의해 심판되고 구원되기 때문이다. 이에 반하여 낭만주의적 종교에서는 실존의 유일하고 독자적인 특성이 영원한 의미의 세계에서 그의 한계와 완성을 발견하는 것이 아니라 무제한적인 허위의식에 의해 표현된다. 라바터에 의하면 "모든 사람은 자신의 고유한 얼굴을 가지듯이 자신의 고유한 종교를 가지며, 자신의 고유한 개체성을 가지듯이 자신의 고유한 하나님을 가진다."[112] 슐라이어마허는 그렇게 명백한 다신론에 이르기까지 이런 입장을 따르지는 않지만 사용하는 개념은 동일하다. 그는 이렇게 선언한다. "만일 당신이 종교를 세계정신의 무한하고 진보적인 발전과정에 있는 한 요소라고 생

---

111 *Reden ueber die Religion*, II,

112 *Antworten auf wichtige und wuerdige Fragen und Briefe weiser und guter Menschen*, Vol. I, p. 66.

각하고자 한다면 당신은 하나의 종교를 찾는 헛된 욕망을 포기해야 한다."[113] 여기서 슐라이어마허가 말하고자 하는 것은 삶의 유일한 의미는 의미의 다양성이 필연적으로 요구된다는 사실이다. 상대주의에서 출발하는 이런 잘못된 입장은 결국 허무주의로 끝난다. 여기서 다시 니체는 슐라이어마허에 의해 제안된 논리를 따라 다음과 같은 일관된 결론에 이른다. "본질로서의 세계, 즉 그의 '지성적 성격'에 따라 규정된 세계는 단순히 '힘에의 의지' 이외의 아무것도 아닐 것이다. 무슨 뜻인가? 상식적으로 말하면 이것은 악마가 아니라 하나님의 존재가 부정됨을 의미하는 것이 아닌가? 그렇지 않다. 나의 친구들이여! 정반대이다. 그대로 하여금 상식적으로 말하도록 강요하는 그 악마는 누구인가?"[114]

만일 종교적 상대주의가 유일성과 다양성 자체를 특히 중요시하는 낭만주의 개체성 이론의 자연적이고 논리적인 표현이라면, 종교적 상대주의가 유일한 민족과 국가를 숭배하는 것은 이런 다신론의 허위의식과 불합리함을 제거하고자 하는 불가피한 노력인데, 이런 노력은 불행하게도 결국 인격적인 개체성 개념을 완전히 무화시키게 된다. 개인은 자기가 절대적인 의미의 중심이라고 생각할 수 없다. 불가피하게 그는 자신보다 더 크고 더 포괄적인 어떤 것의 도움을 추구해야 한다. 슐라이어마허는 철저하게 이런 생각에 따라 개체성에 관한 그의 생각을 보완하였다. 예나 전투가 끝나고 몇 달 후 그는 친구에게 다음과 같은 편지를 보냈다. "만일 우리 각자가 뿌리를 내리고 있는 그 바탕인 독일의 자유와 독일인 의식을 잃어버린다면 개인은 홀로 설 수 없으며 스스로를 구원할 수 없다는 것을 기억해야 한다. 바로 이 독일의 자유와 독일인 의식이 위험에

---

113 *Reden ueber die Religion*, p. 36.

114 *Beyond Good and Evil*, p. 52.

처해 있다."[115]

어느 순간 영원성에 자신을 투사하고 다음에는 그의 삶에 의미를 줄 단순한 역사적 교우관계를 추구하는 유일무이한 개인의 총체적 정서는 슐라이어마허의 다음과 같은 고백에 잘 표현되어 있다. "여기에서만 (민족성에서만) 당신은 당신 자신을 완전히 이해할 수 있다. 여기서 당신은 공동의 감정과 공동의 이념을 지향할 수 있다. 당신의 이념이 당신과 같은 생각을 하고 있는 당신의 형제들에 의해 환영될 것이기 때문이다."[116] 다시 말해, 민족적 의미의 자기숭배는 단순히 개인의 유일성을 강조하는 것보다 더 그럴듯한 자기우상화의 한 형태이다. 슐라이어마허에 의하면 개인이 가장 작은 개체성이라면 국가는 가장 큰 형태의 개체성이다. 그렇지만 이렇게 가장 큰 형태의 개체성에서 개인은 확장된 자신을 발견한다. "당신의 형제들의 생각이 당신의 생각과 동일하기" 때문이다. 같은 생각을 가지고 있었지만 헤르더는 원시적인 다신교들 때문에 "자기들의 정신과 특성, 자기들의 언어와 본질, 자기들의 나라와 역사를 잃지 않을까" 두려워하는 민족들의 훨씬 더 원시적인 다신교를 밀어내고 기독교가 대신 들어섰던 것을 대단히 유감스럽게 생각했다.[117]

니체가 보다 엄격한 개인주의를 고수였으며 국가라는 상대적 보편성을 포함하여 모든 유형의 보편성을 거부하고 자율적 개인을 과감히 단언하였는데 반해, 최근에는 낭만주의에 관한 그의 의견조차도 민족주의적 열광과 미묘하게 혼합되었다. 하층계급들에 의해 착수된 보복적인 가치재평가를 폭로하기 위해 의도되었던 니체의 이론이 유럽의 하급 중산

---

115 Fredericka Rowan, *Life of Schleiermacher as Unfolded in His Autobiography and Letters*, Vil. II, p. 55.

116 *Predigten*, Vol. I, p. 230.

117 K. Pinson, *pietism as a Factor in the Rise of German Nationalism*, p. 92.

층들이 그들보다 강한 귀족 계급과 노동자 계급에 맹렬히 저항할 때 그들의 가련한 분노의 도구가 되어야 했던 것은 묘한 이율배반이다.

국가의 개체성이 개인의 개체성을 삼키기 시작한 낭만주의의 전성기에도 민족주의적 다신론의 한계 안에 머물면서 개인이 자기 민족이기 때문에 무비판적으로 가치를 인정하는 민족주의적 유일성을 궁극적 가치라고 주장하지 않으려는 노력은 여전히 있었다. 헤르더는 모든 고전적 낭만주의자들의 이런 이론을 다음과 같이 진술한다. "공직자들은 서로 속일 수도 있다. 정치적 파벌들은 상대방을 파멸시킬 때까지 서로에 대해 적대적일 수도 있다. 그러나 조국이라는 이념을 가지고 뭉칠 때에는 그렇지 않다. 그들은 평화롭게 공존하며 가족처럼 서로 돕는다. 서로에 대해 피를 흘리며 싸우면서 조국에 관해 말하는 것은 인간 언어의 가장 큰 야만성이다."118 불행하게도 헤르더가 개탄한 그 야만성은 단순히 인간의 언사에서만 일어나지 않고 인간의 역사에서도 불가피하게 일어난다. 왜냐하면 특수성과 유일성을 – 그것이 개인적이든 국가적이든 간에 – 궁극적인 의미의 원천과 관련시키지 않고서는, 또는 특수하고 유일한 가치가 궁극적 의미의 절대적 중심이 되도록 허용하지 않고서는 그 특수성과 유일성을 높이 평가하고 보존하는 것이 불가능하기 때문이다.119

이런 불행하고 개탄스러운 야만성이 우리 시대에 가장 분명하게 나타났다. 그러나 그런 현상은 고전적 낭만주의의 전성기에도 있었다. 슐라

---

118 Pinson, *op. cit.*, p.101.

119 러브조이(Lovejoy) 교수는 이런 과정을 다음과 같이 예리하게 기술하고 있다. "어떤 유형의 민족문화가 처음에는 그것이 그 민족 자신의 문화이기 때문에, 그리고 차이를 보존하는 것이 인류 전체를 위해 좋다고 인식되었기 때문에 가치 있는 것으로 평가되었지만, 시간이 흐르면서 다른 민족들에게 강요해야 할 어떤 것으로 생각되든가 아니면 가능한 한 전 세계에 보급해야 할 어떤 것으로 생각되었다. 이와 같이 역사의 수레바퀴가 한 바퀴 돌았다. 배타적 균일주의라 부를 수 있는 것, 즉 원래는 보편적이지 않아서 가치 있는 것으로 평가되었던 것들을 보편화시키려는 경향이 시에서, 일종의 철학에서, 강대국들의 정치와 그 국민들의 열광에서 표현되었다." *The Great Chain of Being*, p. 313.

이어마허에 의하면 일단 어떤 민족이 최고의 발전 단계에 도달하면 "그 민족은 그의 특수성을 하나님 자신으로부터 받았기 때문에 자기와 다른 어떤 것이 아무리 우수하다 할지라도 그것을 수용하는 것은 불명예스런 일이라고 생각한다."[120] 따라서 그는 독일의 파시즘에서 반유대주의가 등장할 것을 예상하였다. 이런 민족주의적 제국주의는 다음과 같은 슐라이어마허의 자랑과 묘하게도 모순된다. "나의 사랑과 우정은 언제나 고차원적 원천에서 유래한 것이기 때문에 어떤 저속한 감정과도 섞이지 않았으며, 습관이나 동정심에서 나온 것이 아니라 다른 사람들의 개체성을 배려하는 가장 순수한 자유의 행위였다. 나는 바로 이것을 가장 자랑스럽게 생각한다. … 내가 개체성을 존중하는 경향을 발견하는 곳에서는 어디서든 – 그 개체성의 최고 보증이 사랑과 감수성으로서 현존하는 한 – 거기서도 나는 나의 사랑의 대상을 발견한다."[121]

합리주의와 낭만주의 사이의 분기점이 된 피히테의 사상에서는 합리주의의 보편성이 낭만주의의 민족주의적 배타성과 결합되어 결국 의심스러운 정신적 민족제국주의가 되었다. 피히테에게 있어서 양심은 인간이 내면에 있는 보편자와 영원자의 목소리이다. "이와 같이 나는 바로 그 무한한 의지에 다가간다. 내 영혼에 내재하는 양심의 목소리가 삶의 모든 정황에서 내가 무엇을 해야 하는지 가르쳐 준다. 그 목소리는 신의 능력이 다시 나에게 내려오는 통로이다. 내 주변에서 들을 수 있고 나의 언어로 표현된 그 목소리는 정신적 우주의 질서 속에서 또는 그 질서 자체인 신의 의지에서 내가 어떻게 나의 역할을 수행해야 하는지 나에게 알려주는 영원한 세계의 신탁이다."[122] 그의 사상의 한 측면에서 신의 요구가

---

120 *Predigten*, Vol. IV, p. 75.

121 *Monologen*, p. 46.

122 Fichte, *The Vocation of man*, trns. by William Smith (Open Court Publ. Co.), p. 152.

피히테로 하여금 초월적 세계관을 가지도록 몰아쳤다. "나의 감각적 존재가 미래에는 다른 모습들을 취할 수도 있겠지만 그것들은 삶에 거의 중요하지 않다. 그 삶의 현재 모습들이 그렇듯이 말이다. 그렇기 때문에 나는 영원성을 단단히 붙잡으며, 이 세상의 삶과 앞으로 내 앞에 펼쳐질 감각적 삶의 모든 모습들을 던져 버리고 초연한 자세를 취한다. 나는 나 자신의 존재와 그 존재 현상들의 유일한 근원이 되며, 따라서 내 주변의 어떤 것에 의해서도 제약을 받지 않게 된다. 나는 내 자신 안에 생명을 가진다."[123]

피히테 사상의 이런 측면에서 보면 그는 인간의 자아를 실제적 신성이며 무조건적 실체라고 생각하는 관념론자에 속한다. 그러나 격변하는 당시 독일의 상황 때문에 피히테는 국가를 역사의 가장 큰 개체성이라고 강조하는 낭만주의를 따르게 되었다. 가치의 진정한 원천이라고 생각되는 영원한 의지에 비해 국가의 존재가 상대적임을 의식한 피히테는 오직 독일인들만이 보편적 실체를 추구하는 거룩한 꿈을 저버리지 않고 그들 자신의 나라를 특별히 사랑할 수 있음을 발견했다. 독일이 철학의 고향으로서 보편적 가치의 진정한 도구라고 생각했기 때문이다.[124]

간단히 말해, 낭만주의는 어떤 관념론 철학들보다도 더 기독교 신앙

---

123 *Ibid.*, p. 142.

124 "독일의 애국자는 이런 목적이 무엇보다 독일인들 가운데서 먼저 달성되고 그들로부터 전 세계에 퍼지기를 바랍니다. 독일인은 이것을 바랄 수 있습니다. 독일인에게서 철학이 기원되어 독일어로 발전되었기 때문입니다. 철학을 품는 지혜를 가졌던 그런 나라에는 그것을 이해할 수 있는 능력도 있을 것입니다. 독일인만이 이것을 바랄 수 있습니다. 철학을 소유하고 그것을 이해할 수 있는 능력을 가진 독일인만이 이것이 인류의 가장 시급한 목적임을 이해할 수 있기 때문입니다. 이런 목적은 유일하게 가능한 애국적 목적입니다. 그러므로 독일인만이 애국적일 수 있습니다. 오직 독일인만이 온 인류를 품을 수 있습니다. 이성의 본성이 꺼지게 되었고 이기주의의 시대가 시작되었기 때문에 모든 다른 나라의 애국심은 이기적이고 편협하며 다른 민족들에게 적대적입니다." (H. C. Engelbrecht, *Johann Gottlieb Fichte*, p. 98).

에 가까우며, 그만큼 더 기독교 신앙을 잘못 해석하였다. 낭만주의는 기독교 신앙과 마찬가지로 역사적 실존의 유일하고 독단적인 성격을 이해하며, 철학 체계들의 합리적 보편성들은 사물의 특별한 소여성을 완전히 포괄하지 못하고, 파악하지 못하며, 존재의 우연성과 비합리성을 완전히 초월하지도 못함을 안다. 기독교와 마찬가지로 낭만주의도 합리주의적 문화들의 미묘한 자기기만과 위선을 간파했다. 그 문화들은 사람들로 하여금 그들 자신의 특수한 가치들이 곧 그들의 철학에서 주장하는 공평하고 객관적인 보편적 가치라는 인상을 갖도록 조작하였지만, 사실은 자기기만과 위선의 문화였다. (예를 들면, 민주주의와 부르주아 문화와의 관계가 그렇다). 니체가 기독교에 의해 야기된 "악한 양심"에 철저히 저항하였음에도 불구하고, 우리가 니체와 고전적 기독교 사이에 유사성이 있다고 확신하는 것은 합리주의적 관념론자들의 부정직에 대한 낭만주의의 이런 통찰 때문이었다. 다른 한편, 낭만주의는 적어도 완전히 발전된 니체의 낭만주의 형태에서는 위선을 야만성으로 대치하였으며, 모든 형태의 보편적 가치체계를 부정하는 허무주의에 특별한 어떤 것이 있다고 – 그것이 개인적이든 집단적이든 – 주장하였다.

분명한 사실은 명백하게 부분적이고 특수한 역사의 가치와 보편적이라고 가정된 역사의 가치가 모두 종교적 신앙에 의해서만 인정되고 평가될 수 있다는 사실이다. 종교적 신앙은 역사적 실존 너머에 있으면서 동시에 역사 내부에 작용하는 삶의 중심과 원천을 발견했기 때문이다. 성서에서 창조자이자 심판자로 계시된 하나님이 바로 이런 삶의 중심이자 원천이다. 낭만주의는 창조가 그의 모든 특수성과 개체성에서 선하다는 사실을 이해하지만 창조 너머를 보지는 못한다. 관념론은 피조물 너머에서 합리적인 유리한 지점을 찾고자 하며, 따라서 하나님이 심판자라는 초보적인 개념에 도달한다. 그러나 관념론은 결국 심판자를 인간 자신

의 이성과 동일시한다. 인간의 개체성은 오직 인간의 자아인식과 자아의
식의 최고 성취가 인간을 초월하는 삶과 진리의 원천으로부터 알려지고
판단되는 실체의 영역에서만 유지될 수 있다.

근대문화에서 가장 독특하게 강조된 개체성 관념은 이와 같이 근대성
의 문화적 전제들이 가지는 한계 내에서는 사실로서도 관념으로서도 보
존될 수 없는 철저히 실패한 개념이다. 근대적 삶의 사회적 역사는 초기
상업시대의 개인주의에서 산업시대의 집단주의로 변천하였다. 농업을 중
심으로 하는 봉건주의의 사회적 연대와 중세의 종교적 권위주의로부터
해방된 개인은 단 시간 내에 산업적 집단주의라는 기계적 연대에 종속되
고 말았다. 이런 집단주의에 대한 개인의 반감은 기대와는 달리 오히려
원시적 인종주의와 제국주의적 민족주의라는 훨씬 더 고통스러운 결과
를 낳고 말았다.

근대인의 문화적 역사는 이런 경향을 수정하거나 무시할 수 있는 아무
런 방책도 제시해 주지 못했다. 관념론에서는 개인이 자연의 필연성을 초
월할 수 있지만, 그렇게 함으로써 그는 단지 비인격적 정신의 보편성에
흡수될 뿐이다. 관념론보다 이전의 자연주의에서는 자연적 환경의 다양
성을 창조하는 개체성의 가치가 인정되었지만, 그것은 잠시 뿐이었고 진
정한 개체성은 곧 무시되었다. 모든 것이 법칙에 따라 움직이는 자연에는
개체성의 본질적 특징인 자기초월성, 자아정체성과 자유가 들어설 자리
가 없기 때문이다. 낭만주의적 자연주의에서는 개인의 개체성이 사회적
집단의 독특하고 자기를 정당화하는 개체성에 종속되었다. 단지 니체의
낭만주의에서만 개인이 보존되었다. 그러나 니체는 자신의 힘에의 의지
이외의 어떤 법도 알지 못했으며, 자신의 무제한적인 야망만 가지고 있었
을 뿐 하나님을 알지 못했기 때문에 악마적 종교의 도구가 되고 말았다.

기독교 신앙의 전제들이 없다면 개인은 무이거나 아니면 전부가 된다.

기독교 신앙에 의하면 자연과 시간의 경과에 제약되는 피조물로서의 인간은 다른 피조물들보다 뛰어나지 않다. 그러나 인간은 그의 생명의 근원이 되는 하나님의 자비와 능력에 의해 다른 피조물들보다 더 중요한 존재가 된다. 그렇지만 자유로운 정신으로서 그가 이렇게 중요한 존재가 되는 것은 그의 자유가 하나님의 자유에 종속되는 한에서 그렇다. 인간이 그의 자유를 남용하고 그의 능력과 의미를 넘어서 모든 것이 되고자 하는 경향은 원죄이다. 인간은 이런 원죄에서 벗어날 수 없기 때문에 그가 하나님을 만날 때에는 무엇보다 먼저 인간의 교만을 꺾고 인간의 헛된 망상을 무력화시키는 심판자로 만날 수밖에 없다.

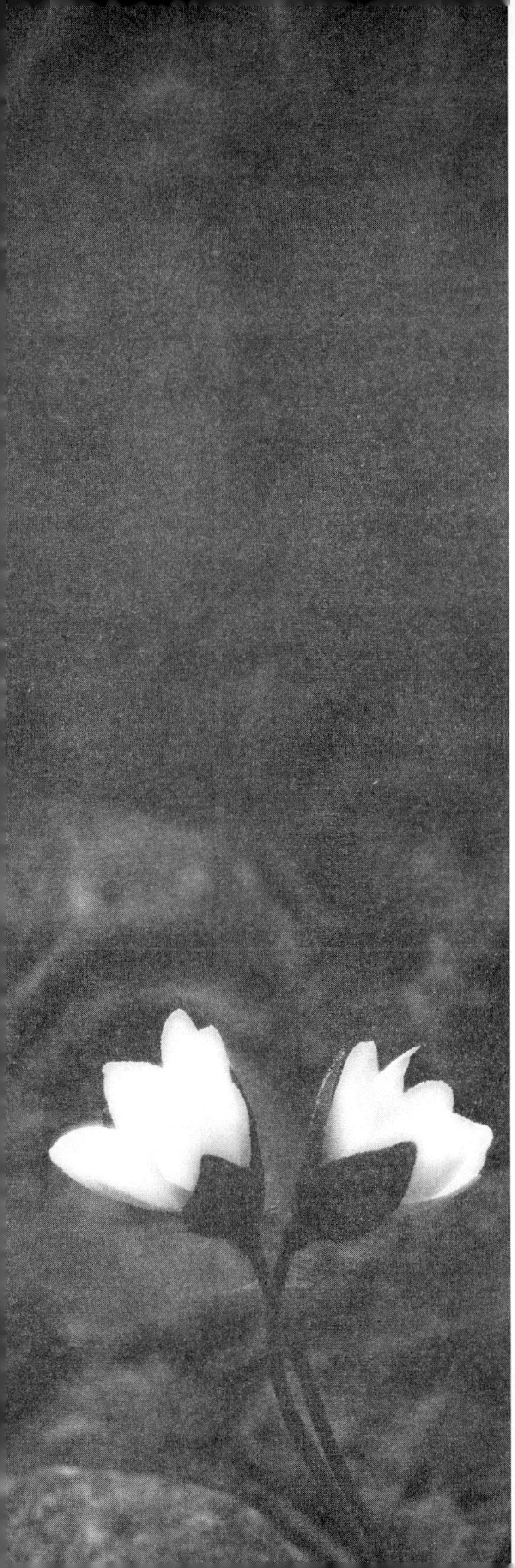

4장

근대인의 안일른한 도덕관념

4장

근대인의 안일한 도덕관념

인간의 본성에 관한 근대적 인간관을 예비적으로 분석하는 과정에서 우리는 인간론에 관한 다양한 개념들 가운데서 근대인의 자기만족적 양심이 그 개념들을 통합하는 하나의 대표적인 힘이라는 사실을 확인했다. 흄(Hulme)[125]에 의하면 "르네상스 이후 모든 사상은 그의 명백한 다양성에도 불구하고 하나의 일관된 전체를 이룬다. ... 그 사상은 모두 인간의 본성에 관한 동일한 개념에 기초하며, 원죄의 교리에 내재된 의미를 파악할 능력이 없음을 보여준다. 이 시기의 철학과 문학, 그리고 윤리학은 인간이 본질적으로 선하고, 충분하며, 만물의 척도라고 보는 이런 새로운 인간관에 기초하고 있었다. 뿐만 아니라 이 시기의 많은 경제적 특징들은 전적으로 이런 핵심적인 추상적 인간관에서 유래했다고 볼 수도 있다."[126]

---

125 역주, Thomas Ernest Hulme(1883-1917)은 영국의 비평가이자 시인으로 예술, 문학과 정치에 관한 그의 저술들을 통해 모더니즘에 괄목할 만한 영향을 끼친 사람이다.

126 *Speculations*, p. 52.

근대인의 선한 도덕관념에서 가장 놀라운 점은 근대인이 그 도덕관념을 가장 다양하고 심지어는 상호 모순되는 형이상학적 이론들과 사회철학들의 관점에서 주장하고 정당화했다는 것이다. 관념론자인 헤겔과 유물론자인 마르크스는 인간의 본질적 선이 어느 시기에 어떤 사회적 환경에서 그리고 어떤 방법론에 의해 실현되느냐 또는 실현되어야 하느냐 하는 점에 있어서는 서로 달랐지만 인간의 덕을 근본적으로 신뢰한다는 점에서는 서로 일치했다. 낭만주의적 자연주의자인 루소는 프랑스 계몽운동의 합리주의적 자연주의자들과 같은 견해를 가지고 있었다. 그렇지만 루소는 덕의 본질이 합리적 규범에 의해 오염되지 않은 자연적 충동에 있다고 생각했는데 반해, 계몽운동의 합리적 자연주의자들은 이성이 덕을 보증해준다고 보았다. 이 점에 관해서는 합리적 자연주의자들 사이에 의견이 일치했다. 그들이 쾌락주의적이건 아니면 금욕주의적이건 간에, 그리고 이성이 이기적 충동을 자연적으로 조화시킨다고 믿든 아니면 이성이 사회적 충동을 자연적으로 조화시킨다고 믿든 간에 말이다.

기독교의 구속사(구원의 드라마) 전체가 거부된 표면적인 이유는 그 구원사건을 표현하는 창조, 타락과 대속 등에 관한 이야기들이 비현실적이었기 때문이었다. 그러나 전형적인 근대인은 실제로 이런 교리들이 비현실적이라기보다는 오히려 완전히 비논리적이라고 생각했다. 따라서 그는 비현실적인 종교적 신화들을 중요하게 생각하지 않았다. 그 신화들의 바탕에 흐르는 윤리적 성향과 자신이 느끼는 안정감과 위안 사이에는 아무런 관련성이 없다고 생각했기 때문이다. 근대인은 그 신화들에 표현되어 있는 죄책감은 힘이 더 강한 존재자들에 대한 원시적 두려움이 남아 있는 것에 불과한데, 자신은 다행히도 그런 두려움에서 해방되었다고 생각했다. 아주 매력 없는 근대의 어느 사회학자에 의하면 죄의식은 "미성숙한 정신의 병적 현상"이다.

근대인들의 이런 안일한 도덕관념은 18세기와 19세기의 부르주아 문화 전성기 때와 마찬가지로 사회적 쇠퇴의 시기에도 거의 무제약적으로 계속 나타나고 있기 때문에 근대인들 사이에 이런 안일한 도덕관념이 일반화되어 있었다는 사실은 그만큼 더 놀라운 일이다. 근대인은 사회적 혼란과 정치적 무정부상태에 휩싸여 있었다. 러시아에서는 마르크스주의 이론을 도입하여 이런 혼란을 피하고자 했는데, 그 결과 유례를 찾기 어려운 폭정이 등장하게 되었다. 현대사는 인간의 병적 흥분과 맹렬한 분노로 점철되어 있으며, 자연의 조화를 파괴하고 합리적 제재수단인 지혜로운 규범들을 무시하는 인간의 악마적 능력과 마성을 보여주는 증거들로 가득하다. 그렇지만 근대인은 인간에 관해 낙관적 견해를 가지고 있었다. 그렇지 않다는 증거가 많이 있음에도 불구하고 말이다. 그는 자신이 부패한 제도의 희생물이기 때문에 그 제도를 파괴하거나 재건해야 한다고 생각했으며, 자신은 무지의 혼란에 의해 희생되었는데 이런 혼란은 적절한 교육에 의해 극복되어야 한다고 생각했다. 그렇지만 근대인은 여전히 자신은 본질적으로 순수하고 고상하다는 생각을 가지고 있었다. 그러므로 근대인이 어떻게 분명한 역사적 사실들을 무시한 채 자신이 덕이 있다는 평가를 하게 되었으며, 어떤 수단에 의해 그런 평가를 계속 주장했는지 의문이 생긴다.

그에 대한 적절한 대답은 근대문화의 가장 위대한 성취인 자연에 대한 이해가 근대인이 인간의 본성을 잘못 이해하게 된 원인이기도 하다는 것이다. 자연은 원인이 있으면 그에 상응하는 결과가 뒤따르는 일차원적 세계이다. 그러나 좀 더 자세히 관찰해 보면 어떤 관찰 가능한 원인도 뒤따르는 결과를 충분히 설명하지 못하며, 모든 결과는 인과의 사슬에 있는 많은 가능한 결과들 중 하나에 불과함을 알 수 있다. 그렇지만 자연에도 자유의 영역이 있음을 지적하는 이런 형이상학적 반론은 주로 물리학의 방법론과 전제들에 의해 형성된 문화를 일시적으로 중지시켰을 뿐이다. 정신(누스)과 자연(피시스)의 관계에 관한 궁극적인 문제가 무엇이든 근대인은 엄밀한 경험적 관찰과 수학적 연역이란 과학적 방법론에 의해 한편에서는 자연의 유일하고 특수한 사건을 알 수 있게 되었으며, 다른 한편에서는 자연의 규칙들과 순환을 알 수 있게 되었다고 확신했다.

이런 두 가지 방법론 때문에 근대인은 안전에 관해 때로는 상충되고 때로는 상호 보완적인 확신을 가지게 되었다. 엄밀한 경험적 관찰에 의하면 자연은 질서의 영역으로 선험적 연역에 의해 측정될 수 없는 그의 고유한 법칙들을 가진다. 인간으로 하여금 그의 교만한 허위의식을 버리고 겸손히 자연을 따르게 하라! 여기서 근대문화는 에피쿠로스의 자연관을 따랐다. 한편, 수학적 방법론은 인간에게 자신의 이성의 능력을 각인시켜 주었으며, 이성의 계산과 자연의 순환이 놀라울 정도로 일치함을 알게 해주었다. 따라서 이런 수학적 방법론은 근대인으로 하여금 스토아 철학처럼 자연과 이성이 일치한다고 생각하게 하였다. 이처럼 자연과 이성은 근대인의 두 신이었으며, 때로는 그 둘이 하나의 신이었다. 경험적 관찰이든 아니면 수학적 방법론이든 어떤 경우에도 인간은 조화와 질서의 영역으로부터 아주 멀리 떠나지 않았기 때문에 안전하다. 자연은 그 자체가 조화이다. 이 경우에 인간이 자연의 순수함에서 멀어지게 된 것은 단순한 무지 때문이었으므로 다시 그 순수함을 회복하는 것은 쉽다. 반대로 자연이 혼돈의 영역으로 간주된다면 이성의 영역은 자연의 불일치와 부조화로부터 도피하여 쉽게 접근할 수 있는 안전한 피난처이며, 그런 자연을 정복하는 힘이다. 자연에 내재하는 자유와 필연성의 문제를 과소평가하는 문화는 필연적으로 인간에 내재하는 자유의 본질을 평가절하 하게 된다. 간단히 말해, 근대인이 그의 본질적인 덕에 관해 그렇게 확신한 것은 그가 그의 능력에 관해 그렇게 오해하고 있었기 때문이다. 그는 인간을 자연의 인과율에 의해 설명하고자 하거나 아니면 그의 고유한 이성의 능력에 의해 설명하고자 했다. 그러나 그는 인간은 자연과 이성을 모두 초월하는 정신의 자유를 가지고 있다는 사실은 보지 못했다. 따라서 그는, 그가 자연의 법과 이성의 법을 무시하는 것이 실제로 어떤 원인 때문인지 이해할 수 없었다. 그는 언제나 그의 과거사에 있었던 어떤 우연적인 실패에 의해서가 아니면 이성의 게으름에 의해서 자기도 모르게 이렇게 자연과 이성의 법을 거스르게 되었다고 생각했다. 따라서 그는 사회적 조직개편이나 모종의 교육개혁을 통한 구원을 기대했다.

1. 구체적인 역사적 자료들로부터 악의 근원을
   설명하고자 하는 노력

근대인이 그의 삶에서 일어나는 악의 근원을 어떤 구체적인 역사적 사건이나 어떤 특별한 역사적 부패에서 찾으려 한 것은 인간을 단순한 일차원적 역사에서 이해하는 인간관의 필연적인 결과였다. 그러나 근대의 이런 오류는 잘못된 행위의 원인을 유혹으로 돌리고 그렇게 함으로써 그에 대한 책임을 회피하려는 인간 마음의 고질적인 성향을 더욱 악화시킬 뿐이었다. 모든 인간은 첫 번째 사람 아담의 변명을 수 없이 반복했다. "하나님이 주셔서 나와 함께 하신 여자 그가 그 나무 실과를 내게 주므로 내가 먹었나이다." 이런 모든 해석들에서 중요한 점은 그 해석들이 역사에서 일어나는 구체적인 악한 사건들, 나쁜 성직자들, 악한 통치자들과 악한 지배계급들이 왜 역사에 악을 끌어들이는 힘과 경향을 가지게 되었는지 설명하지 못한다는 것이다. 18세기에는 인간의 악의 원인이 종교적 부패 때문이라고 생각하거나, 아니면 자연의 조화를 파괴한 전제정부들과 무지한 입법자들 때문이라고 생각했다. 19세기의 마르크스는 인간이 그의 참 본질로부터 멀어진 자기소외 현상은 사회에 계급체제가 생겼기 때문이라고 보았다. 이런 해석들은 구체적인 사회적 악의 성격을 규명하는데 나름대로 기여하였으며, 그 악을 완화시키거나 제거하는 방도를 제시해 주었을 수도 있다. 그러나 어떤 해석도 자연에 존재하지 않는 악이 어떻게 인간의 역사에 등장할 수 있었는지 설명해 주지는 못했다.

기존의 사회적 악을 종교가 묵인한 것에 대항해 싸울 수밖에 없었던 세대는 필연적으로 사제들과 그들이 믿는 종교가 사회적 악의 근원이라는 생각을 했다. 18세기는 종교가 전제정치와 사회적 갈등의 원천이라고 생각했다. 홀바흐(Holbach)에 의하면 "역사에는 자신들을 신이라고 자처하면서 가장 잔인한 예배를 강요하고 그들의 광란에 저항하는 사람들에게 가장 잔인한 고문을 가한 사람들이 있었다." 홀바흐에 의하면 종교 지도자의 이런 자기신격화는 또한 전제정치의 원인이기도 했다. "신학은 인간이란 종에게 전혀 유용하지 않으며, 지구를 괴롭히는 모든 슬픔의 원천이며, 인간을 억압하는 독재정치의 근원이다."[127] 마찬가지로 헬베이투스(Helveitus)는 종교적 광신주의와 그로부터 야기되는 사회적 갈등에 대해 다음과 같이 비판했다. "종교의 역사가 우리에게 가르쳐 주는 것은 무엇인가? 도처에서 편협성의 횃불에 불을 붙인 것은 종교들이었다. 그들은 시체로 평원을 채웠으며, 온 나라를 피로 물들였으며, 도시를 파괴했고, 제국을 황폐화시켰다. 종교는 결코 인간의 삶을 개선시킨 적이 없다. 법이 종교를 개선한다. 종교는 우리의 신념을 결정하지만, 법은 우리의 습관과 관습을 결정하기 때문이다."[128] 18세기는 모든 전제정부와 광신주의에는 종교적 요소가 있음을 정확하게 통찰했다. 그러나 18세기는 이런 사실을 특정한 종교들의 부패 때문이라고 생각했다. 18세기는 왜 인간은 어떤 인간도 소유해서는 안 되는 위엄과 탁월한 지위를 소유하려 하고, 자신의 신념이 절대적이라고 단언하려 하는지 – 상대적인 인간의 어떤 판단도 절대적일 수 없음에도 불구하고 – 물었어야 했다. 순수한 자연의 세계에서는 제사장–왕이나 광신적 예언자가 있을 수 없다. 홀바흐는 선언한다. "군주들이 자연에게 물으면 자연은 그들이 신이 아니

---

127 *System of Nature*, Vol. III, pp. 60, 152.

128 *De l'Homme, Section* VII, Cd. I.

라 인간임을 가르쳐 줄 것이다."[129] 그러나 홀바흐는, 왜 인간은 기독교가 원죄라고 규정하는 바로 그런 성향, 즉 자신이 존엄하다고 주장하고 자신의 견해가 절대적이라고 주장하는 능력과 성향을 모두 가지는지에 관해서는 연구하지 않은 것처럼 보인다. 현대사의 비극 중 하나는 역사적 종교를 타파함으로써 전제정치와 광신주의로부터 벗어나고자 한 바로 그 근대인이 동시에 최근의 근대 후기에는 히틀러와 스탈린을 숭배하게 되었으며, 자기들의 기이한 주장들을 아무런 종교적 의식도 없이 단언하는 모든 유형의 새로운 제사장-왕들을 숭배하게 되었다는 것이다. 인간의 역사에서 일어난 특정한 악이 일반적인 악의 원천이라고 간주될 수는 없다. 반대로 그것은 더 근원적인 어떤 악의 뿌리에서 나온 열매와 결과이다.

18세기의 자연주의자들은 에피쿠로스를 따라 자연의 고요함과 조화를 강조함으로써, 그리고 자연은 인간이 가장 두려워하는 궁극적인 위험들로부터 자유롭다는 것을 강조함으로써 인간을 두려움과 미움과 야망과 광적인 분노로부터 벗어나게 해줄 수 있다고 생각했다. 그들은 자연에는 아무런 깊이가 없음을 입증함으로써 인간 정신의 깊이를 파괴할 수 있다고 생각했다. 비록 자연계에 산다고 상상하는 정신들이 순전히 상상의 산물이라 할지라도 왜 인간이 이런 식으로 상상하며 왜 인간이 동물계의 평온함을 즐기지 못하는지 아는 것은 여전히 중요할 것이다. 에피쿠로스는 인간의 죽음은 모든 자연과 마찬가지로 단순히 분해되는 것에 불과하기 때문에 죽음 저편에 아무런 위험이 없음을 입증함으로써 죽음의 공포를 몰아낼 수 있다고 생각했다. 그러나 에피쿠로스는 동물들은 죽음을 두려워하지 않지만, 인간은 불가피하게 죽음을 두려워할 수밖에 없다는 사실을 간과했다.

---

129 *Op. cit.*, p. 109.

이들 18세기 학자들은, 인간이 아무리 자신을 자연의 일부라고 생각한다고 해도 그렇게 될 수 없다는 사실을 깨닫지 못했으며, 인간은 그가 자연에 대한 인간의 불확실한 의존을 극복할 수 있는 자유를 가지는 것 이상으로 자연의 순환과정에 매이지 않는 그의 자유를 파괴할 수 있는 자유를 가지고 있지 못함을 깨닫지 못했다. 인간의 두려움은 정확하게 강함과 연약함의 이런 상황에서 발생한다. 그리고 인간의 무한한 야망은 그의 약함을 숨기고, 그의 의존성과 무의미성을 부정하고, 그렇게 함으로써 그의 두려움을 잠재우려는 노력의 결과이다.

근대문화는 역사적 종교들의 광신주의와 격정을 다룰 때와 마찬가지로 통치형태의 문제들을 다룰 때도 똑같은 오류를 범했다. 근대문화는 악의 원인을 특정한 역사적 원인들에 돌렸다. 어떻게 그런 특정한 원인들이 발생할 수 있었는지 알아보지도 않고 말이다. 18세기는 전제정부와 부정의의 원인을 역사적 종교들과 정부의 책임으로 돌렸으며, 부정의의 정치적 근원과 종교적 근원 사이의 관계에 관해서도 분명하지 않았다. 더 나아가 사회적 악의 책임을 "나쁜 정부"와 "악한 입법자들"에게 돌릴 때, 18세기는 그의 사회적 이론에 있어서 18세기의 결정론적 심리학이 부정하는 주의설(voluntarism)의 입장을 취했다. 18세기는 그가 취하는 자연주의적 입장에 부합할 정도로 그렇게 인간의 자유를 최소한으로 축소시켰는데 반해, 사회이론에 있어서는 인간이 인간의 사회적 운명을 지배한다는 입장을 취했다. 18세기는 모든 사회적 결정은 인간의 결정에 의해 통제되지 않는 자연환경과 역사적 경향에 의해 수정되고 제한된다는 사실을 이해하지 못했다. 17세기와 18세기의 사상을 지배한 사회계약 이론들에는 특수한 하나의 정서가 있었다. 그 이론들은 모두 명백한 역사적 사실들에 의해 정당화된 것보다 더 절대적인 자유가 인간에게 있다고 생각했다. 그들은 확실히 그들 자신의 철학에 의해 정당화된 것보다도 더 많은 자유가 인간에게 있다고 생각했다.

　이런 역설은 근대의 경험론적 자연주의의 대부인 토마스 홉스의 사상에서 가장 두드러지게 나타난다. 인간의 본성을 분석하면서 홉스는 다른 존재자들에 대한 인간의 우월성을 최소한도로 제한하고자 했다. 이성은 단지 살고자 하는 자연적 의지를 확장할 뿐이다. "이성은 열정과 마찬가지로 인간의 본성에 속한다. 이성은 모든 사람들에게 동일하다. 왜냐하면 모든 사람은 그들이 획득하고자 하는 그것, 즉 이성이 그들 자신에게 좋다고 지시하는 것을 성취하고자 하는 의지에 있어서 일치하기 때문이다."[130] 인간의 자유는 본질에 있어서 동물의 생명이 가지는 자유와 다르지 않다. "인간의 의지의 자유는 다른 동물들의 의지의 자유보다 더 크지 않다. … 필연성으로부터 자유로운 그런 자유는 인간에게도 없고 짐승에게도 없다. 그러나 만일 자유가 원하는 것을 하는 능력이나 힘을 의미한다면 그런 자유는 인간과 짐승에게 모두 허용되어야 하며, 둘 다 동일하게 그런 자유를 가질 수도 있을 것이다."[131]

　그럼에도 불구하고 인간의 역사는 결정하는 행위와 함께 시작된다. 홉스에게 있어서 이런 결정으로서의 사회계약은 절대정부를 출현시켜 모든 사회적 결정들이 그의 권위에 복종하게 함으로써 무정부상태의 혼란을 피하기 위한 것이었다. 사회계약에 의해 출범된 정부의 가장 중요한 목적은 프랑스의 자연주의자들이 역사에서의 "인간의 타락"(the Fall)으로 간주한 – 그들에 의하면 인간은 이런 오류로부터 그의 길을 돌이켜 자연으로 돌아가야 하는데 – 바로 그런 유형의 통치권을 확립하는 것이었다.

　홉스는 외견상으로는 무정부 상태의 위험을 자연의 위험으로 간주한

---

130 *Elements of Law*, IV.

131 *Elements of Philosophy*, Part IV, Ch. 25, Part 12.

다. 그는 사회계약이라는 인간 역사의 한 자유로운 결정에 의해 이런 위험을 대처한다. 따라서 그는 그의 역사철학에서는 역사적 인간과 자연적 인간을 구분하지만 그의 심리학에서는 그런 구분을 부정하는 모순된 입장을 취할 수밖에 없었다. 게다가 무정부 상태의 위험은 자연에서보다는 오히려 인간의 역사에서 실제로 일어난다. 홉스는 심리학적으로는 인간의 자유를 부정함에도 불구하고 이것을 인정하지 않을 수 없었다. "벌과 개미와 같은 어떤 곤충들은 서로 무리를 지어 산다. … 그러므로 인류는 왜 그렇게 살 수 없는지 의문을 가지는 사람들이 있을 수도 있다." 그는 다음과 같은 사실을 인정함으로써 이런 물음에 대답한다. "인간은 명예와 지위를 위해 끝없이 경쟁한다. 그 결과 시기와 미움이 일어났으며, 결국은 전쟁이 일어났다. 그리고 인간이지만 이성을 사용하지 못하는 이런 피조물들은 그들이 경영하는 천박한 사업에서 아무런 잘못도 보지 못하거나, 아니면 본다고 생각한다."[132] 홉스 사상의 이런 난점은 근대 사회이론이 취하는 주의설과 근대의 심리학이 취하는 결정론 사이의 대립, 즉 근대 사상에서 지속적으로 혼란을 야기한 모순을 가장 잘 보여준다. 인간은 실제로 근대 문화가 깨달은 것보다 그의 본질적 구조에서는 더 큰 자유를 가지지만 실제 역사에서는 더 적은 자유를 가진다.

존 로크와 함께 시작하는 사회계약 사상은 전제적 시민정부이론보다는 오히려 민주적 시민정부이론에 더 적합하다. 로크에 의하면 홉스에 의해 정의된 독재정부는 여전히 자연의 영역에 머문다. 그래서 로크는 통치자의 권력이 사회적으로 통제되는 민주정부를 수립하기 위해 홉스와는 다른 사회계약을 요구했다. 로크는 자연적 상태가 무정부적인 혼란이라기보다는 오히려 "불편한" 것이라고 생각했다. 따라서 그의 자연법은 시민법에 의해 폐기되지 않는다. 오히려 시민법은 "인간들이 그들 자

---

132 *Leviathan*, Part II, Ch. 17.

신의 경우에 심판자일 수도 있는 곳에서는(인간의 관점에서 볼 때는, 옮긴이) 분명히 대단히 불편한 자연적 상태를 개선하는 적절한 개선책"으로 간주되어야 한다. 이런 민주적인 사회계약론의 명시적인 전제들이 무엇이든 로크의 실제적인 관심사는 기독교 신학이 인간 사회에서 죄의 위험이라 부르는 것인데, 로크는 이런 죄의 위험을 자연적 상태의 "불편함"(inconvenience)으로 정의한다. 그 위험은 인간들이 "그들 자신의 경우에 심판자라는" 사실로부터 발생하기 때문에, 그 위험은 자연의 위험이 아니라 인간 자유의 위험이다. 로크의 민주적 사회계약 이론에 의하면 정부는 기독교 사상에서처럼 죄의 위험을 막기 위한 장치이다. 차이가 있다면 로크가 죄의 근원이 인간의 자유가 아니라 자연이라고 잘못 생각한 점이다. 홉스나 대다수의 기독교 신학자들과 달리 로크는 무정부상태의 위험보다는 독재의 위험을 더 두려워했는데, 이는 올바른 판단이었다. 그러나 홉스와 마찬가지로, 그리고 기독교와는 달리 그는 사회적 삶이 "자연" 때문에 위험에 처하게 된다고 잘못 생각했다. 그는 이런 위험들을 ─ 그것이 독재의 위험이든 아니면 무정부상태의 위험이든 ─ 역사에서의 결정들에 의해 극복하고자 했다. 이런 결정들은 자의적인 결정들이기 대문에 자연주의 자체의 심리학에 의해서는 물론이고 역사의 사실들에 의해서도 그 정당성이 인정되지 않는다. 그리고 그 결정들은 어느 정도 장점을 가진다고 생각되었지만 역사에 의해 그렇지 않음이 입증되었다. 그 자신은 민주주의적 자연주의자였음에도 불구하고 로크는 이와 같이 새로운 정치제도에 의해 인간의 악을 극복하고자 했다는 점에서 자연보다는 이성을 더 신뢰했다.

프랑스 계몽운동은 부분적으로는 로크의 경험주의가 주장하는 민주주의 이론을 따랐지만, 전체적으로 볼 때는 비교적 단순한 자연주의적 경향을 가졌다. 그 운동은 정치적 부정의가 전제정권의 토대가 되었던 역사적 오류 때문에 발생한다고 생각하였으며, 따라서 역사로부터 자연으로 돌아감으로써 정의가 회복되기를 희망했다. 프랑스 계몽주의가 돌아가고자 한 그 자연은 일반적으로 스토아 철학의 자연이라기보다는 오히려 에피쿠로스와 데모크리토스 철학의 자연이었다. 말하자면 그 운동은 자연을 경쟁적인 유기체들의 생명의지가 단순하게 조화를 이루고 있는 필연성의 영역으로 간주했다. 이런 조화는 일단 정부의 간섭이 제거되면 회복될 수 있다. 헬베티우스는 말한다. "도덕주의자들은 언제나 인간의 사악함을 비난했다. 그러나 이것은 그들이 문제의 중요성을 얼마나 제대로 이해하지 못했는지 보여준다. … 한탄해야 할 것은 인간의 악함이 아니라 언제나 개인의 이익이 일반적 이익에 방해가 된다고 생각한 입법자들의 무지이다." 이런 이론에 따르면 악한 통치자들과 입법자들이 자연적 상태에서 서로 조화를 이루고 있는 이기적 충동들에 간섭하지 않는 한 인간의 자연적 이기심은 무해하다. 물론 인간이 어떻게 자연의 법을 어기고 마음대로 자연을 조작할 자유를 가지게 되었는지는 확실치 않다. 인간은 자연을 거슬러서는 안 되며, 거스를 수도 없다고 한다. 그러나 새로운 도덕으로 안내하는 이들 안내자들 중 어느 누구도 만일 인간이 자연을 거스를 수 없다면 그에게 자연을 거슬러서는 안 된다고 조언하는 것이 불필요함을 이해하지 못하는 것처럼 보인다. 그런 모순은 디드로(Diderot)의 다음과 같은 말에 잘 나타난다. "모든 행성과 모든 자연은 영원한 법을 따르는데, 이런 법을 무시하고 오직 자신의 기분에 따라 행동할 수 있는 오척 단신의 작은 동물이 있다는 것은 실로 기이하기 짝이 없다."

이런 입장의 논리는 드디어 "자연지배 이론"(physiocratic theory, 중농주의)으로 발전되었으며, 아담 스미스는 이 이론을 체계화하여 근대의 자본주의 철학으로 발전시켰다. 그 이론은 고드윈(G. Godwin)과 같은 사람들의 사상에 분명히 나타나듯이 일반적으로 무정부주의를 지향하게 된다. 그 이론에 따르면 만일 정부가 경제 분야에서 자연법의 작용에 간섭하여 방해하지만 않는다면 자연에 예정된 조화를 통해 정의가 확립될 것이다. 주목할 점은 근대의 정치적 삶의 분야에서는 민주정체론자들(democrats)에 의해 주장된 정치적 힘의 균형분배를 통해 정의가 상당히 진보되었는데 반해, 근대의 경제적 삶에서는 자연지배 이론을 주장하는 이들에 의해 옹호된 자유방임주의(laissez-faire)를 통해 권력의 냉혹하고 부정한 불균형적 분배가 일어났다는 사실이다. 그들의 오류가 무엇이든 민주정체론자들은 자연지배 이론을 주장하는 자들보다 더 현실적인 전제들에서 출발했다. 하지만 그 둘은 모두 사회적 죄의 원인을 단순히 사회제도의 탓으로 돌리고 정의로운 사회에서 죄 없는 인간을 희망했다는 점에서 동일하게 오류를 범했다. 콩도르세(Condorcet)처럼 민주정체론과 자연지배이론을 조화시킨 고드윈은 이런 희망을 다음과 같이 표현했다. "새로운 사회에서는 모든 사람들이 두려워하지 않을 것이다. 그들은 몰래 숨어서 그들의 생명을 노리는 어떤 합법적인 올가미도 없으리라는 것을 알게 될 것이기 때문이다. 그들은 용감할 것이다. 어느 누구도 다른 사람이 무절제한 사치를 즐길 수도 있다는 자괴감에 빠지지 않을 것이기 때문이다. 시기와 미움이 그칠 것이다. 그런 것들은 부정의에서 나오는 것이기 때문이다."[133]

마르크스주의는 그의 사회철학에서는 18세기의 자유주의와 크게 달랐지만 인간의 본성에 관한 견해는 놀라울 정도로 유사했다. 마르크스주의는 인간의 악이 단순히 정치체제의 결함 때문이 아니라 경제체제의 중대한 결함 때문이라고 보았다. 전제적인 정부들은 계급에 의한 지배의 결과이며 그런 지배를 위한 도구들이다. 원시적 부족의 평등과 공산

---

133 *Inquiry Concerning Political Justice*, Vol II, p. 29.

주의적 체제가 점차로 보다 발전된 사회의 계급체계로 바뀌었을 때, 인간은 그의 자연적 선으로부터 멀어지게 되었다. 계급체계가 완전히 사라지게 되면 인간의 자연적 선이 다시 회복될 것이며, 따라서 억압도 필요 없게 되고 자연히 국가도 필요 없게 될 것이다. 인간의 의식적 행동을 물리적 세계의 "운동법칙"으로 환원하는 마르크스주의의 이론은 어떤 능력에 의해 인간이 원시 종족의 소박한 "우리-의식"의 제약으로부터 벗어나게 되었으며, 어떻게 그의 동료 인간 위에 군림할 수 있는 능력과 성향을 가지게 되었는지 이해하기 어렵게 만든다. 인간이 그의 진정한 공동체적 본질로부터 멀어지게 된 것에 관한 마르크스주의의 이론에는 명시적이지는 않지만 루소의 이론과 내적인 유사성이 있다. 사회적 악의 원인은 인간의 역사에서 벌어지는 어떤 특별한 악이라기보다는 오히려 문명화 자체라는 것이다. 그러나 마르크스주의자는 낭만주의자와는 달리 새로운 무구(無垢)를 찾아 자연으로 돌아가기보다는 오히려 그 무구함을 향해 앞으로 나아가고자 한다. 바로 이점이 공산주의적 사회이론과 독재적 사회이론 사이의 가장 중요한 차이점일 것이다.

2. 덕의 근원인 자연

　　정치적 체제개편과 경제적 개혁을 통해 인간의 악행을 제거하려는 근대문화의 기대는 자연의 단순한 조화로 돌아가는 보다 개인적인 방법론에 의해 사회적 악을 제거하고자 하는 근대문화의 다른 기대와 다소 모호한 관계에 있다. 근대의 자연주의자는 낭만주의적이든 합리주의적이든 낙관적인 도덕관을 가지고 있었다. 왜냐하면 자연주의자는 자기가 자연의 무구성(無垢性)에서 멀리 벗어나지 않았으며, 따라서 쉽게 다시 그 상태로 돌아갈 수 있다고 믿었기 때문이다. 윤리적 관점에서 볼 때 가장 일관적인 자연주의는 낭만주의가 취하는 자연주의였다. 루소와 그를 지지하는 사람들에게 있어서 자연으로 돌아가는 길은 인간이 자연을 마음대로 개발하는 것을 억제하는 방법이었다. 루소는 선언한다. "숲으로 돌아가 거기서 당신과 동시대인들이 저지르는 범죄를 보지 말고 기억하지 마십시오. 그리고 인류의 악을 제거하기 위해 인류의 진보를 포기함으로써 인류가 몰락하지나 않을까 염려하지 마십시오." 이런 낭만주의적 원시주의는 소위 합리적 인간의 자유가 무해하지 않다는 사실을 인식하고 그런 자유는 자연이나 이성의 질서에 쉽게 따르지 않는다는 사실을 인식한다는 점에서는 합리주의보다 우월하다. 그러나 낭만주의적 원시주의는 인간의 자유가 인간이 저지르는 악의 근원이기도 하지만 동시에 인간이 행하는 모든 창조적 활동의 원천이기도 하다는 사실을 인식하지는 못했다. 그래서 그런 원시주의는 "인류의 악을 제거하기 위해 인류의 진보를 포기함으로써" 인류 역사를 원시상태로 되돌리려는 잘못된 시도를 했다. 그것은 훨씬 더 합리주의적이고 기계론적인 자연주의 형식들보다 한편에서는 더 심오하고 다른 한편에서는 더 왜곡되어 있었다. 그것이 심오한 까닭은 다른 자연주의자들과는 달리 순수하게 자연적인 생존충동과 특히 인간에게 고유한 정신적 명예욕과 권력충동 사이에, 또는 루소의 표현을 빌면 "계속 존속하고자 하는 모든 동물의 자연적 감정과 사회적 상태에서 발생하여 모든 사람들로 하여금 다른 어떤 사람보다 자신을 더 중요하게 생각하도록 하는 인위적인 감정" 사이에 넘을 수 없는 심연이 있음을 이해하기 때문이다. 자연적인 생존의지와 정신적인 권력의지 사이의 이런 차이는 낭만주의가 아닌 자연주의 이론들에게는 불가사의한 신비이다.

낭만주의적 자연주의의 왜곡성은 자연의 무구함으로 다시 돌아가려는 소박한 노력에 있다. 물론 루소는 처음부터 끝까지 일관되게 원시주의를 고집하지는 않았다. 그의 사회계약론은 "숲으로 돌아가라"는 그의 권고에 부합하지 않는다. 그것은 오히려 자연의 조화를 역사적 결정의 새로운 차원에서 재구성하려는 시도였다. 그는 모든 개별적 의지들을 이런 새로운 차원에서 종합하여 "일반적 의지"라는 마찰 없는 조화를 달성할 수 있다고 생각했다. 그렇지만 그의 사상에는 이런 일반적 의지의 성격이 무엇인지에 관해 구체적으로 명료하게 제시되지는 않았다. 그것은 다수의 의지를 의미하는가? 아니면 그것은 단순히 삶과 삶 사이의 완전한 조화가 가능하다는 어떤 이상을 제시하는 것인가? 이와 같이 루소가 일반적 의지의 성격을 명료하게 제시하지 못한 것은 낭만주의가 인간 자유의 본성을 이해할 수 있는 능력이 없음을 잘 보여주는 예이다. 낭만주의는 어떤 사회가 도달할 수 있는 일반적이고 통일된 목표는 명확하게 결정될 수 없으며, 개인은 그런 목표를 비판할 수 있을 만큼 그렇게 충분히 초월적일 수 없다는 사실을 알지 못했다. 개인은 그런 목표를 비판하고 수정하고자 할 수 없다. 그러나 그는 그렇게 해야 한다는 높은 의무감을 느낄 수도 있다.

사실 루소의 "일반적 의지"는 단순히 다수의 의견이나 마찬가지가 되었다. 이런 일반적 의지를 주장하는 그의 철학에는 아무런 비판의 원칙이 없기 때문에 그의 일반적 의지 개념은 당시 다수당의 손에서 독재의 도구가 되었다. 다수당의 독재는 쉽게 소수의 독재로 전환된다. 그 소수가 그들의 목적이 다수의 동의에 의해 정당화되었음을 보이기 위해 근대 민주주의의 수단들을 이용함으로써 말이다. 따라서 복합적인 문제를 지나치게 단순화시킨 루소의 해결책은 근대의 정치적 악마집단들이 등장하는 원인이 되었다. 근대문화의 역사에서 드러난 원시적인 것과 악마적인 것 사이의 관계성은 인간의 자유가 이해되지 못할 때 어떤 위험한 일이 발생하는지 잘 보여준다. 지나치게 단순한 방법으로 자연의 조화와 순수함으로 돌아가려는 모든 시도는 불가피하게 인간의 야망과 욕망에 의해 자연과 이성의 억제력이 무시되는 악마적 정치로 귀결될 수밖에 없다.

루소와 합리주의적 동시대인들이 취한 자연주의는 개인이 자연으로 돌아갈 수 있는 훨씬 더 단순한 길을 제시하였다. 자연은 생존본능에 의해 지배된다. 그리고 이런 합리주의에서는 생존본능과 인간의 야망이 다르지 않다. 홀바흐(Holbach)에 의하면 "자기 자신을 사랑하는 것과, 자신을 보존하려는 성향과, 자신의 존재를 행복하게 만들려는 노력은 인간의 본질이다. 따라서 이해관계와 욕망은 모든 행위의 유일한 동기이다."[134] 이성은 이런 이기주의에 의해 자연에 내재하는 필연적인 조화로운 관계들을 발견하고 재발견해야 하며, "만물의 필연성이 도덕의 기초가 되어야 함"[135]을 가르쳐야 한다. 자연의 이런 순수성에 도달하기 위한 유

---

134 *System of Nature*, Vol. II, p. 8.

135 *Ibid.*, Vol. III, p.91.

일한 선행조건은 홉스가 상충하는 이기적 욕망들의 혼돈을 극복하기 위해 설립한 바로 그 정부를 제거하는 것이었다. 홀바흐는 인간 자유의 실재성을 암시하면서도 외적으로는 그것을 부정하는 미숙한 모순을 범하고 있다. "만물의 필연성"에 기초해서 자신의 도덕성을 수립해야 하는 바로 그 사람이 다음과 같은 책망을 받는다. "이 한심한 사람아, 그대는 도처에서 그대 자신과 끝없이 모순되고 있소."[136]

홀바흐와 헬베티우스의 단순한 쾌락주의적 자연주의에서는 이성이 인간을 자연의 법칙들과 그의 조화로 인도한다고 주장될 뿐, 인간이 도대체 어떻게 그런 것들로부터 이탈할 수 있었는지에 관해서는 설명되지 않는다. 19세기의 보다 세련된 쾌락주의에서는 이성이 행복을 위해 욕망을 감독하기 때문에 그 욕망은 욕망하는 자의 이익을 위해 보편적 복지를 함께 고려한다. 19세기의 공리주의적 쾌락주의는 이기주의자 자체가 무해한 것이 아니라 현명한 이기주의자가 무해하다고 주장했다. 이런 공리주의는 실제로 쾌락주의와 자연주의를 모두 초월한다. 제임스 밀(James Mill)이 말하는 이성은 개인의 사리사욕을 완전히 초월한다. 그의 확신에 의하면 "이성적인 모든 인간은 증거의 무게를 재어 더 무게가 나가는 증거를 따라 결정한다. 그리고 더 많은 수의 집단이 올바르게 판단할 것이고, 가장 강력한 증거가 가장 강렬한 인상을 남길 것이다."[137] 존 스튜어트 밀(John Stuart Mill)에게서 보편적 복지를 향한 의무는 쾌락주의적 도식 내에서 겨우 유지되었다. 이런 자연주의는 에피쿠로스 철학보다는 오히려 스토아 철학에 더 가깝다고 볼 수 있다. 밀의 그런 자연주의는 여전히 안일한 도덕관념의 철학이었다. 그러나 그의 철학은 본성보다는 오히려 이성이 덕의 근원이라고 생각했다. 이성에서 기원된 이런 덕

---

136 *Ibid.*, Vol. III, p. 91.

137 *Liberty of the Press*, p. 22.

이 생각했던 것처럼 그렇게 완전하지 못하다는 사실을 발견한 최후의 공리주의자 벤담(Jeremy Bentham)은 "자기중심적 원리", 즉 "인간은 공동체의 행복보다는 자신의 행복을 더 중요하게 생각한다"[138]는 원리를 발견했다. 이런 이기적 성향을 막기 위해 벤담은 순전히 이성적인 제재보다는 오히려 정치적인 억제수단을 고안하지 않을 수 없었다.

자연을 개선하여 인간의 덕을 완성하는 이성의 다른 가능성은 이성이 이기적 충동을 억제하고 사회적 충동을 선호할 것이라는 사실이다. 이성에는 자연의 다양한 힘들 사이에서 선택을 가능하게 하는 선택의 원리가 있는 것처럼 보인다. 따라서 흄은 다음과 같이 선언한다. "위험하고 파괴적인 실천을 조장하는 이론을 주장하는 사람은 그 이론이 아무리 참되다 할지라도 악영향을 끼칠 뿐이다. 왜 자연을 구석구석 뒤져 모든 사람을 불쾌하게 하는가? 왜 구덩이에 묻혀있는 페스트를 파내는가?"[139]

이성의 기능은 지나치게 이기적인 충동들을 통제하고 사회적이고 보편적인 충동들을 선택하여 확인하는 것이다. 흄은 말한다. "비록 약하기는 하지만 우리의 가슴 속에는 얼마간의 자비심이 깃들어 있으며, 인류에 대한 미약한 우정의 불꽃이 타오르고 있으며, 우리의 뼈 속에는 늑대와 뱀의 속성과 함께 아주 작은 비둘기가 숨어 있다는 사실이 확인된다면 현재로서는 그것으로 충분하다. 이런 관대한 정서가 비록 미약하다 할지라도 … 그런 정서는 우리 마음의 결정들을 조종함이 분명하며, 모든 다른 조건들이 평등한 곳에서는 파괴적인 것보다는 인간에게 유용하고 도움이 되는 것을 선호하는 감정을 일으킴이 분명하다. … 탐욕, 야망, 그리고 자기사랑이란 이름으로 부적절하지만 일반적으로 용인되는 모든 열정들은 여기서 도덕의 기원에 관한 우리의 이론에서 배제된다. 그것들이

---

138 *Works.*, Vol. X, p. 80.

139 *General Principles of Morals*, Sec. VI, Part 2.

너무 약하기 때문이 아니라 도덕의 기원에 관한 설명에 적합하지 않기 때문이다."[140] 고전적 전통에 따르면 인간이 가진 반사회적 충동은 인간 정신에 고유한 자유에서 유래한 것이 아니라 본성(늑대와 뱀)에서 기원되었음을 간과해서는 안 된다. 더구나 흄은 교육에 의해 이기심을 통제할 수 있다는 가능성에 관해 상당히 낙관적으로 생각했다. 그에 의하면 비록 "우리가 자연적 상태에서는 우리 자신과 우리 친구들의 편을 들지만, 우리는 보다 공정한 행위에서 오는 유익한 점들을 배울 수 있다."[141]

인간의 덕은 이기적인 충동을 억제하고 자비심을 선호하는 이성에 의해 확실하게 보장된다는 믿음은 근대 사상의 두드러진 경향이 되었다. 상 시몽(Saint Simon)은 그런 믿음에 기초하여 "새로운 기독교"를 수립했으며, 오귀스트 콩트(Auguste Comte)는 그런 믿음을 그의 긍정적 사회학의 초석으로 삼았다. 콩트는 그가 어버이의 사랑을 장려하고 확장함으로써 덕에 이르는 새로운 길을 발견했다고 생각했다. "가족사랑은 인간으로 하여금 원초적인 자기사랑의 상태에서 벗어나 드디어 성숙한 사회적 사랑의 단계에 이를 수 있게 해준다. 자연이 우리로 하여금 보편적인 공감능력을 가지도록 준비시키는 규제과정은 가족에서 완성된다."[142] 그러나 가족은 개인의 이기주의보다 더 심각한 불의의 원천인 "알터에고이즘[143]"(alteregoism)의 원천이기도 하다. 콩트는 이런 사실에 의해 그의 위대한 발견이 손상된다는 점을 인지하지 못했다. 그는 합리적 규제에 의해 사회적 공감대가 확장될 수도 있음을 잘 알았지만, 인간의 상상력은 자연에 의해 설정된 영역을 확장할 뿐만 아니라 그 영역을 자연적인 혈

---

140 *Ibid.*, Sec. IX.

141 *Ibid.*, Sec. III, Part I.

142 *A General View of Positivism*, pp. 100, 102.

143 알터에고이즘이란 자기와 유사한 인격성을 가진 사람과 자기를 동일시 하는 성향

족관계에 국한시킴으로써 보편적 공동체 내에서 무정부상태의 혼란을
야기할 수도 있음을 간과했다.

이성의 눈이 없으면 자연적 충동은 너무나 맹목적이어서 "부분들 사이
의 조화"를 이룰 수 없다. 이런 이성의 눈을 덕의 부수적인 원천으로 간주
하는 모든 유형의 자연주의에서는 이성과 충동 사이의 건전한 관계를 규
정하는데 있어서 약간의 어려움이 있다. 때때로 자연주의는 자기사랑보
다는 자선을 더 중요시할 수 있고 이기적 충동보다는 사회적인 것을 더
중요시할 수 있는 초월적 관점으로 간주되었으며, 때로는 그들 사이에서
균형적인 태도를 취했다. 버틀러(Butler) 주교의 사상에서 보면 그런 균형
을 유지하는 것, 즉 자기사랑과 사회적 조화 사이의 일치를 발견하는 것
이 이성의 역할인지 아닌지 분명하지 않다. 이런 모든 해석들은 비록 일
반적으로는 자연주의적이라고 주장하기는 했지만, 일관되게 쾌락주의
적이지 못했기 때문에 그렇게 일관성이 없었다. 그들은 이성의 어떤 기준
을 행위의 규범으로 도입하였으며, 따라서 쾌락의 원리가 행위의 규범이
나 동기라고 주장하는데 실패했다.

이와 같이 18세기 이후 근대사상의 대부분은 인간론을 모호한 자연
주의적 관점, 즉 덕의 근원이 이성인지 아니면 자연인지 확신하지 못하
고 이성과 자연이 어떻게 상호 연관되어 있는지에 대해서도 확실하게 대
답하지 못하는 모호한 자연주의적 관점에서 낙관적 인간관을 견지하고
있었다. 이런 사실에서 볼 때 우리는 근대인의 안일한 도덕관념이 자연에
대한 인간의 초월성을 잘못 생각한데서 유래했음을 알 수 있다.

20세기의 전형적인 자연주의 철학자인 존 듀이의 사상은 이전 수세기
동안의 모호한 견해들을 거의 넘어서지 못하고 있다. 이전의 모호한 견
해들과 마찬가지로 그도 역시 이성이 자연의 위험을 대처하는데 어떤 긍
정적인 역할을 할 수 있는지에 관해 명확한 설명을 하지 못하며, 인간이

"합리적" 삶에서 발생하는 정신의 새로운 위험들을 보지 못했다. 사실 듀이는 자기사랑의 위험에 관해 로크나 흄처럼 그렇게 심각하게 생각하지 않았다. 그의 사상에서 보면 이기심의 부패한 현상들을 초월하는 유익한 점을 확보하려는 기대가 "과학적 방법"을 신뢰하는 형태로 나타나고, 반사회적 행위의 원인을 사회과학이 기술문명을 따라가지 못하는 "문화적 후진성"의 탓으로 돌리는 형태로 나타난다. 듀이에 의하면 "대규모의 강요와 억압이 존재한다는 사실을 정직한 사람이라면 아무도 부정할 수 없다. 그러나 이런 것들은 과학과 기술의 산물이 아니라, 과학적 방법론을 거부하고 기존의 제도와 양식을 고수하려는 경향 때문이다. 결론은 분명하다."[144] 과거와 현재의 실패는 과학적 자료와 실험을 통해 지금 우리 앞에 마련된 모든 수단들을 사용하는 과학적 방법이 한 번도 시도된 적이 없었다는 사실"[145] 때문이다. 지성을 격정에 종속시킨 것은 "헤겔의 변증법을 정치적으로 곡해하는" 잘못된 사회학 이론들의 책임이다. 그리고 객관적 시각으로 볼 때 "이런 방법은 체계적인 상호협력에 의해 물리적 자연계에서 과학의 승리를 가져온 탐구과정과는 아무런 공통점이 없다."[146]

　듀이는 사회적 관계의 영역에서도 지성이 자연을 지배할 때 성취한 바로 그런 동일한 결과를 성취할 수 있다는 강한 신념을 가지고 있었다. 인간이 개인으로 있을 때는 이해관계에 매이지 않는 정의에 대해 가장 순수한 열정을 가지지만, 제도화된 사회에서의 실제적인 행위에서는 그렇지 못하다. 듀이는 이 점을 간과했던 것처럼 보인다. 따라서 그는 공평무사한 행위보다는 오히려 이기적 행위의 특별한 원인들을 찾고자 했다. 교

---

144 *Liberalism and Social Action*, p. 82.

145 *Ibid.*, p. 51.

146 *Ibid.*, p. 71.

육자로서 그는 인간이 자신의 이념대로 행하지 못하는 이유는 "이론과 실천, 사상과 행위"를 단절시키는 잘못된 교육기법 때문이라고 주장했다. 그는 이런 잘못된 교육의 원인이 "마음과 몸을 분리하여 생각하는" 관념론 철학의 이원론적 사고 때문이라고 보았다.[147] 이전 세기(18세기)의 다른 교육학자들과 마찬가지로 듀이도 "자유로운 지성"의 공평무사한 힘을 이용하여 제도적 불의를 타파하고자 했으며, 따라서 자유로운 지성을 더욱 조성하고자 했다. 전제적 제도들은 "과학 이전 시대에 형성된 관계들"의 전형적인 현상이며, 시대착오적인 사회적 태도의 성채이다. 한편, "후진적 유형의 정신과 도덕 때문에 구태의 제도들이 혁신되지 못하고 견고하게 계속 지속된다."[148]

듀이는 근대인이 사회에 관해 가지는 불안감과 자기 자신에 관해 가지는 만족감에 관해 어느 누구보다 더 완벽하게 표현하였다. 그의 철학의 반은 기독교 신학에서 인간의 피조성이라 부르는 것, 즉 인간의 피할 수 없는 생물학적 속성과 사회적 속성을 강조한다. 다른 반은 급변하는 과정에 휩쓸리지 않는 공평무사한 지성이 거할 수 있는 안전한 장소를 찾고 있으며, "체계화된 협력적 탐구"에서 그 장소를 발견한다. 듀이는 아무리 "체계화된 탐구"라 할지라도 이해관계에서 발생하는 역사적 갈등을 초월할 수는 없음을 조금도 의심하지 않았다. 그는 체계화된 탐구가 공평무사한 지성의 속성을 가지고 있기는 하지만, 그런 탐구가 공평무사한 지성의 이념을 완수할 수 있어야 한다고 생각하지는 않았기 때문이다. 그런 "체계화된 탐구"는 모두 나름대로의 특수한 사회적 상황에서 이루어짐이 분명하다. 어떤 법정도 그 법정이 의거하고 있는 사회의 토대와 관련된 중대한 문제들을 다룰 때에는 당파적 선입관에서 자유롭

---

147 Joseph Ratner, *Philosophy of John Dewey*, p. 381.

148 John Dewey, *Liberalism and Social Action*, p. 76.

지 못하다. 아무리 그 법정이 당파적 대립에서 자유로운 오랜 자유의 전통에 의해 지원된다 할지라도 말이다. 더 나아가 인간의 정의의 수단들을 위해 가능한 것보다 더 완전한 공평성을 이룩했다고 자처하지 않을 "자유로운 상호 협력적 탐구"는 있을 수 없다. 역사에서 일어나는 최악의 불의와 갈등은 왜곡되고 편파적인 역사적 수단들에 대해 바로 이와 같이 공평성을 주장하기 때문에 발생한다. 그러므로 듀이는 그가 생각한 것보다 훨씬 더 궁극적이고 복합적인 문제에 대해 놀라우리만치 나이브한 해결책을 제시한다. 그런 해결책은 사회가 비교적 안정적이고 안전한 시기에 지리적 조건이 독립적이어서 국가 간의 상호충돌이 일어나지 않고 경제 수준이 높아 사회적 갈등이 완화된 나라에서나 일어날 수 있었다.

3. 관념론의 낙관적 태도

근대의 자연주의는 인간에게 자유의 긴장과 갈등에서 자연의 조화로 피할 수 있는 능력이 있음을 발견함으로써 – 그 조화가 기계적이거나 생기론적인 관점에서 파악된 것이기는 하지만 – 인간이 선하다는 낙관적 입장을 가지고 있었다. 아니면 자연주의가 그런 낙관적 입장을 취했던 것은 인간의 이성에 질서와 조화의 어떤 원리가 내재한다고 믿었기 때문이기도 하다. 물론 자연주의가 가지는 자연주의적 전제들에서 보면 그런 원리를 신뢰할 만한 아무런 근거도 없기는 하지만 말이다. 반대로 관념론적 합리주의가 도덕적으로 낙관주의적 입장을 취하는 것은 훨씬 더 단순한 이유 때문이다. 관념론적 합리주의는 자연(physis)과 이성(nous) 사이의 철저한 구분에 의존하여 인간이 선하다고 믿는다. 이성의 질서와 내적 일관성이 자연적 충동으로부터 피할 수 있는 안전한 장소로 간주된다. 그리고 이성의 힘은 자연의 생명력을 지배하고 제어하여 그것을 보다 높은 통일성의 영역으로 승화시킬 수 있다. 인간의 본성에 관한 그런 해석은 인간의 정신을 총체적으로 이해하는 장점을 가지긴 하지만, 인간의 혼(psyche)을 지나치게 절대화하고, 정신과 이성을 지나치게 완전히 동일시하는 오류를 범한다. 그런 이원론적 사고에 사로잡힌 사람은 자연과 이성이 상호 유기적 관계에 있음을 이해하지 못하며, 이성이 자연에 의존하고 있다는 사실도 이해하지 못한다. 관념론적 합리주의는 이성과 정신을 동일시함으로써, 인간의 자유가 실제로는 "이성적" 능력 이상이라는 사실을 무색하게 만들었다. 다시 말해, 관념론적 합리주의는 그리스 고전철학의 과오를 되풀이하였다. 결국 그것은 이성의 내적 통일성에서 인간의 자유가 보장된다고 성급한 결론을 내림으로써, 인간이 그의 자유에서 자기 자신을 위해 이성의 규범들을 얼마나 많이 파괴하고 오염시키는지 보지 못하였다. 그것은 합리적 인간이 동시에 선한 인간이라는 신념에 의거하여 기독교적 비관론을 거부하였다.

화이트헤드(Alfred N. Whitehead)는 그의 관념론이 가지는 제한적 특성에도 불구하고 이런 관념론적 낙관주의의 두드러진 예를 제시하였다. 그는 "사변적 이성"과 "실용적 이성"을 구분하여 덕의 근원은 전자이며, 후자는 악의 뿌리라고 생각했다. 이런 구분은 능동적 이성과 수동적 이성을 구분한 아리스토텔레스를 상기시킨다. 화이트헤드에 따르면 사변적 이성은 "플라톤이 신과 공유하는" 이성이며, 후자는 "율리시스(Ulysses)[149]가 여우와 공유하는" 이성이다. "율리시스에게 특징적인 이성의 단적인 기능은 궁극적 원인의 작용인 자연의 부수적 목적들을 비판하고 강조하는 이성이다. 이것은 실용적으로 작용하는 이성이다. … 이성의 다른 기능은 플라톤 철학의 가장 중요한 과제와 관련이 있었다. 이런 기능을 하는 이성은 세상의 실천적 과업들을 초월한다. … 그런 이성은 사심 없는 호기심을 가지고 세상을 이해하고자 한다. 이런 기능을 하는 이성은 그 자체가 목적이다. 이런 이성은 사변적 이성이다." 악은 "인간 본성의 대대적인 퇴화현상" 때문에 발생한다. 그리고 이런 퇴화현상은 "수백만 년의 역사를 가지는 실천이성이 최근의 사변적 습관 때문에 실천이성의 확고한 방법들이 방해받은데 대해 관성적으로 저항하는 것"이다.[150]

따라서 화이트헤드는 유사(類似)관념론적(quasi-idealistic) 이론의 관점에서 악의 근원은 바로 그런 타성적 지성, 즉 자연적 충동들에 대해 인간

---

149 역자, Odysseus의 라틴어 명칭.

150 *The Function of Reason*, pp. 23-30.

이 타성적으로 맺는 실용적이고 편협한 합리적 관계에 있다. 듀이 교수는 이런 합리적 관계가 인간의 유일한 재산이라고 생각했지만 말이다. 그렇지만 플라톤의 이성이든 율리시즈의 이성이든 모두 인간의 악이 "문화적 후진성" 때문이라고 보았으며, 한 사회가 궁극적으로는 폭력보다는 합리적 설득에 의해서만 통치되기를 바랐다.[151] 서로 상반되는 방법론에도 불구하고 그들이 이렇게 공통의 결론에 도달했다는 사실에서 볼 때, 우리는 근대문화에서 도덕적 낙관주의가 얼마나 지배적이었는지 알 수 있다. 합리주의적 자연주의자들은 대단히 불안정하고 부정확한 판단기준을 설정하여, 그 기준으로부터 자연적 충동의 혼란에 대처할 수밖에 없었다. 듀이의 경우에 이런 판단기준은 자연적-역사적 과정에 연루되어 있기는 하지만 어쨌든 그런 과정을 초월하는 순수한 공평무사함의 장점을 가지는 "자유로운 상호 협력적 탐구"라는 장치이다. 보다 순수한 합리주의자는 인간의 정신을 사변적 지성과 실용적 지성으로 구분하며, 사변적 지성이야말로 지금까지 어떤 유형의 인간 지성도 소유한 적이 없는 순수한 공평무사함의 장점을 가진다고 생각한다.

관념론은 인간 정신을 순수한 자연주의보다 더 깊은 차원에서 파악한다는 잠정적인 장점을 가진다. 이것은 자연주의가 인간 역사의 사실들을 설명할 때 언제나 모순에 빠질 수밖에 없다는 사실에 비추어 볼 때 하나의 장점이다. 인간 정신은 자연적 과정을 초월하기 때문에 자연적 필연성의 조화에 의해 제한될 수 없다. 이런 사실은 인간의 창조성에 의해 입증되며, 동시에 자연적이라기보다는 오히려 확연히 역사적인 혼돈과 파괴현상에 의해서도 입증된다. 합리주의자는 인간의 정신이 신체(physis)가 아니라 신적인 지성(nous)이라는 사실을 안다. 그러나 그는 신적인 지성(nous)을 이성(logos)과 동일시하고, 정신을 합리성과 동일시함으로써

---

151 참조, Whitehead, *Adventurees of Ideas*, Ch. 5; John Dewey, *Philosophy and Civilization*.

그의 잠정적인 장점을 바로 상실한다. 그러므로 합리주의자는 인간의 정신은 자신의 '입법적 합리성'(law-giving rationality) 내부에 정신의 자유에서 발생하는 위험을 방지할 모종의 대처방안을 가진다고 믿는다. 합리주의자는 인간 행위가 범할 수 있는 악의 가능성을 인식하기는 하지만, 그 악의 원인을 육체에게 돌리거나 아니면 특수한 존재형태의 생명력인 마음(psyche) 때문이라고 생각한다.

예를 들면, 스피노자에게 있어서 "타락"은 인간의 이성이 욕심을 완전히 통제할 수 없다는 사실을 의미한다. "왜냐하면 만일 아담이 그의 이성을 올바로 사용할 수 있는 능력을 가지고 있었다면 그는 유혹을 받을 수 없었을 것이기 때문이다. … 따라서 아담에게는 이성을 올바로 사용할 수 있는 능력이 없었고, 그는 우리와 마찬가지로 욕심의 지배를 받았다."[152] 17세기의 대표적인 합리주의자들인 데카르트와 스피노자와 라이프니츠 중에서 특히 스피노자는 정욕을 통제할 수 있는 이성의 능력을 거의 신뢰하지 않았다. 그는 인간이 완전히 합리적이라는 데카르트의 소박한 믿음을 정면으로 비판했다. 이런 현실주의에 입각하여 그는 겸손에 관한 기독교의 가르침에 잠정적으로 동의한다. "인간이 이성의 지시에 따라 살지 못하는 한 … 겸손과 후회가 … 악보다 더 유용할 것이기 때문이다. 왜냐하면 양심이 마비된 사람들이 교만하기까지 하면 그들은 아무것도 부끄러워하지 않을 것이기 때문이다."[153] 그러나 인간에 관한 이런 잠정적인 회의적 견해는 스피노자의 사상에서 그의 스토아 철학적 범신론에 에피쿠로스적인 또는 쾌락주의적인 자연주의가 혼합됨으로써 극복된다. 그의 사상에서는 자연적 필연성과 합리성이 완전히 동일시되기 때문에, 그는 결국 비이성적 행위조차도 비난할 수 없었다. "왜냐하면 인

---

152 *A Political Treatise*, Ch. 2, Part 8.

153 Spinoza, *Ethics*, Part IV, Prop. LIV.

간은 그가 유식하든 무식하든 자연의 일부이며, 인간의 행위를 규정하는 모든 것은 자연의 힘에 속하기 때문이다. … 인간은 그가 이성의 지시를 따르든 아니면 단순한 욕망에 따르든 자연의 법에 따르지 않을 수 없기 때문이다. 이것이 자연의 이치이다. 그러나 대다수의 사람들은 무식한 사람은 자연의 과정을 따르기보다는 오히려 방해한다고 믿는다. 그렇지만 우리는 건전한 마음을 가지는 것이 우리의 능력 밖에 있는 것은 건강한 신체를 가지는 것이 우리의 능력 밖에 있는 것과 마찬가지임을 경험을 통해 너무나 잘 안다. 모든 것은 가능한 한 자신의 고유한 존재를 보존하기 위해 노력하기 때문에, 만일 우리가 맹목적 욕망에 이끌리어 살 수 있듯이 이성의 지시에 따라 살 수 있다면 모든 사람은 분명 이성과 질서에 의해 그들 자신의 삶을 지혜롭게 살고 싶어 할 것이지만 사실은 전혀 그렇지 못하다."[154] 스피노자의 이런 주장은 근대문화의 특징을 가장 완벽하게 대변한다고 볼 수 있을 것이다. 그의 주장에는 근대문화가 자연과 이성을 모두 신뢰하지만 그 중에서도 자연보다는 이성을 약간 더 선호하고 있음이 잘 표현되어 있기 때문이다. 물론 스피노자는 인간의 이기심은 "자기 자신의 존재를 보존하려는" 모든 유기체의 자연적 충동 이상의 어떤 것이라는 사실을 이해하지 못했다. 그리고 그는 건전한 정신과 건강한 육체가 인간의 삶에서 일어나는 자연적 필연성에 전적으로 의존하는 것이 아니라는 사실도 이해하지 못했다. 인간은 자유의지에 따라 신체의 건강과 정신의 능력을 개선할 수도 있고 망칠 수도 있기 때문이다.

라이프니츠의 다원론적 합리주의는 철학적 전제들에서는 엄청난 차이가 있음에도 불구하고 놀라울 정도로 유사한 낙관적 결론에 도달한다. 그는 자연적 필연성과 합리적 보편성이 서로 상충되지 않는다고 보았다.

---

154 *A Political Treatise*, Ch. II, par. 5-6.

왜냐하면 전능한 시계 제작자인 하나님이 영혼과 육체라는 두 개의 시계를 만들 때 각각 고유한 단일체이면서도 서로 완전한 조화를 이룰 수 있도록 규정해 놓았기 때문이다. 따라서 "목적인(final cause)의 법칙에 따라 활동하는 영혼과 작용인(efficient cause)의 법칙에 따라 행동하는 육체는" 비록 서로 다른 영역에 속하기는 하지만 "서로 조화를 이룬다." 그 조화는 아주 완전하지는 않다. 우리가 죄라고 부르는 것은 "물질의 관성", 즉 영혼의 영역과 육체의 영역 사이의 부조화라고 간주될 수 있다. 비록 이렇게 두 영역이 부조화를 이룬다 해도 그것이 곧 악은 아니다. 그런 부조화도 없어서는 안 될 덕의 일종이다. 왜냐하면 그런 부조화가 없다면 영혼은 하늘의 도성에 속한 시민으로서 그의 진정한 특성을 표현할 수 없을 것이기 때문이다.

독일 관념론 사상에서는 자아의식의 자유를 강조하는 기독교적 견해가 합리적 자아와 자연의 순환과정에 속하는 자아 사이의 고전적인 구분과 결합되어 나타난다. 헤겔은 자아의식의 문제를 깊이 통찰하였는데, 그의 이런 통찰은 고전철학보다는 오히려 기독교적 전통에 기초한다고 보아야 한다. 그럼에도 불구하고 그는 자기를 인식하는 최고의 자아를 보편적 이성과 동일시한다. 그에 의하면 "이성은 의식과 자아의식의 최고의 통일, 즉 대상인식과 자아인식의 최고의 통일이다. 이성의 결정은 사물의 본질을 판단하는 객관적 생각이면서 동시에 주관적 사상이다." 따라서 인간의 정신이 최고의 단계에 이르면 신과 동일하게 된다. "그러므로 인식하는 이성은 단순히 주관적 확신일 뿐만 아니라 동시에 진리이다. 왜냐하면 진리의 본질은 조화에 있으며 더 나아가 사유와 존재의 일치, 즉 주관적 확신과 객관성의 일치에 있기 때문이다." 그러나 한편에서는 신적인 이성과 동일한 자아가 다른 한편에서는 변화와 특수성을 벗어날 수 없으며, 따라서 결국은 "자신의 이중성, 즉 자기 자신의 모순성을 분명히 자각하는 불행한 의식"이 된다. 그런 자아는 "변하지 않는 의식을 참 자아로 간주하며 그 외의 다양하고 변하기 쉬운 의식을 거짓 자아"[155]로 간주한다. 따라서 헤겔이 "후회하는" 의식이나 "불행한" 의식이란 개념으로 표현한 죄의식은 호킹(Hocking) 교수의 표현을 빌면 "세계 내에 있는 자아와 세계 내에 있지 않은 한 지점으로부터 세계를 관찰하는 자아"[156] 사이의 갈등이다. 따라서 헤겔에게 있어서 죄란 인간이 즉자적 자연의 무구(無垢)한 상태에서 벗어난 것이며, 덕에 이르기 위한 예비단계(prelude)이다. 죄는 개체가 보편성을 거부하고 자신의 개체성을 주장하는 필연적이고 불가피한 현상이다. 그러나 분열된 자아는 "변하지 않는 참 자아를 알기 때문에 그의 과제는 그런 참 자아를 향해 자기를 해방시키는 것이어야 한다." 이런 과제는 분열된 자아의 양면적 의식이 통일성에 이를 때 성취되는데, 이때 자아는 "그의 개체성이 보편과 일치함을" 발견한다. 어떤 의미에서 보면 헤겔에게서 죄는 라이프니츠의 사상에서보다 훨씬 더 긍정적인 기능을 수행한다. 개체성이 자기를 주장하는 죄가 없다면 인간은 자기를 자연과 구분하는 자유를 표현하지 못할 것이며, 진정한 덕인 보편과 개체의 궁극적 종합을 발견할 수도 없을 것이다. 자아를 분리하여 그 자아를 세계로부터 구별하는 자아의식은 자아가 궁극적으로 세상과의 일치를 발견하는 의식의 논리에서 필연적인 요소이다.

자아가 자연의 영역과 정신의 영역을 모두 가진다고 분석하는 헤겔의 사상이 아무리 독자적이고 심오하다 할지라도, 그것은 인간 정신의 자유에서 오는 위험을 철저히 낙관적으로 바라보는 모든 관념론의 일반적 경향을 가진다. 분명한 것은 정신과 합리성은 실제로 동일하며, 합리성

---

155 Hegel, *Phenomenology of Mind*, trans. by J. B. Baillie, Vol. I, p. 201.

156 W. E. Hocking, *Thoughts on Death and Life*, p. 72.

의 법칙이 정신의 자유를 통제한다는 사실이다. 헤겔에게서 이런 생각이 특히 두드러지게 나타난다. 그의 사상에서 보면 합리성은 단순히 형식적인 원리일 뿐만 아니라, 동시에 스스로 작동하는 생명력과 창조성이기도 하기 때문이다. 헤겔의 낙관적 견해가 가지는 위험성은 그의 국가관에 잘 드러나 있다. 그에 의하면 국가야말로 진정한 보편적 실체인데, 합리적 자아는 보편적 실체로서의 국가에서 그의 특수한 자아로부터 해방된다. "국가는 합리적 의지가 – 그 의지가 개체에 내재하는 보편적 의지인 한에서 – 자기 자신과 그 밖의 다른 존재자를 의식하고 이해하도록 해준다."[157] 따라서 헤겔은, 개체는 보편적 실체에서 그의 참된 자아에 도달해야 하고 또 그럴 수 있다고 확신했으며, 이런 참된 자아는 역사에서 성취되어야 한다는 신념을 가지고 있었다. 그리고 바로 이런 신념 때문에 그는 인간의 도덕성은 그 도덕성이 가장 희미해지는 바로 그 지점에서, 즉 그의 집단적 의지에서 최고의 가치를 가진다고 평가하게 되었다. 바로 이 점에서 그는 집단적 자아에서 개인의 특수성을 제거함으로써 보편성에 대한 오해를 야기하고 있다. 궁극적으로 볼 때 국가의 집단적 의지도 결국은 다른 의지들과 충돌하는 개별적 의지라는 사실이 모호해진다. 헤겔은 "국가의 정신은 자연-필연성을 포함하며 우연성 때문에 고민한다"는 사실을 부정하지 않지만, "보편적 역사에서 사유하는 정신은 그의 구체적 보편성을 확보한다"고 믿는다.[158] 그렇지만 국가적 정신의 사악한 위선이 가장 잘 드러나는 것은 바로 보편적 역사와 국가의 이런 관계에서이다. 바로 그곳에서 정신의 보편성과 유한한 유기체의 삶에의 의지가 혼합된 제국주의가 형성되었다. 헤겔의 국가숭배는 오히려 이성의 보편성과 덕에 대한 관념론의 잘못된 신뢰에서 유래한 범신론적 결과이다. 역

---

157 Hegel, "Philosophy of Mind", from *Encyclopedia of Phil. Sciences*, Section II, par. 539.
158 Hegel, *Ibid.*, par. 552.

사의 우연성에서 벗어날 수 없는 이성이 모든 자연적 우연성을 초월했다고 주장하는 바로 그곳에서, 즉 집단적 특수성에서 이성은 가장 악마적이 된다.

칸트의 비판적 관념론에서는 역사에서 보편과 특수를 혼동할 그런 위험이 없다. 왜냐하면 그는 유한한 자아의 자기승화에 의해 자연으로부터 정신으로 상승하기 위한 어떤 계획도 가지지 않았기 때문이다. 반대로 칸트에게서는 지성적 자아와 감각적 자아 사이에 건널 수 없는 심연이 있는데, 이것은 대체로 헤겔의 "불변적이고 다양한" 자아 또는 이성으로서의 자아와 자연에 있는 자아 사이의 차이와 마찬가지라 할 수 있다. 칸트의 그런 심연은 절대적이어서 "의지의 결정이 실제로 도덕법과 일치한다 할지라도 그것이 도덕법 자체를 위한 것이 아니라면 그에 따른 행위는 합법성을 가지기는 하지만 도덕성을 가지지는 않는다."[159] 결국 인간의 삶에서 일어나는 모든 자연적 생명력은 윤리의 영역에서 제외된다. 오직 법에 대한 존중만이 적합한 도덕적 동기이며 도덕적 선의지를 위한 토대이다. 따라서 고전적 전통에서 주장하듯이 인간에게서 악의 원인은 인간이 자연의 과정에 휩쓸려 거기서 벗어나지 못하는 것이다. 지성적 자아의 관점에서 볼 때 감각적 자아는 본질적으로 악하다. 따라서 칸트는 인간에 관해 일시적으로 비관적인 결론에 도달하여 "실로 인간은 사악하기 그지없다"고 선언했다. 그러나 지성적 자아는 거룩하다. 그러므로 인간은 "인간의 고유한 인격을 갖춘 인간성을 거룩한 것으로" 간주해야 한다. 인간이 가치 있는 이유는 "바로 인간을 (감각세계의 일부로서의) 인간 이상으로 고양시키는 힘이 그에게 있기 때문이다. ... 이런 힘이 바로 인격성, 즉 자연의 기계적 법칙에 의존하지 않는 자유와 독립성이다. 그렇지만 그 힘은 또한 특별한 법, 즉 인간 자신의 이성에 의해 주어진 순수한 실천적

---

[159] T. K. Abbott, *Kant's Theory of Ethics*, par. 7.

법에 따르는 존재의 능력으로 간주되기도 한다."[160]

지성적 자아의 이런 이성은 절대적 관념론에서처럼 신이나 능동적 자아와 무조건적으로 동일시되지는 않는다. 신은 본질과 실존의 궁극적 통일성으로서 지성적 자아의 이성을 초월한다. 한편, 지성적 자아는 비록 자아의 이성으로 한정되기는 하지만 이성의 법에 순종하고자 하는 자아보다는 더 높은 위상을 가지는 것처럼 보인다. 법을 부여하는 자아는 확실히 추상적 이성이다. 그렇지만 추상적 이성이 곧 추상적 논리를 말하는 것은 아니다. 법을 부여하는 그런 자아의 가장 중요한 기능은 도덕의 영역 내에서 일어나는 모순을 막는 것이기 때문이다. 순종하는 자아의 가장 중요한 기능은 의지이다. 그러나 감각적 자아의 어떤 생명의 충동도 그 의지에 개입하는 것이 허용되지 않기 때문에, 그 자아는 이성에 의해 산출된 의지이다. 따라서 칸트에게서 자아는 자연에서의 자아, 자연을 초월하는 이성적 자아, 법을 부여하는 지성적 자아, 그리고 이성과 자연의 궁극적 결합인 신의 계급체계를 가진다. 그러나 칸트가 이렇게 자아의 구조를 복합적으로 분석함에도 불구하고 인간 문제에 대한 그의 합리주의적 접근방식이 달라진 것은 아니다. 인간은 두 부분으로 이루어져 있다. 자연적 과정에 탐닉하는 부분은 본질적으로 악하며, 이성에 따르는 부분은 본질적으로 선하다. 그러나 인간의 자유는 언제나 자연으로부터의 자유이지 이성으로부터의 자유가 아니다. 칸트에게서 "자유는 도덕법의 존재근거(ratio essendi)이며, 도덕법은 자유의 인식근거(ratio cognoscendi)이다." 따라서 인간의 정신이 그의 자유에서 이성을 무시한다는 것은 생각할 수 없다. 비합리적 행위와 비도덕적인 행위는 이성의 법을 무시하는 자연적 성향과 감정적 격정의 결과이다.[161]

---

160 *Ibid.*, par. 7.

161 칸트는 그의 근본적인 사상적 경향에서 볼 때 합리적 인간에 관해 도덕적으로 낙관적

인간의 본성과 관련하여 근대문화에서 발견되는 다양한 유형의 관념론 사상들을 추적하는 것은 우리의 논의에 도움이 되지 않을 것이다. 그 사상 형태들이 아무리 다양하다 할지라도 그것들은 헤겔이나 칸트에게서 파생된 것들이다. 피히테에게서처럼 그 사상들이때로는 낭만적 동기들을 혼합함으로써 인간 정신의 총체적 통일성을 더 깊이 있게 통찰하기도 한다. 그러나 일반적으로 그들이 강조하는 것은 모두 동일하다. 그들은 인간의 자유에 관한 문제를 자연주의보다 더 분명하게 제시한다. 그들은 인간이 자연에 연루되어 있으면서도 자연의 과정을 초월한다는 역설을 깊이 통찰하였다. 그러나 그들은 죄를 자유 자체 안에서 일어나는 선의 파괴라는 관점에서 정의할 수 없었다. 그들은 죄를 정신적인 것으로 정의할 수 없었다. 그들에게 있어서 정신은 본질적으로 선하기 때문이다. 그들은 악이 자유로부터 발생하기는 하지만 자유의 본질적이거나 필연적인 결과가 아니라 논리적으로는 설명할 수 없는 사실이라는 역설을 보지 못했다.

근대문화의 낙관적 의식은 사실상 거의 일치된 현상이기는 하지만 전적으로 그런 것은 아니었다. 낙관적 의식에는 거의 예외가 없었지만 일반적인 도덕적 낙관주의에는 예외들이 있었다고 말하는 것이 더 정확할 수도 있다. 인간의 본성에 관해서는 비관적이었지만 그것을 심각하게 생각

인 견해를 가지고 있었다. 모든 형태의 합리주의와 마찬가지로 근대의 관념론도 인간에 관해 이런 낙관적 견해를 가지고 있었다. 하지만 칸트는 『이성의 한계 내에서의 종교』란 책에서 죄에 관해 그의 일반적인 사상적 체계와는 전혀 다른 이론을 주장하였다. 그의 이런 이론은 경건주의의 영향으로 그의 일반적인 윤리체계를 완전히 뒤흔들어 바꾸어 놓았다. 칸트의 이론은 "근본악"이란 표제에서 상세히 설명된다. 칸트에게서 근본악은 인간이 도덕의 명령들을 왜곡시켜 그 명령들이 자기사랑을 표현하기 위한 수단이 되게 하는 성향이다. 그에 의하면 "이런 악은 모든 준칙들의 기초를 무너뜨리기 때문에 근본적이 악이다." 인간의 자기기만 능력을 분석하고 이기적 행위를 도덕적으로 위장하기 위해 더 나쁜 것을 더 나은 이유인 것처럼 보이게 만드는 인간의 능력을 분석할 때 칸트는 『순수이성비판』에서는 전혀 깨닫지 못한 것처럼 보이는 복잡한 영적 현상들과 신비들을 통찰하고 있다.

하지는 않는 사람들이 있었다. 그들은 인간의 본성에 내재하는 악에 대한 책임이 인간 자신에게 있다고 생각하지 않았기 때문이다. 홉스는 개인에 관해서는 비관적이었지만 국가의 도덕적 성향에 관해서는 전적으로 낙관적이었다. 그래서 그는 개인들의 삶에서 발생하는 혼돈을 극복하기 위해 국가의 필요성을 역설했다. 그 밖의 다른 비관론자들은 대다수가 낭만주의 전통에 서있는 사람들이었다. 루소의 낭만주의는 처음에는 비관적인 입장이었다. 그렇지만 그의 이런 비관론이 근대의 교육이론에서 낙관주의의 기초가 되었다. 니체는 인간의 본성에 관해 철저히 비관적이었다. 그렇지만 그도 힘에의 의지를 통해 사회적 창조성과 질서를 구현하는 초인 사상에 기초하여 궁극적으로는 낙관주의적 입장을 취했다. 프로이드는 가장 철저한 비관론자였다. 그러나 그는 결코 양심을 신뢰하지 않았다. 그의 "초자아"는 홉스의 국가의 기능들을 수행한다. 그러나 초자아나 국가에 무제한적인 통제기능이 주어질 수는 없다. 통제는 개인의 무의식적 삶에서 새로운 무질서를 야기할 염려가 있기 때문이다.

프로이드에게서 정점에 달한 낭만적 비관주의는 근대인의 낙관적 환상들이 깨질 때 근대인이 직면한 절망을 상징하는 것이었다고 볼 수도 있을 것이다. 근대성의 영속적인 미소 뒤에는 환멸과 냉소의 찡그린 얼굴 표정이 숨어있었기 때문이다.

그렇지만 낭만적 비관주의와 냉소주의에 내재하는 이런 하부기류에도 불구하고 낙관주의적인 흐름이 꺾이지는 않았다. 근대인이 가진 낙관적 인간관에 대한 모든 비판들에도 불구하고 근대인이 특히 그 자신의 역사에서 자신에 관해 그렇게 낙관적인 견해를 고수할 수 있었다는 사실에서 볼 때, 인간에게는 인간의 도덕성에 관한 가장 분명하고도 반박할 수 없는 증거를 인정하지 않으려는 아주 고질적인 성향이 있음을 알 수 있다. 이런 성향은 근대인만이 아니라 모든 인간에게 공통된 것이다. 루터가 잘 지적했듯이 인간의 가장 결정적인 죄는 그가 죄인임을 인정하지 않으려는 것이다. 근대문화는 낙관적 인간관을 지지하는 많은 그럴듯한 이유들을 제시함으로써 인간이 죄인임을 인정하지 않으려는 인간의 이런 성향을 더욱 심화시켰다. 이런 이유들 중에는 서로 상충되는 것들이 많이 있었지만 그런 이유들에 대한 근대인의 신념은 꺾이지 않았다. 근대인은 적어도 그런 이유들 중 하나는 사실이라고 자기를 합리화시킬 수 있었으며 그 이유들이 모두 거짓일 수도 있다고는 전혀 생각하지 않았기 때문이다.

그렇지만 근대인이 제시한 이유들은 모두 거짓이었다. 그것들이 혼돈으로부터 질서로 가는 길을 자연으로부터 이성으로 인도하는 길이라고 생각했든 아니면 이성으로부터 자연으로 인도하는 길이라고 생각했든, 그것들이 구원의 마지막 영역으로 간주한 것이 자연의 조화이든 아니면 마음의 일관성이든 간에 그것들은 인간 정신을 그에 고유한 자유의 전 영역에서 이해하지 못했다. 인간 삶의 존엄성과 비극은 모두 근대문화가 인간 실존을 파악하고자 한 그 영역에서는 이해될 수 없는 것이다. 인간의 정신은 자연의 필연성이나 합리성의 범주에서는 이해될 수 없다. 인간의 창조성과 인간의 죄는 모두 무한을 지향하는 정신의 열망에 그 원인이 있다. 저명한 카톨릭 철학자인 에틴 질손(Etienne Gilson)은 다음과 같이 말했다. "에피쿠로스에 의하면 지혜로운 사람은 한 조각의 빵과 약간의 물만 있으면 주피터 자신에게도 필적할 만한 사람이다. … 사실 인간은 한 조각의 빵과 약간의 물만 있어도 행복해야 하지만 실제로는 그렇지 못하다. 그리고 그가 행복하지 못하다면 그것은 그가 지혜롭지 못해서가 아니라 전적으로 그가 인간이기 때문이다. 그리고 인간 내면 가장 깊은 곳에 있는 모든 것이 언제나 지혜를 거부하기 때문이다. … 많은 토지를 소유한 사람은 여전히 더 많은 토지를 소유하려 하고, 부자는 더 많은 재산을 축적하려 하며, 아름다운 부인을 가진 남편은 더 아름다운 여자를 원한다. 덜 아름다운 여자라도 그녀가 어떤 다른 방식에서 아름답다면 유익할 것이다. … 이렇게 덧없는 욕망을 충족시키기 위해 끝없이 추구하는 것은 인간 본성에 내재하는 어지러운 마음 때문이다. … 인간의 욕망의 바로 그런 끝없는 탐욕성은 긍정적인 의미를 가진다. 우리가 무한한 선을 추구한다는 것이 바로 그것이다."[162]

인간이 무한회귀에 의해 자신을 초월할 수 있다는 사실과 하나님 안에서가 아니면 인생의 목적을 발견할 수 없다는 사실은 인간이 피조물이긴 하지만 다른 피조물들보다 우월함을 단적으로 보여준다. 그의 단편적이고 유한한 자아와 그의 단편적이고 유한한 가치를 무한한 선으로 전환하고자 하는 인간의 속성은 바로 이런 능력과 밀접하게 연관되어 있다. 바로 거기에 인간의 죄가 있다.

---

162 *The Spirit of Medieval Philosophy*, pp. 270-272.

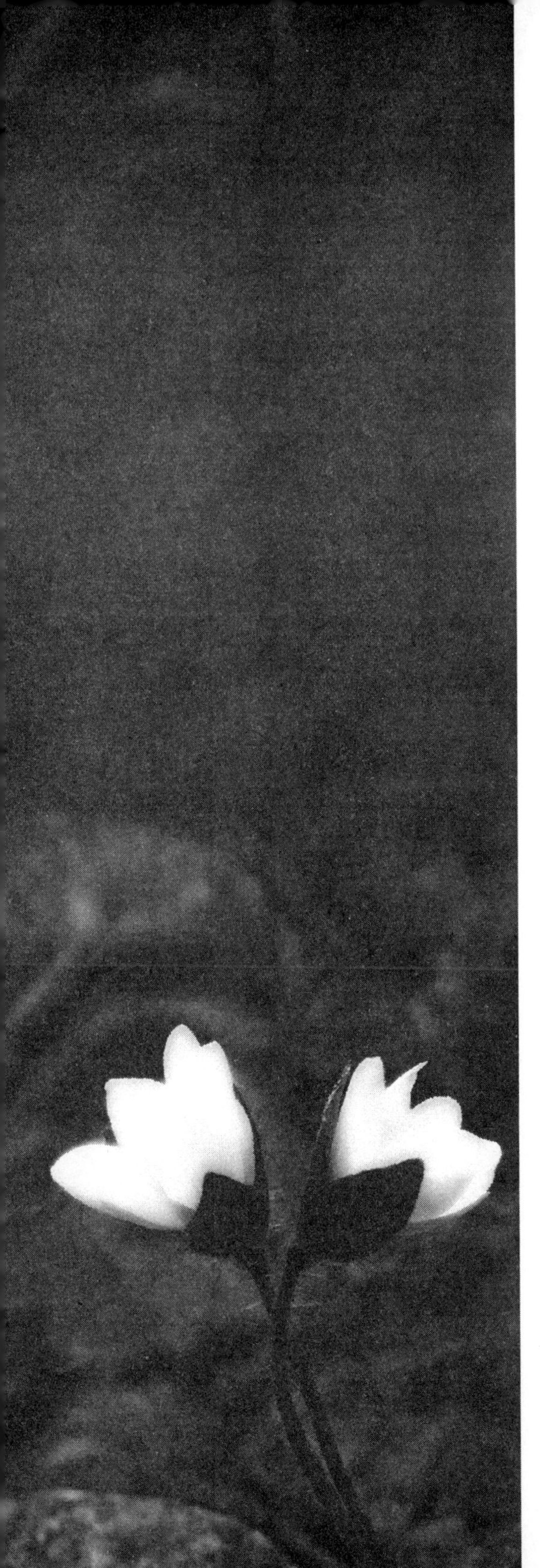

5장

기독교적 인간관의 적합성

5장

기독교적 인간관의 적합성

인간의 본성에 관한 근대의 견해들을 분석함으로써 우리는 인간의 본성에 내재하는 생명력과 형식의 관계에 관해 근대의 사상가들이 서로 모순된 결론에 도달했음을 보았다. 비이성적인 생명력의 힘과 덕을 평가절하 하는 합리주의자들과 그것을 찬양하는 낭만주의자들 사이의 평행선을 긋는 논쟁은 그런 모순을 역사적으로 입증하는 것이었다. 근대의 사상가들은 그들이 그렇게 표면상 소중하게 생각하는 개체성을 위해 확실한 근거를 발견하는데 실패했다. 인간의 덕에 관한 근대 사상가들의 평가는 너무나 관대하고 낙관적이어서 우리가 인류 역사에서 확인하는 사실들과 일치하지 않는다.

이런 모든 사상 영역들에서 근대의 실패를 분석할 때 어려움은 인간의 자기초월성의 높은 가치를 정당하게 평가하면서도 인간의 정신과 신체적 삶 사이의 유기적 통일성을 소홀히 하지 않을 수 있는 해석의 원리가 없다는 점이었다. 근대의 사상가들은 인간의 본질이 이성이라고 생각하여 비합리적 생명력을 올바로 평가하지 못했든가, 아니면 인간의 본질이 생명력이라고 생각하여 합리적 자유를 제한하는 오류를 범했다. 그들의 형이상학적 견해는 인간의 실제적 삶에서 일어나는 정신과 자연의 통일성, 즉 자유와 필연성의 통일성을 파악하지 못했다. 마찬가지로 그들의 형이상학은 초기 르네상스 시대에 그들이 그렇게 강력하게 주장한 개체성의 의미를 잃어버렸다. 왜냐하면 근대의 형이상학은 이런 개체성을 위한 근거를 자연, 즉 역사적인 사회적 구조에서도 발견할 수 없었고, 보편적 정신에서도 발견할 수 없었기 때문이다. 그 형이상학은 자연의 제약과 역사의 다양한 사회적 제약을 모두 초월하는 자유로운 개인을 위해 근거나 규범을 제시해 주지 못했다. 그 형이상학이 인간에 내재하는 악을 실제적으로 평가할 수 없었던 것은 부분적으로는 인간의 자기초월 능력을 제대로 이해하지 못한 근대문화의 실패 때문이었다. 자연주의는 인간의 자유를 '도구적 인간'(homo faber)의 자유와 거의 다를 바 없다고 보기 때문에, 인간의 정신이 자연의 조화와 통일을 얼마나 깨뜨리고 개조하는지 제대로 알지 못했다. 자유를 이성과 동일시하는 관념론은 자유가 이성을 초월한다는 사실을 알지 못하기 때문에, 인간의 자유는 안전하며 그의 본질은 일관성과 종합을 추구하는 마음에 있다고 생각했다. 그러나 자연주의도 관념론도 인간이 자연의 필연성과 이성의 논리적 체계를 모두 침해할 정도로 충분히 자유롭다는 사실을 이해할 수는 없었다.

그러므로 근대의 인간이해와 관련된 세 가지 오류들은 모두 단 하나의 공통된 오류의 원인에서 기인한다. 인간을 그의 충분한 높이와 깊이에서 파악하지 못했기 때문에 선을 행할 수도 있고 악을 행할 수도 있는 인간의 능력을 올바로 평가할 수 없었으며, 그런 능력이 이해되고 표현되고 발견될 수 있는 총체적 환경을 이해할 수 없었다는 것이 그 원인이다. 이런 총체적 환경은 가장 소박하게 영원과 시간을 포괄하는 환경이라고 정의할 수도 있을 것이다. 그러나 영원성 개념은 아무런 전제조건이 없다면 너무 애매하여 쟁점을 명확하게 규명하지 못할 수도 있다. 인간의 환경의 일부인 영원성은 결코 무한한 시간이 아니며, 획일적인 존재의 통일성의 영역도 아니다. 영원성은 변하는 인간 존재의 변하지 않는 원천이다. 인간은 끝없는 변화의 흐름 속에 있지만 자신이 그런 운명을 피할 수 없다는 사실을 의식하는 피조물이기 때문에 그런 운명의 흐름에 완전히 휩쓸려 갈 수도 없다. 인간은 시간, 자연, 세계와 존재를 그 자체로 자기 자신과의 관계에서 종합적으로 생각할 수 있고 이런 것들의 의미를 물을 수 있는 정신을 소유하기 때문에 어떤 의미에서 보면 그런 외적 조건들을 초월한다.

세계 밖에 서서 세계를 초월할 수 있는 이런 능력은 인간을 과대망상증에 빠지게 하여 자신을 우주의 중심이라고 생각하도록 만든다. 그렇지만 인간은 자연의 흐름과 유한성으로부터 벗어날 수 없음이 너무나 분명하기 때문에 그런 허황된 주장들을 인정될 수 없다. 실제로는 인간은 영원성에 둘러싸여 있지만, 그의 경험을 단순히 논리적으로 사유함으로써 그 영원성을 알 수는 없다. 인간은 이성에 의해 그의 경험을 사유하고 해석하는데, 이런 이성의 능력은 – 이 능력이때로는 유한성의 근원이 되는 바로 그 영원성이라고 잘못 생각되기도 하는데 – 그 자체가 인간이 이해하고자 추구해야 하는 유한한 세계의 일부이다. 그러므로 인간 자신과 세계를 모두 포괄하는 전체를 이해하기 위한 유일한 원리는 필연적으로 인간의 이해의 한계를 넘어선다. 따라서 인간은 그의 이해를 초월하는 이해의 원리가 없다면, 자신을 그의 자유의 능력에서 충분히 이해할 수 없다.

바로 이런 인간의 유한한 한계 때문에 동양과 서양에서 모두 신비주의 신앙이 끊임없이 등장했다. 물론 이런 신비주의적 경향은 서양에서보다는 동양에서 더 활발하기는 했지만 말이다. 신비주의자는 자신이 유한한 세계의 사건들을 어느 정도 초월하여 있다고 생각하기 때문에, 그리고 이 영원한 세계를 이해하려는 그의 유한한 노력이 유한한 관점들 때문에 영원한 세계의 개념을 모호하게 하지 않을까 염려하였기 때문에 그 영원한 세계를 전적으로 부정적인 시각으로 정의한다. 영원한 세계는 유한한 세계가 아닌 모든 것이다. 아니 오히려 그 세계는 유한한 세계의 어떤 것도 아니다. 이렇게 하여 그는(신비주의자는) 무차별적으로 영원한 통일성이란 개념에 도달한다. 이런 통일성 개념을 유한한 세계에 대한 비판 원리로 가지기 때문에 신비주의자는 유한한 세계를 영원성으로서의 무차별적인 통일성이 타락한 현상이라고 생각하든가, 아니면 그 통일성으로부터 유출된 것이라고 생각하지 않을 수 없다. 자기 자신의 특수한 실존도 이렇게 타락한 유한한 세계의 일부이기 때문에 순수한 신비주의자는 먼저 덧없이 흐르는 사건들로부터 자아의식을 확립하고, 마지막에는 덧없는 세상의 일부인 자신의 의식적 삶을 부정하고 영원성과의 합일을 추구해야 한다.

1. 특별계시와 일반계시

기독교의 특징은 신비주의에 들어있는 이런 자기희생(self-immolation) 경향과는 전혀 다르다. 기독교는 인간의 위치를 자연의 수준으로 격하시키지도 않고, 그렇다고 공허하고 무차별적인 영원성 안으로 함몰시키지도 않는다. 기독교는 다른 종교들과는 달리 예언자적 종교나 묵시적 종교 또는 계시의 종교라고 다양하게 정의된다. 계시종교에서는 덧없이 흐르는 세상의 기초가 되는 영원한 목적과 의지를 드러내는 것이 기대된다. 그리고 그런 기대는 개인적이고 사회-역사적인 경험에서 성취되었다.[163]

인간의 본성을 이해한다는 관점에서 볼 때 계시종교의 의미는 하나님의 세계초월성과 세계내재성이 모두 동시에 강조된다는 사실에 있다. 하나님은 신비주의 종교의 영원성보다 더 완전하게 초월적인 존재자이다. 신비주의는 언제나 인간 의식의 궁극적 깊이를 영원한 질서와 어느 정도 동일한 것으로 간주하며, 인간이 그들 자신의 존재의 신비를 깊이 통찰한다면 하나님을 알 수도 있다고 믿는다. 그러나 그와는 반대로 기독교의 초월적 하나님은 유한하고 역사적인 세계에 자신을 계시한다. 유한한

---

[163] 존 오만(John Oman)은 신비주의 종교와 묵시종교의 차이를 다음과 같이 정의한다. "신비주의 종교에서는 무상한 세상으로부터 도피함으로써 변하지 않는 영원한 것이 추구된다. 묵시종교에서는 영원한 것이 덧없는 것 속에서 추구된다. 덧없는 것은 변화에도 불구하고 점차로 증가하는 영원한 목적의 계시이기 때문이다."..."학문적으로 이해된 신비주의 종교는 덧없는 현상계의 배후에서 영원한 것을 추구하는 종교이다. 그러나 덧없는 것에서 계시를 추구하는 어떤 종교에 대해 '묵시적'이란 표현을 사용할 때, 그 용어는 갑작스런 대재앙의 형태로 이것을 예상하는 종교에서 통상적으로 사용되는 의미로부터 어떤 형태로든 그것을 기대하는 종교에까지 확장된다." *The Natural and Supernatural*, pp. 403-409.

세계가 비록 유한하기는 하지만 불가해한 하나님이 자신을 이해할 수 있는 방식으로 계시한 것들도 이해할 수 없는 것은 아니다. 계시종교의 가장 중요한 특징은 하나님의 초월성과 세상과의 친밀한 관계를 동시에 강조한다는 점이다. 하나님의 이런 초월성에서 인간의 정신은 그의 자유가 얼마나 고매한 것인지 알 수 있는 근거를 발견한다. 그러나 바로 그런 초월성에서 인간의 정신은 또한 그의 자유의 한계들을 발견하며, 그에게 내려진 심판과 궁극적으로는 그 심판을 견딜 수 있게 만드는 자비를 발견한다. 다른 한편, 하나님이 세계를 창조하고 그렇게 창조된 세계와 관계를 맺고 있다는 사실에서 볼 때 우리는 덧없이 흘러가는 인간의 유한성은 본질적으로 선이지 악이 아님을 알 수 있다. 따라서 계시종교만이 인간의 자유와 유한성의 모순적 관계를 제대로 설명할 수 있으며, 인간에 내재하는 악의 성격을 이해할 수 있다.

인간에 대한 하나님의 계시는 언제나 양면적인 계시이다. 그 계시는 한편에서는 인격적-개인적인 계시이며, 다른 한편에서는 사회적-역사적 경험과 관련된 계시이다. 공적이고 역사적인 계시가 없다면, 개인의 하나님 경험은 검증되지 않은 사적인 감정에 불과할 것이다. 하나님의 특수한 개별적인 계시가 없다면, 공적이고 역사적인 계시는 개인들의 신임을 얻지 못할 것이다. 모든 인간은 어떤 형태로이든 그들 자신을 초월하는 어떤 실체성에 관한 경험을 가지고 있기 때문에, 하나님의 속성과 목적에 관한 계시들이 예언자적 역사의 가장 중요한 경험들에서 제시되면 그만큼 더 그 계시들을 신뢰할 수 있다. 위에서 제시된 전제조건들이 없다면 – 그런 전제들에 관해서는 어떤 "특수한" 계시도 있을 수 없는데 – 어떤 의미에서 사적인 계시는 "일반적인" 계시와 동의어이다. 그것이 사적이라 해서 덜 보편적이라는 것은 아니다. 사적인 계시는 모든 사람의 의식 속에서 그들의 삶이 자신을 초월하는 어떤 실체, 즉 그들이 서있는 자연의 체계보다 더 깊고 더 높은 실체를 경험한다는 증거이다.

만일 인간이 하나님을 하나님으로서 영화롭게 하지 않고 그들의 허망한 생각에 빠져 자기가 하나님인 것처럼 생각한다면 아무런 계시가 없어도 인간은 "핑계치 못할" 것이라고 사도 바울이 선언했을 때(롬 1:20), 그는 이런 하나님 경험에 관해 말하고 있다. 하나님 경험은 인간의 경험과 단절된 경험이라기보다는 오히려 모든 경험에 함축된 궁극적 의미이다.[164] 자신의 의식의 가장 먼 외연에 도달하는 영혼은 하나님을 만날 수밖에 없음이 분명하다. 왜냐하면 하나님은 바로 그런 의식에 부딪쳐 오기 때문이다.

슐라이어마허는 이런 하나님 경험을 "절대적인 의존"의 경험으로 정의한다. 이런 절대적인 의존경험은 인간이 하나님을 경험하는 여러 측면들 중 하나이지 전부는 아니다. 인간의 모든 의식은 적어도 모든 유한한 삶의 불충분하고 의존적인 성격을 희미하게나마 인식하기 때문에, 즉 인간의 모든 의식에는 적어도 의존적인 존재가 의존하는 그 실체를 의식하는 인식이 있기 때문에 이런 의존경험은 하나님 경험의 여러 측면들 중 하나이다. 절대적인 의존경험과 마찬가지로 중요한 하나님 경험의 한 측면은 우리가 우리들 자신 저편으로부터 관찰되고, 명령되고, 심판되고, 인정받는다는 느낌이다. 시편 기자는 이런 경험을 다음과 같이 기록한다. "여호와여, 주께서 나를 살펴보셨으므로 나를 아시나이다. 주께서 내가 앉고 일어섬을 아시고, 멀리서도 나의 생각을 밝히 아시오며 … 나의 모든 행위를 익히 아시오니"(시 139:1-3). 시편 기자는 하나님이 인간사에 이렇게 간

---

164 존 베일리(John Baillie) 교수는 다음과 같이 정확하게 말한다. "내가 아무리 멀리 되돌아 간다할지라도, 내가 아무리 기억을 더듬어 어린애 같은 천진성의 미개척지에 도달하고자 애쓴다 할지라도 나는 무신론적인 마음상태에까지 되돌아갈 수는 없다. 내가 나 자신을 알았지만 다른 인간 존재들을 알지 못했던 날에 돌아갈 수 있듯이 그렇게 내가 나 자신은 알았지만 하나님을 알지 못했던 날에 돌아갈 수는 거의 없다." *Our Knowledge of God*, p. 4.

섭하는 것을 크게 기뻐하며, 그런 관계성을 위해서는 하나님의 위대함과 마찬가지로 인간의 위대함과 유일무이함도 필수적임을 올바로 지적하고 있다. "내가 주께 감사하옴은 나를 지으심이 심히 기묘하심이라. 주께서 하시는 일이 기이함을 내 영혼이 잘 아나이다"(시 139:14). 만일 누군가가 하나님이 인간의 삶에 간섭한다는 이런 느낌은 인간이 자신을 미화하는 자기기만이라고 주장해야 한다면, 그는 바로 그와 동일한 경험이 하나님의 개입을 감사하지 않고 저항하는 한 사람에 의해 욥기에 기록되어 있다는 사실을 좋은 예로 제시할 수도 있다. "사람이 무엇이기에 주께서 그를 크게 만드사 그에게 마음을 두시고, 아침마다 그를 찾아오시며 순간마다 단련하시나이까?"(욥 7:17) 그는 하나님의 요구가 인간의 연약함에 비해 지나치게 엄격하다고 생각한다. "나를 놓으소서. 내 날은 헛것이니이다."(욥 7:16) 그리고 그는 자신이 죽어 하나님이 더 이상 자신을 찾을 수 없게 될 날을 기다린다. "내가 이제 흙에 누우리니 주께서 나를 애써 찾으실지라도 내가 남아 있지 아니 하리이다."(욥 7:21) 끝없이 인간을 책망하는 하나님에 대항하는 이런 불경건한 저항은 하나님의 그런 책망에 대해 감사하는 어떤 경건한 말보다도 더 완전하게 그런 경험의 사실성을 확인해 주는 것이다.

그렇게 기술된 경험은 어떤 의미에서 일반적으로 "양심"이라고 부르는 것과 동일하거나, 아니면 그와 관련이 있다. 물론 양심의 실제적 본성에 관해서는 철학자들마다 다르게 정의한다. 양심은 모든 사람이 직면하는 사회적 의무들과 판단들일 수도 있다. 아니면 합리적 자아나 지성적 자아가 경험적이고 감각적이고 단편적인 자아를 통제하는 수단으로서의 의무와 판단일 수도 있다. 양심에 관한 성서적 해석은 다음과 같이 요약될 수 있다. 인간의 보편적인 경험, 즉 명령을 받고 의무감을 가지며 심판된다는 느낌은 하나님과 인간 사이의 관계인데, 이런 관계에서 인간에게 요구하고 심판하는 주체는 하나님이다. 통상적인 경험에 관한 그런 해석은 성서적 신앙의 전제들이 없다면 불가능하다. 그러나 그런 가설이 일단 인정되기만 하면 그것은 경험에 포함된 모든 요인들을 올바르게 분석하는 유일한 토대가 된다. 왜냐하면 인간이 심판을 받는 것은 사실이지만, 인간 자신의 삶에는 그런 심판의 기준이 될 수 있는 어떤 관점도 없기 때문이다. 사도 바울은 인간이 심판을 받는 세 종류의 기준들에 관해 기술하면서 마지막 단계의 심판 이외의 모든 심판은 중요하지 않다고 말한다. "너희에게나 다른 사람에게나 판단 받는 것이 내게는 매우 작은 일이라. 나도 나를 판단하지 아니하노니, 내가 자책할 아무것도 깨닫지 못하나 이로 말미암아 의롭다함을 얻지 못하노라. 다만 나를 심판하실 이는 주시니라."(고전 4:3-4)

개인적 경험의 내용은 이런 경험에서 경험된 신적인 본성의 역사적 계시를 통해서만 정의될 수 있으며, 이런 역사적 계시는 다시 개인적 경험이 전제될 때에만 신임될 수 있다는 순환논법에[165] 빠지기 때문에, 그런 개인적 경험의 내용은 신뢰할 수 없다고 생각할 수도 있다. 그러나 사실은 인간의 지식은 모두 그런 순환논법을 피할 수 없다. 통상적인 인간의 경험은 모두 경험 대상의 성격을 정의하기 위해 직접적인 경험 이상의 것을 요구한다. 경험 대상이 실제로 존재한다는 사실은 의심의 여지가 없다. 그러나 그렇게 경험된 실체의 정확한 본질은 직접적인 대상 지각을 초월하는 통찰에 의해 정의될 때 비로소 분명해진다. 만일 경험된 실체가 단순한 "객체"가 아니라 그 자체로 주체라면, 즉 그 실체가 주도적으로 자신을 드러내지 않으면 그의 속성이 우리에게 완전히 드러날 수 없다면 해석의 원리는 단순히 특수한 경험을 밝혀내는 일반적인 인식원리 이상

---

165 역주, 여기서 '순환논법'은 '선결문제해결요구의 오류'를 의미한다. 이에 관해서는 각주 28번을 참조하라.

의 원리이어야 한다. 그런 해석의 원리는 "계시"이어야 한다.

우리가 다른 인격체들을 어떻게 이해하는지 분석해 보면, 하나님과 우리의 관계에 있어서 "계시"의 필요성과 성격을 유비적으로 알 수 있다. 다른 인격체들과 관계를 맺을 때 우리는 동물적 생명을 가지는 단순한 유기체보다 더 탁월한 깊이의 실체를 만난다. 우리는 자유롭고 유일무이한 "너"(Thou)와 관계를 맺기 때문에, 그의 행위를 단순히 외적으로 관찰하기만 해서는 그 인격체의 결정적인 본질을 파악할 수 없을 뿐만 아니라 실제로 오해하기도 한다. 그런 피상적인 관찰은 실제로 자유로운 주체를 단순한 대상으로 격하시킬 것이기 때문이다. 바로 이 다른 인격체인 다른 "너"는 그가 우리에게 말할 때까지는, 즉 그의 행위가 그의 정신의 궁극적이고 초월적인 통일성으로부터 나오는 "말"에 의해 분명해질 때까지는 이해될 수 없다. 오직 그런 말만이 우리가 그의 행위의 복합성을 이해할 수 있는 열쇠이다. 우리 저편에서 우리에게 걸려온 이 말은 우리가 동물적 존재와는 다른 영역과 관계하고 있다는 우리의 믿음을 확증시켜 주며, 동시에 우리가 관계를 맺고 있는 그 인격체의 실제적이고 정확한 속성을 드러내 보여준다.

마찬가지로 우리 자신의 의식의 한계상황에서 "다른 너"로 만나는 하나님도 우리에게 완전히 이해될 수 없다. 만일 우리 자신 저편으로부터 오는 이런 만남의 일반적 경험이 그의 속성에 관한 특별한 계시들에 의해 확증되지 않는다면 말이다.

기독교에서 이런 특별한 계시들은 특별한 구원사의 관점에서 이해되는데, 이런 구원사적 관점에서 보면 특별한 역사적 사건들은 하나님의 속성과 그의 목적을 드러내 보여주는 특별한 계시이다. 이런 "특별계시"에 의해 마련된 해석의 원리가 없으면 양심과 관련된 일반적인 경험이나 일반계시는 왜곡되어진다. 왜냐하면 그럴 경우 그런 일반적인 경험이나 일반계시는 단순히 사람이 사회적으로 승인되거나 비난을 받는 것과 같은 정도로 해석되거나, 자신의 "최선의 자아"를 경험하는 것과 같은 정도로 해석되기 때문이다. 그럴 경우 예심의 판결이 무엇이든 마지막 최종심의 판결은 언제나 "내가 자책할 아무것도 깨닫지 못하나"이며, 이런 판결로부터 추론된 결론은 "그러므로 나는 정당하다"는 판단이다. 그러나 인간의 실상을 고려할 때 이런 결론은 불가능하다. 왜냐하면 도덕적 성취와 관련해 볼 때, 실제로 그렇게 자신이 의롭다고 쉽게 장담할 수 있는 사람은 없기 때문이다.

하나님을 인간 의식의 이성적이거나 초이성적인 어떤 단계와 동일시하거나 자연의 어떤 질서와 동일시하는 문화는 항상 인간의 상황을 왜곡하거나 인간의 자유의 총체성이나 악의 복합적 문제를 제대로 인식하지 못한다. 그리고 이런 사실은 기독교 신앙의 관점과 가장 배치된다. 인간은 하나님 앞에 서있는 단독자라는 사실을 깨닫지 못하고는 자신의 진정한 자아를 알지 못한다. 오직 하나님과 그렇게 실존적으로 대면할 때에만 인간은 그의 실상과 자유를 깨닫게 되며, 자기 안에 있는 악을 깨닫게 된다. 기독교 신앙이 인간에 대한 올바른 이해를 위해 그렇게 중요한 것은 바로 이런 이유 때문이며, 인간의 실상을 과소평가하고, 인간의 육체성을 평가절하하며, 인간의 본성에 내재하는 악을 실제적으로 다루지 못하는 인간이해를 기독교적 관점에서 바로잡는 것이 필요한 이유도 바로 그런 이유 때문이다.

2. 계시로서의 창조

　　인간의 경험을 통한 일반계시, 즉 인간 의식의 한계상황에서 "전적 타자"와 대면하는 경험은 세 요소들로 구성되는데, 그 중 둘은 전적타자에 대한 경험이라고 명확히 단정하기가 어려우며, 세 번째 요소는 전혀 그렇다고 단정할 수 없다. 첫 번째 요소는 절대적 권위에 대한 존경심과 존재의 궁극적 근원에 대한 의존감정이다. 두 번째 요소는 인간 저편으로부터 인간에게 부과된 도덕적 의무감과 신 앞에서 느끼는 도덕적 무가치성이다. 종교적 경험에서 그 요소들 중 가장 불확실한 세 번째 요소는 용서를 구하는 것이다. 이 세 요소들은 모두 그것들이 다른 계시형태들에 의해 보완될 때 보다 분명하게 절대타자에 대한 경험으로 정의된다. 우리 자신보다 더 위대하고 더 궁극적인 실체에 대한 의존감정인 첫 번째 요소는 창조자와 창조라는 개념을 내용으로 하는 또 다른 형태의 "일반"계시에 의해 보완된다. 우리의 개인적 경험에서 우리와 만나는 동일한 "당신"(Thou)이 또한 전 세계의 근원이자 창조자이기도 하다는 것이다. 인격종교에서 두 번째 요소인 심판의 경험은 역사에서 예언자적-성서적 심판 개념으로부터 보완된다. 역사 전체는 하나님이 우리의 심판자로서 우리 저편에서 우리와 마주 서있다는 개인적 경험의 진리를 확증해 주는 것으로 간주된다. 세 번째 요소, 즉 이런 심판 이후에 화해를 갈망하는 것은 - 그것은 확신이라기보다는 오히려 갈망이라고 보아야 하는데 - 구약성서 생명이해의 커다란 쟁점이 된다. 쟁점이 되는 물음은 이것이다. 하나님은 정의로운 동시에 자비로운가? 그리고 만일 그가 자비롭다면 그의 자비와 그의 정의는 어떤 관계에 있는가? 이것은 기독교 전체와 관련된 중요한 물음이다. 기독교 신앙은 이런 궁극적인 물음에 대한 대답이 그리스도에게서 주어져 있다고 믿기 때문에, 그리스도를 통한 계시는 그 이상의 어떤 본질적인 계시도 있을 수 없는 결정적인 계시라고 생각한다. 이런 이유 때문에 기독교 신앙은 "그의 인격을 정확하게 닮은 모습"으로서의 그리스도에 관해 말한다. 바로 여기에 하나님의 총체적 깊이와 신비가 결정적으로 계시되어 있다.

계시의 이런 세 유형들에서 하나님은 특히 창조자와 심판자와 구원자로 정의된다. 중요한 것은 이 세 개념들은 각각 그 개념들에 고유한 특별한 방식으로 하나님의 초월성을 정의하고 있지만, 각 개념들에는 세상에 대한 하나님의 관계가 폐지되지 않고 보존되어 있다는 사실이다. 이 개념들에 관해 차례로 살펴보자.

하나님이 세상의 창조자라고 말하는 것은 세계가 그 총체성에서 하나님의 절대적 주권과 자기충족적인 능력을 계시한다고 생각하는 것이다. 이런 계시는 비록 그것이 내부 세계로부터 외부 세계로 바뀌기는 했지만 여전히 "일반적인" 계시의 범주에 속한다. 하나님이 자기를 알 만한 것을 그들에게 보이셨기 때문에 만일 그들이 하나님을 알지 못한다면 핑계하지 못할 것이라는 사도 바울의 주장은 바로 이런 일반계시를 가리킨다. 그들 안에 분명히 보이는 이 하나님이 더 나아가 자신을 확증한다. "창세로부터 그의 보이지 아니하는 것들 곧 그의 영원하신 능력과 신성이 그가 만드신 만물에 분명히 보여 알려졌기"(롬 1:20) 때문이다. 세계는 자기 원인적이고 자기 충족적이 아니라 세계 저 너머의 어떤 존재자를 지시하고 있다는 사실은 일반적으로 창조론을 증거하고 창조자의 영광을 가리킨다. 어떤 의미에서 사도 바울은 이 점에서 우주론적으로 신의 존재를 증명하고 있다. 그러나 그의 논증은 칸트가 비판하는 그런 방식의 논중은 아니다. 감각세계 전체가 "모든 경험적 조건들로부터 자유로운 어떤 지성적 존재에 의존하며 감각세계 자체에는 모든 현상들을 가능하게 하는 근거가 내재한다"[166]는 사실에 의해 하나님의 실체성이 증명될 수 있다고 주장되지는 않는다. 오히려 창조는 이미 인간의 도덕적 경험에서 알려져 있는 창조자를 지시하고 있다고 생각된다. 마틴 부버는 성서적 신앙이 창조자의 개념에 도달하게 된 과정을 정확하게 기술하고 있다. 그에 의하면 "다신론을 주장하는 사람은 모든 신적인 현상으로부터 하나의 신을 만들어낸다. 그러나 일신론을 주장하는 사람은 이런 모든 신비들 속에서 그가 개인적으로 경험한 동일한 하나님을 인식한다. ... "[167]

창조자와 그에 의해 창조된 세계에 관한 성서의 설명은 그 자체가 계시론은 아니다. 그러나 그것은 계시론을 위한 토대이다. 거기에는 하나님의 초월성과 세계와의 내적 관계에 관한 근본적인 성서의 사상이 완벽하게 표현되어 있기 때문이다. 창조론은 "신비적인" 또는 초이성적인 관념으로 표현된다. 발생론적으로 볼 때 창조사상은 원시적 개념들을 사용하여 마치 토기장이가 진흙으로 토기를 빚듯이 하나님이 세계를 만들었다고 묘사한다. 성서에는 이런 "원시적" 개념들이 남아있다. 왜냐하면 이런 원시적 개념에는 하나님의 자유와 그의 초월성이란 개념들이 보존되고 보호되어 있기 때문이다. 이런 개념들은 "제1원인"(자연주의 철학자들이 하나님이란 개념 대신 사용하는 개념)이라는 보다 합리적인 개념과 형태가 없던 질료에 형태를 부여함으로써 창조하는 '누스'라는 개념(관념론 철학에서 신성을 나타내는 기본적인 개념)에 의해 사라지거나 사라질 위험에 있다.

창조론은 하나님의 초월성과 자유를 중요하게 생각하지만, 그렇다고 창조된 세계가 하나님이 아니기 때문에 악하다고 말하지는 않는다. 오

---

166 참조, Immanuel Kant, *Critique of Pure Reason*, Book II, Ch. ii, par.4.
167 *Koenigtum Gottes*, p. 91.

히려 기독교는 창조된 세계가 하나님에 의해 창조되었기 때문에 선하다고 일관되게 주장한다. 인간의 역사가 의미 있다는 성서의 주장은 창조된 세계가 선하다는 이런 교리에 기초하고 있다. 역사가 자연의 순환과정에 연루되어 있다고 해서 악하거나 무의미하다고 간주되지 않으며, 인간이 육체에 의존하고 있다고 해서 악하다고 간주되지 않는다. 창조론은 자연주의자들이 범한 오류, 즉 인과율을 최고의 원리로 간주함으로써 인간의 자유를 인정하지 않고 따라서 인간을 자연의 수준으로 격하시킬 수밖에 없는 오류를 범하지 않는다. 창조론은 관념론의 오류, 즉 누스를 궁극적인 의미의 원리라고 생각하는 오류를 범하지 않으며, 또 그렇게 생각함으로써 신적인 것에 관여하거나 그와 동일시되는 인간의 이성은 본질적으로 선한데 반해 육체는 본질적으로 악하다고 생각하는 오류를 범하지 않는다.

세계의 통일성을 해석하는 최종적인 원리로서 자연의 인과율을 거부하는 것은 세계를 단순히 인간의 내적 문제에 입각해서 해석하는 것이 아니며, 자연을 인간의 심리적 속성들이란 의미로 해석하는 것을 의미하는 것이 아니다. 사실 인과의 고리로 연결되어 있는 사물들의 상호관계는 그들의 특수한 소여성(所與性, givenness)에 대한 정확한 설명이 아니다. 이런 비합리적 소여성은 단순히 우연성으로 간주되어야 하든가, 아니면 세계의 질서는 보다 궁극적인 자유의 영역에 관련되어 있음에 틀림없다. 다시 말해, 우주를 제대로 설명하고자 한다면, 무엇보다 먼저 인간 자신의 내적 본성의 영역을 관찰할 때 획득한 개념들을 사용하는 것이 유익하다는 것이다. 마찬가지로 자연도 인간의 의식구조에서 유비적으로 드러난 깊이의 영역에서 설명된다면, 그리고 인간 자신보다 더 궁극적이며 인간의 자유를 침범하는 궁극적 실체에 대한 경험에 의해 암시된 깊이의 영역에서 설명된다면 더 이해하기 쉽다.

　마찬가지로 창조론은 합리주의적 우주론과 관념론적 우주론이 범한 오류들을 수정한다. 이들의 우주론은 아직 형태가 부여되지 않은 혼돈 상태의 어떤 질료에 우주적 이성인 누스가 질서를 부여했다고 주장하며, 이렇게 정돈하는 과정을 창조와 동일시한다. 성서의 창조론은 혼돈 상태의 질료와 형태를 부여하는 원리를 모두 보다 궁극적인 신적인 근원에서 유래한 것으로 본다. 그리고 성서의 창조론은 이런 신적인 근원을 로고스이면서 동시에 창조적 의지라고 정의하며, 형식의 원리인 동시에 생명력의 원리라고 정의한다. 이런 이론은 필연적으로 하나님이 무로부터 창조했다는 주장으로 귀결되며(모든 논리적 추론은 이런 주장에서 끝나고 시작된다), 따라서 성서의 창조론은 초이성적이다.

　세계를 바라보는 깊이의 영역에서 볼 때 성서의 창조자 사상과 창조 사상에 필적할 수 있는 유일한 형이상학적 학문체계는 신비주의이다. 우리는 이런 신비주의를 신비주의적 형이상학이라고 부를 수도 있을 것이다. 왜냐하면 삶과 실체에 관한 신비적 해석들에는 그것들이 ─ 그 해석들이 동양에서 발전된 이론이든 아니면 서양에서 발전된 것이든, 그 철학을 체계화한 사람이 플로티노스이든 아니면 부처(Buddha)이든 ─ 놀라울 정도의 통일성과 일치성이 있기 때문이다. 그런 해석들에는 모두 유한한 세계는 환상이나 악으로 간주되며, 영원한 세계는 유한한 세계의 특수성과 개체성과 결함이 제거된 무차별적인 통일성의 영역으로 간주된다. 그 해석들은 모두 합리주의자들이 변하는 사물들 내에 작용하는 영원한 원리라고 생각하는 누스, 로고스, 이성이나 형상(form)[168]을 유한한 세계의 범주에 속하는 것으로 보고 "대립적 사유들"보다 더 궁극적이고 무차별적인 통일성을 추구한다. 그 해석들은 모두 감각적 경험의 한계를 초월하

---

168 역주, 여기서 '형상'은 실체가 형상(eidos)과 질료(hyle)로 구성되어 있다고 보는 아리스토텔레스적인 의미에서 이해되어야 한다.

고 이성의 한계도 초월하는 의식의 통일성은 신적인 존재와 동일하다고 생각하기 때문에 엄격한 내면화 규범을 통해 이런 영원하고 신적인 통일성에 도달하고자 한다. 브라만(Brahman)과 아트만(Atman)은 하나이다.

그러므로 신비주의는 실체의 깊이와 인간 의식의 높이를 중요시 한다는 점에서는 기독교와 가장 가깝지만 창조자와 창조에 관한 성서적 견해와는 가장 첨예하게 대립된다. 기독교와 대립되는 점은 다음과 같은 세 가지이다. (1) 성서의 하나님 개념에서는 하나님의 창조의 의지와 지혜가 강조되는데 반해, 신비주의는 하나님을 부정의 관점에서 정의한다.[169] (2) 피조물이 선하다고 보는 성서의 창조론과는 반대로 유한하고 차별적이며 특수화된 세계는 환상이나 악으로 간주된다. 유한하고 특수한 실체인 인간의 자아는 자아이기 때문에 악이다. 그리고 구원은 본질적으로 개체성의 파괴에 있다. (3) 이런 궁극적인 개체성 파괴에도 불구하고 신비주의는 인간을 잠재적인 신으로 생각한다. 왜냐하면 신비주의는 하나님을 인간 의식의 가장 깊은 영역과 동일시하기 때문이다. 이것은 인간을 피조물로 보고 창조자와 피조물을 철저히 구분하는 성서의 견해와 대립된다.

따라서 창조자와 창조에 관한 성서의 창조론은 인간의 정신이 도달할 수 있는 최고의 수준이 어디까지인지 측정될 수 있는 유일한 근거이며, 육체와 영혼으로 구성된 인간 삶의 통일성이 보존될 수 있고, 유한한 세

---

169 머서(Mercer)는 그의 책 *Nature Mysticism*(『자연 신비주의』)에서 영원하고 신적인 존재자를 정의하는 신비적 과정을 다음과 같이 기술한다. "과감한 추상화 작업에 의해 그들은 감각세계를 포기하고 그것을 부정하는 것 이외에는 아무것도 그에 관해 말할 수 없는 존재양식에 충성을 맹세한다. … 그 존재양식은 모든 것을 포괄하는 순수한 부정이다. 정통적 신비주의의 절대자에게 우리를 맡겨 공허함 때문에 멸망하도록 버려두지 마옵소서." p. 10. 루프 존스(Rufus Jones)는 신비주의에 이런 경향이 있음을 인정하지만, 대다수의 기독교 신비주의자들처럼 신비주의의 이런 경향을 신비주의가 가지는 구조적 약점이라기보다는 오히려 탈선현상이라고 생각한다. *Studies in Mystical Religion*, Ch. 6.

계에서 인간 역사의 본질적인 유의미성이 단언될 수 있고, 인간의 자유와
초월성의 한계가 설정될 수 있는 유일한 근거이다.

3. 역사적이고 특수한 계시

개인의 신앙체험과 피조물 전체의 속성에서 계시된 초월적인 하나님에 대한 신앙은 성서의 역사적 계시가 형성된 토대이다. 그리고 이 역사적 계시는 인간에 대한 하나님의 다른 두 속성들, 즉 하나님의 심판과 자비와 관련되어 있다. 역사적 계시는 결코 단순히 인간이 하나님을 찾아가는 역사가 아니며, 현대의 자유주의 사상이 종종 성서의 계시를 그렇게 생각하듯이 인간이 하나님의 인격을 점점 명확하게 정의해 가는 과정을 기록한 것도 아니다. 오히려 역사적 계시는 역사에서 일어난 사건들 속에서 신앙의 눈을 통해 하나님의 자기계시를 발견하는 것이다. 신앙의 눈은 인격적이고 개인적인 도덕적 삶의 영역에서 하나님이 인간을 만나는 하나님의 행위들을 발견한다. 인격적 삶에서 도덕적 경험은 인간 자신에 의해서가 아니라 하나님에 의해 인간에게 부과된 도덕적 의무감, 의무를 이행하지 못할 때 인간에게 가해지는 심판, 그리고 하나님의 뜻에 대한 반역으로 벌어졌던 하나님과 인간 사이를 화해할 필요성으로 구성된다.

계시의 역사에서 도덕적 의무감은 하나님과 그의 백성 사이의 언약에 기인한다. 우리는 이 언약에서 인간 역사의 성격에 관한 성서의 근본적인 견해가 무엇인지 알 수 있다. 인간의 역사는 그의 불가피한 유한성 때문에 악으로 간주되지 않는다. 인간 역사의 이상적 가능성은 한 특수한 민족인 이스라엘이 자신의 목적이 아니라 하나님과 그의 백성 사이에 맺은 언약에 따라 하나님의 뜻을 섬겨야 하는 것이다. 그러나 예언자적 의식은 이런 이상적 가능성이 성취되지 못했음을 간파했다. 이스라엘이 그의 특별한 소명을 완수하지 못한 것은 본성적인 무기력이나 정신의 유한성 때문이 아니고, 하나님의 소명을 이해하는 능력이 없어서도 아니다. 예언 자들에 의하면 이스라엘의 죄의 본질은 하나님의 뜻을 역사에서 실현하 는 도구에 불과한 그 민족이 오히려 자신을 하나님의 뜻과 완전히 동일 시하려는 유혹에 빠졌다는데 있었다. 이스라엘은 한 특수한 민족으로서 이런 잘못을 범했다. 그러나 예언자들은 하나님을 대신해 이스라엘의 심 판자가 된 각각의 제국들에서도 이와 동일한 잘못을 발견하였다.

예언자적 해석에 따르면 인간이 범하는 실제적인 악의 본질은 인간이 그의 연약함과 유한성과 의존성을 인정하지 않으려는데 있으며, 인간에 게 현실적으로 가능하지 않은 능력과 안전을 확보하려는 성향에 있으 며, 단순한 피조물의 한계를 넘어서는 덕과 지식을 가장하려는 노력에 있다. 예언자적 메시지 전체를 관통하는 주제는 오직 한 하나님이 존재 한다는 것이며,[170] 인간의 죄는 허황되고 교만하게 자기 자신과 그의 민 족과 그의 문화와 그의 문명이 신적인 것이라고 생각하는데 있다는 것이 다. 따라서 죄는 인간이 그의 피조성과 하나님 의존성을 인정하지 않으 려 하는 것이며, 자신의 생명을 하나님을 떠나 확실하게 확보하려는 노 력이다. 인간이 제한적이고 우연적이며 의존적인 그의 존재성을 숨기고 자신이 절대적인 존재자인 것처럼 위장하는 것은 "헛된 망상"이다. 제2이 사야는 썩어질 나무로 인간의 형상을 만들어 이 토템을 하나님으로 숭 배하는 우상숭배자들을 비웃는다.[171] 이런 우상숭배를 거부하는 하나님

---

170 "나는 처음이요, 나는 마지막이라. 나 외에는 다른 신이 없느니라." (사 44:6)

171 이사야의 예언에는 깊은 종교적 통찰들이 들어 있다. 그는 다음과 같이 선언한다. "그 는 자기를 위하여 백향목을 베며, 디르사 나무와 상수리나무를 취하며, 숲의 나무들 가 운데서 자기를 위하여 한 나무를 정하며 나무를 심고 비를 맞고 자라게도 하느니라. 이 나무는 사람이 땔감을 삼는 것이거늘 그가 그것을 가지고 자기 몸을 덥게도 하고 불을 피워 떡을 굽기도 하고 신상을 만들어 경배하며 우상을 만들고 그 앞에 엎드리기도 하 는구나. 그 중의 절반은 불을 사르고 그 절반으로는 고기를 구워 먹고 배불리며 또 몸을

이 자신을 다음과 같이 계시한다. "대저 여호와께서 이같이 말씀하시되 하늘을 창조하신 이 그는 하나님이시니 그가 땅을 지으시고 그것을 만드셨으며 그것을 견고하게 하시되 혼돈하게 창조하지 아니하시고 사람이 거주하게 그것을 지으셨으니 나는 여호와라 나 외에는 다른 이가 없느니라."(사 45:18)

바벨론의 교만을 힐난하면서 제2이사야는 인간을 속여 교만하도록 유혹하는 요소들 가운데 인간의 자아의식의 신비와 높이가 있다는 놀라운 통찰을 보여준다. "네가 네 악을 의지하고 스스로 이르기를 나를 보는 자가 없다 하나니, 네 지혜와 네 지식이 너를 유혹하였음이라. 네 마음에 이르기를 나뿐이라 나 외에는 다른 이가 없다하였으므로."(사 47:10) 다시 말해, 인간은 지식이 발달하면서 언제나 세계를 초월하며, 세계가 자기 안에 있다고 생각한다. 인간은 그의 지식이 완전하다고 과대평가하며, 그의 존재에 대해 자만한다. 에스겔 선지자도 이사야와 똑같은 어조로 세상의 여러 왕들과 나라들의 교만과 자만을 책망한다. "인자야 너는 두로 왕에게 이르기를 ... 네 마음이 교만하여 말하기를 나는 신이라 내가 하나님의 자리 곧 바다 가운데에 앉아 있다 하도다. 네 마음이 하나님의 마음 같은 체할지라도 너는 사람이요 신이 아니거늘 ... 그런즉 내가 이방인 곧 여러 나라의 강포한 자를 거느리고 와서 너를 치리니 ... 네가 너를 죽이는 자 앞에서도 내가 하나님이라고 말하겠느냐? 너를 치는 자들 앞에서 사람일 뿐이요 신이 아니라."(겔 28:2-9)

하나님이 이런 교만을 징계하는 역사의 대재앙들은 인간이 그의 유한하고 불완전한 존재를 인정하지 않고 허황되게 안전을 확보하려는 노력

덥게 하여 이르기를 아하 따뜻하다 내가 불을 보았구나 하면서 그 나머지로 신상 곧 자기의 우상을 만들고 그 앞에 엎드려 경배하며 그것들에게 기도하여 이르기를 너는 나의 신이니 나를 구원하라 하는도다."(사 44:14-17)

의 자연적이고 필연적인 결과들임을 알아야 한다. 이런 교만의 한 모습은 인간이 그의 생명의 의존성을 인정하지 않으려는 것이다. 이집트는 나일강의 계절적 변화에 따르는 자연의 혜택을 입고 있었다. 그러나 에스겔 선지자에 따르면 이집트의 왕은 자기가 이런 풍요의 원천이라고 생각한다. "애굽의 바로 왕이여 내가 너를 대적하노라. 너는 자기의 강들 가운데 누운 큰 악어라. 스스로 이르기를 나의 이 강은 내 것이라 내가 나를 위하여 만들었다 하는도다."(겔 29:3) 예언자의 이런 심판은 현대인의 자기 만족, 즉 그의 기술적 진보에 취하여 자신이 광대한 자연의 질서에 의존하고 있음을 망각하고 자신의 힘과 안전을 자랑하는 현대인의 자기만족을 책망하는 것일 수도 있다.

시편 49편은 이와 동일한 예언자적 통찰의 관점에서 인간의 문제를 본다. 이 시는 "자기의 재물을 의지하고 부유함을 자랑하는" 자들을 통렬히 비판한다. 왜냐하면 "아무도 자기 형제를 구원하지 못하며 그를 위한 속전을 하나님께 바치지 못할 것이기" 때문이며, 어떤 특별한 힘도 인간의 연약함으로부터 인간을 해방시킬 수 없기 때문이다. "그들의 속 생각에 그들의 집은 영원히 있고 그들의 거처는 대대에 이르리라 하여 그들의 토지를 자기 이름으로 부르도다. 사람은 존귀하나 장구하지 못함이여 멸망하는 짐승 같도다. … 그들은 양같이 스올에 두기로 작정되었으니 .. 사람이 치부하여 그의 집의 영광이 더할 때에 너는 두려워하지 말지어다. 그가 죽으매 가져가는 것이 없고 그의 영광이 그를 따라가지 못함이로다." 어리석은 부자에 관한 예수의 비유는 바로 이런 성서의 죄 해석과 밀접하게 관련되어 있다. 어리석은 부자는 가득 찬 곡물창고가 여러 해 동안 그의 존재를 보증해 주리라고 생각했다. 그는 말한다. "영혼아, 여러 해 쓸 물건을 많이 쌓아 두었으니 평안히 쉬고 먹고 마시고 즐거워하자 하리라 하되, 하나님은 이르시되 어리석은 자여 오늘 밤에 네 영혼을 도

로 찾으리니 그러면 네 준비한 것이 누구의 것이 되겠느냐 하셨으니.”(눅 12:19-20)

신약성서의 가장 고전적인 죄 해석, 즉 바울의 죄 해석은 이런 예언자적 죄 해석과 완전히 일치한다. 인간의 죄는 그가 자신을 하나님이라고 생각하는 것이다. “하나님의 진노가 불의로 진리를 막는 사람들의 모든 경건하지 않음과 불의에 대하여 하늘로부터 나타나나니, 이는 하나님의 알 만한 것이 그들 속에 보임이라. … 하나님을 알되 하나님을 영화롭게도 아니하며 감사하지도 아니하고 오히려 그 생각이 허망하여지며 미련한 마음이 어두워졌나니 스스로 지혜 있다 하나 어리석게 되어 썩어지지 아니하는 하나님의 영광을 썩어질 사람과 새와 짐승과 기어 다니는 동물 모양의 우상으로 바꾸었느니라.”(롬 1:18-23)

이와 같이 성서는 하나님에 대한 인간의 반역이 곧 죄라는 점을 강조하기 때문에 자연히 역사 해석에서도 죄에 대한 심판이 그 해석의 가장 중요한 범주가 된다. 역사의 가장 중요한 의미는 모든 나라와 문화와 문명은 하나님이 인간의 모든 경영에 설정해 놓은 피조물의 한계를 넘어섬으로써 파멸을 자초한다는 것이다. 선지자들은 이런 심판의 사실이 이스라엘 자신에 관한 것임을 가장 분명하게 간파했다. 위대한 선지자들 중 첫 번째 선지자인 아모스에게서 초기의 메시아적 대망은 파멸에 대한 예상으로 바뀐다. “주의 날은 어두움이요 빛이 나니라.” 그러나 히브리의 예언은 곧 심판 개념을 확장하여 심판을 단지 이스라엘에게 적용시킬 뿐만 아니라 하나님이 이스라엘을 심판하는 도구로 사용한 대 제국들을 포함하여 모든 나라들에게 적용한다. 그 나라들은 모두 이스라엘과 동일한 교만의 유혹에 빠지며, 결국 동일한 파멸의 운명을 맞는다. 선지자들은 이것이 올바른 역사해석이라는 사실을 이스라엘에게 완전히 확신시키지 못했기 때문에 상당히 많은 예언서에서 보면 예언자적 사상에서 발견되는 임박한 파멸감과 그 나라의 낙관적 자기만족 사이의 충돌이 발견된다. 포로기와 그후에는 이런 역사해석이 복잡한 새로운 문제에 직면하게 되었으며, 그로 인해 왜곡되어졌다. 하나님이 그의 죄 때문에 이스라엘을 심판한다면 도대체 왜 하나님은 이스라엘보다 더 악한 민족들을 심판의 도구로 사용했느냐 하는 물음이 일어났다. 이런 문제는 오늘날 우리 시대의 역사적 상황과 특별하고도 통렬한 관련성을 가진다.

역사적 사건들이 일어나는 과정에서 필연적으로 예언자적 관점의 사건해석이 발생하는 것은 아니지만, 일단 하나님에 대한 예언자들의 믿음이 당연한 것으로 받아들여진다면 역사가 그런 예언자적 관점의 역사해석이 옳음을 입증해준다. 사실 역사 자체에 의해 생산되지 않은 해석원리가 없다면 도대체 역사를 해석한다는 것은 불가능하다. 진보의 이념이라든가 마르크스가 주장하는 역사적 변증법 개념과 같은 현대의 다양한 해석원리들은 모두 믿음에 의해 도입된 역사적 해석의 원리들이다. 그런 원리들은 역사의 본성에 관해 사람들이 사건들의 과정을 과학적으로 분석한 후에 도달한 결론들이라고 한다. 그러나 분석과 해석의 원리로서 믿음을 전혀 전제하지 않은 사건분석은 있을 수 없다.

성서적 신앙의 관점에서 볼 때 하나님은 격변하는 역사적 사건들에서 계시된다. 즉 그는 각 개인의 마음이 심판을 받는다는 느낌을 가질 때 이미 희미하게나마 감지하는 것으로서, 즉 구조와 법과 실체의 본질로서, 창조된 세계의 근원과 핵심으로서 – 인간의 교만은 이런 근원과 핵심에 대한 헛된 반역에서 스스로 파멸에 이르는데 – 계시된다.

인간을 심판하고 책망하는 하나님은 우주의 구조와 무관한 의지와 "법"을 가지고 세상을 다스리는 변덕스러운 폭군이 아니다. 그렇지만 그는 단순한 "자연법"도 아니다. 인간은 제한적인 방식으로 "자연법"을 초월하고 그 법에 매이지 않을 수 있는데, 이런 인간을 위해 하나님이 하나의 법을 제정할 수 있는 것은 그가 자연법을 초월하는 자유를 가지기 때문이다. 우주의 구조와 하나님의 자유의 관계는 후에 보다 자세히 언급될 것이다. 지금 이 순간 중요한 점은 역사가 교만한 인간의 죄에 대한 하나님의 진노의 계시라는 사실을 강조하는 성서적 신앙이다.

그러나 이런 해석에는 하나의 중요하고도 궁극적인 문제가 미해결의 과제로 남는다. 문제는 하나님의 마음에 역사의 비극성을 극복할 수 있고 인간이 불가피하게 빠지는 교만의 죄를 처벌하면서 동시에 치료할 수 있는 방안이 있느냐 하는 것이다. 구양성서의 메시아 예언들은 모두 어떤 형태로이든 그런 문제와 관련되어 있다. 아모스 이후 모든 선지자들은 인간의 죄에 대한 하나님의 궁극적인 승리를 예언한다. 다음 장에서 보겠지만 심판과 자비의 관계에 관한 이런 문제는 왜 하나님과 특별한 관계에 있는 이스라엘이 다른 민족들보다 더 많은 고난을 당해야 하느냐 하는 물음이 제기되면서 애매해진다. 메시아 대망은 이런 쟁점에 의해 왜곡되어졌으며, 결국은 이스라엘을 그의 대적들에 대해 옹호해 주기를 바라는 희망으로 나타났거나 적어도 불의한 자에 대해 의로운 자를 옹호해 주기를 바라는 희망으로 나타났다.

기독교 신앙의 관점에서 볼 때 그리스도의 삶과 죽음은 하나님의 심판과 자비의 관계, 즉 그의 진노와 용서의 관계에 관해 해결되지 않은 문제와 관련하여 하나님의 속성을 계시해 준다. 기독교 신앙은 그리스도의 십자가에서 심판은 인간에 대한 하나님의 마지막 말이 아니라는 사실을 확신한다. 그러나 그것은 역사에서 선과 악의 구분을 일소하고 심판을 무의미하게 만드는 용서로서의 하나님의 자비를 의미하는 것은 아니다. 대속과 칭의에 관한 모든 난해한 기독교 교리들은 하나님의 진노와 자비의 궁극적인 신비를 인간과의 관계에서 해명하고자 하는 노력이다. 복음의 좋은 소식은 하나님이 인간의 죄를 스스로 대신 담당한다는 것이며, 인간의 삶에서 극복될 수 없는 그것을 하나님 자신의 마음속에서 극복한다는 것이다. 인간의 삶은 아무리 도덕적 진보가 이루어진다 해도 자기를 미화하는 죄의 악순환에서 벗어날 수 없기 때문이다.

이것이 바로 하나님의 인격에 관한 마지막 계시이다. 그것은 하나님의 자유를 그의 최고의 초월성에서 계시하는 것이기 때문이다. 하나님의 심판은 언제나 부분적으로 실체의 구조가 그 구조를 무시하는 역사의 생명력에 미치는 결과이다. 이런 이유 때문에 그리스 비극은 역사에서의 심판에 관해 예언자적 해석과 유사한 결론에 이를 수 있다. 그러나 그리스 비극은 인과응보(nemesis)를 말하고 파멸을 예언하는데 그칠 뿐 역사에 관해 그 이상의 어떤 언급도 하지 않는다. 기독교 신앙에서 심판에 대한 예상에는 언제나 하나님의 자비를 구함이 동반된다. 비록 구약성서에서는 하나님의 자비가 어떤 방식으로 그의 진노를 극복할 수 있고, 일단 심판이 일어났다면 인간과 하나님 사이의 화해가 어떻게 일어날 수 있는지에 관해 분명하게 언급되어 있지 않지만 말이다.

기독교 신앙은 그리스도를 통한 계시를 궁극적인 계시로 간주한다. 하나님이 인간의 죄를 대신 담당한다는 보증과 이런 신적인 자발성과 신적인 희생이 없다면 어떤 화해도 불가능하고 인간은 양심의 가책에서 해방될 수 없다는 확신에 의해 심판과 자비와 관련된 이런 궁극적 문제가 해결되었기 때문이다. 이 계시는 역사의 총체적 의미를 해석하는 궁극적 범주일 뿐만 아니라 각 개인이 가지는 양심의 가책의 문제를 궁극적으로 해결하기도 한다. 앞에서 이미 언급되었듯이 모든 생명이 의존하는 창조자로서의 하나님과 인간을 심판하는 심판자로서의 하나님은 일상적인 인간의 경험에 의해 매개된 일반계시를 통해 모든 사람들에게 알려져 있다. 용서와 화해를 추구하는 것은 – 비록 용서와 화해에 대한 확신은 아니지만 – 이런 일상적 경험의 일부라는 사실도 언급되었다. 하나님에게는 그의 본성과 속성에 따라 그의 심판을 초월하는 사랑과 대속의 방도가 있다는 신앙적 확신은 일반계시에 의해 알려질 수 있는 어떤 것이 아니다. 그것이 특별계시의 가장 두드러진 내용이다. 일단 하나님의 이런 속성이 특별계시에 의해 이해되면 일상적인 경험은 그 속성의 정당성을 확인할 수 있다.

구약성서에는 하나님의 자비에 관한 잠정적인 확신들이 발견된다. 그러나 그런 확신들의 주된 쟁점은 심판에 대한 자비의 관계가 아니다. 하나님이 자비에 관해 구약성서에서 발견되는 특별한 표현들에는 하나님이 우리의 죄를 "덮어줄" 것이며, "기억하지 않을" 것이며, "지울 것"이란 표현들이 있다. 때로는 후대의 묵시문학에서처럼 하나님의 마지막 계시는 그 본질이 죄인들에 대한 하나님의 자비에 있는 것이 아니라 의인에 대한 하나님의 변호에 있다고 생각하는 견해에 의해 그 문제가 모호해지기도 한다.

메시아와 하나님의 사자와 같은 "고난 받는 종"은 스스로는 죄가 없으면서 죄인들을 위해 고난을 당하며, 그렇게 함으로써 단지 역사에서 대신 고난을 당하는 아름다운 모습이 아니라 하나님의 고유한 속성을 계시해 준다. 따라서 "고난 받는 종"에 관한 이런 개념이 기독교 신앙에 의해 하나님의 궁극적인 계시로 간주되는 것은 당연하다. 우리는 후에 그리스도 자신이 메시아적 대망을 얼마나 다른 방향으로 해석했으며, 그가 메시아적 대망을 그것이 메시아적 대망이라고 느낄 수 없을 정도로 최고도로 성취하기 위해 그 대망을 어떻게 어느 정도나 좌절시켰는지 살펴볼 것이다.[172]

그리스도의 계시에 관한 이런 해석이 기독교 자체에서 일관되게 지속되었다고 할 수는 없을 것이다. 초기의 헬레니즘 기독교로부터 카톨릭과

---

172 참조, 2권 1, 2장.

영국 성공회의 어떤 현대적 사상 형태들에 이르기까지 – 이들 사상 형태들에서는 성육신이 신적인 자비의 계시로 간주되기보다는 오히려 유한과 영원 사이의 간극, 인간과 하나님 사이의 간극, 역사와 초역사 사이의 간극은 해소될 수 없는 것이 아님을 보증해 주는 것으로 간주되었는데 – 언제나 그리스도를 통한 계시에 관해 다양한 해석들이 있었다. 초대 교회의 교부인 클레멘트에 의하면 "당신이 신적인 존재가 될 수 있도록 하기 위해 하나님의 말씀이 사람이 되었습니다."[173]

이런 유형의 기독교 신앙은 일반적으로 플라톤주의와 헬레니즘의 영향을 받았다고 볼 수 있을 것이다. 이런 신앙에서는 인간 실존의 가장 중요한 문제는 죄의 문제가 아니라 유한성의 문제이다. 이런 신앙의 관심은 하나님이 인간에게 말할 수 있으며 자신을 계시할 수 있다는 명제를 입증하는 것이다. 히브리적–성서적 신앙은 결코 이런 명제를 의심한 적이 없었다. 왜냐하면 그 신앙은 하나님과 인간 사이의 관계성에 관한 바로 그런 전제에 의존하기 때문이다. 이런 유형의 기독교는 시간과 영원의 문제에 대해 그리스적이거나 플라톤적인 방식으로 대답하지는 않지만, 이런 문제를 가장 중요한 것으로 간주한다는 점에서는 그리스적이다. 이런 유형의 기독교가 대답해 주는 것은 그리스 이원론의 극복이다. 그리스 사상에서는 언제나 역사가 무의미하거나 악으로 간주되는 경향이 있다. 역사는 시간과 자연의 한계를 벗어날 수 없다는 이유 때문이다. 히브리 사상에서는 인간의 행위와 존재가 시간의 차원에서는 물론이고 영원의 차원에서도 이루어지지 않는다면 역사는 결코 있을 수 없다는 것이 당연한 것으로 받아들여졌다. 이런 이유 때문에 계시의 내용에서 가장 중요한 것은 하나님이 인간에게 말할 수 있다는 확신이 아니라 오히려 인간에게 걸어오는 하나님의 마지막 말은 심판의 말이 아니라 용서와 자

---

173 *Protrepicus*, i, 8.

비의 말이라는 확신이다. 인간 실존의 가장 중요한 문제는 인간이 자연의 필연성을 피할 수 없다는 사실이 아니라 그가 자신의 노력에 의해 자연과 유한성과 시간으로부터 벗어나려는 노력의 비극적 결과라고 생각된다. 이 문제는 이 연구의 두 번째 책에서 『인간의 운명』이란 제목으로 상세히 논의될 것이다.

근대의 개신교 자유주의 신학의 기독교 해석은 일반적으로 성서적 신앙으로부터 한 걸음 더 멀어졌다. 이런 해석에서는 카톨릭 사상의 가장 중심적인 주제였던 시간과 영원에 관한 쟁점도 중요하게 다루어지지 않았다. 그리고 죄의 문제는 전혀 다루어지지도 않았다. 기독교 신앙에 관한 이런 입장은 근대문화의 일반적인 전제들에 의해 영향을 받아 절충된 것임이 분명하다. 근대문화의 이런 낙관주의는 죄와 은혜와 용서와 칭의를 다루고 있는 복음의 핵심적 메시지를 전혀 타당치 않은 것처럼 보이게 만들었다. 근대문화의 자연주의도 역시 시간과 영원의 문제를 무의미한 것으로 평가절하 했다.

결국 자유주의 신학의 기독론의 가장 주된 관심은 그리스도의 두 본성을 가르치는 정통적 교리를 비합리적이라 하여 거부하는데 있었다. 근대의 자유주의 신학은 이렇게 불합리한 교리가 시간과 영원의 관계에 관한 기독교 신앙의 기본적인 주장이라는 사실을 이해하지 못했으며, 그 교리가 불합리하게 보이는 것은 시간과 영원의 관련성이 그리스 철학적인 관점에서 언급되었기 때문임을 이해하지 못했다. 그리스 철학은 가능성과 불가능성 사이에 건널 수 없는 절대적인 차이가 있다고 생각하기 때문에 그리스 철학에서는 시간과 영원의 관련성을 언급하는 것이 불가능하다. 정통교리가 부정되었기 때문에 정통신앙의 그리스도는 "우리가 최고로 헌신할 만한 가치들을 구현하는 역사적 예수"로 변질되었다. 우리가 최고로 헌신할 만한 어떤 것이 역사의 흐름에 있을 수 있느냐 하는 문제와 그런 것이 있다면 우리는 어떤 기준에 의해 그것이 이런 특별한 탁월성과 중요성을 가진다고 결정할 수 있는지에 관한 총체적인 문제는 분명히 인식되지 못했다. 이런 사상의 근간이 되는 윤리적 자연주의는 자연적으로 형성된 어떤 윤리적 가치들이 점진적으로 인간 역사에서 최고의 단계에 도달한다고 생각하기 때문이다.

근대의 자유주의 신학자들은 때때로 예수에게 돌려지는 특별한 의미에 관해 불편해 하기도 했다. 그들은 예수의 의미에 관한 그들의 평가가 그들의 철학적 전제들과 신학적 전제들에 모순되며 정통신앙의 약화된 형태에 불과하다는 사실을 잘 안다. 그래서 예수는 대단히, 대단히, 대단히 선한 사람이지만 그보다 더 훌륭한 사람이 미래의 어느 순간에 나타날 수도 있으며, 그럴 경우 신앙적 충성심이 그에게로 옮겨질 것이라고 단언함으로써 전통적 신앙과 모종의 관계를 유지하고자 했다. 근대의 자유주의 신학자들은 그들이 예수에 관한 도덕적 평가에 부가하는 많은 최상급의 형용사들에 의해 그들이 역사의 상대성을 초월할 수 없다는 사실을 알지 못했으며, 예수가 선하다고 판단하고 미래의 어떤 인물이 예수보다 더 선하다고 판단할 때 어떤 기준으로 그렇게 판단할지도 제대로 알지 못했다. 그들은 모든 역사적 판단들은 역사 자체의 속성에 관한 명시적이거나 암시적인 가정에 의존한다는 사실을 알지 못하며, 역사의 속성에 관한 어떤 판단도 역사와 영원성의 관계에 관한 더 이상의 가정에 의존하지 않고는 불가능함을 알지 못한다.

인간의 본성에 관한 연구라는 점에서 볼 때 그리스도에 관한 근대의 모든 해석들에 있어서 문제점은 그들이 인간의 유한성과 자유를 충분히 인식하지 못하고 있다는 사실이다. 그의 궁극적인 자유와 자기초월에 있어서 시간과 자연을 넘어서기 때문에 인간은 자연과 역사에서 일어나는 어떤 것도 인간을 규정하는 궁극적 규범으로 간주할 수 없다. 인간은 궁극적 실체의 본성 이외에는 진정한 규범을 발견할 수 없는 피조물이다. 이것이 그리스도를 "두 번째 아담"이라고 가르치는 교리의 의미이다. 믿음에 의해 하나님의 속성에 대한 계시로서 받아들여진 바로 그 그리스도가 동시에 인간의 본질에 대한 계시로 간주된다. 그리스도는 이런 양면적인 의미를 가진다. 사랑이 이런 양면적 의미를 가지기 때문이다. "하나님은 사랑이시다."란 명제에서 알 수 있듯이 창조된 세계의 근거이자 그 세계의 심판의 기준이 되는 그 궁극적 실체는 "부동의 원동자"나 무차별적 영원성이 아니라 생명의 생동적이고 창조적인 원천이며 생명과 생명의 조화의 원천이다. 인간의 본성도 그의 본질에 있어서 사랑이다. 이것은 자연의 통일성과 조화에 연루되어 있지만 동시에 그의 자유에서 자연을 초월하는 인간에게는 자유로운 인격이 다른 인간들과 자유의지를 통해 연합된 사랑 이외에는 어떤 조화의 원리도 있을 수 없음을 의미한다. 그러나 자연의 강요된 통일성과 "법"에 의해 수립된 고도로 상대적인 사회적 결속형태들은 인간의 자유를 규정하는 궁극적 규범으로서 적합하지 않다. 유일하게 적합한 규범은 실제로 역사를 초월하며 오직 십자가에 달리기 위해 역사에 출현할 수 있는 완전한 사랑의 역사적 구현뿐이다.[174]

기독교 계시에 관한 근대의 지나친 자연주의적 해석들과 달리 헬레니즘의 해석들은 – 이 해석들에서는 성육신에서 시간과 영원의 관계가 강조되는데 – 인간의 삶이 일어나는 실제적인 차원을 강조하는 장점을 가진다. 인간의 삶은 시간의 차원은 물론이고 영원의 차원과도 관련되어 있다. 헬레니즘 기독교는 헬레니즘에 대한 기독교 신앙의 부분적인 승리라고 볼 수도 있다. 하나님이 인간이 되었으며 인간이 신적인 존재자가 될 수 있다는 믿음인 성육신 교리는 자연과 역사의 흐름과 완전하고 조용한 영원한 질서 사이에 건널 수 없는 심연이 있다고 주장하는 비기독

---

174 이와 관해서는 이 책의 제 2권 3장에서 보다 자세히 다루어질 것이다.

교적이고 플라톤적인 헬레니즘의 이원론과는 전혀 다르다.

그러나 헬레니즘 기독교는 (그리고 그와 함께 모든 다른 문제들보다 시간과 영원의 문제를 우선적으로 생각하는 한 카톨릭 전통 전체는) 그리스 사상의 이원론과 염세주의를 거부하는 이런 성서적 주장을 옹호하는데 전력을 쏟았다. 그러므로 헬레니즘 기독교는 더 중요한 쟁점을 소홀히 하였다. 기독교에서 더 중요한 쟁점은 인간의 유한성이 아니라 그의 죄에 관한 문제이며, 인간이 자연의 변화에 연루되어 있다는 사실이 아니라 그런 변화의 과정을 피하려는 헛된 노력이다. 성서적 종교의 이런 쟁점에서 가장 중요한 문제는 어떻게 유한한 인간이 하나님의 알 수 있느냐 하는 것이 아니라, 어떻게 죄인이 하나님과 화해될 수 있느냐 하는 것과, 어떻게 역사가 역사의 "가장된 영원들", 즉 유한성을 피하려는 역사의 교만과 성급한 노력에서 오는 비극적 결과들을 극복할 수 있느냐 하는 것이다.

하나님이 성육신을 통해 인간에게 말하는 것은 성서적 신앙이 생각하는 역사의 이런 핵심적 문제에 대해 대답하는 것이다. 그리고 성육신을 통한 계시의 요지는 화해의 행위이다. 그런데 여기서 주목해야 할 점은 이런 화해의 행위에서는 인간의 교만에 대한 하나님의 심판이 취소되는 것이 아니라 오히려 하나님 자신이 인간의 죄와 교만을 위해 희생했다는 깨달음에 의해 인간의 죄가 더욱 철저하게 폭로된다는 사실이다. 그럼에도 불구하고 마지막 약속은 심판의 말이 아니라 자비와 용서의 말이다.

대속과 칭의에 관한 교리는 "건축자들이 버렸지만 모퉁이를 받치는 돌이 되어야 하는 돌"이다. 그 교리는 인간의 본성과 인간 역사를 이해하기 위해 절대적인 전제이다. 그런데 앞으로 논의되겠지만 교부시대 기독교에서는 그 교리보다 성육신 교리에 함축되어 있는 "시간-영원"의 문제가 더 중요시 되었다. 중세의 카톨릭 교회에서는 대속과 칭의에 관한 교리의 타당성이 시간과 영원의 관계에 관한 교리에 의해 평가되었기 때문에 카톨릭 교회는 죄의 심각성이나 인간 역사의 비극을 제대로 이해하지 못했다. 대속론과 칭의론이 기독교의 핵심적 진리로서 중요하게 다루어진 것은 개신교 종교개혁에서였다. 그러나 그 교리는 곧 그의 핵심적 위치를 상실하게 되었으며 그 결과 근대의 자유주의 개신교는 그 교리의 의미나 중요성을 중세시대보다 덜 느끼게 되었다.

인간의 본성에 관한 성서적-개신교의 해석이 왜 이렇게 단명할 수밖에 없었는지는 우리가 주목해야 할 또 다른 문제들 중의 하나이다. 만일 중세의 카톨릭 교회가 인간의 본성에 관한 성서적 해석과 고전적인 그리스적 해석을 결합했다면, 그리고 만일 근대가 시작되면서 이런 종합이 파괴되어 르네상스는 그 종합에 있는 고전적 요소를 강조한데 반해 종교개혁은 그 종합으로부터 성서적 요소를 이끌어 냈다면, 그후의 근대문화에서는 르네상스의 관점이 종교개혁 교리에 대해 실제적인 승리를 거두었으며 마지막에는 르네상스의 관점이 와해되었다. 그리고 이렇게 르네상스의 관점이 와해되면서 고전주의에 있는 플라톤적이고 관념론적인 요소들이 무너지고 스토아 철학과 에피쿠로스 철학에 기초한 자연주의 형태들이 등장하게 되었다.

따라서 인간에 관한 근대의 여러 견해들은 고전적인 르네상스의 견해에서 성서적 관점과 가장 밀접하게 관련되어 있는 바로 그 요소들을 제거하는 경향이 있었다. 근대의 그런 견해들은 인간의 본성을 분석할 때 시간-영원의 차원을 제거했기 때문에 당연히 시간-영원의 차원에 죄의 문제를 더하여 더욱 복잡하게 만든 성서적 인간관의 여러 관점들을 경멸하거나 그에 대해 분노를 느꼈다.

2권에서 어떻게 근대문화에서 인간의 본성에 관한 성서적 통찰들이 그렇게 완전하게 무시되거나 와해되었는지 살펴볼 것이다. 근대인의 교만은 성서적 종교의 주장들이 인간의 자존감을 지나치게 손상시킨다고 생각하는 옛 인간의 교만이 새로운 모습으로 등장한 것인가? 아니면 종교 개혁에 의해 성서의 견해들이 심각하게 왜곡된 것인가?

2권에서 이런 물음들에 대한 대답을 찾기 전에 먼저 성서적 인간관의 의미를 해명하는 작업이 이루어져야 한다.

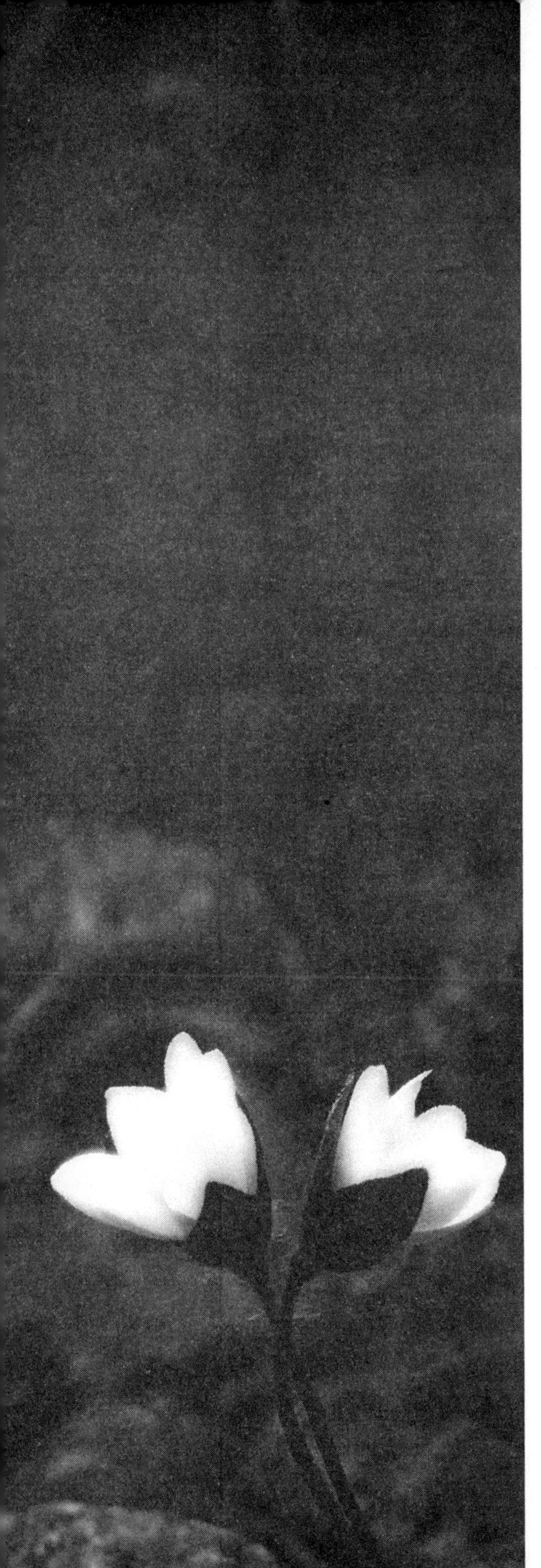

6장

하나님의 형상과 피조물로서의 인간

6장

하나님의 형상과 피조물로서의 인간

　　기독교적 인간관은 인간의 실존에 관한 세 가지 관점들을 상호 연관성에서 해석한다는 점에서 다른 대안적 견해들과 전혀 다르다. (1) 성서적 인간관은 "하나님의 형상"에 관한 교리에서 인간의 정신에 내재하는 고도의 자기초월 능력을 강조한다. (2) 성서적 인간관은 인간의 연약함과 의존성과 유한성을 강조하며, 인간이 자연계의 필연성과 우연성에서 벗어날 수는 없지만 그렇다고 이런 유한성이 그 자체로 악의 근원이라고 생각하지는 않는다. 가장 순수한 형태에서 기독교적 인간관은 인간을 신성과 피조성의 통일성으로 간주한다. 이런 통일성을 본질로 하는 인간은 그가 아무리 높은 영적 차원에 도달한다 할지라도 여전히 하나의 피조물이며, 아무리 낮은 단계의 자연적 삶에서도 하나님 형상의 여러 요소들을 드러낼 수 있다. (3) 성서적 인간관에 따르면 인간의 악은 그의 의존성을 인정하지 않으려 하고, 그의 유한성을 받아들이지 않으려 하며, 그의 존재의 불확실성을 인정하지 않으려 하는 불가피하지만 필연적이지는 않은 저항의 결과인데, 그 결과 인간은 그가 피하고자 하는 존재의 불확실성을 더욱 악화시키는 악순환에 빠지고 만다.

　기독교적 인간관에 들어있는 이 세 요소들을 분석할 때 우리는 한편에서는 다른 – 부분적으로는 정반대의 – 인간관들에 의해 혼합될 끊임없는 위험에 맞서 이런 성서적 인간관의 논리를 분명하게 차별화하려 한 기독교 신앙 내부의 다양한 노력들을 검토할 것이다. 다른 한편, 우리는 다른 견해들에 의해 모호하게 되었고 혼란스럽게 된 인간의 문제들에 대해 기독교적 인간관이 제시하는 대답이 적합함을 입증함으로써 기독교적 견해의 정당성을 확인해야 한다.

1. 성서적 근거

인간이 하나님의 형상에 따라 하나님과 비슷하게 창조되었다는 성서적 교리에 대해 성서 자체에서는 당연히 정확한 심리학적 설명이 전혀 없다. 성서적 심리학은 그리스 사상처럼 인간의 심리를 자세하게 분석하지도 않는다. 초기 그리스 사상에서처럼 성서에서도 처음에는 정신과 영혼이 분명하게 구별되지 않았다. 구약성서에서는 '라우흐'(숨)와 '네페쉬'(바람)가 서로 같은 의미로 사용된다. 그 단어들에는 정신이 우월하다는 어떤 특별한 생각보다는 오히려 육체와 영혼이 통일성을 이룬다는 히브리 사상이 함축되어 있다. 인간의 완전한 통일성에 관한 이런 히브리 사상을 이해하기 위해서는 '네페쉬'가 피 속에 있다고 믿어졌다는 사실이 중요하다. 하지만 점차로 '라우흐'란 용어는 하나님과 관계하는 인간의 기관을 가리키는 특별한 의미로 사용되고, '네페쉬'는 영혼이나 마음($\psi\nu\chi\acute{\eta}$), 즉 인간 안에 있는 생명의 원리(vis vitalis)와 동일한 의미로 사용되었다. 예를 들면, 선지자들은 언제나 하나님의 '라우흐'에 의해 생기를 받았다고 한다.[175] 마음($\psi\nu\chi\acute{\eta}$)과 성령($\pi\nu\varepsilon\tilde{\upsilon}\mu\alpha$)에 관한 신약성서의 구분은 실제로 구약성서의 후대 기록들의 구분과 동일하여, 프뉴마('$\pi\nu\varepsilon\tilde{\upsilon}\mu\alpha$')는 '라우흐'와 동일한 개념으로 사용된다. 따라서 '$\pi\nu\varepsilon\tilde{\upsilon}\mu\alpha$'는 정신으로서 영혼과 구분되지만, 이런 구분이 절대적인 것은 아니다. 왜냐하면 "정신은 영혼 옆에 따로 분리되어 있는 어떤 것이 아니기 때문이다. ... 영혼과 육체를 분

---

175 참조, H. Wheeler Robinson, *The Christian Doctrine of Man*, pp. 20, 65; *Realencyclopaedie fuer Protestantische Theologie und Kirche*, Vol. VI, p. 452.

리할 수 없는 것과 마찬가지로 정신과 영혼도 결코 서로 분리될 수 없다. 그 개념들은 구분될 수는 있지만 분리될 수는 없다. 그리고 그 개념들이 구분될 때는 정신이 영혼의 원리이다.”[176] 영혼과 육체의 구분이 절대적인 것은 아니지만, 신약성서가 그리스철학에서 합리적 이성을 지칭하는 ‘누스’(νοῦς)와 구별하여 정신을 가리키기 위해 거의 배타적으로 사용하는 프뉴마(‘πνεῦμα’)는 인간에게 있는 ‘상대적인 하나님 형상’(relative God-likeness)을 가리킨다. 그래서 어떤 주석가들은 바울에게서 ‘πνεῦμα’는 자연적 인간에 있는 정신이 아니라 오직 하나님의 특별한 은사를 가리킨다고 생각하기도 한다.[177] 사도 바울은 자연적 기질로서의 인간의 정신을 지칭하기 위해 ‘πνεῦμα’란 단어를 사용하지만 바울의 심리학은 일반적으로 그의 구원론과 관련된 용어들에서 ‘πνεῦμα’와 ‘σάρξ’(사르크스)를 대립적인 개념으로 사용한다. 이때 ‘πνεῦμα’는 자연적 능력 이상의 어떤 것을 의미하고, ‘σάρξ’는 육체라기보다는 오히려 죄의 근원을 의미한다. 그러므로 인간 안에 있는 하나님의 형상에 관한 창세기의 교훈을 제외하면 성서의 심리학이 기독교적 인간관의 완전한 토대를 제공하지는 않는다. 그러나 그것은 몸과 영혼 그리고 정신과 영혼을 지나치게 철저히 구분하지 않고 정신을 그리스 철학에서처럼 그렇게 철저히 지성적인 관점에서 정의하지 않음으로써 기독교적 심리학이 강조하는 점들과는 대체로 일치한다. 육체와 영혼의 통일성에 관한 히브리 사상이 파기되지는 않지만, 정신은 무엇보다 신적인 것을 파악하는 능력이자 신적인 능력으로 간주

---

176 *Realencyclopaedie*, Vol. VI, p. 453.

177 참조, *inter alia*, Weiss, *The History of Primitive Christianity*, Vol. II, p. 479. 홀츠만(Holzmann)도 같은 생각을 가진다. 그러나 이런 견해는 절대적이지는 않다. 바울이 고전 2:11과 5:3에서 말하는 “πνεῦμα”는 분명 인간의 정신이기 때문이다.
  신약성서에서 사용되는 “πνεῦμα” 개념의 포괄적인 분석을 위해서는 그리고 기독교 사상에서 “정신”이란 개념의 명시적 의미와 함축적 의미를 위해서는 참조, Edwyn Bevan, *Symbolism and Belief*, 7장과 8장.

된다.

정신을 신적인 능력으로 보는 견해는 "하나님의 형상"이란 개념을 정의하고자 하는 기독교 신학의 노력들에서 두드러지게 나타난다. 특히 플라톤의 영향이 강한 중세 초기와, 아리스토텔레스가 아우구스티누스와 성서와 함께 신학적 진리의 결정적 기준이 된 중세 후기에는 종종 "하나님의 형상"(imago Dei)에 관한 정의가 인간을 합리적 피조물로 보는 아리스토텔레스의 한계를 넘어서지 못하였다. 그렇지만 플라톤과 아리스토텔레스의 영향이 가장 강한 기독교 분파들에서조차도 "하나님의 형상"이 하나님을 향한 인간의 지향성이라고 주장하는 사람들이 있었으며, 인간의 무한한 자기초월 능력을 기독교적으로 이해한 사람들이 있었다.[178]

178 니사의 그레고리우스(Gregory of Nisa)는 인간 안에 있는 하나님의 형상을 다음과 같이 정의한다. "하나님의 신성은 '태초에 말씀이 계시니라'를 이해하는 마음과 말이다. … 인간성도 이런 마음과 말에서 멀지 않다. 당신은 당신 자신 속에서 말과 지성을 발견한다. 당신의 말과 지성은 하나님의 마음과 말의 모방이다"(Par. V. "On the Making of Man"). "따라서 영혼은 지성적이고 합리적인 영혼에서 완성된다. 지성적이지도 않고 합리적이지도 않은 모든 것이 영혼의 이름을 가질 수도 있다. 그러나 그것은 실제로는 영혼이 아니라 영혼의 이름으로 불리는 어떤 생명력이다"(Par. XV). 다음과 같은 언급에서 알 수 있듯이 그레고리우스의 이런 생각은 본질적으로 플라톤주의이다. "야만적인 창조물의 모든 특수한 조건들이 영혼의 지성적인 부분과 혼합되어 있다. 그런 것들은 분노와 두려움과 모든 적대적인 행위들, 즉 이성과 사유능력 이외의 모든 것이다. 오직 피조물 중 뛰어난 존재인 인간만이 하나님의 형상을 가진다"("On the Soul and Resurrection"). 그러나 그레고리우스는 다음과 같은 관찰과 함께 이런 합리주의에 보다 성서적인 요소를 도입한다. "하나님은 사랑이며 사랑의 원천이다. 우리 본성의 창조자가 또한 이 사랑을 우리의 특성이 되도록 했다. … 따라서 만일 사랑이 없다면 하나님 형상의 모든 특징은 바뀌게 된다." Par. XI in: *Nicene and Post-NIcene Father, Second Series*, Vol. V, pp. 390-442.
　　오리게네스의 플라톤주의에서는 육체와 영혼이 통일성을 이루고 있다는 성서적 의미가 완전히 사라진다. 그에게 있어서 인간 안에 있는 하나님의 형상(ψυχή λογική)은 육체를 입고 살아감으로써 전생의 타락을 속죄하는 타락한 천상의 정신이다.
　　토마스 아퀴나스에게서는 "하나님의 형상"에 관한 지성적 개념과 성서적 개념이 혼합되는데, 이때 아리스토텔레스의 철학적 관점들이 주도적 역할을 한다. 하나님의 형상은 "본질적으로 지성적인 본성"으로 정의된다. 그러나 "두 번째로 우리는 인간 안에 있는 하나님의 형상을 그의 우연적 속성들에 관해 생각해 볼 수도 있는데, 이때 주목해야 할 것은 아우구스티누스는 다른 교리에서와 마찬가지로 "하나님의 형상"에 관한 교리에 있어서도 기독교적 인간관의 완전한 의미를 이해한 최초의 기독교 신학자이다.[179] 아우구스티누스가 하나님의 형상을 일견 순수한 합리주의 관점에서 정의하는 것처럼 보이는 것은 그가 신플라톤주의의

인간 안에 있는 하나님의 형상은 하나님의 모방이라는 사실이다, 그리고 모방으로서의 하나님의 형상은 하나님이 하나님이듯이 인간은 어디까지나 인간이라는 사실에 있으며, 하나님이 온 세상과 관계하듯이 총체적인 인간의 영혼은 인간의 몸 전체와 모든 부분에 관계하고 있다는 사실에 있다." 그럼에도 불구하고 이런 생각 때문에 아퀴나스의 현저한 합리주의가 흔들리지는 않는다. 아퀴나스는 철저한 합리주의적 입장에 서서 천사보다는 오히려 인간이 하나님의 형상으로 창조되었다는 아우구스티누스의 주장을 반박한다. 아퀴나스에 의하면 "우리는 절대적으로 말하면 천사들이 인간보다 하나님의 형상에 더 가깝다는 사실을 인정해야 한다. 비록 어떤 점들에서는 인간이 천사들보다 더 하나님을 닮아 있기는 하지만 말이다." *Summa theologiae*, Part I, Question 93, Art. 3.

인간이 하나님과 맺는 고결한 복종과 사랑의 관계인 하나님의 형상에 관해 아퀴나스는 이런 형상은 인간의 원초적 본성에 속할 수 없다고 주장한다. 그 형상이 인간의 원초적 본성에 속한다면 그것이 타락에 의해 소멸될 수 없었을 것이기 때문이다. 인간이 지금은 하나님의 형상을 소유하고 있지 못하기 때문에 그 형상은 인간이 타락과 함께 잃어버린 초자연적인 은사로 간주되어야 한다. "(근원적 상태의) 정의의 본질은 인간의 이성이 하나님에게 복종하고, 낮은 신들은 이성에 복종하고, 육체는 영혼에 복종하는데 있다. 그리고 첫 번째의 복종이 두 번째와 세 번째 복종 모두의 근거이다. 이제 분명한 것은 그런 복종은 자연으로부터 오지 않았다는 것이다. 그렇지 않으면 그 복종은 죄를 지은 후에도 여전히 남아 있었을 것이기 때문이다. ... 따라서 이성이 하나님께 복종하도록 한 원초적 복종은 단순히 자연적 은사가 아니라 초자연적인 은혜였다." *Summa theologiae*, Part I, Question 95, Art. 1.

인간에게는 자연적 재능들 이외에도 부수적 은사(*donum superadditum*)가 주어졌는데, 타락에서 그런 은사는 사라졌지만 자연적 덕은 손상되지 않고 남았다는 공식적인 카톨릭 교회의 교리는 대단히 모순적이다. 피상적으로 보면 초자연적인 덕이 손상된 것처럼 보인다. 그러나 그런 초자연적인 능력은 인간을 죄로 이끈 능력, 즉 자기를 초월하는 인간의 정신과 동일하다. 그러므로 인간의 구조는 타락 이후에 바뀌었다. 인간은 본질적으로 아리스토텔레스적인 인간이 되었다. 인간은 유한성 때문에 인간의 한계를 벗어날 수 없는 자연적 덕의 능력을 가진다. 그에게는 신적인 존재자가 될 수 있는 능력이 없다. 이것이 사실이라면 인간에게는 자신을 미화하는 죄를 범할 능력도 없을 것이다.

179 칼빈에 의하면 초기 교부들의 인간론에서 발견되는 논리적 모순들과 모호함과 달리 아우구스티누스는 인간에 관한 깊은 통찰을 가지고 있었다. 칼빈에 의하면 "무엇보다도 그리스인들은, 특히 그중에서도 크리소스토무스는 인간의 의지의 능력을 지나치게 찬양했다. 그렇지만 이런 주제에 관해 아우구스티누스를 제외한 모든 교부들의 주장은 대단히 모호하기 때문에 그들의 저술들로부터는 거의 어떤 확실한 결론도 도출될 수 없다." *Institute*, Book II, Ch. 2, par. 4.

영향을 강하게 받았기 때문이다. 아우구스티누스에 의하면 "인간은 몸이 아니라 그의 정신이 하나님의 형상에 따라 창조되었다. 인간 자신의 모습에서 우리는 하나님을 찾을 수 있으며, 인간 자신의 형상에서 창조자를 알 수 있다."[180] "우리는 인간의 영혼에서, 즉 인간의 합리적이고 지성적인 영혼에서 창조자의 형상을 발견해야 한다. 창조자의 형상이 그의 영원성에서 영원히 인간 영혼에 심겨져 있기 때문이다. … 비록 이성 또는 지성이 그 안에서 어떤 때는 잠자고, 어떤 때는 하찮은 것처럼 보이고, 어떤 때는 위대하게 보이기는 하지만 인간의 영혼이 결코 합리적이고 지성적이지 않은 것은 아니다. 따라서 만일 인간의 영혼이 하나님을 이해하고 보기 위해 이성을 사용할 수 있다는 점에서 하나님의 형상에 따라 창조되었다면 그런 본성이 그렇게 불가사의하고도 위대하게 존재하기 시작한 바로 그 순간부터 - 이 형상이 거의 없어질 정도로 그렇게 닳아 없어지든, 그것이 희미하고 지워지든 아니면 빛나고 아름답든 - 확실히 인간의 영혼은 언제나 존재한다."[181] 그러나 아우구스티누스에게 있어서 "합리적이고 지성적인 영혼"은 논리적인 추론능력, 즉 "일반적인 개념"을 형성할 수 있는 능력 이상의 어떤 것이다. 여기서 우리는 그가 신플라톤주의의 전통에 서 있음을 발견하는데, 이것은 그의 신앙을 이해하는데 도움이 된다. 왜냐하면 플로티노스에게 있어서 'νοῦς'(누스, 이성)은 자아인식과 내적 자기반성 능력을 의미하기 때문이다. 아우구스티누스의 가장 중요한 관심사는 인간의 정신에 내재하는 자기초월 능력이다. 그는 인간의 기억을 특히 중요하게 생각했다. 기억은 인간이 시간을 초월하고 마지막에는 자신을 초월하는 능력을 상징하기 때문이다. "내가 기억의 장소에 들어갈 때 나는 내가 원하는 것이 기억되어 나오기를 요구하는데,

---

180 In: *Joan. Evang.*, XXIII, 10.

181 *De trin.*, XIV, 4, 6.

어떤 것은 즉시 기억되어 나온다. 그리고 어떤 것들은 내면 깊은 곳에 저장되어 있기 때문에 비교적 오랫동안 기억을 더듬어 찾아야 한다. ... 그렇지만 사물들 자체가 기억의 저장소에 저장되는 것은 아니다. 오직 지각된 사물의 이미지(형상)만이 기억의 저장소에서 생각이 부르기를 기다리고 있다. ... 왜냐하면 내가 어둠 속에서 침묵하고 있는 동안에도 나는 원하기만 하면 나의 기억 속에서 다양한 색깔들을 생산할 수 있기 때문이다. ... 그렇다. 나는 향기를 직접 맡아보지 않아도 제비꽃과 백합의 향기를 구별할 수 있다. ... 나는 나의 거대한 기억의 뜰에서 이런 일들을 한다. ... 바로 그 기억의 뜰에서 또한 나 자신을 만나며, 나 자신을 회상하며, 내가 언제 어디서 무엇을 어떤 느낌으로 했는지 회상한다. ... 동일한 저장소로부터 나는 내가 경험하고 믿은 사물들의 새로운 외형을 과거의 것과 끊임없이 결합하며, 거기서부터 다시 미래의 행위들과 사건들과 희망들을 추론하며, 이런 모든 것들을 다시 현재로서 반성한다. 나는 그렇게 많고 그렇게 위대한 사물들의 이미지들이 쌓여있는 내 마음의 거대한 기억의 저장소에서 이러저러한 일을 행할 것이라고 다짐한다."

시간을 초월할 수 있는 능력에 관해 서술하고 자주적 결정과 자기 초월의 궁극적 힘에 관해 기술하면서 아우구스티누스는 자아의 한계는 결국 자아 밖에 있다는 놀라움과 확신을 가지게 되었다. 그는 기억을 찬양하는 그의 노래를 다음과 같은 말로 결론짓는다. "기억의 힘은 위대하다. 상상할 수 없을 정도로 위대하다. 오, 나의 하나님. 크고도 무한한 기억의 방. 누가 그 바닥을 두드려 본 적이 있는가? 그렇지만 이것은 나의 기억이며 나의 본성에 속한다. 나는 내 스스로는 내 존재의 모든 것을 이해하지 못한다. 그러므로 마음이 스스로를 품기에는 마음은 너무 좁다. 그런데 마음이 자신을 품지 않은 곳이 어디란 말인가? 마음은 마음 밖에 있고 안에 있지 않는가? 그러면 어떻게 마음이 자신을 이해하지 못하는가? 놀랍고도 놀라운 일이다." 아우구스티누스는 그의 초월하는 능력 중에서 가장 두드러진 모습인 자기초월 능력을 거듭해서 강조한다. "내가 기억을 기억할 때 기억 자체는 저절로 일어난다. 그러나 내가 망각을 기억할 때는 기억과 망각이 동시에 존재한다." … "기억의 힘은 위대하다. 두려운 일이다. 오, 나의 하나님. 깊고도 무한한 다양성. 이것이 마음이며 이것이 나 자신입니다. 그렇다면 나는 누구입니까? 오, 나의 하나님. 무슨 본성이 나입니까?"

인간의 자기초월의 이런 신비를 묵상할 때 아우구스티누스가 도달한 결론들은 인간의 종교적 본성을 이해하는데 대단히 중요하다. 그는 초월의 힘이 그를 다른 모든 것으로부터 소외시키기 때문에 오직 하나님 안에서만 평안을 발견할 수 있다고 결론짓는다. "나는 할 수 있는 한 이곳에도 뛰어들고 저곳에도 뛰어들지만 그런 방황에는 끝이 없다. 기억의 힘은 그렇게 위대하고, 생명의 힘은 그렇게 위대하다. 인간의 도덕적 삶에서조차 그렇다. 나의 참 생명이신 나의 하나님이여, 이제 나는 무엇을 해야 합니까? 나는 기억이라 불리는 나의 이 힘을 넘어서겠습니다. 그것을 넘어 당신에게 가까이 가렵니다. 오, 나의 따스한 빛이시여. … 내가 어디서 당신을 찾을 수 있나이까? 기억이 없이 내가 당신을 발견한다면 나는 당신을 나의 기억에 간직할 수 없습니다. 그리고 당신을 기억하지 못한다면 어떻게 당신을 발견한단 말입니까?"[182]

이 마지막 물음들은 특히 중요하다. 그 물음들이 아우구스티누스의 사상에서 신플라톤주의 사상과 기독교 사상의 분기점이 되기 때문이다. 신플라톤주의자로서 아우구스티누스는 하나님을 자아의식의 신비에서 찾고자 한다. 그의 초기 저술들에서 보면 그가 여전히 자아의식을 신적인 것과 동일시하는 구절들이 있다. "당신 내면 깊은 곳으로 들어가라.

---

182 *Confessions*, Book X, par. 7-17.

당신 마음의 은밀한 곳으로 들어가라. 당신이 당신 자신으로부터 멀어진다면 어떻게 하나님과 가까워질 수 있겠는가?"[183] "만일 당신이 본성의 변덕스러움을 발견한다면 당신 자신을 초월하십시오. 그러나 당신이 당신 자신을 초월할 때 당신은 합리적 영혼 위로 당신 자신을 고양시킨다는 사실을 기억하라. 그러므로 바로 그 이성의 빛이 빛나는 그곳에 이르도록 노력하라."[184] 사실 인간 정신의 신비와 위엄에 대한 아우구스티누스의 관심과 강조는 단지 기독교적 통찰들에서만 유래하는 것이 아니다. 인간 정신에 대한 그의 통찰들이 뛰어난 것은 그가 신비주의와 기독교가 최선의 상태로 공유하는 것, 즉 인간 정신은 그의 깊이와 높이에 있어서 영원에 도달할 수 있다는 생각과 이런 수직적 차원은 단순히 일반적인 개념을 형성하는 이성의 능력보다 인간을 이해하는데 더 중요하다는 생각을 종합할 수 있었기 때문이다. 개념을 형성하는 이성의 능력은 수직적 차원에서 유래한다. 말하자면 그것은 넓은 세계를 조망하는 지평적 시각들인데, 이런 지평적 시각은 인간 정신이 그 장면을 내려다보며 관찰할 수 있는 그런 높이에 의해 가능하게 된다.

하지만 아우구스티누스는 성서적 신앙에 바탕을 두고 있었기 때문에 자아의식을 신격화하는 신비주의에까지 가지는 않고 그 직전에서 멈춘다. 신격화된 인간의 자아의식은 하나님을 지향하기는 하지만, 그를 이해할 수는 없다. "인간의 본성에 관한 한 인간 안에는 마음이나 이성보다 나은 어떤 것도 없다. 그러나 행복하게 살고자 하는 사람은 그런 것들에 따라 살아서는 안 된다. 그렇게 되면 하나님에 따라 살아야 할 사람이 인간에 따라 살게 될 것이기 때문이다."[185] "우리는 하나님에 관해 말하고 있

---

183 *Joan. Evangel.*, XXIII, 10.

184 *De vera relig.*, XXXIX, 72.

185 *Retract.*, I, I, 2. Quoted by Przywara, *Augustinian Synthesis*, p.23.

다. 당신이 이해하지 못한다는 것이 이상한가? 당신이 이해한다면 그는
하나님이 아니기 때문이다. … 마음에 의해 조금이라도 하나님에게 도달
한다면 그것은 커다란 축복이다. 그러나 하나님을 이해한다는 것은 전
혀 불가능하다."[186] 바로 이점에서 아우구스티누스는 기독교적인 계시를
강조하기 때문에 궁극적으로 신비주의의 위험에 빠지지 않는다. 인생은
자신 너머를 지향한다. 그러나 자신이 그곳에까지 도달할 수 있다고 생
각해서는 안 된다. 그것은 인간의 근본적인 죄를 범하는 것이다. 그러므
로 인생이 서있는 전 영역을 이해할 수 있는 것은 오직 그 이해의 전제를
믿음으로써만 가능하다. "비록 무엇인가 이해하지 않고는 아무도 하나
님을 믿을 수 없지만 그럼에도 불구하고 그가 믿는 바로 그 믿음에 의해
그는 위대한 것들을 이해할 수 있게 된다. 우리가 이해하지 않고는 믿지
못하는 것들이 있으며, 우리가 믿지 않고는 이해하지 못하는 것들이 있
다."[187]

아우구스티누스가 신플라톤주의에 심취했던 초기에 범한 몇 가지 오
류들에도 불구하고 어떤 기독교 신학자도 인간과 하나님 사이의 관련
성과 차이에 관해 그보다 더 확고하게 진술한 신학자는 없다. 인간 안에
내재하는 하나님 형상의 본질적 특성에 관한 그후의 모든 진술들은 아
우구스티누스에게 빚지고 있다. 만일 그 진술들이 지나치게 단순한 합리
주의의 피상적인 진술들을 피하고자 한다면 특히 그렇다.[188]

아우구스티누스 사상의 영향을 받은 기독교 신학은 하나님의 형상을

---

186 *Sem. (de script. N. T.)* CXVII, iii, 5.

187 In *Ps. 118, Serm.* xviii, 3.

188 칼 바르트는 일반적으로 아우구스티누스의 전통에 서 있지만 하나님으로부터 인간으
로의 계시는 그 계시 자체가 창조하는 접촉점들을 제외하면 인간과의 어떤 접촉점도 없
다고 주장한다. 그런데 그런 그가 인간 안에 있는 하나님의 형상에 관한 아우구스티누
스의 정의들이 대단히 불합리하다고 생각하여 신랄하게 비판한다는 것은 주목할 만하
다 . 참조, *Doctrine of the Word of God*, p. 281.

영혼의 합리적 능력이란 관점에서 일관되게 해석한다. 그러나 영혼의 이런 합리적 능력에는 하나님을 아는 데까지 이르는 능력과 (영혼의 합리적 능력이 죄에 의해 오염되지 않을 때) 그의 삶을 창조자에게 복종시킴으로써 축복과 덕을 성취하는 능력이 포함된다. 칼뱅에 의하면 "비록 영혼이 총체성으로의 인간은 아니지만 인간을 영혼과 관련하여 하나님의 형상이라 부르는 것은 불합리하지 않다. 비록 내가 일관되게 주장하듯이 하나님의 형상은 다른 동물들을 능가하는 인간 본성의 모든 탁월함을 포괄하는 개념이긴 하지만 말이다. 그러므로 하나님의 형상이란 개념은 아담이 올바른 판단력을 잃지 않고 있었을 때, 그의 모든 정서가 이성에 의해 통제되고 그의 모든 감각기관들이 적절하게 다스려지고 있었을 때, 그리고 그의 탁월한 본성이 진실로 창조자의 탁월함을 닮았을 때 그가 소유했던 그런 완전성을 의미한다."[189] 여기서 칼뱅은 하나님의 형상을 인간 본성의 고유한 구조라는 관점과 원래는 완전했었지만 지금은 사라진 속성이란 두 관점에서 정의하고 있다. 칼뱅에게 있어 영혼의 이성은 의지의 자발적 결정(self-determination)과 초월성을 포함하는 능력들을 의미한다. 아우구스티누스는 영혼의 이성이 가지는 초월성을 다음과 같이 분석했다. "하나님은 인간의 영혼에 선과 악을 분별할 수 있는 마음과 이성의 빛에 의해 추구되어야 할 것과 피해야 할 것이 무엇인지 알 수 있는 마음을 마련해 주었다. ... 이런 마음 이외에도 하나님은 영혼의 그런 선택을 가능케 하는 의지도 인간의 영혼에 마련해 주었다. 인간은 원래 이런 탁월한 능력들을 갖추고 있었기 때문에 고상한 상태에 있었다. 그는 지상에서 그의 삶을 잘 영위하기 위해서 뿐만 아니라 더 나아가 그로 하여금 하나님과 영원한 축복에까지 다다를 수 있게 해주는 이성과 오성과 지혜

---

189 *Institutes*, Book I, Ch. 15, par. 3.

와 분별력을 가지고 있었다."[190] 칼빈은 또한 인간이 그의 총체적 본성에 있어서 몸과 영혼의 통일체라는 히브리적-성서적 인간이해를 존중하는 것도 잊지 않았다. "하나님 형상의 주된 자리는 마음과 정신 또는 영혼과 영혼의 능력들이긴 하지만 인간의 어느 부분도 하나님의 영광의 광채가 빛나지 않는 곳은 없다. 그의 광채는 인간의 몸에도 깃들어 있다."[191]

비록 개신교 종교개혁은 일반적으로 인간의 처지에 관한 견해와 그런 처지를 만나고자 하는 하나님의 계획에 관한 해석에 있어서 모두 아우구스티누스주의의 부흥으로 간주되어야 하지만, 인간에 내재하는 하나님 형상에 관한 아우구스티누스의 견해에 마틴 루터가 어떤 중요한 통찰을 추가했다고 볼 수는 거의 없다. 루터는 카톨릭 교회의 반펠라기우스주의(Semi-Pelagianism)에 대항하여 아우구스티누스의 원죄론을 재정립하고자 했기 때문에 하나님 형상에 관한 그의 모든 해석은 그 형상이 - 그 형상이 무엇이든 - 지금은 상실되었음을 입증하고자 하는 그의 열정에 의해 영향을 받았다. "그러므로 지금 우리가 상실된 그 형상(이미지)에 관해 말하고자 할 때 우리는 알지 못하는 어떤 것, 즉 우리가 경험한 적이 없을 뿐만 아니라 우리가 평생 경험한 것과 반대되는 형상(이미지)에 관해 말하는 것이다. 그러므로 이 형상에 관해 우리가 지금 가지고 있는 모든 것은 '하나님의 형상'이란 단어들뿐이다. … 그러나 아담 안에는 밝은 이성이 있었으며, 하나님에 관한 참 지식이 있었으며, 하나님과 이

---

[190] *Institutes*, Book I, Ch. 15, par. 8.

[191] *Institutes*, Book I, Ch. 15, par. 3. 같은 장에서 칼빈은 몇몇 초기 교부들을 따라 직립보행이 인간 안에 내재하는 하나님 형상의 한 측면임을 지적하다. "나는 짐승과 다른 외형이 우리를 하나님에게 더 가까이 고양시키기도 한다는 사실을 인정한다. 나는 하나님 형상을 다음과 같이 이해하고 싶어 하는 어떤 사람과도 다투지 않을 것이다. '말 못하는 피조물은 그들의 시선이 아래를 향하고 그들의 지상 어머니를 지향하는데 반해, 인간은 위를 바라보며 기다리는 눈으로 자기 자신의 고향인 하늘을 바라본다.'

웃을 모두 사랑하고자 하는 가장 올곧은 의지가 있었다.”[192] 어떤 의미에
서 루터는 하나님의 형상과 타락 이전의 완전성에 관한 어떤 개념은 “자
연신학”, 즉 당면한 불완전성과 죄를 초월하려 하고 완전성의 상태를 실
현되어야 할 목표로 설정하는 인간의 능력과 성향의 불가피한 결과라는
사실을 직접적이기보다는 간접적이고, 명시적이기보다는 암시적으로 입
증한다. 루터는 “그 형상은 죄에 의해 손상되고 어두워졌으며 완전히 더
럽혀졌기 때문에 우리는 그 형상을 생각할 수도 없다”고 주장하지만, 그
럼에도 불구하고 계속해서 그 형상을 주로 현재의 죄의 상태에 대한 대립
이란 점에서 이해하고 정의하고자 한다. 루터에 의하면 비록 현재의 우리
에게는 “원래 인간에게 허락되었던 주권의 이름과 유사성만 남아있고 그
실체는 거의 전부 사라졌지만 … 이런 상태에서도 우리가 장차 올 그 날
을 그리워하여 찾을 수 있음을 알고 생각한다는 것은 아직도 다행한 일
이다.” 이런 그의 정의에서 볼 때 하나님의 형상은 “영혼의 능력들, 즉 기
억과 마음 또는 지성과 의지” 이상의 어떤 것이다. 그는 “인간의 기억은
희망으로 더욱 빛나고, 그의 지성은 믿음으로 더욱 빛나며, 그의 의지는
사랑으로 더욱 빛난다”는 스콜라 철학의 정의도 충분하지 않다고 믿는
다. “하나님의 형상은 이와는 전혀 다르다. … 아담 안에 창조된 하나님
의 형상은 가장 아름답고, 가장 탁월하며, 가장 고상한 작품이었다. … 그
의 지성은 가장 명철하였으며, 그의 기억은 가장 완전하였으며, 그의 의

---

192 In *Commentary on Genesis*. 일반적으로 루터는 하나님의 형상을 순전히 현재의 죄의 상태
와 대립되는 관점에서 정의한다. 종교개혁 당시의 어떤 신학자보다도 더 그는 타락 이전
의 완전한 상태가 가지는 신화적 측면들에 사로잡혀 있었다. 비록 그들 모두가 이런 완
전한 상태의 역사성을 인정하고 있었지만 말이다. 그는 이런 상태의 완전성을 묘사하는
데 지나친 상상력을 발휘하여 그 상태는 정신적이고 영적인 재능들은 물론 신체적 완전
성의 놀라운 속성들도 가지고 있었다고 주장한다. 아담은 “시라소니(살쾡이)를 능가하
는 시력을 가지고 있었으며, 사자와 곰보다 힘이 더 강하여 그것들을 마치 새끼 동물을
다스리듯이 다스렸다.”(*Ibid.*)

지는 가장 순수하여 죽음에 대한 어떤 두려움도 없고 어떤 종류의 염려나 불안도 없는 가장 매력적인 안전성을 동반하였다."[193] 타락 이전의 완전성에 대한 루터의 과장된 주장들은 인간의 현재 상태의 죄와 고통과 죽음을 강조하려는 의지에 의해 촉발되었음이 분명하며, 아우구스티누스와 칼빈과 비교할 때 정확성이 떨어지기 때문에 그의 사상은 하나님의 형상에 관한 기독교적 이해의 실제적인 의미를 해석하는데 크게 도움이 되지 않는다. 루터의 주장들은 오히려 기독교가 인간의 위치를 다른 어떤 견해보다 더 높이 평가하면서도 그의 덕을 더 신랄하게 비판하는 역설을 한 편으로 치우쳐 왜곡되게 해석한 결과였다고 볼 수도 있다. 루터의 경우 기독교의 "양심의 가책"은 대단히 격렬하게 분출하고 카톨릭의 스콜라 철학의 도덕에 대해 타협의 여지가 없이 적대적이기 때문에 그것은 인간 정신의 특징과 구조에 대한 통찰들을 흐리게 할 위험이 있다. 인간 정신의 특징과 구조에 대한 그런 통찰들이 없다면 인간의 양심의 가책은 불합리하게 된다.

더 이상 역사적 분석을 진행할 필요가 없이 다음과 같이 간단히 단정할 수 있을 것이다. "하나님의 형상"에 관한 성서적 견해는 특히 아우구스티누스 이후 – 플라톤이나 아리스토텔레스의 영향이 지나치게 강하지 않았을 때 – 인간의 합리적 능력을 포함하기는 하지만 그 이상의 어떤 것을 암시하는 용어들로 인간의 본성을 해석하는 기독교 사상에 영향을 주었다. 인간의 본성에 관한 하이데거의 탁월한 비신학적 분석은 이런 기독교적 강조를 "인간은 자신을 초월하는 존재자라는 '초월' 개념 ... 인간은 합리적 존재자 이상의 존재자라는 초월 개념"[194]으로서 정의한다. 막스 셸러는 성서적 전통을 따라 인간에 내재하는 이런 특별한 자질과 능

---

193 *Commentary on Genesis*, Part IV, II, V, 26ff.

194 Martin Heidegger, *Sein und Zeit*, p. 49.

력을 표현하기 위해 그리스어 '누스'(nous)와 구별하여 '정신'(Geist)이란
단어를 사용할 것을 제안한다. 그 단어는 "이성이란 개념을 내포하고 있
기는 하지만 사유하는 능력 이외에도 '근원적 현상'(Urphänomenen)이나
의미 개념들을 파악하는 독특한 이해방식을 포함하며, 더 나아가 선, 사
랑, 회개와 존경을 위한 정서적 능력과 의지적 능력을 포함하기도 하기
때문이다." 셸러에 의하면 "인간의 본성과 그의 독특한 자질이라 부를 수
있는 그것은 일반적으로 지성과 선택의 자유라 불리는 그것을 초월하며,
그의 지성과 자유가 아무리 무한대까지 고양된다 할지라도 도달될 수
없을 것이다. ... 단순히 기술적인 지성의 관점에서만 본다면 지성적인 원
숭이와 에디슨과 같은 사람 사이에는 단지 정도의 차이만 있을 것이다.
비록 그 정도의 차이가 크다 할지라도 말이다. 그러나 인간의 정신이 살
아있는 유기체로서 자신을 초월할 수 있고, 자신을 포함하여 시공의 세
계 전체를 그의 지식의 대상으로 삼을 수 있는 것은 그의 정신의 능력 때
문이다."[195]

셸러가 말하는 자유는 철학적 이론이나 신학적 이론에서 대단히 중요
한 통상적인 "선택의 자유" 이상의 어떤 것(때로는 그 이하의 어떤 것)이다.
인간은 자기 결정력을 가지는 존재자인데, 이것은 단순히 그가 자연의
순환과정에 의해 그에게 제시된 다양한 대안들 사이에서 선택할 수 있는
그런 방식으로 자연의 순환과정을 초월한다는 의미에서만 그런 것이 아

---

195 Max Scheler, *Die Stellung des Menschen im Kosmos*, pp. 46-47. 셸러는 이 진술에서 그의 주
   장을 과장하고 있음이 분명하다. 에디슨과 같은 사람의 기술적 지성은 추상화 능력과 일
   반화 능력에 의존하는데, 추상화 능력과 일반화 능력은 다시 "자신을 포함하여 시공의
   세계 전체를 지식의 대상으로 삼을 수 있는" 보다 궁극적인 능력에서 유래한다. 만일 이
   것이 그렇지 않다면 원숭이는 에디슨의 기술적 지성에 어느 정도 근접할 수 있음에 틀림
   없다. 그 둘의 차이는 단지 양적인 것이 아니라 질적인 차이이다. 그러나 셸러가 단순한
   이성을 초월하는 "정신"의 영역을 강조한 점은 옳다. 일상적인 의미의 "이성"이 "정신"을
   포함하는 것이 아니라, "정신"이 "이성"을 포함한다.

니라, 또한 그의 절대적인 목표를 선택해야 하는 그런 방식으로 자신을 초월한다는 의미에서도 그렇다. 인간은 스스로 결정해야 하는 이런 과제에서 무수히 많은 잠재적 가능성들에 직면하게 되며, 궁극적 실체성에 미치지 못하기는 하지만 무한한 존재 가능성을 가진다. 그렇지만 인간은 이렇게 무한한 가능성을 가지지만 동시에 그의 삶이 자연에 의해 결정적으로 제한되는 피조물이기도 하다. 그는 창조에 의해 그에게 설정된 한계를 넘어서는 어떤 것도 선택할 수 없다. 키에르케고르는 자유의 이런 역설을 다음과 같이 단적으로 진술한다. "인간의 상황에서 진리는 바로 선택함과 결정함이 동일하며, 선택됨과 결정됨이 동일하다는 사실이다. 나는 내가 선택하는 것을 결정하지 않는다. 만일 내가 선택하는 것이 결정되어 있지 않다면 나는 선택할 수 없을 것이기 때문이다. 그렇지만 나의 선택을 통해 내가 그것을 결정하지 않았다면 나는 그것을 실제로 선택하지 않았을 것이다. 내가 선택하는 것이 있다. 만일 그것이 없다면 나는 그것을 선택할 수 없을 것이다. 내가 선택하는 것이 없다. 그러나 그것은 나의 선택을 통해 현실화된다. 그렇지 않다면 나의 선택은 환각이다. … 내가 절대자를 선택한다? 무엇이 절대자인가? 내가 곧 영원한 인격체인 절대적 나 자신이다. … 그러나 무엇이 이런 나 자신인가? … 나 자신은 가장 추상적이지만 동시에 모든 실체들 중에서 가장 구체적이다. 그것은 자유이다."[196]

키에르케고르의 이런 탁월한 역설은 그가 자아를 절대자와 동일시하고 "영원한 인격체"와 동일시함으로써 다소 모호해졌다. 기독교 신앙의 관점에서 볼 때 그리스도가 하나님의 속성과 인간의 본성("두 번째 아담")을 동시에 계시해 주었듯이 인간은 오직 하나님의 속성에서만 그가 도달해야 할 수준을 발견할 수 있지만, 그럼에도 불구하고 인간은 하나님이

---

196 *Entweder Oder,* Band, II, p. 182.

되려고 할 수는 없으며 그렇게 해서도 안 되는 피조물이다. 인간이 도달해야 할 표준으로 삼을 수 있는 하나님은 인간 역사의 한 인물, 즉 그리스도에게서 계시된 그런 하나님이다. 그리스도는 역사적 인물이면서 동시에 역사적 인물 이상의 존재자이다. 그의 삶은 역사의 가능성들을 초월하지만, 여전히 역사에서 추구할 수 있는 목표이다. 모든 역사적 목표들은 오직 초역사적인 관점에서만 표현될 수 있기 때문이다. 만일 역사적 목표들이 순전히 역사적인 관점에서만 설정된다면 그것들은 자연과 역사의 어떤 우연성을 구체화 할 것이며, 인간 정신의 한계를 잘못 설정할 것이다. 이런 기독론은 "역사적 예수"가 삶의 표준이 된다고 생각하는 자연주의적 신학들에 의해서는 받아들여지지 않는다. 이런 신학들은 인간의 삶에서 자유가 얼마나 위대한지 이해하지 못하며, 따라서 역사적 삶의 초역사적 기준이 얼마나 중요한지 이해할 수 없다.

그리스도의 삶의 완전한 사랑은 역사 안에서 존재한 이후 십자가 죽음에서 절정에 달한다. 그러므로 그의 사랑은 비역사적인 영원성을 인간 삶의 목표로 설정했다는 의미에서가 아니라, 역사가 정점에 달해 끝나는 지점에서 그 사랑이 구현된다는 의미에서 초역사적이다.[197]

인간은 자유를 가지고 있으며, 자신을 초월할 수 있는 능력을 가진다. 그러나 그는 세계를 초월할 수 있는 그의 능력 저편에서 세계를 초월하는 의미구조의 원천과 열쇠를 발견하지 않고는 의미의 세계를 구축할 수 없다. 종교의 근본적인 문제인 의미의 문제는 사물들 상호간의 관계를 추론하는 일상적인 이성을 초월한다. 이것은 마치 인간 정신의 자유가 그의 합리적 능력들을 초월하는 것과 마찬가지이다.[198]

---

197 인간의 자유에 관한 기독교적 개념과 기독론의 관계는 제 2권 3장에서 보다 자세히 다루어질 것이다.

198 막스 셸러는 이런 차이를 다음과 같이 정의한다. "이성의 문제는 다음과 같을 것이다.

이런 문제는 해석되어야 할 의미의 세계를 초월하는 의미의 원리를 도입하지 않고는 해결되지 않는다. 만일 어떤 살아있는 생명체가 또는 심지어 어떤 하위의 원리가 의미의 원리로 사용된다면 인간은 우상숭배에 빠지게 된다. 그것은 유한하고 우연적인 요소를 하나님으로 찬양하는 것이다. 그것은 설명을 필요로 하는 어떤 것을 궁극적인 의미의 원리라고 생각하는 것이다. 가장 분명한 우상숭배의 형태들은 명백하게 우연적이고 궁극적이지 않은 어떤 종족이나 민족의 삶과 같이 자연적이거나 역사적인 생명력을 중심으로 의미의 세계가 조직되는 형태들이다. 결합과 의미의 근거가 되는 하위의 원리가 궁극적인 원리로 간주된다면 비교적 은밀한 형태의 우상숭배가 이루어진다. 자연에서 일어나는 인과율은 그런 하위의 원리 중 대표적인 예이다. 만일 자연의 인과율을 통해서만 세계의 의미를 이해하고자 한다면 세계는 기계적 통일성에 의해서 이해되는데, 이런 기계적 통일성은 인간의 의식에서 일어나는 자유가 들어설 자리를 허락하지 않는다. 논리적 일관성을 추구하는 합리적 원리는 인과율보다는 어느 정도 고차원적긴 하지만 여전히 부적절한 또 다른 의미 체계를 나타낸다. 의미를 합리성과 동일시하려는 모든 노력은 이성을 신격화하는 것이다. 이성을 그렇게 신격화하는 것은 우상숭배이며, 이성과 논리의 법칙들은 세계의 총체적인 의미를 완전히 파악할 수 없다. 이런 사실은 삶과 역사가 합리적 원리들에 의해 해결될 수 없는 모순들로 가득 차 있다는 사실에 의해 입증된다. 더 나아가 자신을 초월하는 마음은 그것이 마음과 세계의 관계를 설명할 때 자신을 궁극적인 해석원리로 삼

'나는 팔이 아프다. 그 고통은 어디서 왔으며, 어떻게 그 고통에서 벗어날 수 있을까?' 과학의 과제는 그 고통을 정의하는 것이다. 그러나 나는 팔의 고통을 반성함으로써 세상은 고통과 악과 슬픔으로 가득 차 있다는 사실을 생각할 수도 있다. 다음에 나는 이렇게 물을 것이다. 고통과 악과 슬픔의 본질은 무엇인가? 나의 특수한 고통과 관계 없이 고통 자체를 가능하게 하는 존재의 근거는 어떤 것인가?" *Op. cit.* p. 60.

을 수 없다. 자기초월은 불가피하게 인간으로 하여금 세계를 초월하는 하나님을 추구하게 만든다. 아우구스티누스는 이런 자기초월의 과정을 다음과 같이 정확하게 설명한다. "나는 내가 볼 수 있는 한 이쪽과 저쪽을 기웃거립니다. 끝이 없습니다. … 나는 기억이라는 이런 마음의 능력을 넘어설 것입니다. 그렇지만 내가 그렇게 하는 것은 당신에게 가까이 가지 위해서입니다."

하나님은 종교적 신앙을 통해서 이해된다. 그런 종교적 신앙이 이성과 모순될 수는 없다. 궁극적인 의미의 원리가 합리적 통일성에서 발견되는 하위의 의미의 원리와 모순될 수는 없기 때문이다. 그렇지만 비록 그렇다 할지라도 다른 한편에서 보면 종교적 신앙은 단순히 이성에 종속될 수는 없다. 만일 종교적 신앙이 이성에 종속된다고 생각한다면, 종교적 신앙의 하나님이 존재하느냐고 묻는 이성의 물음에는 이미 그렇지 않다는 부정적인 대답이 함축되어 있다. 왜냐하면 이성은 자신을 신격화하며, 따라서 다른 신을 인정할 수 없기 때문이다. 종교에 관한 순전히 합리적이고 지성적인 판단들은 일반적으로 종교적 신앙의 하나님을 이성의 신과 본질적으로 동일하다고 생각한다. 단지 차이가 있다면 종교적 신앙은 이성이 보다 순수하게 파악하는 것을 유치한 방식으로 이해한다는 것이다.

사실 하나님의 형상에 따라 창조된 인간은 "하나님의 형상"이라고 일컬어지는 바로 그런 속성들 때문에 인간의 형상에 따라 만들어진 신으로 만족할 수 없다. 인간은 자기를 초월하는 능력을 가지고 있기 때문에 자신을 투사해 놓은 것이 하나님이 아니라는 사실을 충분히 알 수 있을 정도로 자신을 초월할 수 있다. 이것은 인간이 우상숭배의 잘못을 범하지 않고 하나님을 자기 마음대로 상상하지 않을 것이라는 의미는 아니다. 인간은 끊임없이 우상숭배의 유혹을 받으며 우상숭배의 죄에 빠진다. 이것은 그가 자유의 힘과 존엄성만 생각하고 그의 한계를 망각하기 때문이다. 그렇지만 우상숭배의 죄를 피하고 하나님을 유한하고 우연적인 범주에 제한하는 오류를 피하고자 하는 신비종교들의 진지한 노력들은 인간의 정신에는 우상숭배가 죄라는 것을 알 수 있게 해주는 초월적인 시각이 있음을 입증해 준다.

물론 신비적 영성에서 알 수 있듯이 우상숭배의 죄를 의식하고 그에 관해 양심의 가책을 느낄 수 있는 능력이 인간의 자기초월성과 유한성의 문제를 동시에 해결하지는 못한다. 기독교 신앙의 전제들이 없다면 인간은 우상숭배의 암초인 스킬라(Scylla)를 피하기 위해 생명을 부정하고 세상을 부정하는 카리브디스(Charybdis)의 소용돌이에 뛰어든다. 인간은 어떤 우연적이고 상대적인 생명체나 단체를 절대적인 의미의 원리로 만들거나, 아니면 시간적이고 역사적인 존재 전체를 우연적인 것이라고 생각하여 그것을 부정한다.

인간의 자유와 유한성의 문제에 대한 기독교 신앙의 역설적인 접근방식을 이해하기 위해서는 인간을 하나님의 형상으로 보는 교리와 함께 인간을 피조물로 보는 교리를 상호 연관성에서 고찰할 필요가 있다.

2. 피조물로서의 인간

피조물이 선하다는 기독교적 견해는 철저하게 성경의 다음과 같은 단순한 언급에 기초하고 있다. "하나님이 지으신 그 모든 것을 보시니, 보시기에 심히 좋았더라."(창 1:31) 물론 그 교리는 단순히 창세기에 있는 이런 평가에만 의존하지는 않는다. 삶과 역사에 관한 성서의 모든 해석은 창조된 세계, 즉 유한하고 의존적이며 우연적인 존재의 세계는 그의 유한성 때문에 악한 것이 아니라는 주장에 기초한다.

때때로 기독교 신앙이 교회에 밀어닥친 이원론적이고 염세적인(acosmic) 교리에 빠지지 않을 수 있었던 것은 전적으로 창세기에 있는 이런 단순한 언명의 권위에 의해서였다. 그럼에도 불구하고 기독교에는 다음과 같은 신학적 해석들이 전혀 없었던 것은 아니었다. 세상이 악한 것은 그것이 시간적으로 한계가 있기 때문이 아니며, 육체가 인간 안에 있는 죄의 근원이 아니며, 독자적이고 특수한 존재로서의 개체성은 무차별적인 총체성과 분리되어 있기 때문에 악한 것이 아니며, 죽음이 비록 죽음의 공포라는 악의 한 원인이기는 하지만 죽음이 악은 아니라는 사실이 그것이다.

성서적 관점에서 보면 죽음을 피할 수 없는 인간의 유한성과 의존성, 그리고 불완전성은 하나님의 창조계획에 속하는 사실들이기 때문에 존경과 겸손함으로 수용되어야 한다. 하나님의 영광과 권위를 가장 아름답게 표현한 성서의 한 부분에서 우리는 인간의 유한성이 하나님의 권위와 대조되며 그 권위를 증명하는 것으로 제시되어 있음을 발견한다. "모든 육체는 풀이요 그의 모든 아름다움은 들의 꽃과 같으니, 풀은 마르고 꽃이 시듦은 여호와의 기운이 그 위에 붊이라. … 풀은 마르고 꽃은 시드 나 우리 하나님의 말씀은 영원히 서리라."(사 40:6-7). 개체로서의 인간의 유한성을 초월하는 불멸성과 영원성의 환상을 제시하는 집단적인 국가 적 삶조차도 개인과 마찬가지로 유한성을 벗어날 수 없다고 말한다. "보 라, 그에게는 열방이 통의 한 방울 물과 같고 저울의 작은 티끌 같으며 … 그의 앞에는 모든 열방이 아무것도 아니라. 그는 그들을 없는 것같이, 빈 것같이 여기시느니라."(사 40:15-17) 성서적 신앙에서는 인간 삶의 단편성 이 악으로 간주되지 않는다. 성서에서는 인간의 삶이 삶과 의미의 중심의 시각으로부터 이해되는데, 이것은 삶과 의미의 중심에서는 각각의 단편 들이 전체의 계획, 즉 하나님의 뜻과 관련되어 있기 때문이다. 악은 그 단 편이 자신의 지혜에 의지하여 전체를 파악하고자 하거나, 자신의 능력에 의지하여 전체를 실현하려고 할 때 발생한다. 성서의 신관에 따르면 하 나님의 의지와 지혜는 그의 정의와 의미에 관한 인간의 어떤 해석에 의해 서도 파악될 수 없다. 그렇지 않으면 그의 의지와 지혜는 유일하게 존재 의 혼돈을 총체적으로 조화시킬 수 있는 저 포괄적인 의미의 중심일 수 없을 것이다. 욥기의 저자가 전달하고자 하는 메시지는 바로 이것이다. 욥은 인간의 기준에 의해 하나님의 정의를 이해하고자 했으나, 하나님이 인간의 이해를 초월하는 모든 창조의 신비들과 이엄들을 열거하자 당황 하고 좌절하였으며 결국에는 완전히 굴복하였다. 하나님의 이런 논쟁들 은 다음과 같은 도발적인 질문으로 시작된다. "내가 땅의 기초를 놓을 때에 네가 어디 있었느냐?"(욥 38:4) 결국 욥은 자신의 잘못된 생각을 깊 이 뉘우치며 완전히 굴복한다. "나는 깨닫지도 못한 일을 말하였고, 스스 로 알 수도 없고 헤아리기도 어려운 일을 말하였나이다. … 내가 주께 대 하여 귀로 듣기만 하였사오나 이제는 눈으로 주를 보옵나이다. 그러므

로 내가 스스로 거두어들이고 티끌과 재 가운데에서 회개하나이다."(욥 42:3,5,6)

예수는 인간의 무력함과 의존성을 다른 피조물들과 비교한다. "너희 중에 누가 염려함으로 그 키를 한 자라도 더할 수 있겠느냐?"(마 6:27) 이런 통찰은 인간의 상황에 관한 일반적인 분석으로, 그 목적은 인간과 여타의 피조물들이 모두 하나님의 섭리에 의해 존재하고 있음을 확신시키는 것이다. 악에 관한 후대의 해석들과 관련하여 볼 때 "그러므로 염려하지 말라"는 예수의 훈계에는 죄와 유한성의 관계에 관한 성서적 견해의 전체적인 기조가 들어있다고 볼 수 있겠다. 인간으로 하여금 죄에 빠지게 하는 것은 그의 유한성이나 의존성이나 연약함이 아니라, 바로 그런 것에 대한 두려움이다.

신약성서에는 인간과 창조된 세계의 유한성과 무기력함을 강조하는 구절들이 구약성서보다 적게 기록되어 있다고 볼 수 있다. 그러나 후에 언급될 한 곳을 제외하면 강조점은 변하지 않았다. 히브리서 1장에서 볼 수 있듯이, 신약성서에는 하나님의 주권과 영원성과 달리 시간성을 가지는 모든 존재의 유한성과 의존성이 일관되게 강조되어 있다. 그러나 하나님과 유한한 피조물 사이의 이런 차이는 결코 도덕적인 선과 악의 문제는 아니다. 창조된 세계는 그것이 하나님에 의해 창조되었기 때문에 선하다.[199]

창조된 피조물이 선하다는 기독교 교리는 본질적으로 인간의 유한성을 강조하기는 하지만 경시하지는 않는다. 성서의 견해에 따르면 창조

---

[199] 히브리서 1장은 다음과 같이 말한다. "주여, 태초에 주께서 땅의 기초를 두셨으며, 하늘도 주의 손으로 지으신 바라. 그것들은 멸망할 것이나, 오직 주는 영존할 것이요. 그것들은 다 옷과 같이 낡아지리니, 의복처럼 갈아입을 것이요. 그것들은 옷과 같이 변할 것이나 주는 여전하여 연대가 다함이 없으리라."(1:10-12) 이 구절은 시편 102편의 인용이다. 시편 전체는 동일한 주제를 다양한 형태로 제시하고 있다.

된 세계와 창조자 사이의 차이, 즉 창조된 세계의 의존적이고 불충분한 존재성과 창조자의 자유와 자족성 사이의 차이는 절대적이다. 그러나 그런 차이는 결코 창조된 세계가 그의 다양한 존재 유형들의 특수화와 개별화 때문에 악하다는 것을 의미하지는 않는다. 그것은 신플라톤주의에서처럼 근원적인 신적 통일성과 영원성을 상실하는 것이 아니다. 그것은 불교에서처럼 불완전하고 의존적인 모든 삶의 특징인 욕망과 고통 때문에 악하지도 않다.[200]

기독교의 창조론이 기독교적 인간관을 위해 얼마나 중요한지는 개체성에 관한 기독교적 견해에서 알 수 있다. 개인은 무한한 가능성들을 가진 피조물이지만 그의 이런 가능성들은 개인이 지상에 사는 짧은 기간 동안에는 완전히 성취될 수 없다. 그러나 그의 구원은 결코 그의 피조성이 완전히 파괴되어 신적인 존재와 합일되는 것을 의미하지 않는다.[201] 다른 한편, 비록 유한한 개체성이 그 자체로 악으로 간주되지는 않는다 할

---

200 아우구스티누스는 기독교의 창조론에 들어있는 변증법, 즉 창조된 세계의 의존성과 선을 동시에 강조하는 창조론의 변증법을 놀라운 방식으로 설명한다. "이것이 무엇이냐고 내가 땅에게 물었을 때, 땅은 나에게 '나는 그 분이 아니다'라고 대답했으며, 땅에 있는 모든 것들도 그렇게 고백했다. 내가 바다와 깊음과 살아서 기어 다니는 모든 생물들에게 물었을 때, 그들은 '우리는 하나님이 아니며, 우리를 초월하고자 한다'고 대답했다. ... 내가 태양과 달과 별들에게 물었다. 그들도 대답했다. '우리도 그대가 찾고 있는 하나님이 아니다.' 나는 내 육체의 문을 둘러싸고 있는 모든 것들에게 대답했다. '너희는 나의 하나님에 관해 너희는 그가 아니라고 말했다. 그에 관해 무엇이든 나에게 말해다오.' 그들은 한 목소리도 소리쳤다. '그가 우리를 만드셨다.' ... 나는 온 세상에게 나의 하나님에 관해 물었다. 온 세상이 나에게 말했다. '나는 그가 아니라, 그가 나를 지으셨다.'" *Confessions*, Book X, par. 9.

201 아우구스티누스는 인간을 신격화하는 신비주의적 교리를 다음과 같은 말로 거부한다. "나는 피조물이 결코 하나님과 동등하게 될 수 없을 것이라고 생각한다. 비록 더할 나위 없이 완전한 거룩함이 우리 안에서 성취된다 할지라도 말이다. 결코 그럴 수 없다. 우리가 점점 진보하여 하나님과 같은 본질이 되고 드디어 하나님과 동등하게 될 것이라고 주장하는 모든 사람들은 그들이 어떻게 그런 생각을 가지게 되었는지 주목해 보아야 한다. 내가 볼 때 그것은 전혀 설득력이 없다." *Treatise on Nature and Grace*, Ch. 38. Anti-Pelagian Works, Vol. I, p. 226.

지라도 정신의 유한성을 포함하여 개인의 유한성은 결코 사라지지 않는다. 자아는 그가 자기의식의 최고 단계에 도달할 때에도 여전히 유한한 자아이다. 따라서 유한한 자아가 관념론 철학을 따라 자아의 보편성을 주장하는 것이 죄이다. 자아는 비록 그가 "지금 여기서" 한 특수한 신체와 맺고 있는 관계에 의해 제한되어 있기는 하지만 언제나 그의 삶과 그의 보편적 가능성들을 염려하는 자아이다. 비록 자아가 전체 세계를 개관하는 능력을 가지고 있으며 따라서 몸을 초월하는 그의 부분적 초월 능력을 신적인 능력으로 간주하고자 하기는 하지만, 그는 여전히 대단히 의존적인 자아이다. 이것은 이런 해석을 따르는 사람들이 다른 사람들과 동일한 교만의 죄를 범하지 않을 것이란 의미는 아니다. 기독교의 반은 언제나 플라톤의 사상에 의해 영향을 받아왔다. 그러나 그렇지 않다 할지라도 인간은 교만을 경계한 신조를 무시하고 교만의 죄를 범하곤 했다. 그렇지만 중요한 것은 정통적인 성서적 기독교는 유물론자들과 자연주의자들이 빈번하게 비판했던 그런 "관념론"이 아니라는 사실이다. 기독교는 자아의 유한성을 알며, 자아가 자연과 역사에서 일어나는 모든 상대적인 것들과 우연적인 것들에 연루되어 있음을 안다. 기독교 신앙의 전제들에 의하면 자아는 비록 그가 자기의식의 최고 단계에 도달한다 할지라도 여전히 죽음을 피할 수 없는 유한한 자아이다. 다른 경우들에서와 마찬가지로 이 점에서도 키에르케고르는 인간 자아성의 참 의미를 근대의 어떤 다른 신학자보다, 그리고 가능하기는 그 이전의 다른 어떤 기독교 신학자보다 더 정확하게 분석하였다. 그에 의하면, "자아에 있어서 결정적인 요소는 의식, 즉 자아의식이다. 의식이 강하면 강할수록 자아도 강하며, 의식이 강하면 강할수록 의지도 강하며, 의지가 강하면 강할수록 자아도 강하다. ... 자아는 자신과 관련되어 있는 유한한 것과 무한한 것의 의식적 종합이다. 이때 의식적 종합의 과제는 자아가 되는 것인데, 이런 과제는 오직 하나님과의 관계에서만 실현될 수 있다. 자아가 된다는 것은 구체적이 된다는 것을 의미한다. 그러나 구체적이 된다는 것은 제한된다는 것을 의미하는 것이 아니며, 무제한적이 된다는 것을 의미하는 것도 아니다. 왜냐하면 구체적이 되어야 하는 것은 하나의 종합이기 때문이다. 그러므로 발전이란 인간이 끝없이 자아를 벗어남으로써 자아를 영원하게 하는 것이며, 인간이 끝없이 자아로 되돌아옴으로써 자아를 시간화하는 것이다."[202]

기독교 사상과 삶이 자아가 유한하고 의존적이며 불완전하다는 자아의 근본적인 특성에 관한 성서적 통찰과 그런 자아가 본질적으로 선하다는 성서적 통찰을 일관되게 견지해 온 것은 아니었다. 오히려 기독교는 아주 초기부터 인간의 상황을 잘못 판단한 관념론과 신비주의의 오류들을 기독교 자신의 사상과 혼합시켰으며, 그런 오류들에서 완전히 벗어나지 못했다. 아우구스티누스 이전에 여러 세기동안 주도적인 역할을 했던 신학자들 중 가장 대표적인 신학자인 오리게네스는 플라톤주의를 기독교와 결합하여, 타락 신화를 해석할 때 인간은 타락하기 이전에 이미 하나님으로부터 멀어졌으며 그에 대한 형벌로 가변성과 유한성의 운명에 떨어지게 되었다고 해석했다. 그러므로 그에게 있어서 성욕은 이런 가변성의 결과로서 죄의 특별한 상징이었다. 동방교회에서 성욕은 죄의 특별한 상징과 결과로 간주되었는데, 이것은 단지 성욕이 강렬한 육욕적 본능이라고 생각되었기 때문만이 아니라 생식이 아주 명백하게 유한한 실존의 필연성이기 때문이기도 하다. 남자와 여자의 불완전성은 그들의 불충분성과 상호의존성을 보여주는 가장 두드러진 예이며, 이상적인 인간의 본성이 자연적 환경과 필연성에 의해 제한되고 변형되었음을 가장 생생하게 보여주는 예이기 때문이다. 양성생식(bi-sexuality)이 타락

---

[202] *Die Krankheit zum Tode* (Diederich Verlag), p. 27.

의 결과라는 사상은 헬레니즘 기독교에서, 특히 헬레니즘 기독교의 이단들에서 빈번하게 주장된 이론이다.[203] 흥미로운 것은 현대의 가장 탁월한 그리스정교회 신비주의 해설자인 니콜라이 베르쟈예프(Nicolai Berdyaev)도 성을 이와 동일하게 해석하고 있다는 사실이다.[204] 둔스 스코투스도 양성생식의 의미에 관해 동일한 견해를 가지고 있었다.

아우구스티누스 이전의 기독교에서는 죄와 악을 유한한 세계의 가변성과 동일시하고 유한한 정신의 무지와 동일시하는 것이 대단히 일반화되어 있었다. 순교자 유스티누스(Justin Martyr)는 무지가 곧 죄라고 가르쳤으며, 글레멘스는 죄를 "본질의 연약함"과 "무지의 무의식적 충동"이라고 정의했다. 닛사의 그레고리우스는 죄의 본성에 관해 헬레니즘의 견해와 성서의 견해를 조화시키려고 필사적인 노력을 했지만 성공하지는 못했다. 그에 의하면 "격정적이기 쉬운 인간의 선천적 경향을 하나님의 형상에 따라 창조된 인간의 본성 탓으로 돌려서는 안 된다. 오히려 육욕적 생명력이 먼저 세계에 침투했고 인간이 이미 언급된 이유 때문에 그 육욕적 생명력에 속하는 본성의 일부(즉 그 생식양식)를 취했으므로, 인간은 동시에 그 육욕적 생명력의 본성에 있는 다른 속성들도 취하게 되었다." "따라서 쾌락을 추구하는 인간의 속성은 인간이 비이성적 피조물처럼 된 때부터 시작되었다." 그레고리우스는 이런 헬레니즘 사상에 성서의 견해를 덧붙인다. "그리고 인간의 월권에 의해 강화되어, 우리가 동물에게서는 찾을 수 없는 쾌락에서 발생하는 많은 다양한 죄의 조상이 되었다."[205]

---

203 『헤르메티카』(Hermetica)의 단편들 중 하나인 "poimandres"에는 타락에 관한 이런 해석이 들어있다. 그리스 사상은 이 점에 관해 플라톤이 『향연』(symposium)에서 주장한 내용을 따르는 경향이 있다. 알렉산드리아의 필론은 하나님의 형상에 따라 창조된 인간이 양성생식을 하는 피조물일 수 없다고 생각했다. 참조, C. H. Dodd, *The Bible and the Greek*, p. 165.

204 *The Destiny of Man*, p. 299.

205 *On the Making of Man*, XVIII. *Nicene and Post-Nicene Fathers*, Sec. Series, Vol. V.

영혼과 육체의 관계에 관한 철저히 플라톤적인 그레고리우스의 사상은 당시로부터 현재에 이르기까지 이원론적인 기독교 형태들에 공통적인 비유 유형인 순금과 합금에 관한 그의 비유에서 생생하게 표현되어 있다. "찌꺼기가 있는 금을 녹여 순금을 제련하는 사람들이 순도가 낮은 합금을 불에 녹일 뿐만 아니라 합금과 함께 순금도 녹여야 하듯이, 악이 지옥의 불에 타 없어지는 동안 이 악과 결합되어 있는 영혼도 불가피하게 이 불 속에서 함께 타야 한다. 이 가짜 합금이 불에 완전히 타 없어질 때까지 말이다."[206]

자연의 유한성과 영혼의 관계에 관한 이레나이우스(Irenaeus)의 견해는 한 사람이 자유롭기 위해서는 다른 사람의 자유가 제한될 것이라는 그의 신념에 잘 드러나 있다. "우리가 하나님에게 불평하는 이유는 그 분이 우리를 맨 처음에 신들로 창조하지 않고 먼저 인간으로 창조했다가 다음에 신들이 되게 했기 때문이다. … 하나님은 인간의 연약함 때문에 초래될 결과들을 알고 있었다. 그러나 그의 사랑과 능력에서 하나님은 그가 창조한 모든 자연을 복종시킬 것이다. 왜냐하면 자연이 먼저 제시되고, 그후에 유한한 존재자가 영원한 존재자에 의해 복종되며, 마지막으로 인간이 하나님의 형상에 따라 창조되어 선과 악의 지식을 획득해야 했기 때문이다."[207] 헬레니즘의 영향을 받은 기독교는 그리스의 불멸사상과 신비종교들과 많은 유사점들을 가지고 있다. 구원은 종종 죽음을 이긴 그리스도의 부활을 통해 인간이 궁극적으로 신적인 상태가 되는 것이라고 생각되었다.

성서는 유한성 자체를 악이라고 규정하지는 않지만 죽음을 악으로 생

---

206 *On the Soul and the Reserrection, op. cit.*

207 *Treatise Against Heresies*, IV, 38.4. 이레나이우스는 이단이 아니었지만, 합리주의적인 호교론자들에게 커다란 영향을 받았다.

각하는 경향은 강하다. 바울의 신학에서 보면 죽음은 죄의 결과이다. 바울의 이런 견해와 유한성과 죄를 동일시하는 헬레니즘 사상 사이의 차이는 아우구스티누스의 다음과 같은 주장에 잘 표현되어 있다. "우리가 죽는 것은 죄 때문이지만, 우리가 죄를 범하는 것이 죽음 때문은 아니다."[208] 아우구스티누스의 이런 주장은 롬 5:12에 나타나는 다음과 같은 바울의 견해를 해석한 것이라 할 수 있다. "그러므로 한 사람으로 말미암아 죄가 세상에 들어오고, 죄로 말미암아 사망이 들어왔나니."

죽을 수밖에 없는 존재이기 때문에 죄를 범한다고 생각하는 것과 죄를 범했기 때문에 죽을 수밖에 없다고 생각하는 것 사이에는 엄청난 차이가 있지만, 그럼에도 불국하고 죽음에 관한 바울의 해석은 이원론적으로 해석될 여지를 제공하고 있다. 바울이 일관되게 육체적 죽음을 죄의 결과로 생각했다고 볼 수는 없다. 어쨌든 그가 죽음이란 개념을 빈번하게 사용하기는 하지만 이것은 영적인 죽음을 상징적으로 표현하기 위해서이다. 예를 들면, 그가 인간이 "허물과 죄로 죽었다"(엡 2:1)고 말할 때 그렇듯이 말이다. 더 나아가 "사망이 쏘는 것은 죄요"(고전 15:56)라는 그의 문학적인 표현은 죽을 수밖에 없는 인간의 운명 자체가 죄의 결과라는 의미로 해석될 수는 없다. 오히려 그 표현은 죽을 수밖에 없는 인간의 운명과 죄의 관계에 관한 일반적인 성서적 견해와 완전히 일치하는 것처럼 보인다. 이런 견해에서 보면 죽을 수밖에 없음과 불확실성과 의존성은 그 자체가 악은 아니지만, 인간이 교만하게 되어 죽을 수밖에 없는 운명을 피하려 하고, 자신의 능력으로 그의 불확실성을 극복하고자 하며, 자신의 자주성을 확립하고자 할 때는 악의 계기가 된다. 가장 이상적인 가능성은 완전한 신앙인이 그의 확신 때문에 죽음을 두려워하지 않을 것이라는 사실이다. "사망이나 생명이나 ... 우리 주 예수 안에 있는 하나님의 사

---

208 *Anti-Pelagian Works*, Vol. I, p. 150.

랑에서 끊을 수 없으리라."(롬 8:38-39) 그러나 불신앙이 바로 죄의 근원이기 때문에, 죄를 범한 인간이 평안한 마음으로 그의 죽음을 기다리는 것은 불가능하다. 따라서 죄는 "사망의 쏘는 것"이며, 그렇게 쏘는 것의 두드러진 특징은 두려움이다.

사도 바울이 죽음이란 개념을 상징적으로 사용하였음에도 불구하고, 그리고 고린도전서 15장에서 보이는 심오한 통찰에도 불구하고, 사도 바울은 당시의 랍비 전통을 따라 죽음이 아담의 죄의 결과라고 믿었다.[209] 바울은 단지 아담의 타락 이후 아담에 대한 하나님의 저주를 해석했을 뿐이라고 주장하는 사람들도 많이 있다. 그러나 창세기의 이런 설화는 인간이 죽을 수밖에 없는 존재라는 사실을 주장하는 것이며, 따라서 인간의 그런 운명이 아담이 감수해야 할 여러 형벌들 중 하나임을 의미하지는 않는다.[210]

확실히 "너는 흙이니"라는 표현은 하나의 사실에 대한 진술이지 미래의 형벌에 관한 언급이 아니다. "너는 흙이니 흙으로 돌아갈 것이니라"라는 마지막 구절은 형벌을 암시한다고 볼 수도 있다. 만일 그렇게 해석된다면 그 구절은 비록 인간이 흙에서 왔다 할지라도 그가 죄를 범하지 않았다면 흙으로 돌아가지 않았을 것임을 의미할 것이다.

이것이 정통적인 기독교에서 지배적이 된 바로 그 해석이다. 아타나시우스는 이런 이론을 다음과 같이 문학적으로 표현하였다. "게다가 인간은 본래 다른 사물들과 마찬가지로 죽을 수밖에 없는 존재자이기 때문

---

209 지혜서에 따르면 "하나님은 인간을 온전하게 창조했다. 그러나 마귀의 시기심에 의해 죽음이 세상에 들어왔다."(ii.23-24)

210 창 3:17-18에 의하면 "땅은 너로 말미암아 저주를 받고 너는 네 평생에 수고하여야 그 소산을 먹으리라. 땅이 네게 가시덤불과 엉겅퀴를 낼 것이라. 네가 먹을 것은 밭의 채소인즉 네가 흙으로 돌아갈 때까지 얼굴에 땀을 흘려야 먹을 것을 먹으리니 네가 그것에서 취함을 입었음이라. 너는 흙이니 흙으로 돌아갈 것이니라."

이다. 그렇지만 '당신의 법을 따름이 온전함의 보증입니다'라는 지혜서의 고백처럼 인간은 하나님의 형상을 가지고 있기 때문에 그의 자연적 부패 본성을 거부하고 온전한 상태로 남을 수 있었다. 그러나 타락하지 않을 수 있었음에도 불구하고, 즉 죽지 않을 수 있었음에도 불구하고 인간은 교만하여 장차 하나님처럼 살고자 했을 것이다. 다음과 같은 시편 기자의 주장도 이런 의미로 이해되어야 할 것이다. '네가 말하기를 너희는 신들이며 다 지존자의 아들이라 하였으나, 그러나 너희는 사람처럼 죽으며 고관의 하나같이 넘어지리로다.'(시 82:5-6) … 그러나 영원한 것들에서 멀리 떠나 마귀의 유혹을 따라 타락한 인간은 죽음을 자초하였다. 사실 이미 언급되었듯이 본성적으로 타락할 수 있는 가능성을 가지고 있긴 하였지만, 하나님의 말씀에 참여하는 은혜에 의해 인간은 본성에 따르는 것을 피할 수 있었을 것이다. 만일 그가 완전한 상태로 머물러 있었다면 말이다."[211]

이런 해석은 인간 실존의 본질적인 역설, 즉 인간은 유한성에 연루되어 있으면서 동시에 그 유한성을 초월하는 존재라는 역설을 설명하고자 하는 장점을 가진다. 그러나 그런 해석은 만일 인간이 죄를 범하지 않았었다면 인간이 스스로의 힘으로 죽음을 초월할 수 있었을 것이라고 믿게 함으로써 인간 실존의 역설을 왜곡시킨다. 그런 해석은 자연에 대한 인간의 유기적인 관계를 모호하게 만든다. 그런 해석은 죄로 인해 자연계 전체에 사망이 들어오게 되었다는 전제에서만 타당성이 인정될 수 있을 것이다. 그러나 그런 가정은 자연과 유한성은 그 자체가 악이라고 생각하는 헬레니즘의 주장과 거의 동일하다. 그러므로 바울의 신학에 근거한 정통적인 교리는 헬레니즘의 이원론과 유사한 점들이 있다. 비록 그 교리가 죽음을 죄의 결과로 간주하고 죄를 죽음의 결과로 간주하지 않는다

---

211 *De incarnatione verbi Dei*, Par. 5.

는 점에서는 헬레니즘과 철저히 다름에도 불구하고 말이다.[212]

육체의 죽음이 죄의 결과라는 견해를 지지하는 바울의 권위에 의해 인간의 유한성을 강조하는 성서의 전체적인 관점과 전혀 일치하지 않는 견해가 기독교 신학에 등장하게 되었다는 사실은 거의 부정될 수 없다. 죽음에 관한 성서적 관점의 가장 두드러진 특징은 그것이 하나님의 위엄과 피조물인 인간의 연약함과 의존성 사이의 차이를 극명하게 드러내 보여준다는 사실이다. 그러나 이것은 육체의 죽음으로 인간의 운명이 끝난다는 것을 의미하는 것은 아니다. 우리는 후에 부활에 관한 성서적 소망에

212 물론 죽음이 죄의 결과라는 교리에 관해서는 서로 다른 견해들이 있었다. 그러나 그 교리는 여전히 기독교 정통주의의 일관된 교리로 남아있다. 이레나이우스에 의하면 "그러나 하나님은 죽음을 개입시켜 죄의 세력을 멈추게 하고 육체의 죽음에 의해 죄에 종지부를 찍음으로써 인간의 죄 상태를 완화하였다. 그 결과 인간은 드디어 죄를 위해 살기를 멈추고 죄에 대해 죽음으로써 하나님을 위해 살기 시작할 수 있게 되었다." *Against Heresies*, Book III, Ch. XXI.
　니사의 그레고리우스에 의하면 하나님이 인간을 창조할 때 그는 인간이 죄를 범하게 될 것을 예상하고 죽을 수밖에 없는 존재로 창조했다. "그러나 그는 피조물로서의 우리의 본성에 악한 성향이 있음을 알았기 때문에, 그리고 인간의 본성이 천사들과 동등한 위치로부터 자발적으로 타락한 후에는 필연적으로 더 저급한 본성으로 바뀔 것을 알았기 때문에, 그는 바로 이런 이유 때문에 비합리적인 특수한 속성을 인간에게 전이시킴으로써 그 자신의 형상(이미지)과 함께 비합리적인 요소를 섞어놓았다." *On the Making of Man*, Ch. XXI.
　이에 관해 아퀴나스는 다음과 같이 해석한다. "왜냐하면 인간의 육체가 썩지 않을 수 있었던 것은 인간의 육체에 어떤 내적인 불멸성의 생기가 있었기 때문이 아니라 하나님에 의해 영혼에 부여된 초자연적인 힘 때문이었다. 바로 이런 초자연적인 힘에 의해 영혼은 육체가 썩지 않도록 보존할 수 있었다. 영혼이 하나님에게 복종하는 한에 있어서 말이다. … 육체를 보존하는 이런 힘은 영혼의 본질에 속하는 것이 아니라 은총의 선물이었다. 그리고 비록 인간이 죄를 용서 받고 영광을 누리는 은혜를 회복했다 할지라고 죄의 결과로 상실했던 불멸성을 회복하지는 못했다." *Summa theologiae*, Part I, Question 97, Art. I.
　이 점에 관해 루터도 유사한 견해를 가지고 있었다. "비록 아담이 죄를 범하지 않았다 할지라도 그는 우리와 마찬가지로 먹고 마시고 쉬어야 하는 육체로 살았을 것이다. 즉 그는 하나님이 그의 삶을 영적인 상태로 개조하여 자연적 동물성이 없이 살 수 있도록 해 줄 때까지는 여전히 성장하고 번식하며 세대를 이어가는 삶을 살았을 것이다. … 그렇지만 그는 살과 뼈를 가진 인간이었지 천사들처럼 순수한 영적인 존재는 아니었을 것이다." *Commentary on Genesis*, III, 5, 7.

관해 다룰 기회가 있을 것이다.[213] 부활에 관한 소망, 즉 시간성에 의존하는 유한한 존재의 한계 너머에서 삶이 완성될 것을 바라는 기독교적 확신은 현실의 질서가 선하고 악하지 않다는 성서적 해석과 모순되지 않는다. 바울의 견해는 – 비록 완전한 논리적 일관성이 결여되어 있기 하지만 – 현실세계에 관한 고전적 견해와 기독교적 견해 사이의 지나친 구분을 어느 정도 완화시켜 주었다.

죄의 원인이 유한성에 있는 것이 아니라 인간이 그의 존재의 유한성을 거부하는 데 있다는 독특한 기독교 교리는 기독교적 인간론에 있어서 세 번째 중요한 요소이다. 이제 이에 관해 보다 상세히 논의해 보자.

---

213 참조, II-2권, 9장과 10장.

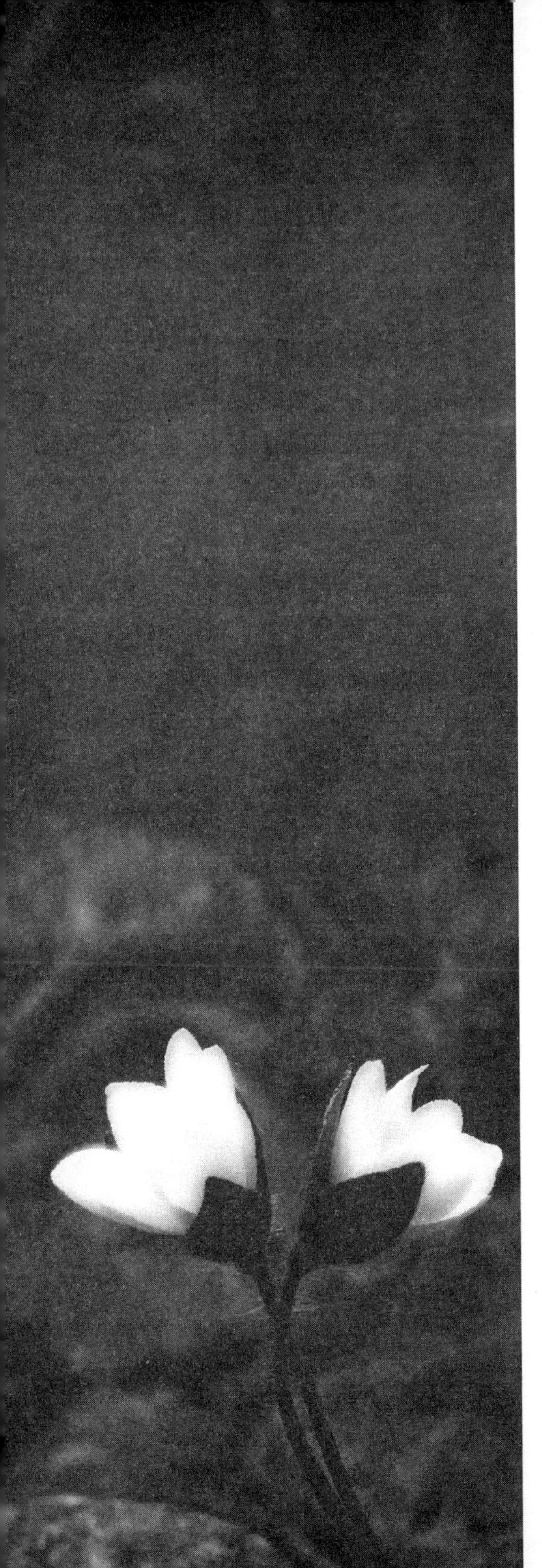

7장

죄인으로서의 인간

7장

죄인으로서의 인간

　　현대 자유주의 기독교의 가장 대표적인 인물인 리츨(Albrecht Ritschl)에 의하면 "모든 종교에서 인간에 의해 숭배되는 초인간적 능력의 도움으로 추구되는 것은 인간의 이율배반적 현상, 즉 한편에서는 자연의 일부이면서 다른 한편에서는 자연을 지배한다고 주장하는 영적 인격성을 가지는 이율배반적 현상을 해결하는 것이다."[214] 유한성과 자유 사이의 이런 문제가 모든 종교의 근저에 깔려 있음은 전적으로 사실이다. 그러나 리츨은 인간 문제에 접근하는 성서적 접근방식의 독특성은 그것이 유한성의 문제보다 죄 문제를 더 중요시한다는 데 있음을 간과했다. 기독교가 해결하고자 하는 문제는 유한성과 자유 사이의 이율배반이 아니다. 기독교는 죄로부터의 구원을 추구한다. 그리고 기독교가 해결하고자 하는 죄는 인간이 처해 있는 이런 이율배반적 현상에 의해 야기되기는 했지만 그것이 원인은 아니다. 그런 모순이 죄의 직접적인 원인은 아니다. 왜냐하면, 성서적 신앙에 따르면 인간이 자연 안에서 자연을 초월하는 위치

---

214 *Justification and Reconciliation*, p. 199.

에 서있는 그의 모호한 입장 때문이 죄에 빠지게 되었다는 아무런 필연성도 없기 때문이다. 그러나 이런 모호한 입장이 인간으로 하여금 죄에 빠지게 하는 계기가 된 것은 분명하다.

인간은 불완전하며 자연에서 일어나는 우연성을 피할 수 없다. 인간은 그의 피조성의 한계들을 초월하는 '힘에의 의지'에 의해 그의 불완전성을 극복하고자 한다. 인간은 무지하며, 유한한 정신의 한계들에서 벗어날 수 없다. 그러나 그는 마치 그가 유한하지 않은 것처럼 행동한다. 인간은 그가 점차로 유한한 한계들을 초월하여 드디어 그의 정신이 우주적 정신과 동일시될 수 있다고 생각한다. 그러므로 인간이 추구하는 모든 지성적 노력들과 문화적 노력들은 결국 교만의 죄로 물들게 된다. 인간의 교만과 '힘에의 의지'는 창조의 조화를 어지럽힌다. 성서는 죄를 종교적인 관점과 도덕적인 관점에서 모두 정의한다. 종교적 관점에서 볼 때 죄는 하나님에 대한 인간의 반역, 즉 하나님의 지위를 대신 차지하고자 함이다. 도덕적이고 사회적인 관점에서 볼 때 죄는 부정의이다. 교만과 힘에의 의지에 사로잡혀 자신이 존재의 중심이라고 착각하는 자아는 불가피하게 자신의 의지를 관철시키기 위해 다른 사람의 삶을 희생시키며 따라서 다른 사람들의 삶에 부정의를 저지르게 된다.

유한성과 자유 사이의 이율배반에 직면할 때 인간은 그 문제를 해결하고자 노력하는데, 이때 그는 종종 그의 유한성을 숨기고 자신이 세계의 중심이라고 생각함으로써가 아니라 그의 자유를 숨기고 자신이 세계의 다양한 생명력들의 일부라고 생각함으로써 그 문제를 해결하고자 한다. 그럴 경우 그의 죄는 교만이라기보다는 오히려 육체성이라 할 수 있을 것이다. 육체성은 결코 단순히 인간의 내면에 있는 자연적 충동이 외적으로 표현된 것이 아니다. 육체성은 언제나 유한성과 자유의 문제를 해결하고자 하는 잘못된 노력의 일부이다. 인간의 정욕은 언제나 무제한적이고 악마적인 잠재성 – 동물의 생명에는 이런 잠재성이 없다 – 을 특징으로 한다. 교만과 육체성 사이의 미묘한 관계에 관해 좀 더 자세히 살펴보자. 먼저 유한성과 자유 사이의 이율배반과 죄의 관계를 분석해 보자.

1. 유혹과 죄

성서는 죄가 인간에게 갖추어져 있는 어떤 다른 요소에 의해서도 용서될 수 없으며, 따라서 거기서 유래된 것일 수도 없다고 일관되게 주장하지만, 인간이 유혹을 받았다는 사실은 인정한다. 타락설화에 의하면 유혹은 인간의 상황에 관한 뱀의 분석에서 유래한다. 뱀의 분석에 의하면 하나님은 인간이 그의 눈이 밝아져 하나님처럼 되어 선과 악을 구분할 수 있게 되면 인간보다 우월한 자신의 특권들을 잃지 않을까 염려하는 존재이다. 다시 말해, 인간은 유혹을 받아 하나님이 그에게 정해 놓은 한계를 깨뜨렸다. 따라서 유혹은 인간이 처한 유한성과 자유의 이율배반적인 상황에 있다. 그러나 그런 상황이 그 자체로 유혹은 아니었을 것이다. 만일 그런 상황이 뱀에 의해 잘못 해석되지 않았다면 말이다. 타락설화는 사탄의 정체를 철저히 밝히는 완벽한 사탄연구는 아니다. 그렇지만 기독교 신학이 뱀을 마귀와 동일시하는 것이나, 아니면 뱀을 마귀의 도구나 상징으로 간주하는 것은 잘못이 아니었다. 마귀가 존재한다고 믿는 것은 인간의 모든 악한 행위는 악의 어떤 원리나 힘에 의해 주도된다고 믿는 것이다. 인간이 타락하기 이전에 먼저 마귀가 타락했다. 실제로 마귀는 타락한 천사이다. 마귀의 죄와 타락은 그의 고유한 위치를 초월하여 하나님처럼 되고자 하는 노력에 있다. 마귀의 타락에 관한 이런 정의는 바벨론에 관한 이사야의 저주에 암시되어 있다. 이사야에 의하면 바벨론의 교만은 루시퍼의 교만과 동일시된다. "너 아침의 아들 계명성이여, 어찌 그리 하늘에서 떨어졌으며, 너 열국을 엎은 자여 어찌 그리 땅에 떨어졌는고. 네가 네 마음에 이르기를 내가 하늘에 올라 하나님의 뭇별 위에 나의 보좌를 높이리라. … 그러나 이제 네가 음부 곧 구덩이의 맨 밑에 떨어지게 되리라.”[215]

구약성서의 사탄론과 동일한 내용이 바벨론과 페르시아의 신화들에서도 발견된다. 그러나 여기서 중요한 것은 이들 사이의 복잡한 관계를 추적하여 밝히는 것이 아니다. 구약성서 사탄론의 중요성은 다음과 같은 두 가지 사실들에 있다. (1) 마귀는 하나님에 의해 창조된 악이 아니다. 오히려 마귀의 악은 그의 삶을 위해 이미 설정되어 있는 한계를 넘어서려는 노력, 즉 하나님을 대적하려는 그의 노력으로부터 발생한다. (2) 인간이 타락하기 이전에 이미 마귀가 타락했다. 말하자면 하나님에 대한 인간의 반역은 인간의 단독적인 반역이 아니며, 인간이 처해 있는 상황 때문에 발생한 불가피한 결과도 아니다. 인간이 처해있는 유한성과 자유라는 상황이 유혹의 원인이 되는 것은 그 상황이 잘못 해석될 때 뿐이다. 이런 잘못된 해석은 순전히 인간의 상상력의 산물이다. 어떤 악의 세력이 이런 상상력을 인간에게 연상시켜 인간이 스스로 죄를 범하도록 유도한 것이다. 죄는 하나님에 의해 창조된 것이 아니라 자연발생적인 것이었다. 어떤 상황에서도 죄는 그 상황의 불가피한 결과라고 말할 수 없다. 죄는 하나님에 대한 순전하고 반역적인 개인적 도전이다.

그러나 유혹을 야기하는 상황은 어떤 상황인가? 인간은 전체와의 동일성이 결여되어 있음에도 불구하고 어떤 점에서는 그 전체를 상상할 수 있는 유한한 정신이기 때문에 그가 상상하는 전체성과 자신을 동일시하

---

215 사 14:12, 13, 15. 『제2 에녹서』(Slovanic Enoch)도 마귀의 타락에 관해 이사야서와 유사하게 묘사하고 있다. “천사들 중 한 천사가 그를 따르는 천사들과 함께 나를 배신한 후 그의 보좌를 땅 위의 구름보다 더 높이어 나의(하나님의) 능력과 대등하게 되려는 허황된 생각을 했다. 그래서 나는 그를 그의 천사들과 함께 천사의 지위를 박탈하였다. 그 결과 그는 바닥없는 심연 위의 공중에서 영원히 방황하고 있었다.” II Enoch, XXIX, 4.

는 오류를 범하기 쉽다. 이런 사실이 유혹을 야기하는 상황은 아닌가? 그렇지만 여기서 주의해야 할 점은 그 "상황"에 대한 단순한 분석은 죄가 악이라기보다는 오히려 오류라고 성급하게 단정하도록 할 위험이 있다 는 것이다. 죄는 단순히 인간의 능력을 과대평가하는 오류가 아니다. 사 도 바울이 올바로 지적하듯이 "그들의 어리석은 마음이 어두워졌으며", "그들의 생각이 허망하여졌다." 마귀와 마찬가지로 인간도 그가 위대하 다고 생각하여 그의 연약함을 망각하지는 않으며, 그의 지식이 탁월하다 고 생각하여 그의 무지함을 망각하지는 않는다. 인간은 결코 그의 연약 함을 모르지 않으며, 그의 존재와 지식의 유한성과 의존성을 모르지 않 는다. 인간이 유혹에 빠지는 경우는 탁월함과 연약함, 무한한 지식과 유 한한 지식이 그에게 동시에 존재한다는 사실에 있다. 인간은 강하면서 동시에 연약하며, 자유로우면서 동시에 예속되어 있으며, 맹목적이면서 동시에 미래를 예견할 줄 안다. 그는 자연과 정신의 접점에 서있다. 그는 자유롭지만 필연성을 벗어날 수도 없다. 그의 죄는 결코 단순히 그의 무 지함을 모른다는 사실에 있지 않다. 그의 죄는 언제나 부분적으로는 그 의 통찰력을 과대평가함으로써 무지를 감추려는 노력에 있으며, 능력의 한계 이상으로 그의 힘을 펼침으로써 불안을 은폐하려는 노력에 있다.

　지금까지의 분석에서 볼 때 의식적인 왜곡을 죄가 아니라고 생각할 수 없으며, 그것을 단순한 오류라고 가볍게 생각할 수도 없다. 그러나 또한 분명한 사실은 자유와 필연성, 즉 자연에 연루되어 살지만 자연을 초월 하는 인간의 속성은 죄를 범하도록 유혹하는 중요한 요인들이라는 사 실이다. 따라서 인간은 동물과 마찬가지로 자연에서 일어나는 필연적인 것들과 우연적인 것들을 피할 수 없다. 그러나 인간은 동물과 달리 이런 상황을 직시하고 그 위험을 예견한다. 인간은 자연의 우연적인 사건들 로부터 자신을 보호하고자 한다. 그러나 그는 그의 삶에 이미 설정되어 있는 한계를 넘어서지 않고는 자신을 보호할 수 없다. 그러므로 모든 인간의 삶은 다른 생명을 희생해서 안전을 추구하는 죄에서 벗어날 수 없다.[216] 이렇게 하여 자연으로부터 오는 위험을 피하려고 노력하는 과정에서 인간의 역사에는 더 심각한 위험들이 등장하게 되었다. 다시 말해 인간의 지식은 시간과 장소에 의해 제한되어 있다. 그렇지만 인간의 지식은 동물의 지식과 같은 방식으로 제한되어 있지는 않다. 왜냐하면 인간은 이런 한계들을 어느 정도 인식하는데, 이것은 어떤 의미에서 그가 그 한계들을 초월한다는 뜻이기 때문이다. 인간은 그가 처해 있는 직접적인 자연적 상황보다 더 많은 것을 알며, 그의 직접적인 상황을 총체적 상황의 관점에서 이해하고자 부단히 노력한다. 그렇지만 그는 그의 직접적인 상황으로부터 형성된 유한한 관점들에 의해 영향을 받지 않고는 총체적인 인간의 상황을 정의할 수 없다. 지식의 상대성을 깨달은 인간은 회의주의의 위험에 빠지기 쉽다. 무의미성의 심연이 입을 벌리고 인간의 모든 위대한 정신적 노력들을 삼키려 한다. 그러므로 인간은 그의 지식의 유한성과 그의 관점의 유한성을 부정하려는 유혹을 받는다. 인간은 유한한 삶의 한계 이상의 지식을 성취했다고 자부한다. 이것은 모든 인간의 지식이 피할 수 없는 "이데올로기적 오염"으로, 언제나 단순한 인간적인 무지 이상의 어떤 것이다. 그것은 언제나 부분적으로는 허위의식에 의해 무지를 은폐하려는 노력이다.

간단히 말해, 자유로우면서 동시에 속박되어 있으며, 유한하면서 동시에 무한한 인간의 근본적인 기분은 불안(염려)이다. 불안은 인간이 피할 수 없는 자유와 유한성의 역설로부터 불가피하게 따르는 기분이다. 불안(염려)은 죄의 내적인 전제조건이다. 그것은 자유와 유한성의 이율배

---

216 역주, 니버의 이런 견해는 "실재성의 결핍"을 죄로 간주하는 아우구스티누스의 견해와
　　일치한다.

반적 상황에 처해 있는 인간의 불가피한 정신적 상태이다.[217] 불안은 유혹을 받을 때의 내적인 심리상태이다. 불안이 죄와 동일시되어서는 안 된다. 불안한 기분에도 불구하고 죄의 직접적 원인이 되는 자기과시의 경향이 믿음에 의해 제거될 수 있는 이상적인 가능성은 언제나 있기 때문이다. 이상적인 가능성이란 하나님의 사랑이 주는 궁극적 확실성을 믿음으로써 자연과 역사에서 일어나는 모든 불확실성들이 극복될 가능성이다. 바로 이런 이유 때문에 기독교 정통주의는 일관되게 불신앙을 죄의 뿌리, 또는 교만에 선행하는 죄라고 정의했다.[218] 예수는 "염려하지 말라."는 그의 명령을 "너희 천부께서 이 모든 것이 너희에게 있어야 할 줄을 아시느니라."라는 말로 정당화하고 있다. 그가 요구하는 불안으로부터의 자유는 오직 하나님의 보호에 대한 완전한 신뢰가 있을 때에만 가능한 것이다. 불안으로부터의 그런 자유와 그런 완전한 신뢰가 실제 역사에서 현실적으로 가능한지는 추후에 고려하기로 하자. 현재로서는 어떤 사람도 - 비록 그가 아무리 종교적으로 높은 경지에 도달한 사람이라 할지라도 - 염려하지 말라는 명령에 완전히 부응하는 삶을 살 수 없음을 지적하는 것으로 충분하다.

그렇지만 불안은 죄가 아니다. 불안은 죄와 구분되어야 한다. 그것은

---

217 키에르케골은 다음과 같이 말한다. "불안은 죄에 선행하는 심리학적 조건이다. 그것은 죄에 가까이, 너무나 가까이 있다. 그렇지만 그것이 죄의 직접적인 원인은 아니다." *Der Begriff der Angst*, p. 89. 불안과 죄의 관계에 관한 키에르케골의 분석은 기독교 사상에서 가장 심오한 것이다.

218 마르틴 루터는 그의 책 『기독교 자유론』(*Treatise on Christian Liberty*)에서 일반적인 기독교 전통과 일치하게 『집회서』(Sirach)10장 14절을 인용하여 다음과 같이 말한다. "지혜자에 의하면 모든 죄의 시작은 하나님을 떠나 그를 신뢰하지 않는 것이다." 루터는 종종 타락 이전의 완전한 상태를 불안이 전혀 없는 상태라고 정의한다. 루터의 사상에서 자주 그렇게 나타나듯이 여기서도 그는 그 경우를 지나치게 과장한다. 당연히 불안은 믿음에 의해 극복된다. 그러나 불안이 없는 삶은 자유가 결여된 삶이며 따라서 믿음도 불필요할 것이다.

부분적으로는 불안이 죄의 전 단계이긴 하지만 아직 실제적인 죄는 아니기 때문이며, 부분적으로는 불안이 죄의 전 단계는 물론이고 인간의 모든 창조성의 토대이기도 하기 때문이다. 인간의 삶은 유한하고 의존적이긴 하지만 그의 한계를 알지 못할 정도로 유한하지는 않다. 이것이 바로 불안의 한 원인이다. 그러나 불안의 원인이 이것만은 아니다. 인간은 또한 그의 가능성의 한계가 어디까지인지 알지 못하기 때문에 불안해 한다. 인간이 행한 어떤 것도 완벽할 수 없다. 한 가지를 성취하면 더 높은 가능성들이 나타나기 때문이다. 인간의 모든 행위들은 무한한 가능성을 가진 것처럼 보인다. 물론 한계가 있지만, 그 한계를 당장 측정하기는 어렵다. 그러므로 인간의 역사가 평화로운 상태에서 지속될 수 있는 곳에서는 어디든 무한한 성취가 가능하다.[219]

불안이 가지는 창조적 요소와 파괴적 요소를 단적으로 구분하는 것은 불가능하다. 그리고 바로 그런 이유 때문에 도덕주의자들이 상상하는 것처럼 그렇게 쉽게 도덕적 성취에서 죄를 제거하는 것도 불가능하다. 동일한 행위가 자연의 한계를 극복하려는 창조적 노력일 수도 있지만, 동시에 인간 존재에 내재하는 우연적이고 제한적인 요인들에 절대적 가치를 부여하려 함으로써 죄를 범하는 행위일 수도 있다. 인간은 동일한 순간에 그가 존재해야 할 것이 되지 못했기 때문에 불안해 할 수도 있고, 또한 그가 존재하지 못할까 불안해하기도 한다.

부모는 그의 자녀에 관해 염려한다. 그리고 이런 염려는 무덤 너머에까

---

219 하이데거는 "Sorge"(염려)라는 독일어 단어가 가지는 중요한 이중적 의미에 주목하였다. 그에 의하면 "인간의 전체성, 즉 그의 자유에서 인간이 그의 궁극적인 가능성에 따라 될 수 있는 것이 되는 것은 염려(Sorge)의 한 능력이다. 그러나 마찬가지로 본질적으로 염려는 우연히 세계에 던져진 존재방식(Geworfenheit, 피투성)을 가리키기도 한다. 염려(cura)의 이런 이중적 의미는 우연성과 가능성으로 구성된 인간존재의 근본구조를 가리킨다." (geworfenen Entwurfs, 세계 내에 던져진 존재자로서 자신의 가능성을 기획함). *Sein und Zeit*, p. 199.

지 미친다. 자녀의 미래를 위해 준비하려는 부모의 노력은 창조적인가 아니면 파괴적인가? 둘 다이다. 그런 노력은 한편에서는 유한성의 한계를 초월하고 부모가 죽은 이후에 자녀에게 필요한 것을 미리 배려함으로써 완전한 사랑을 성취하려는 노력이다. 그러나 다른 한편에서 그런 노력에는 거의 모든 유언장이 그렇듯이 완전한 사랑 이상의 어떤 것이 숨겨져 있다. 그런 노력에는 무덤을 넘어서는 그리고 친권을 무화시키는 죽음의 세력을 무시하려는 부모의 '힘에의 의지'가 숨겨져 있다.

정치인은 국가의 질서와 안전에 대해 염려한다. 그러나 그는 이런 염려와 함께 동시에 지도자로서 그의 특권에 대해서도 염려하며, 그가 수립하는 질서와 안전만이 국가의 안녕을 위해 적합하다고 부당하게 생각한다. 철학자는 진리에 도달하기 위해 염려한다. 그러나 그는 또한 그가 깨달은 특수한 진리가 진리임을 입증하기 위해 염려한다. 그는 결코 그가 상상하는 것처럼 그렇게 진리를 완전히 깨달은 것이 아님에도 말이다. 그것은 무지를 알지 못함에서 오는 오류일 수도 있다. 그러나 그것은 그렇게 단순하지 않다. 궁극적 진리를 깨달았다는 허위의식은 언제나 부분적으로는 인간 지식의 한계에 관한 어두운 의식을 지우려는 노력이다. 인간은 무의미의 심연에 떨어지지 않기 위해 그의 유한한 지식의 문제에 직면하기를 두려워한다. 따라서 광신주의는 언제나 무지의 사실을 은폐하고 회의주의의 문제를 지우려는 부분적으로는 의식적이고 부분적으로는 무의식적인 노력이다.

완벽에 대한 염려와 불안전에 대한 염려는 인간의 행위에서 불가분적으로 결합되어 있다. 그리고 완전을 추구하는 과정에서 발생되는 오류들은 결코 단순히 상대적 가치의 한계를 알지 못하는 무지 때문은 아니다. 그런 염려들에는 언제나 행위자 자신이 너무나 잘 알고 있는 그의 한계를 은폐하려는 어떤 성향이 들어있다. 그러므로 유혹의 근본적인 원인은 이성이 구상하는 보다 크고 보다 포괄적인 목표들을 거부하는 "물질"이나 "자연"의 관성이 아니다. 유혹의 원인은 (교만과 이기심에서) 인간 존재의 우연성을 부정하려는 성향이나 (관능성에서) 그의 자유로부터 도피하려는 인간의 성향에 있다. 관능성은 존재의 사소한 행위들과 관심사들에 빠짐으로써 정신의 자유와 무한한 가능성들로부터 도피하려는 노력의 전형적인 예이다. 관능성의 그런 노력은 결국 유한한 가치들에 무한히 집착하는 결과를 낳는다. 관능성은 "일시적인 행복에 지나치게 집착하는" 것이다(아퀴나스).

따라서 자유에 필연적으로 동반되는 불안(염려)은 창조성의 원천이면서 동시에 죄를 범하게 하는 유혹이기도 하다. 그것은 돛대를 올라가는 항해사의 처지와 같다. 항해사 아래는 깊이를 알 수 없는 파도가 넘실거리며, 위에는 "까마귀 떼"가 있다. 그는 까마귀 떼와 싸우면서 동시에 바닥없는 심연에 빠지지 않을까 염려한다. 무엇인가 되려는 인간의 야망은 언제나 부분적으로는 무의미성에 대한 두려움에 의해 촉발된다. 무의미성은 인간 존재의 우연적 특성 때문에 그를 위협하기 때문이다. 그러므로 인간의 창조성에는 언제나 우연적인 것을 절대적이고 무한한 차원에까지 끌어올림으로써 우연성을 극복하고자 하는 유혹이 동반된다. 이런 유혹은 비록 보편적이긴 하지만 정상적이라고 볼 수는 없다. 그런 유혹은 언제나 파괴적이다. 그렇지만 불안이 가지는 그런 파괴적 측면은 창조적인 측면과 아주 밀접하게 연관되어 있기 때문에 그 둘을 단적으로 분리하는 것은 불가능하다. 그 둘은 자신의 무한한 가능성을 실현하고자 하면서 동시에 존재의 의존적이고 우연적인 성격을 극복하고 은폐하려 애쓰는 인간의 이성에 의해 불가분적으로 결합되어 있다.

불안(염려)의 기분이 마음에 생기면 그런 기분은 교만과 관능성을 동시에 촉발시킨다. 인간이 그의 우연적 존재에 절대적 의미를 부여하고자 할

때 그는 교만에 빠지게 되며, 자유의 무한한 가능성으로부터 도피하고
자 할 때, 즉 실존적 결단의 위험과 책임으로부터 도피하고자 할 때는 관
능성에 빠지게 된다.

2. 교만의 죄

    기독교 사상은 교만이 관능성보다 더 근본적인 죄이며 관능성은 어떤 방식으로이든 교만에서 기원되었음을 일관되게 주장했다. 우리는 앞에서 교만을 근본적인 죄로 보는 성서적 정의에 관해 생각해 보았으며, 인간의 자기미화에 관한 바울의 해석이 ("썩어지지 아니하는 하나님의 형상을 썩어질 사람과 금수와 버러지 형상의 우상으로 바꾸었느니라") 성서적 죄론을 대단히 잘 요약하고 있다고 주장한 적이 있다.[220]

---

220 기독교 사상이 교만을 근본적인 죄로 간주하는데 있어서 절대적으로 일치한다고 할 수는 없다. 고전적 인간론이 지배적인 곳에서는 어디서든 – 그리스 신학에서이든, 아니면 중세나 근대의 자유주의 사상에서이든 – 죄를 관능성과 동일시하는 경향이 있다. 교만이 죄라는 정의는 일반적으로 아우구스티누스주의로 알려진 신학계열에서 일관되게 주장된다.

    아우구스티누스는 죄를 다음과 같이 정의한다. "교만 이외의 무엇이 이런 악한 의지를 일으킬 수 있겠는가? 교만이 모든 죄의 발단이다. 그리고 교만은 영혼이 그 분을 그의 근원으로서 전적으로 섬겨야 함에도 불구하고 그 분을 저버리고 자신이 근원인 것처럼 생각하여 높아지려는 반역적인 욕심이 아니고 무엇이겠는가?" *De civ. Dei,* Book XII, Ch. 13.

    "교만은 부당하게 우쭐됨이 아니고 무엇이겠는가? 이런 우쭐됨이 부당한 것이 되는 것은 영혼이 그의 목적으로서 섬겨야 하는 그 분을 저버리고 자신을 목적으로 생각할 때이다." *De siv. Dei,* Book XIV, Ch. 13.

    파스칼은 죄를 다음과 같이 정의한다. "바로 이 '나'가 문제이다. … 한마디로 말해 '나'는 두 가지 속성을지닌다. 자기 자신을 모든 것의 중심으로 생각한다는 점에서 보면 '나'는 본질적으로 정의롭지 못하며, 다른 사람들을 자신의 추종자로 만들려 한다는 점에서 보면 '나'는 그들을 괴롭히는 존재이다. 왜냐하면 개개의 '나'는 서로의 적이며, 모든 다른 사람들을 억압하는 폭군일 것이기 때문이다." Faugere, Vol. I, p. 197.

    루터에게 있어서 교만과 이기심은 동의어로 사용된다(*superbia et amor sui*). 원죄는 종종 영혼이 하나님을 배반하고 피조물에게 돌아섬에서 나타나는 영혼의 '보편적 욕망'(*universa concupiscentia*)이라고 정의된다(Weimar edition III, 215). 욕망에 관한 루터의 정의는 교만이 곧 죄라고 정의하는 것과 다르지 않다. 욕망과 교만 모두의 원천은 '*caro*'(육체)이다. 이때 루터가 사용하는 '*caro*'(육체)라는 단어는 바울의 σάρξ(육체)와 정확하게 죄에 대한 성서의 이런 정의는 죄를 무지 또는 육체의 정욕과 동일시하는 합리주의적-고전적 인간관의 영향을 거부하고 성서적 관점을 견지하는 신학적 경향을 철저히 고수한다. 성서의 견해는 기독교 합리주의자들의 관점에 영향을 주었다. 그러므로 그들이 죄의 가장 본질적 요소가 관능성이라고 정의할 때, 그들은 적어도 이런 관능성이 단순히 육체적 충동의 표현일 뿐만 아니라 정신의 자유에 의해 야기된 무절제성임을 인정하였다.[221] 지금 우리의 관심사는 이런 교만이 용서받을 수 없는 죄라는 점을 강조하는 것이 아니며, 죄의 뿌리는 인간의 연약성이 아니라 악한 의지임을 주장하는 것도 아니다.[222] 우리에게 중요한 것은 교만과 이기심이 죄라는 성서적 견해와 신학적 견해를 관찰 가능한 인간의 행위와 관련시

동의어이다. 그것은 단순히 유한성을 상징하는 "신체"가 아니라 죄성을 상징하는 "육체"이다. 슈트롬프(Stromph)는 루터의 견해를 다음과 같이 해석한다. "루터에게 있어서 '육체로서의 자아'란 개념의 의미는 죄인은 자기 자신이 지금 그대로의 모습이 아니며 자신이 그렇기를 바라지 않음에도 불구하고 지금 그대로이기를 바란다는 것이다." M. A. H. Stromph, *Die Anthropologie Martin Luthers*, p.73.

토마스 아퀴나스는 관능성이 더 근원적으로는 이기심에서 기원되었고 본다. "죄의 본질적이고 직접적인 원인은 일시적인 행복에 집착하는 것이라 할 수 있는데, 이런 관점에서 보면 모든 악한 행위는 세속적인 행복에 대한 비정상적인 욕망에 기인한다. 어떤 사람이 세속적인 행복을 비정상적으로 욕구한다는 사실은 그가 자신을 비정상적으로 사랑한다는 사실 때문이다." *Summa*, Part I, Third Number, Question 77, Art. 4.

칼빈은 사도 바울이 로마서 1장에서 제시한 죄에 대한 정의를 일관되게 지지한다. 죄는 무지가 아니라 교만이다. "그들은 하나님을 예배하는 대신 그들이 상상으로 만든 것을 섬긴다. 바울은 이런 타락한 행위에 관해 '그들은 스스로 지혜롭다 하나 어리석은 자들이 되었다'고 말한다. 이런 언급에 앞서 바울은 '그들의 생각이 허망하여졌다'고 말했다. 그러나 그들이 핑계하지 못하도록 하기 위해 바울은 그들의 마음이 어두워졌다고 덧붙인다. 왜냐하면 그들은 냉정하게 그들의 한계를 인정하지 않고 지나치게 교만하여져서 의도적으로 마음의 문을 닫았으며 심지어 교만과 허망함과 고집에 빠지기도 했기 때문이다. 따라서 그들의 어리석음은 용서받을 수 없는 것이다. 이것은 단지 헛된 호기심 때문만이 아니라 잘못된 신념과 인간 지식의 한계를 넘어서고자 하는 지나친 욕망 때문이기도 하다." *Institutes*, Book I, Ch. 4.

221 니사의 그레고리우스는 분노를 다음과 같이 분석한다. "따라서 우리 안에서 일어나는 분노는 사실 짐승의 충동과 유사하다. 그러나 생각과 결합될 때 그 분노는 더욱 커진다." *On the Masking of Man*, XVIII, 4.

222 죄의 문제에 관한 이런 관점은 9장에서 다루어질 것이다.

켜 생각하는 것이다. 이런 분석에서 우리는 교만을 다음과 같이 세 유형으로 분류하는 것이 – 물론 이 유형들이 현실의 삶에서 완전히 구분되지는 않지만 – 편리할 것이다. 권력의 교만, 지적 교만, 그리고 도덕적 교만이 그것이다.[223] 세 번째 유형의 교만, 즉 스스로 의롭다고 생각하는 교만은 영적 교만으로 발전되는데, 이런 영적 교만은 네 번째 유형의 교만으로 아직 명확한 형태의 교만은 아니지만 그의 포괄적이고 가장 본질적인 형태에서 볼 때는 교만과 자기미화이다.

(a) 러셀에 의하면 "인간의 무한한 욕망들 가운데서 가장 큰 욕망은 권력욕과 명예욕이다. 이 욕망들은 아주 밀접하게 연관되어 있지만 동일한 것은 아니다."[224] 러셀은 그 둘 사이의 관계를 명확하게 밝히지 못했다. 사실 그 관계는 훨씬 복합적이다. 인간의 자아가 자만심과 자신감에 빠져 모든 것이 변하여도 자신은 안전하다고 생각하는 권력의 교만이 있다. 그런 자아는 그의 삶의 우연성과 의존성을 깨닫지 못하며, 자신이 존재의 주인이라고 믿으며, 자신이 자기의 가치를 스스로 판단할 수 있고 자신의 운명을 스스로 지배한다고 믿는다. 이런 심각한 허위의식은 뚜렷한 형태로 구체화된 모습은 아니지만 인간의 모든 삶에서 나타난다. 그러나 그런 허위의식은 평범한 사람들보다 더 큰 사회적 힘을 가지고 있는 개인들과 계급들 사이에서는 더욱 강하게 나타난다.[225] 결국 교만에 빠지는 권력욕은 어느 정도 또는 상당한 정도의 자유와 절제를 가지고 있는 것처럼 보이는 교만과 밀접하게 연관되어 있다. 자아는 안전하다고

---

223 이것은 기독교 사상에서 전통적인 구분이다. 참조, Mueller, *On the Christian Doctrine of Sin*, Vol. I, p. 177.

224 *Power. A New Social Analysis*, p.11.

225 러셀에 의하면 "모든 사람은 가능하다면 하나님이기를 바란다. 극히 일부의 사람들은 불가능을 인정하는 것이 어렵다고 생각한다." *Ibid.*, p. 11.

느끼지 못하며, 따라서 자신의 안전을 위해 더 많은 권력을 추구한다. 자아는 자신이 충분히 중요하거나 존중된다고 생각하지 않으며, 따라서 자연과 사회에서 그의 지위를 높이려고 애쓴다.

어떤 경우에는 자아가 그의 존재의 유한성을 의식하지 못하는 것처럼 보이며, 또 다른 경우에는 권력욕이 자아의 불확실성에 대한 어두운 현실인식에 의해 촉발되는 것처럼 보인다.[226] 첫 번째 유형의 권력의 교만은 사회에서의 위치가 확실한 또는 확실해 보이는 개인들이나 집단들의 전형적인 특징이다. 성서의 예언자들은 이런 안정을 거짓 안정이라고 선언하며, 그런 안정에 안주하는 사람들에게 임박한 파멸을 경고한다. 따라서 제2이사야는 바벨론의 교만에 관해 다음과 같이 묘사한다. "네가 말하기를 내가 영영히 여주인이 되리라 하고 이 일을 네 마음에 두지도 아니하며."(사 47:7) 임박한 파멸의 재앙은 바벨론의 허약함과 불안정에 관한 계시이다. "네 속살이 드러나고 네 부끄러운 것이 보일 것이라."[227] 마찬가지로 제1이사야도 "교만한 면류관"으로 묘사된 이스라엘의 통치자들에게 그들의 "영화가 쇠잔해 가는 꽃이다"라고 경고한다(사 28:1-5). 다시 말해, 역사는 하나같이 인간의 힘을 과신하는 사람들의 환상이 헛된 것임을 보여준다. 그리고 심판의 날에는 "영화로운 면류관"인 하나님이 생명의 진정한 원천이자 목적으로 드러난다. 지상 나라들의 파멸을 경고

---

226 현대 국제정세에서 볼 때 방어능력을 지나치게 신뢰한 나머지 적시에 적절한 방어수단을 강구하지 못한 영국과 광적인 힘에의 의지를 가진 독일은 안정적이고 선진적인 사회에서 서로 다른 형태로 나타난 교만의 전형적인 예이다. 영국의 내적 안정과 외적 방위는 상당히 오랜 기간 동안 지속되었다. 그러자 영국은 교만하여져서 "나는 결코 과부가 되지 않을 것이며 결코 슬픔을 알지 않을 것이다."라고 선언하는 바벨론의 죄를 범했다 할 수 있을 것이다. 한편, 독일은 세계대전에서 패하기 오래 전에 한층 악화된 열등감을 가지고 있었다. 기존의 종교적, 문화적, 법률적 모든 한계들을 완전히 무시하는 당시 독일의 무제한적인 자기주장은 아주 강한 형태의 권력욕인데, 사실 그것은 내적인 불안정의 표현이다.

227 사 47:3-7. 참조, 계 18:7; 습 2:15.

하는 에스겔 선지자는 그 나라들이 어리석게도 그들의 안정과 독립성과 침착함을 과신하였다고 책망한다. 예를 들어, 에스겔은 이집트가 자신이 나일강의 창조자라고 생각하여 "나의 이 강은 내 것이라. 내가 나를 위하여 만들었다"(겔 29:3)고 말한다고 책망한다. 이런 교만의 결과 닥칠 파멸의 때에 삶의 진정한 원천과 목적이 드러나게 될 것이다. "그들이 나를 여호와인 줄 알리라"(겔 30:8).

두 번째 유형의 권력의 교만은 불안감 때문에 촉발된 교만이다. 이런 유형의 교만은 자기들의 상황이 불확실함을 알기 때문에 그들의 안전을 보증해 줄 충분한 힘을 추구하는 - 물론 다른 사람들의 삶을 희생시키면서 - 사람들이 범하는 죄이다. 그것은 특히 이미 확립된 힘에 대하여 인간 사회의 힘을 강화시키는 죄이다. 사회적 인지도나 경제적 안정성에 있어서, 또는 심지어 건강에 있어서조차 다른 사람들보다 덜 안정적인 사람들은 더 큰 권력을 남용하여 안정성을 확보하려는 유혹을 느낀다. 때로는 이런 권력욕이 자연을 정복하는 형태로 표현되기도 한다. 이럴 경우에는 자연계에서 인간이 가지는 정당한 자유와 지배력이 단순히 자연을 착취하는 방향으로 왜곡되어진다.[228] 자연에 대한 인간의 의존감과 자연의 다함없는 풍성함의 기적에 대해 느끼는 존중과 감사는 인간의 교만한 독립의식에 의해 파괴되며, 과도한 욕심을 가지고 자연적 필요 이상으로 창고를 채움으로써 자연의 조화와 계절의 불확실성을 극복하려는 인간의 탐욕적 노력에 의해 파괴된다. 간단히 말해, 탐욕은 인간이 자연에서 느끼는 불확실성을 숨기려는 무절제한 야망의 표현이다. 그것은 자신의 안전을 자신하는 어리석은 부자에 관한 예수의 비유에서 잘 묘사되

---

228 정당한 지배가 무엇인지는 창세기 1장 26절에서 상징적으로 표현되어 있다. "우리가 우리의 형상을 따라 우리의 모양대로 사람을 만들고 그들로 바다의 물고기와 하늘의 새와 가축과 온 땅과 땅에 기는 모든 것을 다스리게 하자."

어 있다. "영혼아, 여러 해 쓸 물건을 많이 쌓아 두었으니 평안히 쉬고 먹고 마시고 즐거워하자"(눅 12:19). 당연히 이런 어리석은 안전은 죽음, 즉 탐욕이 지배할 수 없는 자연의 순환에 의해 좌초된다. 하나님은 어리석은 부자에게 말한다. "오늘 밤에 네 영혼을 도로 찾으리니, 그러면 네 예비한 것이 누구의 것이 되겠느냐?"(눅 12:20).

권력의지로서의 탐욕은 특히 현대의 전형적인 죄이다. 현대의 기술문명이 현대인으로 하여금 자연에서 그의 불확실성을 제거할 수 있는 가능성과 필요성을 과신하게 만들었기 때문이다. 따라서 탐욕은 부르주아 문화 전반을 지배하는 죄가 되었다. 부르주아 문화는 물질의 위안과 안정을 삶의 최종적인 목표로 간주하며, 인간의 가능성을 넘어설 정도로 과도하게 그것을 획득하기를 바란다. 러셀에 다음과 같이 냉소적으로 말했다. "현대인은 자연이 인간을 죽이려 하며 결국은 승리할 것이라는 사실을 잊었다."[229]

인간의 불안정성은 단순히 자연의 순환과정으로부터만 발생하는 것이 아니라 사회와 역사의 불확실성으로부터도 발생하기 때문에, 자아가 자연적 불확실성과 사회적 불안정을 극복하고자 하는 것은 당연하며,

---

[229] 러셀은 만일 경제적 욕구들이 사회적 교만과 권력의 시녀가 아니라면 결코 비정상적이 아니라고 주장하는 오류를 범한다. 그에 의하면 "상품에 대한 욕구가 권력과 명예로부터 분리된다면 그런 욕구는 무제한적이 아니며 따라서 온건한 경쟁에 의해 완전히 충족될 수 있다. ... 적절한 정도의 안락함이 확보될 때 개인과 공동체는 모두 부보다는 오히려 권력과 명예를 추구할 것이다. 그들은 권력을 위한 수단으로 부를 추구할 수도 있으며, 아니면 더 큰 권력을 확보하기 위해 계속해서 부를 축적하고자 할 수도 있다. 그러나 전자의 경우에도 후자의 경우처럼 근본적인 동기는 경제적인 것이 아니다." *Power*, p.12.
러셀은 경제적 동기들이 가장 중요하다고 보는 마르크스의 지나치게 단순한 해석을 비판하는데, 이런 비판은 옳다. 그러나 권력욕과 명예욕은 순전히 사회적 관점에서만 바라보는 러셀 자신의 해석은 잘못된 것이다. 사실 탐욕은 사회적 권력욕의 종일 수도 있다. 돈은 "인간을 지배하는 권력"의 한 형태이기 때문이다. 그러나 인간을 지배하는 어떤 권력도 추구되지 않을 때조차도 경제적 동기는 비정상적일 수도 있다. 전형적인 수전노는 사회적 인정이 아니라 절대적 안정을 추구한다. 그는 주변 사람들을 지배하는 권력이 아니라 자기의 운명을 지배하는 힘을 원한다.

"물질을 지배하는 힘"은 물론이고 "인간을 지배하는 힘"을 가지고자 하는 욕구를 표현하는 것도 당연하다. 경쟁적인 인간의 의지에서 오는 위험은 그 의지를 자아에 종속시킴으로써 극복될 것이며, 많은 종속된 의지들의 힘을 이용하여 그런 종속과정에서 야기된 불화를 제거함으로써 극복될 것이다. 따라서 권력의지는 불안정성을 제거하고자 하지만 오히려 불안정성을 더욱 가속화시키는 악순환에서 벗어날 수 없다. 선지자 이사야에 의하면 "화 있을찐저 너 학대를 당치 아니하고도 학대하며 속임을 입지 아니하고도 속이는 자여, 네가 학대하기를 마치면 네가 학대를 당할 것이며, 네가 속이기를 그치면 사람이 너를 속이리라"(사 33:1). 간단히 말해, 권력의지는 자아를 불의에서 벗어날 수 없게 만든다. 권력의지는 인간의 유한성의 한계 너머에서 안전을 추구하며, 비정상적인 야망은 경쟁적인 생존욕구를 가지는 순수한 자연계에서는 없는 두려움과 불화를 일으킨다.

권력의지를 인간의 행위동기들 중 가장 지배적인 것으로 간주하는 현대의 심리학파는 아직 그 권력의지가 얼마나 철저하게 불안정성과 관련되어 있는지 인식하지 못했다. 아들러(Adler, 1870-1937)에 의하면 권력의지는 특별한 형태의 열등감에서 오는 것이기 때문에 올바른 치료에 의해 제거될 수 있다고 믿는다. 호니(Karen Horney, 1885-1952)는 권력의지를 아들러가 열거하는 열등감의 특수한 사례들보다는 오히려 더 광범위한 불안과 관련시켜 생각한다. 그러나 호니는 권력의지가 경쟁적인 사회에서 나타나는 일반적인 불확실성들 때문에 발생한다고 생각하며, 그런 불확실성들을 제거하려는 희망을 상호협력적인 사회에서 찾고자 한다.[230] 이것은 아직 완전히 입증된 진리는 아니다. 확실한 것은 인간은 그의 존재의 본질적인 불확실성 때문에 자신의 안전을 이중적으로 확보하

---

[230] *The Neurotic Personality of Our Time.*

고자 하며, 삶의 전 영역에서 그의 위치가 보잘 것 없다고 생각하기 때문에 그의 의미를 확인하고자 한다는 사실이다. 간단히 말해, 권력의지는 기독교가 가장 본질적인 죄로 간주하는 교만의 직접적인 형식이면서 간접적인 도구이다.

우리는 앞에서 인간의 연약함을 인식하지 못하는 교만과 연약함을 인식하고 그런 연약함을 극복하거나 은폐하기 위해 권력을 추구하는 교만을 구별한 적이 있다. 전자의 교만은 비교적 안정적이고 전통적으로 존경을 받는 개인들이나 단체들이 가지는 교만인데 반해, 후자의 교만은 비교적 덜 안정적인, 즉 사회에서 안정된 집단들이라기보다는 오히려 안정을 추구해 나가는 집단들의 교만이다. 그러나 이런 구분은 대단히 잠정적인 것이다. 사실 아무리 당당한 군주와 아무리 안정된 과두체제의 집정자들이라 할지라도 어느 정도는 불안감 때문에 과도하게 자기를 주장하지 않을 수 없게 되는데, 이것은 부분적으로는 그의 권력과 명예가 커질수록 죽을 수밖에 없는 인류의 공통된 운명이 거부하고 싶은 운명의 모습으로 그에게 나타난다는 사실 때문이다. 따라서 고대 세계의 가장 강력한 군주들인 이집트의 파라오들은 그들의 불멸성을 확립하거나 입증하기 위해 제국의 재산을 탕진하면서까지 피라미드들을 건축하였다. 따라서 모든 사람에게 공통된 죽음에 대한 두려움은 가장 위대한 군주들의 허위의식과 야망을 불러일으키는 하나의 동기이다.[231]

---

231 러셀은 두려움이나 불안이 인류 역사상 가장 위대한 지도자들 사이에서 발견되는 권력의지의 뿌리로 간주될 수 있는지에 대해 의문을 제기한다. 그는 "세습된 지배자의 위치"가 더 타당한 권력의지의 근거라고 믿는다. 다시 말해, 그는 자신의 연약함을 인식하지 못하는 교만과 연약함을 인식하고 그런 연약함을 메우기 위해 나타나는 교만을 엄밀하게 구별하고자 한다. 그는 권력의지가 두려움보다는 오히려 세습적인 지위에 의해 촉발된 대표적인 사람으로서 엘리자벳 여왕의 예를 든다. 그렇지만 현대의 어느 역사가는 엘리자벳 여왕을 괴롭히는 두려움들에 관해 다음과 같이 분석한다. "공공의 의무에 관한 여왕의 의식이 강하였기 때문에 왕위계승의 문제를 제대로 다루지 못했다. 여왕은 그의 이기심 때문에 그 문제를 다루는데 실패하면 초래될 위험을 보지 못했다. 적절한 시기에

그러나 더 나아가 인간이 자기의 권력과 명예를 더욱 확고히 하면 할수록 그만큼 그의 명성에서 떨어질 것에 대한 두려움이나 그의 보물을 잃을 것에 대한 두려움이나 그의 허위의식이 드러날 것에 대한 두려움은 더욱 커진다. 가난은 부자에게는 위험이지만 가난한 사람에게는 위험이 아니다. 대중의 인기를 얻지 못함은 어두움에 익숙한 사람에게는 두려움이 아니지만 대중의 환호에 익숙하게 된 사람에게는 두려움이다. 권력을 가진 사람들과 높은 지위에 있는 사람들이 가지는 이런 불안감을 헛된 것들에 대해 가지는 미련이라고 전적으로 무시할 필요는 없다. 전제군주는 단지 그의 권력을 상실할 것에 대해서만 아니라 그의 생명을 잃을 수 있는 가능성에 대해서도 두려움을 가진다. 적대국들의 공격에 대한 방어능력이 확고하며 국력이 강한 나라라 할지라도 자신의 국력을 두려워한 여러 적대국들이 공통의 목적을 가지고 연합하여 자국을 대적할 수도 있다는 가능성에 대해서는 두려워함이 분명하다. 사치와 편안함에 익숙한 사람은 가난이 닥칠 때 혹독한 가난에 단련된 사람들보다 삶과 존재의 위협을 더 크게 느낀다. 따라서 권력의지는 불안감의 표현이다. 비록 그 의지에 의해 평범한 사람들의 눈에는 완전한 안정을 보장해 줄 것처럼 보이는 목적들이 성취됐다 할지라도 말이다. 그러므로 인간의 야망에는 끝이 없다는 사실은 단순히 인간의 무한한 상상력 때문이 아니라 인간의 유한성과 연약성과 의존성을 쉽게 인정하지 않기 때문이다. 인간의 유한성과 연약함과 의존성은 우리가 그것들을 숨기려 할수록 더욱 분명해진다. 그리고 그것들은 직접적인 불확실성들이 더 많이 제거될수록 더

여왕의 존엄이 다른 사람에게 이관되어야 한다는 생각이 여왕으로 하여금 자신의 권위가 사라질 것에 대한 두려움을 가지게 했을 것이다. 여왕은 그런 생각에 과감히 직면할 용기가 없었을 것이다." J. K. Laughton, *The Cambridge Modern History*, Vol. III, p. 359.

근본적인 위험들을 생산해 낸다. 따라서 인간은 그의 위대함과 연약함에 의해 동시에 속아 스스로 하나님이 되고자 한다. 모든 종류의 위대함과 권력에는 두려움의 태형이 적어도 야망의 채찍에 맞은 한 줄기 채찍자국이 아닌 것이 없다.

(b) 인간의 지적 교만은 물론 권력의 교만이 보다 정신적으로 승화된 것이다. 때로 그런 교만은 더 야수적이고 명백한 권력의 교만과 깊이 연루되어 있기 때문에 그 둘을 구분할 수는 없다. 역사상 모든 유력한 과두 정치체제는 경찰력과 함께 이데올로기적 허위의식을 중요한 지배수단으로 이용했다. 그러나 지적 교만은 소수의 지배자들이나 학자들에게만 국한된 것이 아니다. 모든 지식은 "이데올로기"에 의해 오염되어 있다. 지식은 과대평가된다. 그것은 어떤 특정한 관점에 의해 획득된 유한한 지식이지만, 마치 궁극적이고 절대적이라고 주장한다. 조야한 권력의 교만과 마찬가지로 지적 교만도 세련되기는 하지만 한편에서는 인간 정신의 유한성에 대한 무지에서 유래하며, 다른 한편에서는 지식의 유한성과 이기심을 은폐하려는 노력에서 유래한다.

어떤 철학자는 자기가 과거의 역사에 대해 충분한 식견을 가지고 있기 때문에 이전의 철학적 오류들을 찾아낼 수 있다고 생각한다. 그래서 그는 자신의 사상이 절대적이라고 생각한다. 그러나 그는 자기의 무지를 알지 못하는 무지의 희생자임이 분명하다. 역사의 산봉우리에 높이 서서 그는 이 산봉우리도 역시 하나의 특수한 장소라는 사실을 잊고 있으며, 그의 관점도 후대의 사람들에게는 이전 사상가들의 애처로운 편협성과 마찬가지로 하나의 관점에 불과한 것으로 보일 것이라는 사실을 잊고 있다. 이것은 아주 분명한 사실이다. 그러나 지금까지 어떤 철학체계도 그런 사실을 충분히 주목할 만큼 대단한 철학체계는 없었다. 모든 위대한 사상가들은 하나 같이 자신이 완전한 사상가라고 생각하는 동일한 오류를 범한다. 데카르트, 헤겔, 칸트, 그리고 콩트는 자신의 사상이 가장 완벽하다고 확신했기 때문에 모든 냉소주의자들에게 조롱거리가 되었다. 그의 철학이 과학에 근거하기 때문에 완벽하다고 생각하는 자연주의 시대의 확신은 가련하기 짝이 없다. 그런 확신은 그 철학 자체가 가지는 편견들에 대한 무지와 과학지식의 한계를 인식하지 못한 실패를 드러내고 있기 때문이다.

따라서 지적 교만은 자신이 시간의 한계를 벗어날 수 없음을 망각하고 역사를 완전히 초월한다고 착각하는 이성의 교만이다. 프리드리히 엥겔스에 의하면 "무엇보다도 그렇게 많은 사람들을 맹목적이게 만든 것은 국가 헌법들, 법체계들, 이데올로기의 독자적인 역사가 모든 특별한 영역에서 나타난 이런 현상입니다."[232] 그렇지만 지적 교만은 단순한 무지의 무지 이상의 어떤 것이다. 지적 교만에는 언제나 알게 모르게 오염된 이기심을 은폐하려는 의식적인 또는 잠재의식적인 노력이 들어있다. 마르크스주의가 모든 문화에서 이데올로기적 착색을 폭로하는데 엄청난 기여를 했음에도 불구하고 그가 이해하지 못하고 있는 것은 바로 위선의 요소이다. 이것은 인간 의식에 관한 지나치게 단순한 마르크스주의의 이론 때문이다. 따라서 엥겔스는 주장한다. "이데올로기를 움직이는 실제적인 추진력은 의식되지 않은 채 남아있다. 그렇지 않으면 그것은 이데올로기적 과정이 아닐 것이기 때문이다."[233] 그러나 완벽한 지식과 궁극적 진리를 주장하는 모든 허위의식은 부분적으로는 그 진리가 궁극적이지 않다는 불편한 마음에 의해 촉발된 것이며, 이런 진리에 자아의 이기심이 섞여있음을 깨달은 양심의 가책에 의해 촉발된 것이다.

---

232 From a letter to F. Mehring, quoted by Sidney Hook, *Toward an Understanding of Karl Marx*, p. 341.

233 *Ibid.*, p. 341.

때로는 지적 교만에 들어있는 불확실성의 이런 뿌리가 어떤 사상가의 가엾은 허위의식에서 드러나기도 한다. 그 사상가는 자기 자신의 불안 전성이 아니라 어떤 시대, 어떤 계층, 또는 어떤 국가의 불안정성을 감추기도 하고 드러내기도 한다. 데카르트의 지적 교만은 자신의 무지에 대해 무지한 것 이상의 어떤 것이었다. 이것은 그의 친구가 그의 철학체계의 핵심 명제인 "*cogito, ergo sum*"이 아우구스티누스 사상에서 유래한 것이라고 상기시켰을 때 화를 냈다는 사실에서 잘 알 수 있다.[234] 쇼펜하우어의 교만은 단순히 그의 철학체계가 가지는 한계들을 인식하지 못한 결과만은 아니었다. 그의 교만은 광범위하게 지지를 받던 당시 관념론 사상가들과의 경쟁에서 인정을 받지 못한 것에 대한 보상심리였다. 헤겔과 콩트와 같은 사상가들의 경우에는 개인적 교만과 대리적 교만이 기이한 방식으로 혼합되어 있었다. 헤겔은 단순히 자신의 사상이 궁극적이라고 주장했을 뿐만 아니라 당시 프러시아의 군국주의 국가를 인류 역사의 정점이라고 생각했다. 콩트는 그의 철학이 단순히 철학으로서 뿐만 아니라 종교로서도 궁극적이라고 믿었다. 그리고 가엾은 민족주의적 교만을 가진 그는 파리가 장차 도래할 새로운 보편적 문화의 중심이 될 것이라고 예언했다.[235]

지적 교만의 특별히 중요한 측면은, 지적 교만을 가지고 있는 사람은 그가 다른 사람들에게서 발견한 바로 그런 관점의 한계들을 자기 자신도 가지고 있지만 그것을 인식하지 못한다는 사실이다. 모든 부르주아 문화의 사상이 이데올로기에 의해 착색되어 있음을 발견한 마르크스는 자신의 관점도 역시 이데올로기에 의해 착색되어 있다는 것에 관해서는 조금도 난처하게 생각하지 않는다. K. 만하임에 따르면 "지금까지 사회

---

234 참조, Etienne Gilson, *Unity of Philosophical Experience*, p. 157.

235 Auguste Conte, *Catechism of Positive Religion*, p. 211.

주의 사상은 자기와 의견을 달리하는 사람들이 생각하는 모든 종류의 유토피아들을 이데올로기라고 폭로했지만 그 자신의 입장이 이데올로기인지 아닌지에 관해서는 전혀 문제를 제기하지 않았다. 그 사상은 이런 방법론을 자신에게는 적용하지 않았으며, 절대적이고자 하는 자신의 욕망을 검토해 보지도 않았다."[236] 이런 맹목성에서 발생한 광신주의는 그것이 스탈린주의자들과 트로츠키주의자들 사이의 경우처럼 다양한 마르크스주의 사상들 사이의 갈등에서 표출될 때 특히 비극적이고 위험하게 된다. 그 사상들은 각각 상대방이 실제로 은밀한 자본주의자이거나 파시스트임을 입증하고 그렇게 믿지 않을 수 없다. 철저한 프롤레타리아 사상에서 이데올로기적 착색은 상상을 초월하기 때문이다. 그러므로 이전 문화들의 지적 교만과 허위의식을 밝혀낸 마르크스주의의 빛나는 성과는 가엾게도 동일한 죄를 범하고 만다. 마르크스주의는 바울이 발견한 진리를 전혀 알지 못한다. "그러므로 남을 판단하는 사람아, 무론 누구든지 네가 핑계치 못할 것은 남을 판단하는 것으로 네가 너를 정죄함이니 판단하는 네가 같은 일을 행함이니라"(롬 2:1).

마르크스주의의 교만은 다른 유사한 교만들의 경우와 마찬가지로 단순히 무지에 대한 무지의 결과라고 간주될 수도 있다. 마르크스주의는 이데올로기의 착색을 경제적 삶에만 국한시키는 오류를 범했으며, 따라서 경제적 특권이 평준화될 때 이루어질 보편적인 합리적 전망을 희망하고 있다. 그러나 우리는 그런 교만에는 무지 이상의 어떤 것이 연루되어 있지 않을까 의심해 볼 수 있다. 상대방의 오류를 지적하면서 자기는 그런 오류를 범하지 않는다고 주장하는 오만함은 자아가 자기의 견해의 유한성을 자기로부터 은폐하려는 일반적인 절망의 표현이다.

간단히 말해, 지적 교만에는 자유와 불안정성의 유혹이 동시에 작용한

---

236 *Ideology and Utopia*, p. 225.

다. 만일 인간이 그가 처한 모든 상황을 초월하는 자유로운 정신이 아니라면 그는 무조건적인 진리에 대한 관심도 없을 것이며, 자신의 단편적인 관점들이 절대적이라고 주장하려는 유혹도 없을 것이다. 만일 인간이 자연의 우연성과 필연성에 완전히 종속되는 존재라면 그는 자신만의 진리를 가질 것이며 따라서 그의 진리를 진리 자체와 혼동하는 유혹을 받지도 않을 것이다. 그러나 그럴 경우 그는 전혀 진리를 소유하지 못할 것이다. 그럴 경우에는 어떤 특별한 사건이나 가치도 전체와의 관련성에서 유의미하게 평가될 수 없을 것이기 때문이다. 다른 한편, 만일 인간이 전적으로 초월적인 존재라면 필연적이고 우연적인 것들을 진리라고 생각하여 진리를 왜곡시키려는 유혹을 받지도 않을 것이다. 그는 무지를 인정하라고 자신을 위협하는 회의주의의 절망을 피하기 위해 자기 지식의 유한성을 부정하려는 생각도 하지 않을 것이다. 그렇지만 알고자 하는 모든 노력의 근저에 깔려있는 무지의 무지는 결코 단순한 무지라고 생각될 수 없다. 그런 무지는 교만을 전제로 한다. 인간이 자신의 한계를 인식할 수 있는 이상적인 가능성은 언제나 있기 때문이다. 이런 은폐된 교만은 '진리의 관점성'[237]을 은폐하려고 의식적으로 노력할 때 표면에 드러난다. 이런 교만의 두드러진 특징은 인간의 지식에 내재하는 보편주의적 특성이 자기를 따르지 않는 삶을 지배하려는 제국주의적 욕망의 기초가 되는 모든 경우에 전형적으로 나타난다. 따라서 현대의 종교적 민족주의자는 어느 순간 그의 문화는 수출품이 아니라 자기 민족만을 위해 유효하다고 선언하며, 다음 순간에는 그가 열등한 문화들을 파괴함으로써 세계를 구원할 것이라고 선언한다.

---

[237] 역자 주, 인간은 대상을 인식할 때 특정한 하나의 관점을 가지고 그 대상에 접근한다. 따라서 그가 진리라고 생각하는 것도 하나의 관점에 불과하다. 이것을 '진리의 관점성'이라 한다.

이런 교만에 은폐되어 있는 불안감은 교만처럼 그렇게 뚜렷이 드러나지는 않지만 분명한 사실이다. 예를 들면, 흑인과 백인의 관계에서처럼 다수의 인종집단과 소수의 인종집단 사의의 관계에서 다수의 인종집단은 지배적인 집단이 문화나 문명의 특권들을 즐기거나 이용할 수 없다는 이유로 그가 소수집단에 가하는 차별을 정당화한다. 그렇지만 그런 불안감이 완전히 은폐될 수는 없다. 다수집단은 자기가 소수집단보다 우월하기 때문에 특별한 특권들을 가지는 것이 정당하다고 생각한다. 그래서 다수집단에 의한 차별은 종종 그런 특권들을 소수집단에게도 허용하면 다수집단의 우월성이 사라질지도 모른다는 두려움을 노골적으로 표현하는 것이다.[238] 따라서 교만이라는 허위의식은 두려운 경쟁자에 대항하는 무기이다. 때로 그것은 자아 앞에 크게 입을 벌리고 있는 자조(자기경멸)의 심연으로부터 자아를 구하기 위한 것이기도 하다.[239]

(c) 도덕적 교만의 모든 요소들은 지금까지 분석된 지적 교만과 불가분의 관계에 있다. 가장 추상적인 철학적 논쟁들 이외의 모든 논쟁들에서는 무조건적인 진리를 깨달았다는 위선된 주장은 무엇보다 나의 "나의 선"을 무조건적인 도덕적 가치로 확립하려는 의도이다. 자기가 마음

---

238 지배적인 집단 내에서 발견되는 이런 불안감의 대표적인 예들을 위해서는 참조, Paul Levinson, *Race, Class, and Party.*

239 프랑스 혁명 당시 집정부의 한 역사가는 교만이 자기경멸에 대한 방어기제임을 알 수 있게 해주는 흥미로운 한 예를 제시한다. 그는 다음과 같이 말한다. "폭리를 추구하는 이들 모리배들은 또한 교조주의자들이기도 하다. 그들은 자신들의 이론을 끈질기게 고수했다. 그렇게 해야만 그들은 그렇지 않았으면 그들의 내면 깊은 곳에서 느꼈을 자기경멸을 피할 수 있었을 것이기 때문이다. 그들은 그들이 이끌어가고 있던 삶의 방식에 대하여, 그들이 수립해 놓은 정부조직에 대하여 또는 그 조직을 유지하기 위해 그들이 고용한 사람들에 대하여 냉철한 판단을 잃지 않았다. 그러나 비록 부정부패에 빠져 있었지만 그들은 이상적인 목표의 그늘에 집착하고 있었다. ... 그들은 열렬한 신도들, 계몽주의자들과 광신자들로 낙인찍히는 것 이상을 요구하지 않았다. 그럴 경우 사람들이 그들을 '부패한 자들'이라고 부르는 것을 잊어버릴 것이기 때문이다." Pierre Gaxotte, *The French Revolution*, p. 390.

대로 설정한 높은 도덕적 기준들을 충족하지 못한다는 이유로 다른 사람을 정죄하고 자기만이 옳다고 주장하는 모든 "독선적인" 판단들에는 도덕적 교만이 들어있다. 자기가 세운 기준들에 따라 판단하기 때문에 자기는 선하다고 생각한다. 그는 다른 사람들을 자신의 기준에 따라 판단하며, 그들의 기준이 자신의 기준에 적합하지 않으면 그들이 나쁘다고 생각한다. 잔인성과 독선 사이에는 이런 은밀한 내적 관련성이 있다. 자기가 세운 기준들이 하나님의 기준이라고 오해할 때 자기의 기준에 적합하지 않은 사람들을 악하다고 생각하는 경향이 있다. 도덕적 교만의 속성은 사도 바울의 다음과 같은 말에 잘 기술되어 있다. "내가 증거하노니, 저희가 하나님께 열심히 있으나 지식을 좇은 것이 아니라. 하나님의 의가 무엇이지는 모르고 자기 의를 세우려고 애씀으로써 하나님의 의에 복종하지 아니하였느니라"(롬 10:2-3). 도덕적 교만은 유한한 인간이 그가 설정한 높은 덕목을 궁극적인 의라고 생각하며 대단히 상대적인 그의 도덕적 기준들을 절대적이라고 생각하는 위선이다. 따라서 도덕적 교만 때문에 본래는 선한 덕이 죄를 전달하는 매개체가 되고 만다. 신약성서가 자칭 의로운 사람들을 "세리와 죄인들"과 비교하여 그렇게 비판한 것은 바로 이런 이유 때문이다. 성서의 이런 해석에 의해 성서의 도덕론은 기독교적 도덕주의를 포함한 모든 단순한 도덕주의와 구별된다. 바리새인들과 예수의 대결, 인간의 구원은 "아무도 자랑하지 못하도록 인간의 공로에 의해" 성취되는 것이 아니라는 바울의 주장, "공로에 의한 의로움"을 비판하는 바울의 논쟁 전체는 바로 이런 도덕주의에 대한 비판이다. 그리고 그것은 종교개혁의 가장 중요한 쟁점이기도 하였다. 루터는 죄인이 죄인으로 간주되기를 원치 않는 것이 바로 죄의 결정적인 형태라고 올바로 주장하였다.[240] 인간이 더 이상 하나님을 알지 못한다는 결정적인 증거는 그가 자신의 죄를 알지 못한다는 것이다.[241] 자신이 의롭다고 생각하는 죄인은 심판자로서의 하나님을 알지 못하며, 구원자로서의 하나님을 필요로 하지도 않는다. 자기만 의롭다고 생각하는 독선의 죄는 단지 주관적인 의미에서 뿐만 아니라 객관적 의미에서도 결정적인 죄이다. 독선의 죄는 우리를 가장 큰 죄에 빠지게 한다. 독선의 죄는 사람을 가장 무자비하게 만들고, 정의롭지 못하게 만들며, 동료를 비방하게 만든다. 인류 전 역사를 통해 발생한 인종적, 민족적, 종교적, 그리고 다른 사회적 갈등들은 독선에서 기원된 객관적 악과 사회적 불행의 대표적인 예이다.

(d) 일단 마음에 도덕적 교만의 죄가 일어나면 그 죄는 영적 교만을 야기한다. 궁극적인 죄는 자기를 신격화하는 종교적 죄인데, 이런 자기신격화는 이미 도덕적 교만에 아주 분명하게 함축되어 있다. 이런 자기신격화는 우리의 단편적인 기준들과 상대적 성취들이 무조건적인 선과 명시적으로 관련될 때, 그리고 그런 것들이 하나님에 의해 인정된 것이라고 주장될 때 일어난다. 이런 이유 때문에 종교는 일반적으로 생각하는 것처럼 그렇게 본래부터 고결한 인간의 하나님 추구가 아니다. 종교는 단지 인간의 자기신격화와 하나님 사이의 결정적인 전쟁터일 뿐이다. 그 전쟁터에서는 가장 경건한 행위들도 교만의 수단에 불과할 수도 있다. 같은 사람이 어느 순간에는 그리스도를 그의 심판자로 생각하고, 다음 순간에는 그리스도의 모습과 그의 기준들과 그의 의가 다른 사람들의 의보다는 자기 자신의 의와 더 가까움을 입증하고자 한다. 최악의 계급지배 형태는 종교적 계급지배인데, 이런 지배형태에서는 인도의 카스트 제

---

240 *Superbus primo est excusator sui as defensor, justificator,* Weimar ed. of Works, Vol. 3. p. 288.

241 *Nescimus, quid Deus, quid justitia, denique quid ipsum peccatum sit. ibid., Vol. 2, p. 106.*

도에서처럼 지배적인 성직자 계급이 단지 하위 계급들의 사회적 활동을 제한할 뿐만 아니라 궁극적으로는 그들이 어떤 의미 있는 활동도 하지 못하도록 배제한다. 최악의 불관용(intolerance) 형태는 종교적 절대자를 빙자하여 경쟁자들이 서로 자신의 특수한 이익을 추구하는 종교적 불관용이다.[242] 최악의 자기과시 형태는 하나님 앞에서의 회개를 가장하여 하나님이 불확실한 우리 자아의 유일한 동맹으로서 요구되는 종교적 자기과시이다. 현대의 어느 선교사에 의하면 "현대 세계에서 소위 '종교'라는 것은 종교를 가장한 고삐 풀린 인간의 자기과시이다."[243]

기독교가 종교인 것은 사실이다. 그러나 기독교는 인간이 하나님을 찾는 과정에서 자신을 하나님으로 만들 수도 있는 그런 종교가 아니라, 거룩하고 사랑하는 하나님이 자신을 모든 유한한 존재의 근원이자 목적으로서 계시하는 계시종교이다. 그런 하나님을 대면할 때 하나님을 거부하는 인간의 자기의지는 좌초되고 인간의 교만은 낮아진다. 그러나 기독교인이 이런 계시를 소유한 덕분에 다른 사람들보다 더 많이 회개했기 때문에 더 의롭다고 주장하자마자 그는 독선의 죄를 더 증가시키며, 회개의 종교가 행하는 형식들을 교만의 도구로 만든다.

---

242 스페인의 필립이 나사우의 윌리엄을 체포하라고 공포한 다음과 같은 포고문은 이런 종교적 불관용의 대표적인 예이다. "하나님의 은혜에 의해 카스티야의 왕이 된 필립은 … 반면 일찍이 지난 황제와 우리 자신에 의해 명예롭게 생각되었고 지원을 받았던 우리 영토에서 나사우의 윌리엄이란 이방인이 사악한 관습과 예술을 통해 불평분자들과 불법을 행하는 자들과 파산자들과 혁신자들과 특히 종교적 정체성이 의심스러운 자들을 자기편으로 규합하였으며, 이들 이교도들을 충동질하여 폭동을 일으키게 하였고, 성상들과 교회를 파괴하게 하였으며, 하나님의 성례전을 모독하였다. … 그는 불경건한 자들을 통해 거룩한 카톨릭 교회의 신앙을 제거하려는 음모를 꾸미고 있었다. … 그렇지만 우리는 이런 비열한 위선자와 타협할 수 없다. … 인류의 원수인 나사우의 윌리엄을 체포하고 그의 재산을 몰수하라. 이로써 왕이자 하나님의 종의 말에 의거하여 그를 죽이거나 산 채로 체포한 사람에게는 누구든지 … 25,000 크라운의 금화를 지급하겠노라. … 그리고 만일 그가 죄를 지었다면 그 죄가 어떤 죄이든 사면해 줄 것이며 귀족의 작위를 주겠노라."

243 Henrik Kraemer, *The Christian Message in the Non-Christian World*, p. 212.

카톨릭이 교회를 지나치게 단순하게 하나님의 나라와 동일시 한다는 개신교의 주장은 옳다. 이렇게 교회와 하나님 나라를 동일시하는 것은 제도로서의 교회를 인간 교만의 또 다른 도구가 되게 만든다. 왜냐하면 이런 동일시는 인간 역사의 모든 상대적인 것들에 연루된 하나의 종교적 제도가 그의 교리들을 절대적 진리라고 주장할 여지를 주며, 그 제도의 기준들을 절대적인 도덕적 권위라고 주장할 여지를 주기 때문이다. 이런 이유 때문에 교황이 적그리스도라는 루터의 주장은 종교적으로 옳았다. 오늘날의 총체적 정치적 상황은 카톨릭의 교회론이 위험함을 입증해 준다. 도처에서 교회는 하나님의 원수들에 대항하여 싸운다고 주장한다. 이 원수들이 단지 부패한 봉건문명에 반기를 들고 싸울 뿐이라는 사실을 알지 못하면서 말이다.

그러나 개신교가 기독교 복음을 카톨릭보다 더 예언자적으로 진술하고 해석하기 때문에 덕에 있어서 더 우월하다고 주장한다면 그도 마찬가지로 독선의 죄에 빠진다. 사실 모든 신자들이 제사장이라는 개신교의 교리는 개인의 자기신격화를 야기할 위험성을 내포한다. 오히려 카톨릭 교리는 이런 개인의 신격화를 저지하는 보다 적절한 수단들을 가진다. 종교개혁 신학이 현대에 다시 등장하여 기독교 자유주의의 단순한 도덕주의를 또 다른 형태의 바리새주의로 간주하는 것은 옳을 수도 있다. 그러나 모든 인간이 죄인이라고 가르치는 종교개혁 교리의 가장 위대한 교사들은 종종 그들의 신학적 적대자들에 대적하는 오만한 권력의지의 도구로 그 교리를 사용했다.[244] 이런 사실을 인식하지 않고는 인간

---

244 예를 들어, 슈벵크펠트(Schwenkfeld)에 대한 루터의 태도와 카스텔리오와 세르베투스에 적대적이었던 칼빈이 그렇다. 칼 바르트가 이 장에서 제기된 신학적 쟁점들에 관해 몇 년 전 에밀 브루너와 신학적 논쟁을 벌였다. 그는 "자연과 은총"에 관한 브루너의 소책자가 인간의 자연적 선을 지나치게 긍정적으로 생각하는 것을 두려워했다. 『아니오』란 제목의 그의 대답은 독특한 인격적 오만과 논쟁 상대방에 대한 경멸로 가득 차 있다.

죄의 궁극적인 비밀을 이해할 수 없다. 인간의 영적 교만을 막을 수 있는 결정적인 수단은 존재하지 않는다. 하나님 앞에서 그가 죄인이라는 인식 조차도 바로 그런 죄의 도구로 사용될 수 있다.[245] 만일 교만이란 죄의 결정적 비밀이 인식되지 않는다면 기독교 복음의 의미는 이해될 수 없다.

도덕적 교만은 명시적으로 종교적인 형태를 취하지 않고도 종교적 차원의 교만으로 발전할 수 있다. 국민들에게 무조건적인 요구사항들을 부과할 때 스탈린은 교황만큼이나 명백하게 종교적일 수 있다. 그리고 18세기의 어느 프랑스 혁명가는 그의 종교적 열정에 있어서 그가 타파하고자 하는 "하나님에 의해 제정된" 봉건체제와 마찬가지로 무자비할 수 있다. 우리는 앞에서 종교를 제거함으로써 종교적 편협성(불관용)이 제거될 수도 있을 것이란 현대문화의 잘못된 기대에 관해 언급한 적이 있다. 종교는 – 어떤 이름의 종교이든 – 인간의 영적 발달정도의 불가피한 결과이다. 그리고 종교적 편협성과 교만은 인간 죄성의 결정적인 표현이다. 계시종교는 하나님이 인간 영혼의 가장 높은 곳으로부터 인간에게 말한다는 믿음에 근거한다. 그리고 이런 하나님의 목소리는 인간이 가장 높다고 생각하는 것이 사실은 가장 높은 것에 미치지 못할 뿐만 아니라 그것이 가장 높다고 주장하는 부정직성과 관련되어 있기도 함을 폭로할 것이다.

---

245 파스칼에 의하면 "겸손에 관한 담화들은 헛된 교만의 원천이며, 초라한 겸손의 근원이다." *Pensees*, 377.

3. 부정직과 교만의 관계

교만과 이기심에 관한 우리의 분석은 자기신격화가 부정직성과 불가분의 관계에 있음을 일관되게 주장했다. 이런 부정직성은 이기심의 토대가 아니라 이기심에 동반되는 것으로 간주되어야 한다. 인간은 자기를 지나치게 사랑한다. 인간은 그의 존재의 유한성에 비해 그 존재에 과도한 애정을 가지기 때문에 그런 과도한 사랑을 정당화하기 위해서는 어느 정도의 기만을 행할 필요가 있다. 그런 기만은 자기의 의지가 인정되기를 추구하고 자기에 대한 자기의 지나치게 관대한 평가가 정당화되기를 바라는 경쟁적인 의지들 사이에서 끊임없이 일어나지만, 기만의 가장 우선적인 목적은 다른 사람들이 아니라 자기 자신을 속이는 것이다. 자아는 어쨌든 자기 자신을 먼저 속여야 한다. 자아가 다른 사람들을 속이는 것은 부분적으로는 자기에게 자기를 납득시키려는 노력이다. 이런 노력이 필요하다는 사실은 진리의 흔적이 대단히 혼란된 상태로 자아와 함께 있음을 암시하며, 자아는 그가 행동하기 전에 먼저 그렇게 혼란된 상태의 진리의 흔적을 정리해야 함을 암시한다. 따라서 인간의 부정직성은 인간의 전적 타락 교리를 논박하는 흥미로운 사실이다.

죄에 관한 성서의 분석은 죄의 경제학에서 기만의 기능에 관한 언급들로 가득 차 있다. 예수는 마귀를 거짓의 조상이라고 말한다(요 8:44). 사도 바울은 인간의 자기신격화가 "하나님의 진리를 거짓으로 바꾸었다"(롬 1:25)고 말한다. 그리고 그는 심리학적 분석을 통해 자기기만의 맹목성이 무지의 결과가 아니라 무지가 죄의 결과라고 생각한다. 그들은 "그 생각이 허망하여졌으며 미련한 마음이 어두워졌다." 그들은 "불의로 진리를 막았다."[246]

죄에 필연적으로 동반되는 부정직성을 전적으로 무지로 간주해서는 안 되며, 모든 개별적인 부정직성이 의식적인 거짓말을 수반한다고 생각되어서도 안 된다. 기만의 구조는 너무나 복합적이어서 순수한 무지의 범주나 순수한 부정직성의 범주 중 어느 한편에만 속하는 것으로 생각할 수 없다.[247]

어느 정도의 불가피한 무지는 기만의 원인이 될 수도 있다. 이런 자연적 착각은 자기가 바라보는 세계의 중심에서 자신의 자기의식을 발견하는 인식적 자아가 자신이 세계의 중심이라고 믿는 경향이라 할 수도 있다. 이런 착각은 독아론(獨我論, solipsism)의 오류로, 철학은 이런 오류를 피하는 것이 어렵다고 본다. 그렇지만 유한한 존재로서 자아는 세계의 중심이 아니다. 더구나 자기를 인식할 줄 아는 자로서 자아는 그의 자기초월 능력이 모든 사물들을 초월하는 궁극적 심판자로서의 지위를 입증하는 증거라고 오해할 수도 있다.[248] 그렇지만 자아는 비록 그가 자기와

---

246 죄의 기만성에 관한 다른 성경구절들은 다음과 같다. 히 3:13; 롬 7:11; 계 12:9; 고후 11:3; 참 3:13. 이 구절들에서는 타락설화에 나오는 뱀의 속임수에 관해 기록되어 있다.

247 필립 레온은 이기주의에 관한 아주 중요한 연구에서 '자기기만'을 다음과 같이 분석한다. "자기를 속이는 사람은 자기가 말하는 것을 믿지 않는다. 그렇지 않으면 그는 거짓말쟁이가 아닐 것이다. 그는 자기가 말하는 것을 믿는다. 그렇지 않으면 그는 속지 않을 것이다. 그는 믿기도 하고 믿지 않기도 한다. … 아니면 그는 스스로 속지 않을 것이다." *The Ethics of Power*, p. 258.

248 구약성서 이사야서 47장은 바벨론의 죄의 본질이 다음과 같은 두 가지 주장들에 있다고 정의한다. "나 뿐이라. 나 외에 다른 이가 없도다(47:8)." "나를 보는 자가 없다(47:10). 이 주장들은 자아가 세계의 중심이라는 착각과 자아가 세계를 초월한다는 착각의 단적인 정의들이라 할 수 있을 것이다. 전자의 착각은 다른 생명체의 존재를 부정하도록 하고, 후자의 착각은 더 높은 재판정을 부정하도록 한다. 이런 착가들은 한편에서는 인간 정신의 위대함에 기인하며('네 지혜와 네 지식이 너를 유혹하였음이라'), 다른 한편에서는 부정직성에 기인한다('네가 네 악을 의지하고')."

세계를 초월하기는 하지만 세계 내에 있는 유한한 존재임이 분명하다. 그러므로 자아의 허위의식은 테르툴리아누스가 "자발적인 무지"[249]라고 아주 정확하게 묘사한 고의적인 기만에 의해서만 유지될 수 있다. 이런 기만이 고의적이라 해서 개별적인 모든 경우에 의식적인 부정직한 행위일 필요는 없다. 죄의 기만은 오히려 개별적인 기만행위들의 발생 원인이 되는 보편적인 혼돈상태이다. 그렇지만 기만은 그것이 무지의 조건으로 간주될 수 있을 정도로 그렇게 완전히 자아의 일부가 되지는 않는다. 위기의 순간에는 올바른 상황이 자아에게 생생하게 드러나 자아로 하여금 절망적인 후회를 하도록 하든지 아니면 보다 창조적인 회개를 하도록 한다. 후회의 절망은 본질적으로 죄와 연루된 거짓을 인식하기는 하지만 부정직성의 혼돈을 극복할 수 있게 해주는 진리나 은총을 전혀 인식하지 못하는 것이다.

현대의 심리학과 마르크스주의 사회이론은 죄와 기만의 관계에 관한 기독교의 이론이 사실임을 상당히 구체적으로 입증하였다. 의식에 관한 마르크스주의의 유물론적 해석을 통해서는 자아의 자기초월성에 내포된 모든 복합적인 요소들을 이해할 수 없기 때문에 마르크스주의는 거짓의 실체를 완전히 파악할 수 없다.[250] 최근에 어느 심리학자가 "합리화

---

249 "그런 것이 세속적인 즐거움의 힘이다. 즉 아직도 그런 즐거움을 누릴 기회를 연장시키기 위해 자아는 자발적인 무지를 연장하고자 하며 지식을 이용해 부정직한 역할을 한다." *De spectaculis*, Ch. I.

250 예를 들어, 라스키(Harold J. Laski)에 의하면, "특정한 시점에서 정치가들은 그들이 알고 있는 최고의 목적들에 이르기 위해 국가 기관을 운영한다는 믿음에 있어서 그들을 비판하는 사람들만큼이나 진지할 것이다. 그러나 나는 전혀 다르게 생각한다. 그들이 알수 있는 것은 그 국가가 유지하고자 하는 경제적 관계들에 의해 이미 결정되어 있다. … 아프리카에서 영국의 착취 역사에서 우리는 그것을 잘 알 수 있다. 우리는 그곳에 있는 원주민들의 이익을 보호하기 위해 하인의 의무에 관한 놀라운 원칙들을 세웠다. 그러나 곧 금이 발견되자마자 생각할 수 있는 모든 수단을 총동원해 이 금을 약탈하기 위한 근거를 마련할 수 있다. 심지어 우리는 우리가 무엇보다 먼저 관심을 갖는 것은 원주민의 이익을 위한 것이라는 우리의 견해를 원주민이 받아들여야 한다고 우리 자신을 설득할

는 행위를 합리적인 것처럼 보이게 하고 관습과 사회적 기대와 일치하는 것처럼 보이게 하려는 시도"라고 정의한 적이 있다.[251] 심리학자들은 이런 정의에 관해 다양한 논의를 했다. 그들은 합리화의 원인과 관련하여 자아가 따르는 체하는 하나의 사회적 규범 이외에는 어떤 것도 생각해 낼 수 없었다. 결국 그들은 거짓말을 하는 가장 중요한 목적은 사회적 승인을 얻기 위한 것이며, 자기기만은 이런 사회적 기만에서 유래한다고 생각한다.[252]

이기심과 관련된 거짓말의 실체는 단지 자기 초월적이면서 동시에 유한한 자아에 관한 기독교적 이해에 의해서만 제대로 이해될 수 있으며, 자신의 한계를 부정하는 죄성을 가지는 자아와 진리에 관한 지식이 결코 완전히 흐려질 수 없기 때문에 거짓말을 할 수 없는 본질적 자아 사이를 구분하는 기독교적 인간이해에 의해서만 제대로 이해될 수 있다. 죄성을 가지는 자아는 자기를 신격화하는 과정에서 - 그 신격화가 피상적이든 전적으로 확신에 찬 것이든 - 거짓에 빠지게 된다. 그는 진리에 공물을 바치지 않고는 자신의 결정적인 목적을 추구할 수 없기 때문에 이런 거짓말을 하지 않을 수 없다. 자아가 - 심지어 그가 죄를 짓고 있는 순간에도 - 결코 완전히 무색하게 하지 못하는 이 진리는 무엇인가? 그것은 유

수도 있다. … 그러나 이 사람들은 진지하다. 그들은 최선을 다하고자 노력하고 있다. 그들은 공동체 전체의 선을 진심으로 바란다. 물론이다. 만일 이 책이 정치가들의 동기들을 의심한다는 인상을 준다면 이 책은 전혀 무가치할 것이다." The State in Theory and Practice, pp. 1010~164.

라스키는 그가 확신하고 있는 것들을 마르크스주의적 전제들 내에서 유지하고자 하는 대단히 빈틈없는 사회학자이다. 그러나 그는 크게 성공하지 못한다. "그들을 비판하는 사람들만큼이나 진지할 것이다." 그런 진지함이 어떤 진지함인가? 그런 종류의 진지함은 정치가들의 동기들을 의심할 수 있게 만드는 적절한 근거이다.

251 L. F. Shaffer, *The Pschology of Adjustment*, p. 168.

252 그 심리학자는 계속해서 다음과 같이 말한다. "그것들은(열등하거나 비난받을 만한 것으로 간주된 충동들) 세련된 사회에서 인정받지 못할 뿐만 아니라, 그런 충동적 행동을 하는 개인은 그런 충동적 행위들을 하지 않으려는 방향으로 조정된다." *Ibid.*, p. 169.

한하고 결정적인 자아가 무조건적으로 존중되어서는 안 된다는 사실이
다. 그러나 비록 거짓말을 하는 것이 필요하다 할지라도 그런 거짓말이
충분히 설득력이 있는 거짓말은 아니다. 왜냐하면 자아는 거짓말을 통해
자신의 이익을 일반적인 이익의 그늘 뒤에 숨기는데, 그는 이런 거짓말에
대단히 은밀하게 관계하는 자아이기 때문이다.

그러므로 다른 사람들을 속이려는 절망적인 노력은 대체로 자아가 쉽
게 믿을 수 없는 거짓주장을 – 왜냐하면 자아 자신이 거짓말을 하는 주
체이기 때문이다 – 자아가 믿도록 도와주려는 노력이다. 만일 자아가 받
아들일 수 없는 것을 다른 사람들이 받아들인다면 속이는 자아에게는
속임을 당하는 자아를 함께 속일 수 있는 협력자가 생기는 것이다. 죄는
찢어져 없어질 수 있는 덮개를 가지고 자아의 연약성을 은폐함으로써 자
아의 불안정성을 더욱 증가시킨다. 우리의 동료들을 감동시키려는 모든
노력들, 우리의 무상함, 힘이나 선을 과시함은 이런 사실을 입증해 준다.
자아는 이런 휘장 뒤에 숨겨진 그의 벌거벗은 모습이 드러나는 것을 두
려워하며, 거짓을 은폐하는 자로 인식되는 것을 두려워한다. 따라서 죄
는 벌거벗은 자연적 본성의 불안을 거짓을 은폐하고 있기 때문에 생기는
영혼의 새로운 불안과 결합시킨다.

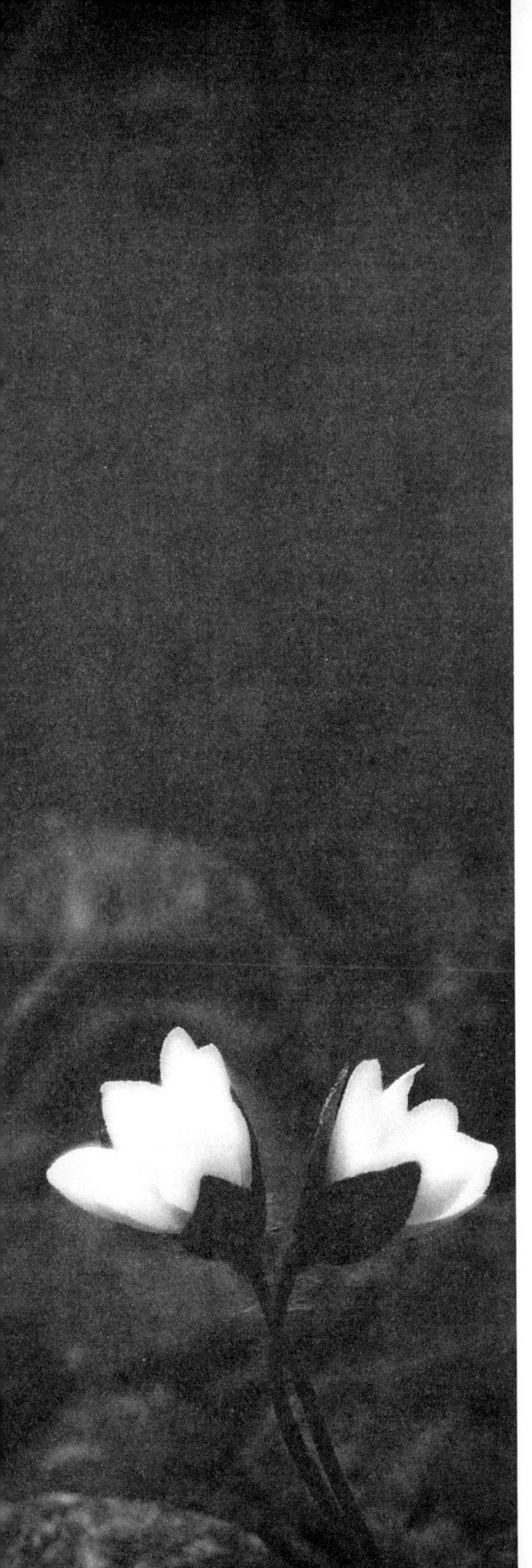

조인으로서의 인간(계속)

8장

8장

죄인으로서의 인간(계속)

　　지금까지 우리는 집단의 교만과 개인의 교만을 철저히 구분하지 않고 인간의 자기중심주의를 정의하고 설명하였다. 이렇게 구분하지 않은 것은 엄밀하게 말해 단지 개인들만이 도덕적 행위자들이며 따라서 집단은 단순히 개인들의 교만과 오만이 반영된 모습에 불과하다는 사실에 의해 지금까지는 잠정적으로 정당화되었다. 이것은 개인들이 그들의 다양한 사회 집단들을 대신한다는 잘못된 주장들 때문이다. 그럼에도 불구하고 인간의 집단적 행위와 개인적 태도는 어느 정도 구분되어야 한다. 이것은 부분적으로는 집단적 교만이 비록 개인적인 태도에서 비롯된다 할지라도 실제로는 개인을 지배하는 분명한 권위를 가지게 되며, 결국은 그 단체에 의해 개인에게 무조건적인 요구들이 가해지게 되기 때문이다. 그 단체가 국가 기관에서처럼 어떤 결의 기관들을 결성할 때에는 언제든지 그 단체는 개인에게 도덕적 삶의 독자적 센터가 된 것처럼 보인다. 개인은 저항하지 못하고 그 단체의 주장들에 굴복하게 될 것이며, 그 단체의 권위적 요구들에 따르게 될 것이다. 이런 요구들이 그의 도덕관념이나 도덕적 경향에 맞지 않을 때에도 말이다.

더 나아가 집단적 교만과 개인의 이기심은 구별되어야 한다. 집단적 또는 사회적 자아의 주장들과 요구들은 개인의 그것을 능가하기 때문이다. 집단은 개인보다 더 오만하고 위선적이고 자기중심적이며, 그의 목표를 추구하는데 있어 더 무자비하다. 그러므로 개인의 도덕과 집단적 도덕 사이에는 불가피하게 도덕적 긴장이 생길 수밖에 없다. 이탈리아의 정치가 카보우르(Cavour, 1810~61)에 의하면 "만일 우리가 나라를 위해 하는 것을 우리 자신을 위해 행했다면 우리는 얼마나 파렴치한 무뢰배들이 되었을지 모른다." 이런 긴장은 당연히 일상적인 도덕규범들과 집단적이고 정치적인 행위의 용인된 관습들 사이에서 부조화를 느낄 수밖에 없는 책임 있는 정치인들의 양심에서 가장 명백하게 나타난다. 프레데릭 대제는 정치가로서는 특이하다 할 만큼 도덕적 민감성을 가진 사람은 아니었다. 그러므로 이런 도덕적 긴장감에 관한 그의 고백은 그만큼 더 의미가 있다. 그에 의하면 "나는 후대 사람들이 철학자로서의 나와 군주로서의 나를 구별해서 평가해 주기를 바라며, 인격적인 나와 정치가로서의 나를 구분해 주기를 바란다. 나는 유럽 정치의 소용돌이 속에서 고상함과 도덕적 순수성을 유지하는 것이 어려움을 인정하지 않을 수 없다. 사람들은 항상 동맹국들에 의해 배신당하고 친구들에 의해 버림받는 위험을 느끼며, 질투와 시샘에 의해 질식할 것 같은 위험을 느끼며, 따라서 결국은 나라를 배신하거나 자신의 약속을 저버리지 않을 수 없게 된다."[253]

종족집단, 민족 집단과 사회-경제적 집단의 이기주의는 민족국가에 의해 가장 대표적으로 표현된다. 왜냐하면 민족국가는 그 민족의 집단적 충동들에 힘을 실어주고, 개인들에게 그 민족 고유의 집단적 정체성을 분명한 상징들을 통해 각인시켜, 그 민족국가가 자신을 위해 절대적 주

---

253 F. Meinecke, *Die Idee der Staatsraison*, p. 377.

장들을 만들고, 그 주장들을 강화하며, 그 국가기관의 권위와 위엄에 의해 그 주장들에 타당성과 신뢰성을 부여해 줄 수 있기 때문이다. 국가를 통해 구현되는 모든 정치집단의 삶에서는 ─ 그 집단이 민족이든 아니면 제국이든 ─ 그 집단에 대한 복종이 한편에서는 권력의 공포에 의해 강요되고, 다른 한편에서는 권위에 대한 존경에 의해 촉발된다. 우상숭배의 유혹은 그 국가의 권위에 잠재되어 있다. 정부는 전적으로 국민의 동의에 의존하여야 한다는 소박한 이상을 가진 합리주의자들은 권위에 대한 종교적 숭배가 이런 동의에 얼마나 많이 잠재되어 있는지 전혀 알지 못했다. 인간의 정치적 역사는 부족의 다신숭배에서 시작되어, 왕이 제사장 역할을 하면서 동시에 신으로 숭배되는 제국종교를 거쳐, 현대의 '국가주의 국가'(파시스트 국가)에서처럼 무제한적이고 맹목적인 복종을 강요하는데 이르렀다. 그러므로 역사상 정치적으로 구체화된 어떤 사회집단도 자신에 대한 맹목적 숭배를 강요하는 유혹에 빠지지 않은 집단은 없었다. 때로는 이런 집단적 교만을 가지는 기관들, 즉 국가와 국가의 권위를 가지는 과두정치체제가 집단적 교만에서 떠나 ─ 그들의 위엄이 집단적 교만의 상징임에도 불구하고 ─ 독자적 위엄을 확보하고자 한다. 그러나 이런 반전이 가능하려면 그들의 통치권의 근원이 그들의 개별적 권력과 특권, 즉 그 집단 자체의 교만과 위대함을 초월하는 어떤 것에 있어야 한다.

죄의 뿌리가 되는 교만과 맹목적 숭배를 강요하는 허식은 커다란 정치단체들이 결속될 때 필연적으로 동반되는 것이다. 따라서 개인의 도덕성에 비해 집단의 도덕성이 낮은 것은 개인적 이성의 높은 요구들을 거부하는 "본성"의 관성 때문이라고 볼 수 없다. 물론 그 단체가 단지 초보적 단계의 불완전한 "정신"만 소유하고 있다는 것은 사실이며, 그 단체의 자기초월 기관과 자기비판 기관이 그의 결의 기관들에 비하여 대단히 불안정하고 일시적인 것은 사실이다. 변하기 쉽고 불안정한 "예언자적 소수"는 이런 자기초월을 가능하게 해주는 수단이다. 그에 반해 국가는 단체의 결의 기관이다. 이런 이유 때문에 국가의 비도덕성(immorality)은 종종 국가의 초도덕성(unmorality)으로 간주되며, 국가가 비도덕적인 것은 그의 존재가 이성의 영역보다는 오히려 "본성"의 영역에 있기 때문이라고 생각된다. 현대의 많은 정치학자들과 마찬가지로 실리(Seeley) 교수는 다음과 같이 말한다. "나는 정부를 인위적으로 고안된 장치가 아니라 인간이 직면하고 있는 어떤 불행을 막으려는 거의 본능적인 노력의 산물이라고 생각한다."[254]

그런 해석은 상당한 타당성을 가지기는 하지만 국가적 교만이 가지는 "정신적" 특성에는 주목하지 못하고 있으며, 개인들이 그들의 모든 합리적이고 정신적인 능력을 가지고 집단적 교만과 국가의 자기신격화에 기여하고 있음에도 주목하지 못하고 있다. 국가이기주의의 가장 전형적인 현상들은 권력욕, 교만(특권과 "명예"를 자랑함), 다른 사람들을 멸시함(교만의 또 다른 면이며, 다른 사람들의 성공에 의해 자존심이 끊임없이 도전받는 세상에서 교만에 필연적으로 동반되는 현상), 위선(자기이익보다 더 높은 규범에 따르는 불가피한 허위의식), 그리고 마지막으로 도덕적 자율성 요구이다. (사회적 집단이 자신을 존재의 근원이자 목적으로 제시함으로써 그 집단의 자기신격화가 표면화되는데, 이때 그 신격화는 도덕적 자율성 요구에 의해 가능하게 된다). 그리고 국가이기주의의 이런 현상들은 국가이기주의가 단순히 자연적 생존본능의 표현이 아니라 정신적 삶의 특징이라는 사실을 가장 효과적으로 입증

---

254 *Political Science*, p. 129. 나는 이전의 저서에서 국가의 작용을 무엇보다 이런 관점에서 해석했다. "자기비판이 없다면 어떤 윤리적 행위도 있을 수 없으며, 합리적인 자기초월 능력이 없다면 어떤 자기비판도 있을 수 없기 때문에, 국가의 태도가 윤리적 태도와 같을 수는 거의 없다. … 국가는 정신에 의해 결속된 단체라기보다는 오히려 힘과 정서에 의해 결속된 단체이다." Moral Man and Immoral Society, p. 88.

해 준다.

　국가이기주의의 이런 모든 심적 현상들이 생존본능과 관련되어 있다는 것은 분명하다. 그러나 그것은 개인의 삶에서도 마찬가지이다. 우리는 앞에서 죽음의 공포가 인간의 모든 허위의식의 근본적인 동기임을 언급한 적이 있다. 인간의 모든 자기주장은 – 그것이 개인적이건 아니면 집단적이건 – 한편에서는 그것이 가장 기본적인 생존본능에 의해 정당화되지만, 다른 한편에서 그 주장은 그 자체보다 더 큰 이익과 가치들을 지니고 있으며, 따라서 이런 보다 포괄적인 가치들은 개인의 자기주장이 다른 사회적 의지들과 충돌함을 정당화한다는 모순을 내포한다. 현대의 어떤 나라도 그의 투쟁이 생존을 위한 싸움이라고 주장할 것인지 아니면 초월적이고 보편적인 가치들을 지키기 위한 헌신적인 노력이라고 주장할 것인지 단적으로 마음을 결정할 수 없다. 세계대전 당시 두 주장들이 모두 끊임없이 제기되었다. 독일은 국가의 힘과 교만을 국가를 위해 불가피한 것이라고 정당화 해주는 원시적 종족종교를 날조해 냈다. 그럼에도 불구하고 그런 독일까지도 유럽에서 예상되는 독일의 승리는 열등하고 천박한 문화(유대인 문화 또는 자유문화)에 대한 높은 문화(아리안 문화)의 승리로서 요구된다는 거짓 명분을 내세울 필요를 느끼고 있다. 국가는 우연적인 자기보다 더 보편적인 가치를 위해 헌신한다고 주장한다. (또는 그런 주장이 날조된다.) 왜냐하면 개인의 삶과 마찬가지로 국가의 삶도 너무나 명백하게 결정적이어서 적어도 현대인에 의해서는 부정될 수 없기 때문이다. 그러나 국가가 그 자체로 결정적이고 궁극적인 가치라는 주장, 즉 인간 존재에 의미를 부여해 주는 근거라는 주장은 개인으로서는 어느 누구도 할 수 없는 주장이다. 국가의 그런 주장이 설득력을 가지는 것은 – 물론 그런 주장을 거의 신뢰할 수는 없지만 – 오로지 개인이 소속되어 있는 사회적 단위가, 특히 국가가 무조건적인 가치를 요구하는 그의 주장이 타당성을 인정받을 수 있을 정도로 그렇게 힘과 권위와 '거짓 불멸성'(pseudo-immortality)에 있어서 개인의 삶을 초월하기 때문이다.

국가의 이런 주장을 통해 인간의 교만과 자기주장은 극단적 형태에 이르러 유한성의 모든 한계들을 깨뜨리고자 한다. 국가는 하나님처럼 행세한다. 이런 주장이 얼마나 허황된 것인지는 이미 언급되었다. 그런 주장은 한편에서는 집단적 의지와 마음이 개인에게 가하는 요구이다. 사회적 집단은 그 집단을 위해 필요한 것들이 개인의 존재를 규정하는 궁극적인 법이라고 주장하면서 개인의 무조건적인 충성을 요구한다. 그러나 그런 주장은 다른 한편에서는 개인이 개인의 자격으로서가 아니라 그가 속한 집단의 일원으로서 행하는 허세이기도 하다. 사실 집단적 이기주의는 개인이 보다 큰 전체 속에서 자신을 잃을 수 있는 기회를 제공하지만, 또한 그에게 자기의 세력을 강화할 수 있는 가능성들을 제공해 주기도 한다. 이런 방식으로 자기강화가 이루어지지 않는다면 단순한 개인적 허세는 설득력이 없고 신뢰성을 줄 수도 없다. 개인들은 "서로 연합하여 하나의 신을 세우고 각자 은연중에 그 신을 자신과 동일시하며, 찬양의 합창 소리를 드높여 각자 은연중에 그 찬양을 자기에게 돌린다."[255] 특별한 형태의 열등감을 가지는 개인들은 특히 그런 집단적 교만의 유혹에 빠지기 쉽다. 그러므로 현대의 국수주의적 민족주의와 하층 중산층들의 불안감과 열등감 사이의 관계를 살펴보는 것은 의미 있는 일이다. 그러나 과도한 형태의 현대 민족주의는 집단생활과 집단적 이기주의가 가지는 일반적인 문제점을 더욱 악화시킬 뿐이다. 그리고 이런 교만의 모습으로 표출되는 특별한 형태의 열등감들은 단지 모든 인간이 겪는 일반적인 열등감을 더욱 악화시킬 뿐이다. 따라서 집단적 교만은 인간이 그의 존재의

---

255 Philip Leon, *The Ethics of Power*, p. 140.

유한성과 우연성을 부정하고자 하는 최후의 그리고 어떤 점에서는 가장 가련한 노력이다. 인간의 죄의 본질은 바로 거기에 있다. 이런 형태의 죄는 또한 인간의 범죄 행위, 즉 객관적인 사회적 악과 역사적 악의 가장 큰 원인이기도 하다. 가족의 교만으로부터 국가의 교만에 이르기까지 교만의 전 영역에서 집단적 이기주의와 집단적 교만은 단순한 개인적인 교만보다 더 큰 불의의 원인이다.

물론 국가의 교만이 전혀 무의미한 것은 아니다. 국가는 국가로서의 단순한 존재를 초월하는 가치들을 구현한다는 국가의 주장은 실제적인 근거들을 가진다. 인간의 삶이 – 개인적이건 집단적이건 – 그의 직접적 이익을 초월하는 가치들을 실현하는 것은 인간 삶의 본질적 속성이다. 특별한 어느 국가나 혹은 국가들의 집단은 실제로 "민주주의 문화" 형태를 취할 수도 있고 공산주의 문화 형태를 취할 수도 있다. 인간은 동물이 아니며, 따라서 결코 단순한 생존을 위해 투쟁하지 않는다. 인간은 단순히 동물과 같은 방식으로 존재하지 않기 때문이다. 인간의 육체적 삶은 언제나 육체적 삶을 초월하는 가치들로 이루어진 상부구조의 기초이다.

국가의 교만은 본질적으로 유한한 가치를 절대적인 가치라고 주장하는 경향이 있다. 이런 주장들의 무조건적 특성은 양면성을 가진다. 국가는 그의 삶을 초월하는 가치들에 대해 지나치게 절대적인 헌신을 요구한다. 그리고 국가는 그 국가가 충실하게 따르는 가치들을 지나치게 절대시한다. 국가는 "자유"와 "민주주의"를 위해 싸울 수도 있다. 그러나 국가는 그가 결정적으로 중요하다고 생각하는 이익이 위협당할 정도로까지 그렇게 하지는 않는다. 국가는 싸움을 거부하고 그의 이런 거절이 "문명사회를 보존하고자 하는" 희망 때문이라고 주장할 수도 있다. "문명사회"에 대한 헌신을 빙자하여 자기만의 이익을 추구하는 노력에 있어서는 중립국도 호전적인 국가에 비해 죄가 덜하지 않다. 더 나아가 중립국이 추구하는 문명사회는 그 국가가 요구하는 것처럼 그렇게 절대적 헌신을 바칠 만한 가치가 있지도 않다.

이것은 인간이 목숨을 걸고 싸우는 다양한 유형의 문명사회들 사이에서 중대한 결정을 해서는 안 된다는 것을 의미하지는 않는다. 모든 문명사회가 다 불완전하기 때문에 그 사회들 중에서 어떤 특정한 사회를 보존하고자 애쓸 필요가 없다고 생각하는 윤리학자들은 소박한 냉소주의에 빠진다. 상대적 구별은 역사에서 언제나 필요하다. 그러나 이런 상대적 구별이 필연적이기 때문에 인간의 집단적 삶에 대한 일반적인 판단, 즉 인간의 집단적 삶은 언제나 교만의 죄를 피할 수 없다는 일반적 판단이 폐지되는 것은 아니다.

예언자적 종교는 국가의 자기신격화와 대립하는 과정에서 시작되었다. 아모스에서 시작하여 모든 위대한 히브리 선지자들은 하나님과 국가를 단적으로 동일시하는 경향이나 국가가 하나님과 독점적 관계를 맺고 있다고 믿는 소박한 태도를 비판하였다. 선지자들은 국가에 대해 심판을 선고한 거룩한 하나님의 이름으로 예언하였다. 그리고 이런 심판의 대상이 되는 죄는 이스라엘과 하나님이 하나라고 주장하거나 하나님이 이스라엘과 독점적 관계를 맺고 있다고 주장하는 죄였다.[256] 심판은 이스라엘에게만 임하지 않았으며, 이스라엘에 대한 하나님의 심판을 수행하기 위해 사용되었지만 역시 지나친 교만의 죄를 범한 모든 나라들에게도 임하였다(사 47장; 렘 25:15; 겔 24-39장).

성서적 종교의 이런 통찰은 도덕과 정치를 단순하게 동일시하는 플라톤과 아리스토텔레스의 사상과 날카롭게 대립된다. 그들은 그리스 도시

---

256 참조, 아모스 7:16, 17. "이제 너는 여호와의 말씀을 들을찌니라. 네가 이르기를 이스라엘에 대하여 예언하지 말며 이삭의 집을 향하여 경계하지 말라 하므로 여호와께서 말씀하시기를 네 아내는 성읍 중에서 창기가 될 것이요 네 자녀들은 칼에 엎드러지며 ..."

국가의 상대성과 우연적 성취들을 어떤 관점에서 판단해야 할지 알 수 없었다. 이런 사상 영역에서 볼 때 그리스 철학은 부족 종교의 합리화된 형태에 불과하다고 간주되어야 한다. 그리스 철학은 가장 위선적이고 가장 그럴듯한 유형의 인간 교만을 어떤 관점에서 비판할 것인지 알지 못했다. 이것은 아주 자연스러운 귀결이다. 인간 자체에는 그런 관점이 없기 때문이다. 집단적 교만이 죄의 결정적인 형태라는 확신은 계시종교, 즉 하나님의 목소리가 인간의 모든 권위 저편으로부터 들려온다고 믿으며 하나님의 능력에 비하여 "열방은 통의 한 방울 물 같다고"(사 40:15) 믿는 계시종교에서만 가능하다.[257]

예언자적 신앙의 이런 특성에 의해 아우구스티누스는 로마제국의 멸망을 절망적으로 생각하지 않을 수 있었으며, 기독교가 로마의 멸망에 책임이 있다는 비난에 대해 오히려 그 반대로 로마의 멸망은 "세속도시"의 삶의 법칙이며 교만이 멸망의 원인이라고 주장할 수 있었다. "그러나 불화가 끊이지 않는 세속도시는 선하지 않기 때문에 그 도시는 서로 분열되어 전쟁을 일으키고 피와 죽음으로 얼룩진 승리를 탐한다. 전쟁을 일으키는 나라는 언제나 세계를 지배하고자 하지만 사실은 악의 노예이다. 비록 그 나라가 다른 나라를 정복한다 할지라도 그 나라는 교만하

---

257 물론 아리스토텔레스와 플라톤에게는 모두 (특히 『티마이오스』에는) 보편주의적인 특징들이 있다. 그리고 스토아 철학의 보편주의는 지금 논의될 것이다. 그렇지만 고대 철학자들 중 어느 누구도 보편적 가치가 그리스 문화와 문명의 특수한 가치들에 대립된다고 생각하지 않는다. 그들은 그리스 문화와 문명이 가장 뛰어나다고 생각했기 때문이다. 그들은 보편을 그들이 가진 특수한 관점의 연장이라고 생각한다. 마치 공산주의가 세계 문명의 토대가 될 수 있기를 희망하는 공산주의자가 보편주의자이듯이 말이다.
국가 내부로부터 그 국가와 국가의 통치자들을 비판한 최초의 선지자는 아모스였다. 그는 이스라엘에 대한 "이스라엘의 거룩한 자"의 심판을 선포했다. 하나님은 국가를 초월하며 그의 심판은 한 국가와 그 통치자들을 멸망시킬 수도 있다고 믿는 예언자의 믿음과 철학자들의 보편주의적 사상 사이에는 상당한 차이가 있다. 그렇기 때문에 오직 이성만이 인간을 편협한 생각으로부터 해방시킬 수 있다는 합리주의자들의 주장은 잘못된 것이다.

게 되어 결국은 스스로 멸망하게 된다."[258] 국가의 교만에 관해 유사한 관점을 가지는 주장들이 스토아 철학의 보편주의에도 있다. 그러나 스토아 철학은 범신론적 전제들에서 출발하기 때문에 인간의 생명력을 무차별적으로 부정하는 '아파테이아'(부동심, $\dot{\alpha}\pi\dot{\alpha}\theta\varepsilon\iota\alpha$) 이론을 주장하게 되었으며, 따라서 인간의 교만과 오만방자함에 대해 독자적인 견해를 제시할 수 없었다. 스토아 철학을 예외로 하면 예언자적 기독교와 일부 '제한된'(qualified)[259] 유대교만이 국가의 자기신격화를 저지할 수 있는 확실하고 안전한 견해를 가질 수 있었다. 물론 이것이 다양한 형태의 역사적 기독교들이 국가의 교만을 조장하는 역할을 하지 못하도록 막지는 못했다. 그렇지만 로마제국의 교만에 대한 아우구스티누스의 다음과 같은 경고는 기독교 신앙의 신조들에 의해서만 가능한 것이었다. "정의를 도외시한다면 왕국은 큰 강도 집단이 아니고 무엇이며, 강도 집단은 작은 왕국이 아니고 무엇이겠는가? … 마케도니아의 알렉산더 대왕이 해적을 체포했을 때 그 해적의 대답은 탁월하고 고상하였다. 어떻게 감히 바다를 그렇게 괴롭히느냐고 묻는 알렉산더에게 그는 용감하게 대답했다. '어떻게 당신은 감히 전 세계를 괴롭히십니까? 나는 작은 배를 가지고 바다를 괴롭히기 때문에 해적이라 불립니다. 당신은 위대한 해군을 거느리고 그렇게 하기 때문에 정복자라 일컬어집니다.'"[260]

---

258 *De civ. Dei*, Book XV, Ch. 4.

259 여기서 "제한된 유대교"(qualifiedly Judaism)란 개념을 사용한 것은 바벨론 포로기 이후의 유대교는 민족의 정체성을 유지하는데 그의 영적인 자원을 완전히 소진하고 세계 여러 나라들에 흩어졌기 때문이다. 유대교의 역사적 신앙은 민족종교로서의 정체성을 유지하는데 지나치게 치중했기 때문에 그 민족을 책망하는 예언자들의 경고를 철저하게 지키지 못했다. 유대교는 종종 상대적으로 보편적 가치를 가지는 도덕관념들을 체계화하는데 있어서 역사적 기독교보다 더 성공적이었다. 유대교는 정의를 위한 열정에 있어서는 "예언자적"이었지만, 부정의의 원인으로서 집단적 교만의 본질적 특성에 관해서는 "예언자적으로" 이해하지 못했다.

260 *De civ. Dei*, Book IV, Ch. 4.

불행하게도 아우구스티누스의 이런 예언자적 통찰은 그가 하나님의 나라를 역사적 기독교와 동일시함으로써 – 그런 동일시가 아무리 제한적이라 할지라도 – 상당히 퇴색되었다. 아우구스티누스는 하나님의 나라와 역사적 교회를 동일시할 때 많은 단서들을 제한조건으로 제시했다. 그렇지만 후에는 아우구스티누스의 이런 단서들이 모두 삭제되고 보편교회(카톨릭 교회)가 로마제국의 정치적 교만과 충돌할 때 보편교회의 영적 교만의 도구가 되었다. 이런 동일시는 여러 국가들의 자치권을 제한하는 세계에 종교-정치적 제도를 도입하는 훌륭한 역할을 했다. 그러나 그 대가로 옛 로마제국과 유사한 위험한 요소들이 그 제도에 새로 나타나게 되었으며, 교황을 일종의 영적인 황제로 생각하게 만드는 부작용이 나타났다. 그러므로 교황권과 제국 사이의 갈등은 처음부터 끝까지 이상하게도 풍자적인 특성을 갖게 되었다. 검게 그을린 냄비가 솥을 검다고 비판했다. 교황과 제국은 서로 적그리스도라고 비난했다. 둘은 모두 상대방에게서 적그리스도의 특징인 오만의 죄, 즉 자기 분수 이상으로 우쭐대는 죄를 발견했기 때문이다.[261] 이것은 두 정치세력들 사이의 권력다툼인데, 그 중에서 교황은 신성함의 원리로부터 정치적 힘을 이끌어냈으며, 황제는 그의 힘을 신성함의 단계에까지 끌어올려 강화시켰다.

국가의 교만과 오만에 대항하는 기독교의 싸움에 인간의 교만이 은연중에 작용하였다는 사실은 인간의 교만을 억제하기 위해 의도된 도구들

---

261 중세시대 정치적 교황권의 창시자인 그레고리우스 7세는 헨리 4세 황제를 적그리스도라고 고발하였으며, 독일의 주교들은 교황을 과대망상증 환자라고 비난했다. 그레고리우스의 정치를 작동시키는 복합적 동기들에 얼마나 많은 사적인 성직자로서의 교만과 얼마나 많은 "하나님의 도성"을 위한 열정이 복합되어 있는지 누가 결정할 수 있겠는가? 중세 말에는 그레고리우스 9세 황제와 프레데릭 2세 교황이 서로 상대방을 적그리스도라고 비난했다. 황제 황이 그리스도의 거짓 사제이며 따라서 적그리스도라고 주장했으며, 교황도 황제를 동일한 죄목으로 비난했다. 교황의 이런 비판은 근거 없는 주장이 아니었다. 황제는 자기가 새로운 메시아, 즉 모든 선의 최고 규범이며 이상적인 인간이라고 자처했기 때문이다. 참조, Alois Demph, *Sacrum Imperium*, pp. 190, 324 ff.

이 얼마나 쉽게 인간의 교만을 위한 도구로 이용될 수 있는지 단적으로 입증해 준다. 국가는 물론이고 교회도 집단적 이기주의의 도구가 될 수 있다. 모든 인간은 진리에 도달하지 못한다는 예언자적 진리를 포함하여 모든 진리는 죄의 근원인 오만의 노예가 될 수 있다. 그러므로 모든 인간은 진리에 도달하지 못하기 때문에, 그리고 교회는 인간의 유한성과 죄를 초월하는 계시의 장소이기 때문에 교회는 다른 인간들에게는 없는 절대적 진리를 가진다.

국가의 교만에 대항하는 중세 교회에 잠입한 오만한 죄의 요소는 르네상스와 종교개혁에서 시작되는 새로운 국가의 발생을 종교제국주의로부터 해방인 것처럼 보이게 만들었다. 단테(Dante)처럼 철저한 카톨릭 신자조차 교황의 정치적 야욕에 저항함으로써 이런 해석의 가능성을 미리 보여주었다. 따라서 르네상스는 개인만이 아니라 국가도 자유의 이름으로 피조성의 모든 한계들을 무시할 수 있는 시대를 열어 주었다. 브루노가 개인을 위한 도덕적 자율성을 주장했듯이, 마키아벨리는 그 이론을 변형시켜 국가를 위한 도덕적 자율성 이론을 주장했다. 루터는 종교전쟁의 절박한 사정을 통해 국왕들의 오만함보다는 오히려 교황의 교만에 도전하고자 했다. 루터가 볼 때 교황은 적그리스도였지만, 왕들은 신적인 정의에 의해 통치되었다. 따라서 개신교는 인류의 모든 활동에는 불가피하게 교만의 죄가 작용한다는 예언자적인 통찰을 했음에도 불구하고 정치적 오만이 들어설 여지를 주었으며, 신생국은 이런 여지를 충분히 이용하였다.

결과적으로 한편에서는 르네상스에 의해, 그리고 다른 한편에서는 종교개혁에 의해 교화된 문화가 결국 데카당 운동으로 귀착되었다. 이 운동에서는 인간의 집단의지, 특히 국가에서 구체화된 집단의지가 유래가 없을 정도로 최고도의 오만의 죄에 도달했다. 국가는 신이다. 이전 제국들의 소박한 다신론과 자신들을 존재의 중심이자 목표라고 주장한 그 제국들의 무의식적인 자기우상화는 국가가 존재의 전부가 아니라는 명백한 사실을 의도적으로 무시하는 국가의 교활한 자기우상화에 길을 터주었다. 이런 결과는 부분적으로는 기독교가 국가를 견제하는 과정에서 기독교에 스며든 오류와 죄, 즉 역사적 기독교의 신격화에 대한 반작용이다. 그러나 현대 민족주의의 터무니없는 발상은 부분적으로는 교회의 오류에 대한 반작용이라기보다는 오히려 기독교 내의 진리에 대한 반작용이라고 보아야 한다. 집단이기주의는 오직 기독교 문명의 한계 내에서만 – 비록 기독교 문명이 데카당 문명이지만 – 그런 절망적인 정도에까지 이를 수 있다. 기존의 법을 의식적으로 무시하는 것은 절망적일 수밖에 없기 때문이다. 집단적 행동은 바울이 통찰한 다음과 같은 진리를 잘 설명해 준다. "율법이 탐내지 말라 하지 않았으면 내가 탐심을 알지 못하였으리라. 그러나 죄가 기회를 타서 계명으로 말미암아 내 속에 각양 탐심을 이루었나니, 이는 법이 없으면 죄가 죽은 것임이니라."(롬 7:7~8)

국가의 교만과 자기를 신격화하는 집단적 인간의 오만은 기독교 문화 내에서 그 문화에 적대적으로 나타나기 때문에 그만큼 더 극단적이다. 이럴 경우에는 기독교 문화가 서구 문화를 형성한 최고의 신앙적 통찰들을 의식적으로 부정하고 무시해야 하기 때문이다.

오늘날 민족주의의 최악의 형태는 기독교 문화 내에서 나타나기 보다는 오히려 그 문화에 적대적으로 나타난다. 독일의 나치는 기독교 신앙이 그들의 무제약적인 이기주의와 양립할 수 없다고 생각한다. 제도로서의 기독교는 나치즘의 도구가 될 수도 있지만, 기독교 신앙은 – 만일 그것이 신앙적 생명력을 조금이라도 보존하고 있다면 – 그 나라에 대한 하나님의 심판을 선포하여 나치로 하여금 그 심판을 견딜 수 없음을 알도록 해야 한다. 어느 개인도 교만의 죄에서 자유롭지 못하듯이 어느 나라도 교만의 죄에서 자유롭지 못하다. 그럼에도 불구하고 그 국가에 대해 선포된 예언자적 심판의 말을 민감하게 받아들이기 때문에 "기독교적"이라고 입증되는 기독교 국가들이 있다는 것은 중요하다. 오직 예언자적 소수만이 이런 심판을 민감하게 느낄 수도 있다. 그러나 그 나라에 대한 종교적-예언자적 심판을 공식적으로 거부하는 나라들과 그렇게 하지 않는 나라들 사이에는 중요한 차이가 있다. 현대의 모든 국가들이, 그리고 실제로는 역사의 모든 국가들이 교만의 죄에서 자유로울 수는 없지만, 모든 사람들과 나라들이 하나님 앞에서 죄가 있음을 아는 것이 중요하듯이 사람들과 나라들에 의해 표현된 교만의 정도에 차이가 있음을 인식하는 것도 중요하다. 개인의 삶에서처럼 결정적인 죄는 우리의 죄에 대해 선포된 심판의 말씀을 의도적으로 무시하는 것이다. 그런 기준에서 볼 때 현대의 파시스트 국가들은 고대의 종교적 제국들의 자기주장보다 더 위험스런 악마적 형태로 자기를 과시했다. 왜냐하면 파시스트 국가들의 자기과시는 기독교 문화의 통찰 내에서 그 통찰에 적대적으로 표현되었기 때문이다.

1. 죄의 균등성과 죄책의 차등성

정통적인 기독교는 모든 인간은 누구나 예외 없이 하나님 앞에서 죄인이라는 성서의 명제를 철저히 고수했다. 바울은 주장한다. "모든 믿는 자에게 미치는 하나님의 의니 차별이 없느니라. 모든 사람이 죄를 범하였으매 하나님의 영광에 이르지 못하더니"(롬 3:22, 23). 바울의 이런 주장은 죄에 관한 기독교적 이해를 가장 핵심적으로 표현하고 있다. 그렇지만 이런 주장은 역사의 상대성들에서 드러난 정의와 선의 "정확하게 산정된 많고 적음"을 다루는 모든 도덕적 판단들을 위태롭게 하고 약화시키는 것처럼 보인다. 그것은 압제자와 희생자 사이의 차이, 상냥한 사기꾼과 진실한 사람 사이의 차이, 타락한 호색가와 자기를 절제하는 노동자의 차이, 그리고 병적으로 자기중심적인 이기주의자와 보편적 복지를 위해 "사심 없이" 헌신하는 사람 사이의 차이를 구분하지 못하게 하는 것처럼 보인다. 궁극적인 종교적 차원에서는 이런 차이가 사라지는 것이 필요하고 바람직하기는 하지만, 모든 역사적 판단들에서는 그런 차이들을 명확히 하는 것이 아주 중요하다. 사회제도 내에서 약간 많은 정의와 약간 적은 정의 사이의 차이와 개인에게서 약간 많은 이기심과 약간 적은 이기심 사이의 차이는 질병과 건강 사이의 차이, 특정한 상황에서 불행과 행복 사이의 차이를 의미할 수도 있다. 바르트의 신학과 같이 모든 인간은 죄인이라는 궁극적인 종교적 사실을 극단적으로 강조함으로써 모든 상대적인 도덕적 판단들을 파괴할 위험이 있는 신학들은 역사의 상대적인 도덕적 성취들을 위태롭게 한다는 혐의를 받는다. 아우구스티누스와 루터의 신학적 전통에 서있는 독일이 정치적 건전성과 정의를 성취하는 데 있어서 독일보다 더 펠라기우스적인, 그리고 독일보다 더 독선적이고 종교적으로 뿌리가 깊지 않은 앵글로색슨 세계보다 더 큰 어려움을 겪은 것은 이런 맥락에서 이해되어야 한다.

정통 카톨릭 교회는 상대적 자연법과 절대적 자연법을 구분하는 스토아 철학의 총체적인 자연법 개념을 카톨릭의 윤리체계에 통합시킴으로써 상대적인 도덕적 판단들과 관련된 이런 문제를 해결하고자 했다. 합리적인 정의 규범들이 덕과 악에 관한 기독교적 이해에 결정적이 된 것은 스토아 철학의 자연법 개념에 의해서였다. 카톨릭 윤리의 이런 인상적인 구조가 체계화되어 드디어는 보편적인 도덕규범들이 가능한 모든 특수한 상황에 결의론적으로 적용되는 데까지 이르렀는데, 이때 문제는 그런 윤리체계에서는 고도의 우연적이고 역사적인 도덕적 판단들이 종교적으로 절대화 된다는 것이다. 따라서 토마스주의 윤리학의 총체적 구조는 19세기에 꽃을 피운 봉건적 사회체제의 상대성들을 종교적으로 정당화시켜준 것에 불과하다. 카톨릭 교회가 예를 들어 스페인에서처럼 현대사에서 봉건적 문명형태들을 옹호할 때 맹렬한 분노와 독선에 빠지게 된 것은 카톨릭 사상에서 궁극적인 종교적 관점과 상대적인 역사적 관점이 명확하게 구분되지 못했기 때문이다.

정통적 개신교는 - 칼뱅주의와 루터란 모두 - 자연법주의에 내재하는 도덕주의와 독선의 위험을 정확하게 간파했다. 그러므로 정통적 개신교의 사상체계에서는 자연법 이론들이 중요시되지 않았다. 예를 들어, 개신교가 역사적 상대성의 영역에서 절대적인 도덕적 판단들을 거부한 것은 성서의 권위, 즉 로마서 13장에서 정부는 하나님에 의해 인정된 것이라는 바울의 이론에 의해 정당화되었다. 개신교는 통치권과 질서의 원칙이 폭동과 정치적 무정부상태보다 절대적으로 우선한다고 생각했다. 이런 하나의 예외는 도덕적으로 파국적인 결과들을 가지게 되었다. 통치권을 우선시하는 개신교의 이런 성향은 기독교 교회를 지나치게 무비판적으로 정치적 권력의 핵심과 결합시켰으며, 정부는 종종 불의와 억압의 근원이라는 사실을 망각하게 했다. 다행히 칼뱅은 그의 말년에, 특히 후대의 칼뱅주의자들은 통치자를 하나님의 심판 아래 두는 것은 그를 개인의 죄를 억제하기 위한 하나님의 도구로 생각하는 것만큼이나 중요함을 발견했다. 칼뱅주의의 이런 중요한 발견은 17세기와 18세기에 일어난 사회정의를 위한 민주적 운동들과 칼뱅주의적 경건의 관계에서 중요한 역할을 했다.

카톨릭은 상대적인 도덕적 판단들을 지나치게 단순하게 자연법적인 전제들로부터 이끌어 내는 도덕적 결의론의 오류를 범하였으며, 반대로 개신교는 모든 인간은 죄인이라는 종교적 확신에서 모든 도덕적 차이들을 무시하는 오류를 범했다. 따라서 우리는 모든 인간은 죄인이라는 성서의 진리와 역사적 현실에 사는 사람들 사이에는 그럼에도 불구하고 죄책의 차이가 분명히 있다는 진리를 동시에 고려해야 한다.[262] 죄책은 죄의 객관적이고 역사적인 결과들과 관련되며 죄를 범한 사람은 그 결과들에 대해 책임을 져야 한다는 점에서 죄와 구별된다. 죄를 범한 사람의 이기심 때문에 가정이 파괴되거나 불행하게 되고, 어린이들이 부모의 학대에 의해 불행하게 되며, 통치자들의 허영심에 의해 촉발된 전쟁에 의해 사람들이 죽으며, 탐욕에 희생된 사람들의 가난과 시기와 질투에 희생된 사

---

[262] 역주, 여기서 우리는 '죄'(sin)와 '죄책'(guilty)을 구분할 필요가 있다. '죄'는 존재론적인 개념으로 '실재성의 결핍'을 의미한다. 따라서 인간을 포함한 모든 존재자는 신과 같은 완전한 실재성을 가지지 못하기 때문에 그가 존재하는 한 죄에서 벗어날 수 없다. 한편, '죄책'은 인간의 자유의지와 관련된 개념이라 할 수 있다. 따라서 이 개념은 자유의지를 가진 인간에게만 적용되는 개념이라 할 수 있다. 인간의 행위가 얼마나 악한 의지를 가지고 행해졌으며 얼마나 악한 결과를 낳았느냐에 따라 죄책에는 차이가 있다. 존재론적으로 본질적인 죄인이 악한 의도를 가지고 행하여 악한 영향을 미치면 그 행위는 '죄악'이다.

람들이 불행하게 되는 것은 모두 죄인의 죄책이다. 죄책은 죄의 객관적인 결과, 즉 하나님의 창조의 계획과 섭리가 역사적 세계에서 왜곡되어 나타난 현상이다.

하나님의 관점에서 볼 때는 모두 동등하게 죄인인 인간이 또한 어떤 특수한 상황에서는 동등하게 죄책이 있을 수도 있다. 사실 모든 사람이 차별 없이 죄인이라는 전제로부터 우리는 인간의 죄책은 피상적으로 보이는 것보다 더 평등하다는 일반적인 가설을 도출한다. 서로 전쟁중에 있는 두 나라에게는 동등하게 죄책이 있을 수도 있다. 비록 한 쪽이 전쟁의 결정적인 원인을 제공했다 할지라도 말이다. 무자비한 아버지는 아들의 탈선에 대해 피상적으로 보이는 것보다 더 동등하게 죄책이 있을 수도 있다. 버림받은 아내는 신의 없는 그녀의 남편과 동등하게 죄책이 있을 수도 있다. 비록 아내를 버린 외적인 행위는 남편이 저지른 것이긴 하지만 말이다. 모든 인간이 죄인이라는 기독교 교리는 피상적인 도덕적 판단들, 특히 판단하는 사람을 도덕적으로 유리하게 해주는 판단들을 재검토하도록 지속적으로 요구한다. 바울의 다음과 같은 말이 적용되지 않는 도덕적 상황은 없다. "그러므로 남을 판단하는 자마다 무론 누구든지 네가 핑계치 못할 것은 남을 판단하는 것으로 네가 너를 정죄함이니 판단하는 네가 같은 일을 행함이니라"(롬 2:1).

그렇지만 모든 인간이 하나님 앞에서 동등하게 죄인이라고 해서 그들이 행한 특별한 악행에 관해서도 모두 동등한 죄책을 가진다고 생각할 필요는 없다. 중요한 것은 기독교는 죄의 평등성과 마찬가지로 죄책의 불평등을 강조했다는 사실이다. 정통적 루터교 신조가 역사에서 실제로 일어나는 특수한 도덕적 주제들을 효과적으로 다룰 능력이 없는 가장 중요한 원인은 특별히 도덕적 악행을 범한 사람들을 선별하여 언급한 예언서들의 기록에 대해 무지하기 때문이다. 예언서들에서 보면 특히 부자와 힘 있는 자, 강한 자와 귀족, 지혜로운 자와 의로운 자(즉 바리새인들처럼 상대적이고 사회적으로 인정된 의의 기준에 어느 정도 도달함으로써 영적 교만에 빠진 사람들)에게 통렬한 심판이 선포된다. 권력자들의 종교적 죄와 사회적 죄, 즉 그들의 교만과 불의를 고발하는 예언자들의 비판은 시종일관 편파적이다. 예언자적 비판은 "가난한 자를 학대하며 궁핍한 자를 압제하는"(암 4:1) 자들을 겨냥하고 있다. 그들은 "상아 상에 누우며 침상에서 기지개 켜며 양떼에서 어린 양과 우리에서 송아지를 취하여 먹는"(암 6:4) 자들이며, "궁핍한 자를 삼키며 땅의 가난한 자를 망하게 하는"(암 8:4) 자들이기 때문이다.

이런 예언자적 심판들의 기저에 깔려있는 단순한 종교적 통찰은 높은 지위와 부정한 권력을 추구하는 사람들은 힘이 없고 지위가 낮은 사람들보다 교만과 불의의 죄책이 더 크다는 것이다. 권력자의 불의와 높은 지위에 있는 자의 교만은 기정사실로 간주되며, 다음과 같은 심판이 경고된다. "만군의 여호와의 한 날이 모든 교만자와 거만자와 자고한 자에게 임하여 그들로 낮아지게 하고 … 그 날에 자고한 자는 굴복되며 교만한 자는 낮아지고 여호와께서 홀로 높임을 받으실 것이요"(사 2:12, 17; 참조, 사 26:5). 교만은 종교적 차원의 죄로 언제나 예언자들의 가장 중요한 관심사였다. 예언자들은 교만에는 필연적으로 불의가 따른다는 사실을 어떤 역사적 기독교가 보았던 것보다 훨씬 더 명확하게 보고 있다. 자신이 존재의 원천이자 목적이라고 생각하는 교만은 다른 사람의 삶을 자신의 의지에 종속시키며, 따라서 다른 사람의 삶에서 그의 정당한 유산을 탈취한다. 그러므로 이사야 선지자는 계속해서 말한다. "여호와께서 그 백성의 장로들과 방백들을 국문하시되, 포도원을 삼킨 자는 너희며 가난한 자에게서 탈취한 물건은 너희 집에 있도다. 어찌하여 너희가 내 백성을 짓밟으며 가난한 자의 얼굴에 맷돌질하느뇨? 주 만군의 여호와 내가 말하였느니라"(사 3:14, 15). 예언자들은 주저 없이 권력자는 낮아지지만 가난한 자들은 높아질 것이라고 선포한다. "겸손한 자가 여호와를 인하여 기쁨이 더하겠고, 사람 중 빈핍한 자가 이스라엘의 거룩한 자를 인하여 즐거워하리니"(사 29:19). 권력자와 교만한 자에게 임하는 심판과 가난하고 궁핍한 자에게 주는 약속은 하나님 앞에서 장차 행해질 최후의 심판이 아니다. 약속된 심판은 역사에서 실현되는 심판이다. "나 여호와가 이같이 말하노라. 용사의 포로도 빼앗을 것이요, 강포자의 빼앗은 것도 건져낼 것이니 이는 내가 너를 대적하는 자를 대적하고 네 자녀를 구원할 것임이라"(사 49:25).

부자와 가난한 자, 권력자와 약한 자, 교만한 자와 겸손한 자 사이의 도덕적 차이에 관한 예언자적 언급은 다음과 같은 마리아의 찬가와 함께 시작되는 신약성서에서도 보존된다. "권세 있는 자를 그 위에서 내리셨으며, 비천한 자를 높이셨고, 주리는 자를 좋은 것으로 배불리셨으며, 부자를 공수로 보내셨도다"(눅 2:52ff.). "육체를 따라 지혜 있는 자가 많지 아니하며, 능한 자가 많지 아니하며, 문벌 좋은 자가 많지 아니하도다"라는 사도 바울의 판단은 이와 동일한 예언자적 전통에 서있다. 바울은 능한 자와 문벌 좋은 자 이외에도 지혜 있는 자를 하나님의 특별한 심판대상에 포함시키는데, 이것은 중요한 점을 시사한다. 바로 그렇다. 지혜 있는 자의 교만과 문화와 문명을 주도하는 영적 지도자들의 허세는 힘 있는 자와 고상한 자의 단순한 권력의지보다 더 크게 악의 원인이 될 수도 있기 때문이다. 예수의 가르침에는 도덕적 차이에 대한 이런 예언자적 특징이 그대로 보존되어 있다. 누가복음에 기록된 산상수훈의 팔복에 나타나는 가난한 자에 대한 예수의 축복과 부자에 대한 재난은 때때로 부자연스럽다고 생각되었다. 따라서 주석가들은 마태복음에 기록된 팔복에서처럼 "심령이 가난한 자"에 대한 축복이 외관상 덜 엄격하고 비교

적 모호하기 때문에 그것을 더 선호하였다. 그러나 예수가 사용했을 것
으로 추정되는 아람어 단어는 대단히 중요한 이중적 의미를 함축하고 있
었다. 그 단어는 '가난한'이란 의미와 '비천한'이란 의미를 모두 가지고 있
었다.[263] 그러므로 예수는 그 단어를 사용함으로써 그 단어를 만들어 사
용한 '반(反)귀족적'(anti-aristocratic) 전통을 지지하고자 했을 것이다. "땅
의 가난한 자들"은 바리새파가 주장하는 지나치게 엄격한 규정들을 지
킬 수 없었다. 그러므로 그들은 도덕적 귀족사회가 제정해 놓았던 율법
에 의해 버림받은 사람들이었다. 그 율법은 선한 행위를 위한 지침이라기
보다는 오히려 귀족들의 권력과 사회적 특권을 유지하기 위한 도구가 되
었다. 관습에 따라 선하고 독   선적인 사람들보다 가난하고 천한 사람
들을 더 좋아하는 것은 예언자적인 반귀족적 전통을 약화시키기보다는
오히려 더 강화시켰다. 힘 있는 자, 고상한 자와 지혜로운 자뿐만 아니라
선한 자도 하나님의 특별한 심판대상에 포함된다.

하나의 권력체계로서 모든 문명이 힘의 균형을 어느 정도나 이상적이
고 합리적으로 실현하는지 안다면, 그리고 이런 합리화에는 소수 독재자
들의 도덕적이고 영적인 교만을 만족시키는 도덕규범들이 어떻게 항상
포함되어 있는지 안다면, 바리새파에 대한 공격은 실제로는 권력자의 가
장 정직하지 못한 허세에 대한 공격임을 알 수 있다.

성서의 반귀족적인 주장은 특별한 유형의 어떤 기독교 종파들과 현대
의 세속적 급진주의에 의해 지나치게 단순한 정치-도덕적 관점에서 해석
되었다. 이런 유형의 사상에서는 예수가 단지 부자들에 대한 프롤레타리
아 혁명을 이끈 한 명의 지도자로 간주되었다. 반면에 동일한 성서의 주
장이 대다수의 보수적인 기독교 종파들에 의해서는 너무나 단순히 무시
되어 버렸다. 이들은 예수가 칭찬한 영적인 겸손을 모든 사회적, 정치적

---

263 히브리어 *ame ha-ares.*

그리고 경제적인 상황을 초월하며 부자들이나 가난한 사람들에게 다 같이 있을 수도 있고 없을 수도 있는 영적인 은혜로 간주하고자 했다. 성서적 종교는 궁극적이고 영원한 인간의 상황에 치중하기 때문에 그 종교의 반 귀족주의적 성향을 단순히 정치적 관점에서만 해석하는 것을 허락하지 않는다. 다른 한편, 성서적 종교는 철저히 현실적이기 때문에 어떤 사람들은 교만과 불의에 빠지게 되는데 반해 다른 사람들은 겸손하게 되는 것을 결정하는 주된 요인이 실제로는 사회-경제적 조건들이라는 사실을 무시하지 않는다.

성서의 이런 분석은 이미 알려져 있는 역사적 사실들과 일치한다. 자본가들이 가난한 노동자들보다 더 큰 죄인이라는 것은 어떤 본성적인 부패 때문에 그런 것이 아니다. 경제적, 정치적으로 강한 힘을 소유한 사람들은 힘과 특권이 없는 사람들보다 더 많이 하나님에 대해서는 교만의 죄를 범하고 약자들에 대해서는 불의의 죄를 저지른다. 이방인들이 유대인들보다 죄가 더 많은 것은 아니다. 그러나 여러 나라에서 주도적인 권력을 소유하고 있는 이방인들은 셈족계의 소수 집단들에 대해 후자가 그들에게 범하는 것보다 더 많은 죄를 범한다. 백인들은 아프리카와 아메리카에 있는 흑인들에게 흑인들이 백인들에게 대해 저지르는 죄보다 더 많은 죄를 범한다. 자연의 변화, 역사의 우연적 사건들 또는 심지어 권력을 소유한 사람들의 덕이 개인이나 집단에게 권력, 사회적 특권, 지성적 탁월성이나 도덕적 승인을 그들의 동료들보다 더 많이 베풀어 주는 곳에서는 어디서나 자아가 확장될 여지가 있다. 자아는 수직적으로도 수평적으로도 모두 확장된다. 자아의 수직적 확장, 즉 자아의 교만은 자아로 하여금 하나님을 대적하는 죄에 빠지게 만든다. 자아의 수평적인 확장은 자아로 하여금 그의 동료들을 희생시켜 자신의 안전과 특권을 확보하려고 부당하게 노력하도록 만든다. 이 두 형태의 확장은 서로 분명하게 구분될 수 없다. 왜냐하면, 이미 앞에서 언급되었듯이 자아의 수직적 확장에 의해 형성되는 영적인 허세는 사회적 갈등에서 권력의 도구가 될 수 있으며, 사회적 관점에서 볼 때 사회를 지배하는 힘은 불가피하게 영적인 허세를 통해 그의 구조를 완성하고자 하기 때문이다.

지나치게 단순한 사회적 급진주의는 과거에 가난했던 자들, 약했던 자들, 멸시를 당했던 자들이 일단 그들의 비방자들에 대해 사회적 승리를 쟁취하면 얼마나 신속하게 그들이 적대자들에게서 혐오했던 그리고 그들이 적대자들의 타고난 죄라고 간주했던 바로 그런 오만과 권력의지를 드러내는지 알지 못한다. 불의에 의해 희생된 모든 사람은 죄란 그의 압제자가 행하는 특별한 악이라고 생각하는 오류를 범한다. 그는 압제자의 이런 악행으로부터 고통을 당하기 때문이다. 이것은 권력자의 독선과 대조되는 약한 자의 독선이다. 그것은 니체가 지적했듯이 보복적 격정의 도구이다. 약한 자들이 가지는 그런 유형의 도덕적 교만은 역사의 운명에 의해 그들의 약함이 강함으로 바뀔 때 그들의 오만을 더욱 강화시킬 것이다. 이런 사실은 새로 등장한 러시아의 과두체제가 왜 그렇게 유례없이 맹렬하고 참을 수 없이 도덕적으로 그리고 영적으로 오만한지 알 수 있게 해준다. 러시아의 과두체제는 그가 오만하게 예를 들고 있는 권력의 죄는 자본주의의 특별한 악이라고 믿는다. 그러나 지나치게 단순한 사회적 급진주의의 오류들 때문에 어떤 주어진 역사적 상황에서 권력자나 권력계층은 힘이 없는 사람들보다 불의와 교만의 죄를 더 많이 범한다는 사실이 간과되어서는 안 된다.

지성적, 영적 그리고 도덕적으로 탁월한 사람들도 권력자들과 동일한 심판을 받게 될 것이라는 사실은 특히 도덕주의자들을 공격하는 것처럼 보일 것이다. 성서적 종교의 반 귀족주의적 성향이 모든 유형의 합리주의와 철저히 대립되는 것은 바로 이 점에서이다. 합리주의는 지성적인 사람이 동시에 선한 사람이기도 하다고 생각하며, 이성이 어느 정도나 격정의 종이 될 수 있는지 알지 못하며, 마음과 양심의 순수한 성취들이 동시에 인간의 교만을 표현할 새로운 계기가 될 수도 있음을 알지 못하기 때문이다. "선 줄로 생각하는 자는 넘어질까 조심하라"는 경고는 자본가들, 독재자들과 모든 권력자들에게만 해당하는 것이 아니라 주교들, 교수들, 예술가들, 성도들과 거룩한 사람들에게도 해당하는 것이다. 높은 문화를 성취한 모든 사람은 그가 성취한 문화가 필연적이고 최종적인 문화형태라고 생각한다. 역사의 상대적 성취들과 재가를 최종적이고 궁극적인 재가라고 착각하는 사람은 성공한 사람이며, 성취한 사람이며, 동료들에게 칭찬 받고 인정받는 사람이다.

바로 이 점에서 모든 인간의 본성이 죄성을 가진다는 성서의 통찰은 지혜 있는 자들, 권세 있는 자들, 고상한 자들과 선한 자들에 대한 예언자들의 비판과 모순된다기보다는 오히려 그 비판을 지지한다. 왜냐하면 모든 인간의 마음이 죄성을 가진다는 사실을 이해하지 못한다면, 모든 시대의 성공한 계층들의 환상과 허세를 꿰뚫어 보는 것은 불가능하기 때문이다. 모든 사람이 하나님 앞에서 죄인이라는 것을 알지 못한다면, 우리는 힘에 의해 인간의 연약함과 불확실성을 그렇게 성공적으로 숨길 수 있는 사람들과 선한 행위에 의해 인간의 죄성을 숨길 수 있는 사람들이 얼마나 많은 죄책으로 가득 차 있는지 식별하기가 쉽지 않을 것이다. 아리스토텔레스와 플라톤의 사상 및 거기서 유래한 모든 학파들은 왕들을 설득하여 그들이 철학자라고 생각하게 할 것이며, 철학자들을 설득하여 그들이 왕이라고 생각하게 할 것이다. 그리고 그들로 하여금 덕을 위장하여 권력의지를 숨기고, 관대함을 위장하여 불의를 감추려 하도록 유혹할 것이다. 역사상 위대한 사람들과 선한 사람들의 특별한 죄책은 오직 인간의 모든 기준을 초월하는 궁극적 분석에 의해서만 폭로된다.

2. 관능적 욕구로서의 죄

의문의 여지없이 성서적 종교는 죄의 본질을 교만과 이기심으로 정의하며, 고전적 기독교 신학은 이런 견해를 견지한다. 비록 헬레니즘의 영향을 받은 기독교는 언제나 죄의 본질을 관능적 욕구로 간주하려는 경향이 있긴 하지만 말이다. 그러나 죄를 교만으로 보는 이런 정의는 역사와 경험에 의해 충분히 입증되긴 했지만 관능적 욕구와 이기심의 관계에 관해 문제를 제기한다. 교만으로서의 죄는 단순히 이기심의 한 형태인가? 아니면 이기심의 결과인가? 아니면 교만으로서의 죄는 관능적 욕구가 죄의 독특한 한 형태이지만 이기심과는 철저히 구별되어야 한다는 결론에 도달할 수밖에 없도록 하는 특징을 가지는가?

잠정적이긴 하지만 관능적 욕구와 이기심을 구분할 필요가 있다. 이기심이 자아가 자기중심적인 삶을 영위하고자 함으로써 삶의 조화를 깨뜨리는 것이라면, 관능적 욕구는 자아가 자기 내면에서 일어나는 특수한 충동들과 욕망들에 과도하게 집착하여 그것들과 동화됨으로써 자아 내면의 조화를 깨뜨리는 것이라 할 수 있을 것이다. 예를 들면, 성적인 향락, 폭식, 방종, 술취함과 다양한 형태의 육체적 욕망에 빠지는 관능적 욕구로서의 죄는 언제나 그보다 근본적인 이기심의 죄보다 더 신랄하고 즉각적인 사회적 비난의 대상이 되어왔다. 아주 빈번하게 방탕함을 비난하는 재판관은 교회나 국가에서 높은 지위에 도달하여, 거기로부터 이기적 야망의 힘에 의해 그의 방탕한 형제들을 심판하였다. 그의 이기적 야망은 범죄자의 죄보다 더 엄중한 죄로 심판되어져야 함에도 불구하고 말이다.

그렇지만 기독교 문화는 일반적으로 비기독교 문화와 마찬가지로 관능적 욕망의 죄에 대해 신랄한 비판을 가했다. 이것은 분명 관능적 욕구가 이기심보다 더 명백한 형태의 무질서이기 때문이다.

전통적인 기독교 윤리가 이와 같이 죄와 관능적 욕구를 철저히 동일시했기 때문에 현대 기독교 비평가들의 생각, 즉 기독교가 성적인 문제들을 판단할 때 음란을 조장하여 냉정하고 존경할 만한 공동체 구성원들이 외적으로 분명한 죄를 범한 사람들에 대해 잔인할 정도로 독선적인 태도를 가지게 한다는 현대 기독교 비평가들의 생각이 부분적으로 정당화되었다. 그렇지만 사실은 오직 헬레니즘과 합리주의에 의해 영향을 받은 기독교 종파들만 – 현대의 기독교 비평가들은 정통적인 기독교보다는 이런 종파들과 더 밀접한 관계를 가지는데 – 죄를 관능적 욕구라고 정의하거나 관능적 욕구를 특히 성적 향락과 동일시하였다.

헬레니즘 시대의 신학자들 중 가장 대표적인 신학자인 오리게네스는 아담의 타락에 의해 인간이 물질세계에 빠져들게 되었다는 그의 이론 이외에도 뱀이 하와를 유혹하여 육체적이 되게 하였다는 실제적인 역사적 타락 이론을 주장하였는데, 이 이론에 의하면 원죄는 "부끄러운 행위와 음란을 추구하는"[264] 성향으로 정의된다. 결국 오리게네스는 모든 성적인 행위를 본질적인 악으로 간주하였으며, 모든 실제적인 죄의 근거이자 원천이라고 생각했다. 알렉산드리아의 클레멘스는 아담의 타락을 "쾌락의 힘에 굴복하는 것"으로 정의하였다. "왜냐하면 배를 땅에 깔고 기어 다니는 뱀은 배로 기어 다니는 쾌락의 상징이기 때문이다."[265] 다른 장에서 이미 언급되었듯이 닛사의 그레고리우스는 단지 죄를 쾌락추구와 동일시할 뿐 아니라 죄의 기원을 "우리가 비합리적인 피조물처럼 됨"에

---

264 참조, N. P. Williams, *The Ideas of the Fall and Original Sin*, p. 227.
265 *Protepticus*, XI. iii.

서 찾는다. 그렇지만 그는 인간의 삶에는 단순한 동물적 격정 이외의 어떤 것이 더 추가되어 있음을 인정한다. 왜냐하면 쾌락추구가 "인간이 동물에게서는 발견할 수 없을 정도로 다양한 (쾌락에서 발생하는) 죄들의 근원이 됨으로써 더욱 증가되었기 때문이다."[266] 그레고리우스는 성에 관한 플라톤주의의 일반적인 견해를 따라 인간의 성이 남성과 여성의 양성으로 분화된 원인이 타락에 있다고 생각했다. 그런 해석은 비성서적임이 분명하다. 창세기의 창조설화는 양성을 원창조의 한 부분으로 보기 때문이다. "하나님이 ... 사람을 창조하시되 남자와 여자를 창조하시고"(창 1:27). 그레고리우스는 하나님이 타락을 예상하고 인간을 양성으로 창조했다고 제안함으로써 이런 난점을 해결하였다. 성에 대한 그레고리우스의 병적인 견해는 그의 논문『처녀성에 관하여』(De Virginitate)에서 사용된 터무니없는 용어들에 잘 나타나다. 악의 원인이 동물적인 격정에 있다고 생각하는 그리스 사상의 영향에 의해 헬레니즘 기독교는 죄를 쾌락추구, 즉 관능적 욕구와 동일시하였으며, 성생활을 이런 관능적 욕구의 대표적인 상징으로 생각하였다.[267]

바울과 아우구스티누스의 신학적 전통은 관능적 욕구와 죄의 관계를 철저하게 바울의 로마서 1장에 비추어 해석한다. 로마서 1장에 의하면 관능적 욕구, 특히 변태적인 욕구는 교만과 자기신격화라는 보다 근본적인 죄의 결과이며 그런 죄에 대한 심판 때문이다. 인간은 썩지 않는 하나님의 영광을 썩기 쉬운 인간의 이미지로 바꾸었기 때문에, 그리고 창조자보다는 오히려 피조물을 예배하고 섬겼기 때문에 "하나님께서 저희를

---

266 *On the Making of Man*, XVIII, 4.

267 영국 국교회 카톨릭파 신학자 윌리엄스(N. P. Wiliams)는 기이하게도 성에 대한 병적인 견해는 바울과 아우구스티누스의 전통에 서있는 신학의 특징이며, 그의 용어를 빌면 "아프리카적인" 또는 "거듭 난" 신학의 특징이며 따라서 "헬레니즘적" 견해와는 다르다는 터무니없는 주장을 확립하고자 한다. 참조, *The Ideas of the Fall and of Original Sin*, p. 273.

부끄러운 욕심에 내어버려 두셨으니 곧 저희 여인들도 순리대로 쓸 것을 바꾸어 역리로 쓰며 ... 또한 저희가 마음에 하나님 두기를 싫어하매 하나님께서 저희를 그 상실한 마음대로 내어버려 두사 합당치 못한 일을 하게 하셨으니"(롬 1:26-30). 다양한 유형의 죄를 열거할 때 바울은 반사회적 악(이기심)과 관능적 욕구를 명확히 구분하지 않는다. 그러나 이 경우 바울의 주된 관심은 관능적 욕구의 죄는(특히 변태적 욕구의 죄는) 하나님을 반역하는 보다 근원적인 죄의 결과라는 것이다.[268]

아우구스티누스는 바울의 해석을 그대로 따르며, 로마서 1장으로부터 "저희의 그릇됨에 상당한 보응을 그 자신에 받았느니라."(27절)라는 말을 인용하여 "이런 일들은 단순히 죄 자체가 아니라 죄에 대한 형벌"이라고 선언한다. "우리의 적대자들은 말할 것이다. '죄는 죄인이 그의 형벌을 통하여 더 많은 죄를 범하게 되는 방식으로 처벌되어서는 안 된다.' 아마도 그는 하나님은 이런 일들을 행하도록 인간을 강요하지 않으며 단지 버림받을 만한 사람들을 그대로 방치할 뿐이라고 대답할 수도 있다."[269]

관능적 욕구가 하나님에 대한 반역의 부차적 결과라는 견해는 아우구스티누스의 다음과 같은 말에 보다 분명하게 설명되어 있다. "처음 사람이 하나님의 법을 위반했을 때, 그는 그의 순수한 마음을 거역하는 또 다른 법을 그의 몸의 지체들에 가지기 시작했다. 그 다음에 그는 자신의 육체의 반역에서 자신에게 되돌아오는 가장 정당한 징벌을 경험했을 때 불순종의 악을 느꼈다. 왜냐하면 그의 종인 그의 육체가 자신의 주인에게 순종하지 않았던 그에게 순종하게 될 것이라고 기대하는 것은 어불성설

---

[268] 다양한 악과 죄를 열거할 때 바울은 때로는 반사회적 죄와 관능적 죄를 분리하여 열거하며, 때로는 그들을 분명히 구분하지 않고 열거한다. 참조, 고전 5:10-11; 고후 12:20; 갈 5:19-21; 엡 5:3-5; 골 3:5-8.

[269] *Treatise on the Nature of Grace*, Chs. 24-25.

이기 때문이다."[270] 아우구스티누스가 육체의 정욕에 관해 무슨 말을 하든, 그리고 그가 아무리 병적으로 성을 그런 정욕의 일차적인 상징으로 생각하든, 그의 분석은 언제나 관능적 욕구가 하나님에 대한 반역의 부차적 결과라는 그의 이런 일반적인 진술의 한계를 벗어나지 않는다. 그는 결코 관능적 욕구를 인간의 동물적 본성에서 오는 자연적 결과라고 생각하지 않는다. "그러므로 우리가 행하는 악을 우리의 육체 탓으로 돌리는 것은 우리의 창조주를 모욕하는 것이다. 육체는 선하다. 그러나 창조주를 떠나서 이렇게 선하게 창조된 육체에 따라 사는 것은 악이다."[271]

토마스 아퀴나스는 관능적 욕구를 죄의 결과이자 죄에 대한 형벌이라고 보는 바울과 아우구스티누스의 해석에 전적으로 동의한다. "하나님은 인간의 원초적 상태에서 그에게 이런 은총을 베풀어 주었다. 그러므로 인간의 마음이 하나님에게 복종했다면 인간 영혼의 하위 능력들은 그의 합리적 정신을 따랐을 것이며, 그의 육체는 그의 영혼을 따랐을 것이다. 그러나 죄로 인해 인간의 마음이 하나님께 복종하기를 거부했기 때문에 그 결과 인간의 저급한 능력들도 그의 이성에 전혀 복종하지 않게 되었다. 그리고 이로 인해 이성을 거부하는 육욕적 욕망의 대반란이 일어나 육체도 영혼에 복종하지 않게 되었다. 이때부터 죽음이 발생하였으며, 신체의 약점들도 발생하였다."[272] 비록 아퀴나스가 원죄를 탐욕으로 정의

---

270 *On Marriage and Concupiscence*, Ch. 7.

271 *De civ. Dei*, Book XIV, Ch. v. "만일 육체가 영혼의 타락의 원인이라고 말하는 사람이 있다면 그는 인간의 본성에 관해 무지한 사람이다. 왜냐하면 타락하기 쉬운 육체는 영혼에게 부담이 되는 짐이 아니기 때문이다. 영혼에게 그렇게 짐이 되는 이런 타락은 원초적인 죄에 대한 형벌이지 그 죄의 원인은 아니기 때문이다. 타락하기 쉬운 육체가 영혼을 죄로 이끄는 것이 아니라, 죄를 범하는 영혼이 육체를 타락하게 만든다. 타락으로 인해 죄의 동기들이 발생하고 모종의 악한 욕망들이 발생하는 것은 사실이지만 모든 죄의 원인이 육체에 있는 것은 아니다. 만일 죄의 원인이 육체에 있다면 육체를 가지지 않는 마귀는 죄가 없을 것이다." *De civ. Dei*, Book XIV, Ch. 3.

272 *Summa theologiae*, Part II(First Part), Question 77, Art. 4.

하기는 하지만, 그는 여전히 탐욕은 자기사랑의 결과라고 주장한다. "모든 죄는 무상한 것에 대한 비정상적인 욕망에서 생긴다. 어떤 사람이 현세의 행복을 비정상적으로 바라는 것은 그가 자신을 비정상적으로 사랑하기 때문이다."

루터의 해석도 아퀴나스의 해석과 크게 다르지 않다. 비록 이성이 육체의 주인이라고 생각하는 아퀴나스의 해석에 내재해 있는 아리스토텔레스적인 요소를 거부하기는 하지만 말이다. 아퀴나스와 마찬가지로 루터에게 있어서도 죄는 본질적으로 탐욕(concupiscentia, 또는 cupiditas)이다. 그러나 그는 이런 탐욕을 육체적 삶에서 일어나는 자연적인 욕망과 충동이라고 보지는 않는다. 인간이 하나님에게서 돌아서자 그의 마음과 의지가 악한 욕망으로 가득 차게 되었으며, 탐욕은 그 결과이다.[273] 이런 악한 욕망에는 자기사랑과 관능적 욕구가 모두 포함된다. 그것은 하나님보다 '자기와 자기에게 유익한 것'(se et quac sua)을 더 우선적으로 생각하는 것이다. 따라서 아퀴나스처럼 루터도 탐욕이란 단어를 죄에 대한 포괄적인 용어로 사용하지만 그는 일반적인 전통을 따라 탐욕을 인간이 하나님에게서 돌아선 결과, 즉 인간의 불순종과 교만의 결과로 간주한다. 결국 관능적 욕구는 피조물에 속하는 모든 무상한 가치들을 지나치게 사랑하는 것으로 하나님보다 자기를 더 사랑하기 때문에 발생하는 것이다.

만일 관능적 욕구를 근본적인 죄로 생각하고 관능적 욕구가 육체적 삶의 자연적 성향에서 기인한다고 보는 헬레니즘 신학을 예외로 한다면, 기독교 신학은 아우구스티누스 신학이든 반아우구스티누스 신학(토미즘)이든 모두 관능적 욕구를 자기사랑이라는 보다 근원적인 죄에서 기인하는 것으로 본다. 그 신학에서 '관능적 욕구'(concupiscentia 또는

---

273 "*Maka inclinatio* 책얀, *inordinatio in volunte.*" Werke, *Weimarausgabe*, Vol. III, 453.

cupiditas)라는 단어가 일반적인 죄의 의미로 사용할 때에도 마찬가지이다. 관능적 욕구는 하나님 대신 자기를 존재의 근원으로 대체하는 원초적 혼란의 결과로 발생하는 이차적 혼란이다. 인간은 삶의 참된 중심축을 상실했기 때문에 더 이상 자기 자신의 의지대로 자신의 삶을 이끌어갈 수 없다. 이런 일반적인 분석이 타당하기는 하지만 관능적 욕구와 자기사랑의 관계에 관한 해석들은 만족스럽지 못하다. 그런 해석들은 때로는 지나치게 애매하고, 때로는 서로 모순되는 점들이 있기 때문이다. 그해석들은 자기사랑이 어떻게 관능적 욕구의 원인이 되는지 정확하게 설명하지 못하며 심리학적으로 설득력 있는 설명을 제시하지도 못한다. 그설명이 정확하다 해도 그런 설명은 한편에서는 자아가 육체의 충동들에 대한 통제기능을 상실했다고 말하면서, 다른 한편에서는 자아가 그런 충동들을 부당하게 만족시키는 것을 단순히 이기심의 이차적인 형태로 간주하는 모순을 범한다. 이런 비일관성은 흥미 있는 물음을 야기한다.

주정뱅이나 폭식가는 특정한 육체적 욕망을 만족시키는 것이 다른 욕망들과 충돌할 정도로 그렇게 그 욕망을 무제한적으로 만족시키려 함으로써 이기심을 극단적으로 드러내고 자신에 대한 모든 통제력을 상실하는가? 아니면 절제력의 결핍은 자아로부터 도피하려는 시도인가? 아니면 성적인 방종은 단순히 다른 사람을 자아의 이기심에 – 이 경우 자기사랑은 비정상적인 육체적 욕망에서 표현되는데 – 종속시키는 행위인가? 아니면 무절제한 성생활은 불안하고 문란한 자아가 자기로부터 도피하려는 노력인가? 다시 말해 관능적 욕구는 자아를 신으로 생각하는 우상숭배의 한 형태인가? 아니면 그것은 자기가 자기를 숭배하는 것이 적절하지 못함을 아는 자아가 어떤 다른 신을 발견함으로써 도피하려는 대안적 우상숭배인가?

기독교 신학 전 과정에서 이런 물음에 대한 대답이 애매하고 모호했던 이유는 아마도 관능적 욕구에는 애매성과 모호성이 모두 어느 정도 들어 있기 때문일 것이다. 다양한 유형의 관능적 욕구를 분석해 보면 그 점이 분명해질 것이다. 화려하고 방종한 생활, 즉 다양한 감각적 욕구들을 무제한적으로 추구함은 한편에서는 자기사랑의 한 형태이다. 때로 그런 삶은 힘을 과시하고 특권을 강화하는 것이 목적일 경우도 있다.[274] 때로 그런 삶은 교만의 종이라기보다는 오히려 권력에 의해 확보되는 자유의 결과일 경우도 있다. 가난이 모든 형태의 과도한 욕망들에 가하는 억제수단들로부터 자유로워진다면, 힘 있는 개인은 무제한적으로 이런 욕망들에 탐닉한다. 그러나 때로 사치스러운 삶은 자아의 교만을 과시하는 것이나 육체적 삶의 다양한 충동들을 단순히 따르는 것이라기보다는 오히려 자아로부터 도피하려는 필사적인 노력이다. 그런 삶은 양심의 가책을 저버린다. 자아는 자기로부터 도피하여 무엇인가에 탐닉함으로써 잠시라도 양심의 가책에서 오는 내적 긴장을 잊고자 한다. 자신이 자기 존재의 중심으로서 부적합하다는 것을 발견한 자아는 표면적으로는 그가 통제하는 것처럼 보이는 본성의 다양한 힘들과 과정들과 충동들 가운데서 다른 신을 찾는다.

술에 취하는 것도 마찬가지로 애매한 양면적인 목적을 가진다. 술고래는 종종 정상적인 삶에서는 느낄 수 없는 힘과 자신감을 경험하기 위해 술에 의한 비정상적인 자극을 추구한다. 이런 유형의 도취는 자아가 대수롭지 않음을 의식하고 있는 정상적인 이성에게는 불가능할 정도로 애처롭게 자신이 세상의 중심이라고 생각하려는 노력이다. 그러나 술에 취하는 것은 상당히 다른 목적을 가질 수도 있다. 자아를 강화시키기 위해서가 아니라 자아로부터 도피하기 위해 술에 취하려 할 수도 있다.[275] 불

---

274 참조, Thorstein Veblen, *Theory of the Leisure Class*.
275 현대의 어떤 심리분석 학자는 알코올 중독의 이런 양면적인 기능을 다음과 같이 설명

안에 뿌리를 가지고 있으며 열등감과 불안감이 부적절한 방식으로 표출된 잘못된 자기주장이 중독의 첫 번째 목적일 것이다. 한편, 중독의 부차적인 목적은 죄책감에서 발생하거나, 죄책감이 이전의 불안감과 혼합된 혼란스런 심적 상태에서 발생한다. 이런 혼란한 심적 상태의 긴장은 견디기 힘들 정도로 크기 때문에 결국은 의식적으로 완전히 도피하려는 노력을 하게 된다. 따라서 술에 취하는 것은 단순히 모든 사람의 마음에서 드러나는 공통된 죄의 논리, 즉 불안이 자아로 하여금 죄를 범하게 한다는 논리가 외적으로 표출된 것이 아니다. 죄를 범하는 것은 불안감을 완화시키기 위한 것이었는데 오히려 불안감은 더욱 증대되고, 결국은 삶의 전체적인 긴장으로부터 도피하려는 모종의 시도가 이루어진다.

이미 언급되었듯이 모든 유형의 기독교 사상에서 성욕은 특별히 생생하게 표현된 관능적 욕구 또는 적어도 관능적 욕구의 계기로 간주된다. 현대인들은 기독교 사상의 이런 특성이 병적인 것이라고 조롱할 수도 있으며, 기독교 사상이 성욕을 음란하다고 하여 억압함으로써 성욕을 더욱 악화시켰다고 조롱할 수도 있다. 성에 관한 기독교 사상이때로는 부적절하게 병적이었으며, 이원론적인 기독교는 성을 악 자체라고 간주했음이 사실이긴 하지만, 죄에 대한 기독교의 해석에는 성의 문제와 관련하여 현대 사상이 전혀 포착하지 못한 깊은 통찰이 있다.

인류 역사 전체를 통해 볼 때 성욕은 신체적 생식기능이 요구하는 것

<hr>

한다. "알코올 중독자들'은 거의 예외 없이 유쾌하고 사교적이며 수다스럽다. 그들은 자신이 다른 사람들의 호감을 사야 한다는 강박관념을 가지고 있는 것처럼 보이며 또 그렇게 하는 재주가 있다. 하지만 호감을 사려는 이런 과도한 바람은 – 그들이 매력적으로 보이려고 애쓰는 것은 바로 이런 바람 때문인데 – 근원적인 불안감을 부정하고 다른 것으로 상쇄하거나 잊으려는 노력을 나타낸다. … 그런 불안감과 열등감은 현실적인 비교 때문이라기보다는 오히려 무의식적인 '비합리적' 이유들, 대체로 커다란 좌절감과 분노와 두려움 그리고 분노에서 야기되는 죄책감 때문이다. … 술을 마시는 것은 그런 감정들과 기억들이 나타나 다시 의식되려는 것을 억압하는 추가적인 기능을 가진다. Karl A. Menninger, *Man Against Himself*, p. 169.

보다 더 왕성하게 표현된 특별히 강한 충동이다. 현대의 기독교 사상과 전통적인 기독교 사상은 모두 이런 사실에 동의할 것이다. 현대의 일반적인 해석에 따르면 성욕이 이렇게 생식기능 이상으로 비정상적으로 발전하게 된 것은 성에 대한 억압 때문이다.[276] 이런 해석은 문명사회가 성적 충동의 만족과 관련하여 사회적 규율들을 제정하지 않을 수 없었던 것은 그 충동이 처음부터 종족보존의 필요성 이상으로 과도했기 때문이라는 사실을 간과하고 있다. 그리고 그 해석은 원시인에게조차도 성은 결코 단순히 "본능적이고 생리적인" 충동이 아니었다는 사실을 간과하고 있다. 인간의 성적 충동은 모든 다른 신체적 충동과 마찬가지로 인간 정신의 자유를 전제하며, 그 자유와 밀접하게 결합되어 있다. 성적 충동은 동물적 충동들처럼 모종의 자연적 조화라고 생각할 수 없는 어떤 것이다. 성적 충동의 힘은 인간 정신의 최고 정점에까지 도달한다. 그리고 자유의 최고 정점에 이르러 불안한 인간은 성적 충동에서 그 불안을 상쇄하는 수단과 도피수단을 찾는다.

"순수한 본성"의 관점에서 볼 때 성적 충동은 "알터에고이즘"의 자연적 토대이다. 왜냐하면 자연은 성적 충동이란 수단에 의해 개인이 자기를 넘어서 종족보존을 기대할 수 있도록 보증해 주기 때문이다. 순전히 본능적인 토대에서 자아와 또 다른 자아가 서로 성적 열정에 휩싸여 있다는 사실은 정신이 성(性)을 자연적 재료로 사용하여 자아를 주장하고 그 자

---

276 따라서 현대의 어느 심리학자에 의하면 "자연적 상태의 하등 동물들에서는, 그리고 자연 그대로의 인간에게서는 성적 충동은 본능적이고 생리학적인 충동으로, 이런 충동은 그 충동이 일어날 때 직접적인 성적 기관들을 통해 – 물론 학습된 것이긴 하지만 – 충족된다. 문명화된 인간에게서는 성적 충동들의 직접적인 충족은 사회적 관습과 경제적 장애물들에 의해 유년기에는 그 충동들이 나타날 때 좌절되고, 사춘기의 육체적인 변화들이 일어나는 시기에는 그 충동들이 강화될 때 좌절된다. 이렇게 성적 충동이 좌절될 때 인간은 관심의 방향을 돌려 많은 대안적인 충동들과 대안적인 반응들을 찾게 된다." L. F. Shaffer, *The Pschology of Adjustment*, p. 105.

아가 또 다른 자아에로 도피할 수 있도록 해준다. 따라서 인간의 삶에서 성행위는 나의 삶이 타인의 욕망을 지배하기도 하고 타자를 위해 자신의 삶을 포기하기도 하는 상충되는 활동이 일어나는 극적인 사건이 된다. 더 나아가 성행위를 통해 자아가 자기를 주장하고 타자에게 도피하는 이런 행위들은 자아가 자신을 타자에게 줌으로써 자기를 창조적으로 발견할 수 있는 계기가 되기도 한다. 따라서 성적 연합의 절정은 창조성과 죄(악)성의 절정이기도 하다. 그런 절정의 경험에 있는 죄의 요소는 성이 어떤 경우에도 죄 자체이기 때문은 아니다. 그러나 일단 인간의 자기사랑에 의해 원초적인 조화가 깨어지면 성적인 본능들은 자아가 자기를 주장하기 위한 특별히 효과적인 도구이며, 동시에 자기로부터 도피하기 위한 특별히 효과적인 도구이기도 하다. 이것이 인간의 성생활을 거북하게 하는 것이다. 성생활은 자기를 신격화하는 원초적 죄의 도구이며, 동시에 다른 존재자를 신격화함으로써 자기로부터 도피하고자 하는 양심의 가책을 표현하는 것이다. 다른 존재자를 신격화하는 것은 많은 낭만적 정서들을 거의 과장 없이 기술한 것이다. 낭만적 정서에서는 사랑의 상대자가 어떤 인간 존재의 능력 이상으로 완전의 속성들을 지니도록 요구되어지며, 따라서 완전의 속성들은 불가피한 각성의 결과라고 생각되기 때문이다.[277] 성관계에서 남성의 보다 적극적인 역할과 여성의 보다 수동적인 역할은 성행위에서 남성의 특별한 죄로서의 자기신격화와 여성의 특별한 유혹으로서의 타자우상화를 가리키는 것처럼 보인다. 그렇지만 자기신격화와 타자우상화라는 죄의 두 요소들이 모두 남성과 여성에게 동시에 있음은 의심의 여지없이 분명하다.

따라서 성적인 격정에 관한 분석은 관능적 욕구와 자기사랑(이기심)의

---

277 성적 접촉의 이런 측면에 관한 신뢰할 만한 분석을 위해서는 참조, Emil Brunner, *Man in Revolt*, Ch. 15.

관계에 관한 외견상 모순되는 것처럼 보이는 기독교적 해석이 옳음을 입증해 준다. 그 분석에 의하면 관능적 욕구는 이기심이란 죄의 연장이며 동시에 이기심으로부터 도피하려는 노력인데, 이런 노력은 "피조물을 조물주보다 더 사랑하는" 무익한 결과에 이르게 된다. 그 분석을 완성하기 위해서는 성행위는 관능적 욕구가 한 단계 더 발전된 것임이 언급되어야 한다. 성적인 격정은 그것이 죄의 영적 혼란에서 갖게 되는 바로 그 힘에 의해 술취함과 마찬가지로 자아를 잊게 하는데 기여할 수도 있다. 그것은 진통제와 같은 역할을 할 수도 있다. 자기를 숭배하는 것과 타자를 숭배하는 것이 모두 헛된 것임을 발견한 자아는 삶의 긴장으로부터 도피하는 수단으로 성적 격정을 이용할 수도 있다. 가장 부패한 형태의 관능적 욕구들은 – 예를 들어, 상업화된 악에서처럼 – 정확하게 이런 특성, 즉 인격적인 것을 전혀 고려하지 않고 성적 충동을 만족시키는 특성을 가진다. 그것은 거짓 신에게로 도피하는 것이 아니라 무로 도피하는 것이다. 이런 순간적인 도피를 가능하게 하는 격정의 힘은 첫째로는 그 자체가 죄의 결과이며, 두 번째로는 죄에 따르는 양심의 가책의 결과이다. 만일 이런 분석이 옳다면 그 분석은 관능적 욕구가 죄이며 이 죄는 또한 보다 근원적인 죄에 대한 형벌이라고 주장하는 아우구스티누스의 견해를 지지하며, 다음과 같은 그의 결론을 정당화해 준다. "하나님은 인간이 이런 일들을 하도록 강요하지 않는다. 하나님은 단지 그들이 버림받을 만하도록 내버려 둘 뿐이다."[278]

---

278 자아의 도피, 즉 자아가 타자에게로 도피하는 것과 망각으로 도피하는 것은 로렌스 (D. H. Lawrence)의 성에 관한 분석에 자주 등장하는 주제들이다. 예를 들어, 그는 『아들들과 애인들』(*Sons and Lovers*)에서 한 남자와 여자가 경험한 것을 다음과 같이 묘사한다. "그들은 그들 자신의 무의미성을 알고, 그들을 휩쓸어 가는 삶의 홍수를 알기 때문에 자신들의 내면에서 쉴 수 있었다. 만일 그렇게 엄청난 힘이 그들을 압도할 수 있었고 그들을 모두 자기와 동일시할 수 있었다면, 그들은 왜 자신들에 관해 초조해 하는가? 그들은 자신들이 생명에 의해 이끌리도록 맡길 수 있었을 것이다. 그리고 그들은 서로 다른

성이 타락한 인간의 영성에서 대단히 결정적인 점이라는 증거는 성기능의 수행에 그렇게 보편적으로 수치심이 동반된다는 사실이다. 창세기의 타락설화에 숨어있는 의미에 주목할 필요가 있다. 비록 그 설화가 죄의 본질을 관능적 격정이 아니라 교만의 유혹을 통한 불순종으로 묘사하고 있기는 하지만, 우리는 타락 이후 죄책감이 관능적 격정에 필연적으로 동반되었음을 발견할 수 있다. 타락 이후 인간은 갑자기 그의 성적 관심을 의식하게 되었기 때문이다. "그들의 눈이 밝아 자기들의 몸이 벗은 줄을 알고 무화과나무 잎을 엮어 치마를 하였더라."(창 3:7).

현대 심리학, 특히 프로이드의 심리학은 이런 죄책감이 병적이고, 불필요하며, 전적으로 문명의 억압 때문이라고 본다. 이런 생각은 정신과 자연의 복합적 관계를 지나치게 피상적으로 보기 때문에 발생한다. 성적 격정의 비정상적인 표현이 사회가 정한 규율들과 제약들의 결과가 아니라 그 원인이듯이, 성과 관련하여 발생하는 수치심도 문명사회의 규약들보다 앞선다. 그러므로 성의 기능을 보다 공공연하게 만들려는 단순한 책략에 의해 정숙함과 수치심을 파괴하려는 교묘한 노력은 인간의 성생활과 관련하여 발생하는 어려움들을 완화하기보다는 오히려 더욱 악화시킨다.[279]

다른 한편, 기독교 청교도주의와 금욕주의는 일반적으로 성을 지나치

사람에게서 평화의 장소를 느꼈다."(436쪽) 주목할 점은 잠재의식적인 본성으로 도피하는 동기가 타자 속에서 자신을 잃어버리는 상실감보다 더 지배적이라는 사실이다.
　　때때로 로렌스는 성적 충동을 죽음에 대한 동경과 동일시하고 있다.

279 퀴니코스 철학자들에 대한 아우구스티누스의 비판은 현대의 이런 이론들에 그대로 적용될 수 있다. "퀴니코스 철학자들이 공개적인 성관계를 부끄러워 할 필요가 없다고 그렇게 강력하게 주장한 것은 자연적 부끄러움의 정숙성과는 대립되는 오류였다. 그들은 남편과 부인 사이의 성관계는 정당한 것이며 따라서 그런 성관계는 공개적으로 행해져야 한다고 생각했다. 그런 뻔뻔스런 음란함 때문에 그들은 명예롭지 못한 이름으로 불리게 되었다. 그들은 '퀴니코스'(κυνικος)라는 명칭으로 불리게 되었는데, '퀴니코스'는 헬라어로 '개 같은'이란 뜻이다." *On the Marriage and concupiscence*, Book I, Ch. 25.

게 억압함으로써 성과 관련된 죄를 제거하려는 오류를 범했다. 그런 노력들은 단지 성과 관련된 문제를 더욱 악화시켰을 뿐만 아니라, 은밀하게 성적인 죄를 범하는 사람들이 공공연하게 죄를 범하는 사람들에 대해 자기만 의롭다고 생각하는 독선적인 분노를 가지게 하는데 기여하기도 했다.[280]

성, 관능적 욕구와 죄의 문제는 대단히 복합적이며, 따라서 끝없는 논쟁의 대상이 되고 있다. 죄는 불가피하게 성과 연관되기 때문에 이원론과 금욕주의는 성을 그 자체로 죄와 동일시하려 한다. 반면에 금욕주의를 거부하는 사람은 불건전한 성생활과 지나친 호색으로부터 발생하는 어려움들을 알기 때문에 모든 억제수단들을 완화시키고 단지 사회적 실용성의 관점으로부터 최소한의 억제수단을 고려함으로써 그 문제를 해결할 수 있다고 생각한다. 사실 인간은 그의 "타락한" 본성 때문에 성생활에서 죄를 범하지만 이것은 성이 본질적으로 죄악된 것이기 때문에 그런 것은 아니다. 다시 말해, 인간은 하나님 안에 있는 그의 삶의 참된 중심을 상실했기 때문에 관능적 욕구에 빠지며, 성은 관능적 욕구를 표현하는 가장 대표적인 경우이다. 따라서 성은 첫째로는 관능적 욕구가 자기사랑의 또 다른 결정적인 형식임을 드러내 보여주며, 둘째로는 관능적 욕구가 다른 사람을 신격화함으로써 이기심을 은폐하려는 노력임을 드러내 보여주며, 마지막으로는 관능적 욕구가 무의식 속에 몰입함으로써 무익한 우상숭배의 두 유형으로부터 도피하려는 노력임을 드러내 보여준다.

성이 유일한 관능적 욕구는 아니다. 그러나 성은 관능적 욕구 일반의 문제에서 볼 때 대표적인 관능적 욕구이다. 관능적 욕구가 술 취함이나,

---

[280] 예를 들어, 이것은 입센(Ibsen)의 『야생 오리』(*Wild Duck*)와 호돈(Hawthorne)의 『주홍편지』(*Scarlet Letter*)에서 비판의 초점이 되는 것이다.

폭식이나, 성적인 방탕이나, 사치이든 아니면 무상한 재화에 대한 어떤 무절제한 탐욕이든, 관능적 욕구는 언제나 (1) 이기심이 그 자신의 목표를 좌절시키는 지점까지 연장된 것이며, (2) 자아 밖의 한 과정이나 사람에게서 신을 발견함으로써 자아의 감옥으로부터 도피하려는 노력이며, (3) 마지막으로는 죄 때문에 새로 생성된 심적인 혼란으로부터 모종의 무의식적 실존의 형태로 도피하려는 노력이다.

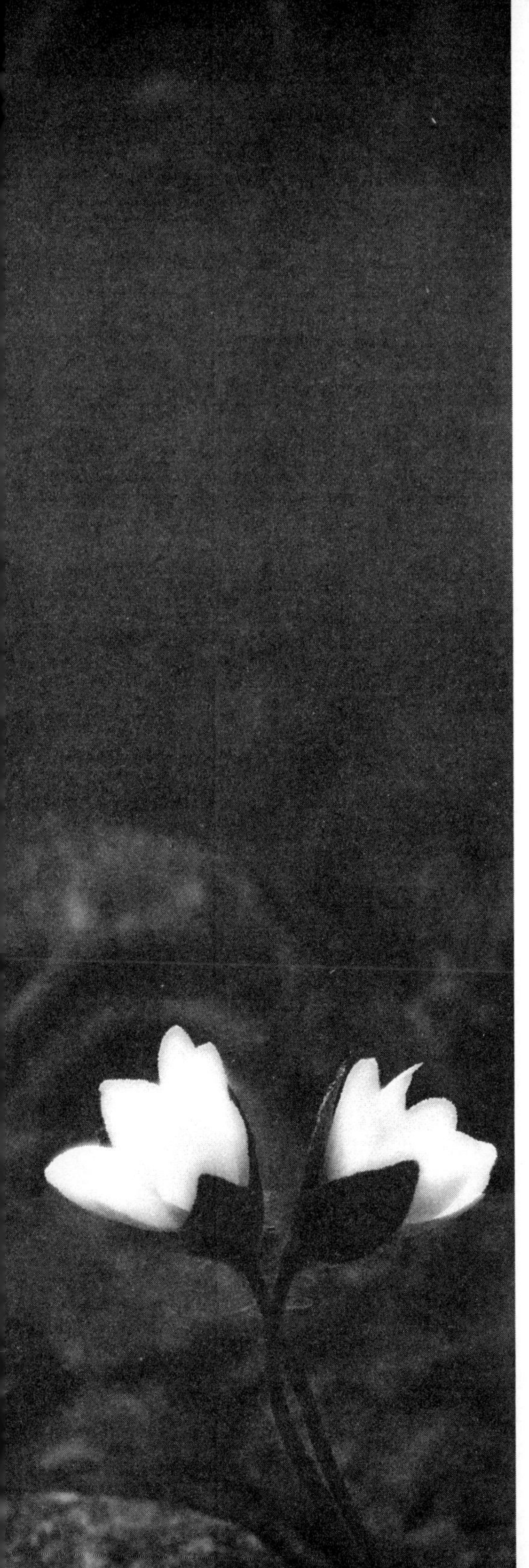

9장

원조와 인간의 책임

9장

원죄와 인간의 책임

죄에 관한 고전적인 기독교 교리는 인간이 불가피하고도 치명적인 필연성에 의해 죄를 범하였지만 그럼에도 불구하고 불가항력적인 운명에 의해 유발된 행동들에 대해 책임을 져야 한다는 불합리해 보이는 입장을 고수함으로써 합리주의자들과 도덕주의자들을 모두 공격한다. 그런 교리의 명시적인 성서적 근거는 바울의 신학에서 발견된다. 바울에 의하면 자기 자신을 신격화하는 인간의 죄는 용서받을 수 없다. "그러므로 그들이 핑계하지 못할지니라. 하나님을 알되 하나님을 영화롭게도 하지 아니하며, 감사하지도 아니하고, 오히려 그 생각이 허망하여지며 미련한 마음이 어두워졌나니."(롬 1:20-21) 다른 한편, 바울은 인간의 죄를 처음 사람 아담의 죄와 연루되어 거기로부터 유래된 불가피한 결핍으로 간주한다. "그러므로 한 사람으로 말미암아 죄가 세상에 들어오고, 죄로 말미암아 사망이 들어왔나니, 이와 같이 모든 사람이 죄를 지었으므로 사망이 모든 사람에게 이르렀느니라."(롬 5:12) 아우구스티누스는 죄의 필연성과 인간의 책임성에 관한 바울의 이런 주장들을 다음과 같이 압축하여 설명한다. "인간의 본성이 처음에는 죄 없는 무구한 상태로 창조되었음이 분명하다. 그러나 아담의 후손으로 태어난 모든 사람이 지금 가지고 있는 본성은 더 이상 건강한 상태가 아니기 때문에 치료가 필요하다. 인간의 본성에 아직도 남아있는 모든 좋은 속성들은 ... 그의 창조자이신 지극히 높은 하나님으로부터 받은 것이다. 그러나 이런 모든 선한 본성들을 어둡게 하고 약하게 하는 결함은 무구한 창조자에게서 기원된 것이 아니라 ... 인간이 자신의 자유의지에 따라 범한 원죄로부터 기원된 것이다."[281]

이런 이론의 불합리성은 다음과 같이 요약될 수 있다. 원죄는 개념상으로 볼 때 세습된 죄이거나 적어도 불가피한 죄임에도 불구하고, 인간의 본질적 속성에 속하는 것으로 간주될 수 없으며, 따라서 인간의 책임 영역 밖에 있지 않다. 죄는 그것이 보편적이라는 점에서 보면 인간의 본성에 속한다. 그러나 죄가 필연적으로 인간의 본성에 속하는 것은 아니다. 이런 구별에 대해 칼뱅은 다음과 같이 조심스럽게 말한다.

"그러므로 우리는 인간이 본성적 부패에 의해 타락하게 되었다고 말한다. 그러나 본성적 부패가 본성에서 기원된 것은 아니다. 우리는 본성적 부패가 본성에서 기인되었음을 부정한다. 본성적 부패는 처음부터 인간에게 내재하는 본질적 속성이라기보다는 오히려 우연적 속성이기 때문이다." 그러나 칼뱅은 다시 다음과 같이 말한다. "우리가 그것을 본성적 부패라고 부르는 이유는 그것이 유전적 권리에 의해 다른 모든 것보다 우세하긴 하지만 아무도 그것이 개인의 부패한 습관에서 유래했다고 주장할 수 없도록 하기 위해서이다."[282]

---

281 *Treaties on Nature and Grace*, Ch. 3. *Anti-Pelagian Works*, Vol. I, p. 238.
282 *Institutes*, Book II, Ch. I, Par. 11.

죄는 인간 본성의 필연성으로 간주되어서는 안 되며, 그렇다고 순전히 인간 의지의 산물로 간주되어서도 안 된다. 죄는 오히려 의지의 결핍에서 기인하며, 따라서 전적으로 고의적이지는 않다. 그러나 그 결함이 발견된 곳은 의지이고 그 의지는 자유를 전제하기 때문에, 그 결함은 인간의 본성에 있는 어떤 부패 때문이라고 볼 수는 없다. 이와 관련하여 칼뱅은 다음과 분명하게 말한다.

"그러므로 플라톤이 모든 죄를 무지의 결과로 돌린 것 때문에 비난을 받은 것이 당연하듯이, 우리도 모든 죄가 고의적인 악의와 부패에서 기원되었다고 주장하는 사람들의 견해를 거부해야 한다. 우리는 우리가 의도하는 것들이 선할 때에도 얼마나 자주 오류를 범하는지 너무나 많은 경험을 하기 때문이다. 우리의 이성은 수많은 유형의 기만들에 의해 압도당한다. …"[283]

원죄에 관한 교리는 결코 칼뱅의 이런 주장에서 발견되는 논리적 모순들을 피할 수 없다. 칼뱅은 죄가 필연성이라기보다는 오히려 "우연적인 속성 또는 우연성"이라고 일관되게 주장한다. 그러나 만일 이것이 사실이라면 죄는 칼뱅 자신의 교리가 전제하듯이 그렇게 불가피한 것일 수는 없을 것이다. 키에르케고르에 의하면 "죄는 필연성의 결과가 아니며 우연성의 결과도 아니다."[284] 그의 이런 주장은 칼뱅의 주장보다 더 타당성이 있다. 당연히 논리적으로 지지할 수 없는 것처럼 보이는 그의 입장은 비

---

283 *Institutes*, Book II, Ch. I, Par. 25.

284 *Begriff der Angst*, p. 95. 키에르케고르가 이런 주장에 대해 제시하는 심리학적인 근거들은 심리학적으로 볼 때 직접적으로 타당하지는 않지만 중요하다. 키에르케고르는 필연적이지도 않고 우연적이지도 않는 어떤 모순적 현상이 죄와 불안의 관계에 의해 설명될 수 있다고 믿는다.

기독교 철학자들에 의해서 뿐만 아니라 많은 기독교 신학자들에 의해서도 조롱과 경멸의 대상이 되었다.[285]

　원죄에 관한 교리의 총체적인 난점은 원죄의 근저에 깔려 있는 자유의지 개념이 불합리한 것처럼 보이는데 있다. 아우구스티누스와 종교개혁자들에 의해 체계화된 바울의 교리는 한편에서는 인간의 의지가 죄의 종이 되어 하나님의 법을 성취할 수 없다고 주장한다. 아우구스티누스에 의하면 인간의 의지는 자유로울 수도 있다. 그렇지만 그 의지는 선을 행할 수 있을 만큼 자유롭지는 못하다. "인간이 자유로워지기 이전에 그의 자유의지를 자랑하고, 자유로워진 이후에 자신의 힘을 자랑한다는 것은 얼마나 가련한 일인가?" 그렇지만 다른 한편, 아우구스티누스는 동시에 원죄 개념이 인간의 책임감을 위협할 수 있다고 생각될 때에는 언제나 자유의지의 실재성을 강조한다. "그렇지만 어느 누구도 감히 의지의 자유를 부정하고 죄에 대한 책임을 회피하려고 해서는 안 된다." 칼뱅은 아우구스티누스가 강조하는 자유의지가 인간의 책임성을 강조하기 위한 것일 때에는 언제나 그의 견해를 기꺼이 받아들인다. 그렇지만 그는 사실상 아우구스티누스의 정의와 동일한 롬바르드(Peter Lombard)의 정의는 거부한다. 왜냐하면 그는, 롬바르드의 정의는 카톨릭의 이단, 즉 인간의 본성에는 원죄에 의해 오염되지 않은 어떤 부분이 있다고 믿는 카톨릭

---

285 파스칼은 원죄에 관한 교리의 논리적 모순성을 솔직하게 인정한다. "사실 만일 인간이 부패하지 않았다면 그의 무구성에서 진리와 행복을 모두 확실하게 누릴 수 있었을 것이다. 그리고 만일 인간이 언제나 부패했다면 그는 진리와 행복에 관해 전혀 알지 못했을 것이다. 그러나 불행하게도 - 그리고 우리의 조건에 아무런 탁월함도 없다면 우리는 더 불행하겠지만 - 우리는 행복에 관한 관념을 가지기는 하지만 거기에 도달할 수는 없다. 우리는 진리 자체가 아니라 진리의 형상을 지각하며 단지 거짓을 말할 뿐이다. ... 왜냐하면 첫 번째 인간의 죄가 그 죄의 원천으로부터 아주 멀리 떨어져 그 죄에 참여할 수 없는 것처럼 보이는 사람들에게 전이되었다고 말하는 것은 도저히 납득할 수 없는 것이기 때문이다. ... 이런 교리보다 더 우리를 불쾌하게 하는 것은 없다. 그렇지만 모든 것 중에서 가장 이해할 수 없는 이런 신비가 없다면 우리는 우리 자신을 이해할 수 없다." *Pensees*, 434.

의 이단을 수용한다고 생각하기 때문이다. 인간은 그가 선과 악 사이에서 동일한 선택권을 가진다는 의미에서 자유로운 것이 아니라 자발적으로 - 강요에 의해서가 아니라 - 악을 행한다는 의미에서 자유롭다는 롬바르드의 주장에 대해 칼뱅은 다음과 같이 냉소적인 반응을 보인다. "물론 그것은 사실이다. 그러나 그렇게 사소한 일을 그렇게 거창한 말로 장식하는 것이 무슨 소용이 있겠는가?"[286]

우리는 바울의 전통에 서있는 신학자들의 사상에서 많은 논리적 모순들을 발견할 수 있을 것이다. 그들은 인간이 그의 죄에 대해 책임을 져야 한다는 의미에서 보면 의지가 자유롭지만, 인간이 자신의 의지로부터는 악이외의 아무것도 할 수 없다는 의미에서는 의지가 자유롭지 못하다고 주장한다. 때로는 루터처럼 죄의 불가피성을 부정하는 것처럼 보이는 자유의지 교리들에 대해 맹렬한 공격 때문에 자유의지라는 용어를 사용하기는 하지만 자유의지에 관해 아무것도 주장하지 않는 입장을 취하기도 한다. 루터에 의하면 "자유의지는 아무런 역할도 하지 못한다. … 왜냐하면 인간안에 있는 사탄의 왕국은 아무것도 아니며, 따라서 그리스도는 할 일이 없게 될 것이기 때문이다. 아니면 만일 그 왕국이 그리스도가 묘사하는 것과 같다면 자유의지는 사탄의 포로에 불과하기 때문에 사탄이 하나님의 손가락에 의해 제거되지 않는 한 그 포로에서 해방될 수 없음이 분명하기 때문이다."[287] 다른 경우들과 마찬가지로 여기서도 루터는 보다 엄밀한 논리적 일관성을 위해 아우구스티누스의 교리를 과장하는 것처럼 보인다. 그러나 그는 그 대가로 그 역설에 내재하는 한 요소, 즉 인간의 책임성과 관련된 요소를 간과하였다. 자유의지가 부정되기 때문에 인간은 그의 죄에 대해 변명할 여지를 가지게 된다. 논리적 모순에 빠지지 않고 원죄에 관한

---

286 *Institutes*, Vol. I, Book II, Ch. 2, par. 7.

287 *On the Bondage of the Will*, trans. by Reverend Henry Cole, London, p. 298.

교리를 진술하는 것은 쉽지 않으며, 인간의 도덕적 경험에 내재하는 요소들을 퇴색시키지 않고 원죄에 관해 진술하는 것도 쉽지 않다. 그러므로 그 교리가 실제적인 경험에 부합하는지 생각하기 전에 먼저 보다 엄밀한 논리적 일관성을 가진다고 자부할 수 있는 대안적 교리들이 경험적 사실들에 더 일치하는 것으로 간주될 수 있는지 확인하는 것이 중요하다.

1. 펠라기우스주의 교리

다양한 대안적 교리들은 모두 기독교 사상사에서 펠라기우스주의라고 알려진 사상의 아류들이라고 생각될 수도 있다. 펠라기우스주의의 본질적인 특성은 현실에서 행해지는 모든 죄는 만일 그 죄가 본질적으로 자유로운 의지로부터 발생하지 않는다면 죄로 간주되거나 죄책을 가지는 것으로 간주될 수 없다고 주장하는데 있다. 악한 성향, 즉 전통적 교리에서 "근원적"이라고 일컬어지는 죄는 인간의 의지에 있는 것이 아니라 본성적 습성에 있다. 다시 말해, 원죄는 결코 죄가 아니라는 것이다. 펠라기우스주의에 의하면 실제적인 죄는 하나님의 뜻을 의도적으로 무시하며 선을 알고 있음에도 불구하고 악을 더 좋아하는 것이다. 물론 이런 견해는 전통적인 교리에서도 그렇게 주장되었지만 펠라기우스주의는 더 철저하게 그렇게 주장한다. 전통적인 펠라기우스주의가 하나의 교리로서 뚜렷하게 구분된 것은 아우구스티누스와 그의 비판자들 사이의 논쟁에서 펠라기우스주의의 특징이 밝혀진 이후였다. 그렇지만 아우구스티누스 이전의 사상가들이 모두 어느 정도 펠라기우스주의자라고 간주하는 것은 올바르지 못하다. 그들은 실제적인 죄를 펠라기우스처럼 그렇게 명시적으로 의지의 잘못된 선택으로 정의하지 않았을 수도 있다. 그러나 그들은 원죄를 본질적으로 본성과 역사 속에 있는 모종의 타성적 힘으로 정의하였다. 다시 말해, 그들은 철저하게 플라톤 철학의 영향을 받았기 때문에 타락설화를 수용할 수 없었다. 비록 그들의 사상체계에 성서의 이야기를 통합하고자 하긴 했지만 말이다. 키에르케고르가 주목하듯이 그리스 정교회는 오늘날까지 원죄를 "조상의 죄"(ἁμάρτημα προπατοικ óν)[288]로 정의하는데, 이것은 원죄는 단순히 역사적인 한 사건에 불과하며 어떤 다른 의미도 가지지 않는다는 것을 의미한다. 모즐리(J. B. Mozeley) 에 따르면 아우구스티누스 이전의 기독교 신학에는 사탄의 노예가 된 의 지에 관한 언급이 없다.[289] 본질적으로 인간의 본성에 관한 플라톤의 이 론들은 바울이 사용하는 "육체"(sarx)라는 개념에서 그 개념이 가지는 특 별한 의미, 즉 육체가 인간에 내재하는 죄성의 원리라는 의미를 제거하고 정신과 대립되는 "육체"의 축자적 의미만을 수용함으로써 표면상으로 바울의 사상과 일치될 수 있었다.

본질적으로 고전적인 인간관이 지배적인 곳에서는 어디서나, 예를 들 어 세속적인 자유주의와 현대의 기독교 자유주의에서는 모두 악한 성향 은 인간의 의지에 있는 것이 아니라 인간이 짐승과 관계를 맺을 때 유전 적으로 형성된 모종의 본성적 나태함에 있는 것으로 정의될 수밖에 없었 는데 이것은 놀라운 일이 아니다. 이것은 슐라이어마허의 사상과 사회복 음 신학에서처럼 이런 나태함이 순전히 마음의 관능적 격정이나 유한성 때문이라기보다는 오히려 역사의 제도와 전통 때문이라고 생각될 때에 도 마찬가지로 그렇다.[290] 이와 같이 유전된 나태함의 원인을 개별적 인

---

288 *Begriff der Angst*, p. 21.

289 *The Augustinian Doctrine of Predestination*, p. 125.

290 슐라이어마허는 원죄에 관해 다음과 같이 설명한다. "후대에 형성된 자아가 이전 세대 의 행위 때문이듯이 감각의 강한 죄성은 이전부터 발전된 것이기 때문에 개인의 삶보다 훨씬 더 먼 과거에 그 원인을 가진다. 그러나 일단 하나님에 관한 의식이 명확하고 효과 적인 작용으로서 등장하여 성장할 수 있게 되면 그 의식이 이전 순간들과 비교하여 명확 하게 나타나지 않는 모든 순간은 행위자 자신에게 그 원인이 있으며 따라서 명백한 죄이 다." 슐라이어마허는 이런 해석이 원죄란 개념에서 "죄"의 의미를 희석시키고 단지 "원초 적"(유산)이란 관념만 남긴다는 사실을 인정한다. *The Christian Faith*, par. 69. 월터 라우쉔 부쉬는 무엇보다도 사회적 제도들을 통해 죄가 전이된다는 사실을 강조한다. 그에 의하 면 "신학은 죄의 생물학적 유전을 강조하는 심각한 오류를 범했다. 그렇게 함으로써 신 학은 우리로 하여금 악을 정당화하고 조장하고 미화하는데 있어서 사회적 전이의 힘이

간 자신의 관능적 본성에서가 아니라 역사에서 찾음으로써 인간의 모든 행위가 일어나는 실제적인 역사적 연속성에 대해서는 어느 정도 정당한 평가가 이루어지지만, 악한 성향은 언제나 개인의 의지 밖에 있으며 결코 의지 내부에 있지 않은 것으로 간주된다. 따라서 그 이론은 사실상 인간의 행위에 내재하는 악을 "문화적 후진성"으로 보는 현대의 세속적 관념과 일치한다.

이와 같이 악한 성향에 대해 개인의 책임이 없다고 주장하는 명시적 목적은 종종 개인의 악한 행위에 대해 책임감을 증가시키기 위한 것이며, 그 결과 언제나 책임감이 증가되었다. 이런 주장은 아우구스티누스를 비판하는 사람들의 시대로부터 달라지지 않았다. 아우구스티누스에 대한 현대의 모든 비판은 아우구스티누스 당시에도 있었다. 만일 인간이 법을 지키거나 고매한 이상을 성취할 능력이 없다면 법을 지키거나 이상을 성취해야 할 책임이 인간에게 있다고 볼 수 없다는 것이다. 따라서 "내가 해야 하기 때문에 나는 할 수 있다"는 칸트의 명제는 펠라기우스의 제자인 코엘레스티우스의 다음과 같은 주장에서 이미 충분히 예상된 것이었다. "우리는 인간에게 죄 없이 살라는 명령이 주어졌는지 물어보아야 한다. 인간이 죄 없이 살 수 없다면 그런 명령은 없다. 아니면 만일 그런 명령이 있다면 인간은 죄 없이 살 수 있는 능력을 가진다."[291]

얼마나 크고 사회적 집단의 권위가 얼마나 강하게 작용하는지에 대해 무관심하게 만들었으며, 악을 방어하고 선전하는데 경제적 이익이 얼마나 결정적인 영향력을 행사하는지에 대해서도 무관심하게 만들었다." *A Theology for the Social Gospel*, p. 67.

[291] Augustine, *Anti-Pelagian Works*, Vol. I, *Treatise on Man's Perfection in Righteousness*, p. 317. 원죄에 관한 교리에 있는 논리적 난점은 코엘레스티우스의 다음과 같은 말에 잘 요약되어 있다. "우리는 죄가 필연적인 것인지 아니면 선택의 결과인지 물어 보아야 한다. 만일 죄가 필연적이라면 그것은 죄가 아니며, 만일 선택의 결과라면 그 죄는 피할 수 있는 것이다." *Ibid.*, p. 315. "우리는 죄 없이 살 수 있는 인간의 능력을 부인하는 누구에게든 어떤 종류의 죄인지 물어야 한다. 그것은 피할 수 있는 그런 죄인가? 아니면 그 죄는 피할 수 없는 죄인가? 만일 그것이 피할 수 없는 죄라면 그것은 죄가 아니며, 만일 피할 수 있는

인간에게 위임된 자유를 강조함으로써 개인의 악한 행위에 대해 책임감을 증진시키려는 그런 노력의 결과 모든 악한 행위는 기존의 선을 무시하고 의식적으로 악을 선택하는 것으로 간주된다. 테넌트(F. R. Tennant)는 현대의 펠라기우스주의 논문들 중 가장 세련된 논문에서 죄의 관념을 바로 그런 악한 행위들에 한정시킨다.[292] 슐라이어마허는 죄와 죄의식을 구분하지 않는데, 이것은 중요한 점을 시사한다. 그에 의하면 "우리는 죄의식이 있는 한에서만 죄가 존재한다는 사실을 주장해야 한다."[293] 간단히 말해, 펠라기우스주의는 모든 죄의 원인이 칼뱅의 표현대로 "고의적인 악과 부정"에 있다고 생각한다.

일반적으로 "반-펠라기우스주의"라고 간주되는 카톨릭의 공식적인 원죄교리는 펠라기우스주의와 강조점이 크게 다르지 않다. 그 교리는 인간으로서 인간의 본질적 특성인 순수한 본성(pura naturalia)과 하나님이 처음 창조할 때의 순수한 본성에 덧붙여 인간에게 부여해 준 "부수적 은사"(donum superadditum)를 구분한다. 아타나시우스에 의해 처음으로 제안되었고 아퀴나스의 신학체계에서 최종적으로 확정된 이런 구분에 의해 카톨릭 신학은 원죄를 본성의 타성이라고 생각하는 원죄개념을 혼란시키지 않고 아담의 타락에 관한 성서의 견해를 통합할 수 있었다. 왜냐하면 아담이 타락할 때 "부차적 선물"이 상실되었고, 인간은 성례전에 의해 그 선물이 회복될 때까지 유한한 본성의 자연적 한계에 종속되기 때문이다.[294] 카톨릭 신학은 이와 같이 원죄를 부정적인 관점에서 기술한다.

죄라면 인간은 피할 수 있는 죄 없이 살 수 있다." *Ibid*, p. 315.

292 참조, F. R. Tennant, *The Concept of Sin. and The Origin and Propagation of Sin.*

293 *Op. Cit.*, 68.

294 토마스 아퀴나스에 의하면 "원래 인간의 의지는 원초적 정의에 의해 하나님에게 복종하도록 창조되었다. 이런 원초적 정의의 상실은 원죄의 형식적 요소이며, 영혼의 능력에 발생한 모든 다른 장애요인들은 원죄의 질료적 요소이다. ... 따라서 원죄는 질료적으로

원죄는 본질적으로 인간에게 속하지 않는 어떤 것의 상실이며, 따라서 인간 본성의 타락으로 간주될 수 없다는 것이다. 펠라기우스주의에서와 마찬가지로 카톨릭 신학에서도 원죄론의 근본적인 목적은 타락에 의해 인간의 자유의지가 완전히 상실되었다는 사상을 경계하는 것이다. 왜냐하면 그런 사상은 인간의 책임감을 약화시키고 따라서 죄의 의미를 무색하게 만들기 때문이다.[295]

는 관능적 욕망이며, 형식적으로는 원초적 정의의 상실이다." *Summa theo.* Part Two (First Part), Second Number, Question 83, Art. I.

295 아퀴나스는 다음과 같이 주장한다. "죄는 인간이 합리적 존재라는 사실을 인간에게서 완전히 빼앗을 수 없다. 왜냐하면 만일 그렇다면 인간은 더 이상 죄를 지을 수 없었을 것이기 때문이다. 그러므로 본성의 이런 훌륭한 능력인 이성이 완전히 파괴될 수는 없다." *Ibid.* Question 85, Art. 2.

2. 아우구스티누스의 교리

비록 바울의 원죄론이 일견 모호해 보이기는 하지만 기독교 진리의 한 부분으로서 그 교리가 가지는 위상은 합리주의자들과 단순한 도덕론자들의 공격에도 불구하고 보존되고 재확인되었다. 왜냐하면 바울의 교리는 도덕론자들이 파악하지 못하는 인간 행위의 복합적인 요인들을 밝혀 줄 수 있었기 때문이다. 그 점을 입증하기 위해 현대사의 간단한 한 예를 드는 것이 유익할 수도 있다. 현대의 종교적 민족주의는 모든 인간의 행위와 연루된 그리고 기독교 신앙이 죄의 본질로 간주하는 집단적 교만을 가장 극명하게 보여준다. 이런 교만이 유대인 학살과 같이 특별히 잔인한 행위들로 표출되는 한 이런 행위들은 고의적이고 악의적으로 선을 무시하고 악을 선호하기 때문에 저질러진 것이라고 단정될 수 없다. 물론 현대의 어떤 광신적인 민족종교 신봉자가 단순히 집단적 삶을 존재의 목표로 생각하는 원시 종족주의자보다 더 의도적으로 그의 민족을 궁극적 선으로 간주하는 것은 사실이다. 그렇지만 나치가 더 높은 선을 거부하고 더 낮은 선을 의도적으로 왜곡하여 선택함으로써 자기 민족의 제한적이고 상대적인 가치에 무제한적으로 집착하였다고 주장하는 것은 잘못일 것이다. 그러나 종교적 민족주의자의 선택이 의도적인 왜곡이 아니라고 해서 그의 책임을 묻지 않는 것도 마찬가지로 잘못일 것이다.

종교적 민족주의자는 열등감 때문에 자기를 신격화하고자 한다. 이런 열등감은 모든 인류의 공통된 운명이지만 그의 경우에는 이런 열등감이 그의 계층과 민족에게 닥친 급변하는 역사적 상황에 의해 더욱 강하게 나타났다. 이런 상황을 이해하면 용서하고 싶은 마음이 들기도 하지만, 그렇다고 책임을 묻지 않을 수는 없다. 왜냐하면 인간의 일반적인 불안과 그의 계층과 민족의 특수한 열등감이 필연적으로 그의 경우와 같이 과도한 자기주장으로 귀결되는 것은 아니기 때문이다. 만일 죄가 먼저 전제되지 않는다면 불안과 열등감은 구체적인 죄로 표출되지 않는다. 다시 말해 실제적인 죄는 죄를 짓고자 하는 성향이 특별히 잔인한 행위들로 표출되는 것이다.

만일 자기신격화의 죄가 염려와 불안의 필연적인 결과가 아니라면 그런 죄는 아직 순화되지 않은 원시적 집단충동의 자연적인 결과도 아니다. 인간의 죄가 "문화적 후진성"의 결과라는 이론은 인간의 죄에 관한 분석에서 볼 때 완전히 잘못된 이론이다. 왜냐하면 종교적 민족주의자의 죄는 의식적으로 확립된 보다 보편적인 충성의 기준들을 "의식적으로" 무시하는 것이기 때문이다. 그런 의미에서 그의 죄는 죄와 법의 관계에 관한 바울의 이론과 완전히 일치한다. 법은 죄를 드러나게 한다. "율법이 탐내지 말라 하지 않았다면 내가 탐심을 알지 못하였으리라."(롬 7:7) 따라서 죄는 무의식적이면서 동시에 의식적이다. 의식적 선택의 정도는 경우에 따라 다를 수도 있다. 그렇지만 더 의식적인 선택들이라 할지라도 완전히 의식적인 왜곡의 범주에 들지 않는다. 심지어 특정한 어떤 잔인한 행위들은 아마도 의식적인 악의의 결과가 아닐 것이다. 그리고 그런 행위들은 다른 사람들을 고통스럽게 하는데서 만족을 발견하지도 않는다. 오히려 그런 잔인한 행위들은 죄의 악순환의 결과이다. 다른 사람을 멸시함으로써 자신의 긍지와 자존심을 지키려는 노력은 멸시함으로서 잊고자 한 막연한 불안에 양심의 가책을 더욱 가중시킨다. 그러므로 최후의 몰락을 피하기 위해서 점점 더 강한 수단이 취해져야 한다. 여기서 바울의 심리학은 어떤 다른 분석보다 더 명료하다. 어떤 죄는 무분별의 결과이다. "그들의 어리석은 마음이 어두워졌나니." 그러나 이런 무분별은 단순히 인간의 자연적 무지에서 오는 무분별이 아니다. 그것은 "헛된 상상"의 결과이다. 그들이 "어리석게 된 것은" 그들이 "스스로 지혜롭다고 생각했기" 때문이었다.

바울의 심리학적 관점에서 종교적 민족주의를 분석해 보면 원죄와 실제적인 죄는 도덕주의자들이 주장하는 것처럼 그렇게 명확하게 구분될 수 없다. 실제적인 죄는 일반적으로 생각하는 것보다 더 필연적으로 인간의 죄(악)성의 결과이다. 한편, 죄(악)성은 단순한 본성의 결핍이나 신체적 충동이나 역사적 환경 이상의 어떤 것이다. 다시 말해 실제로 행해지는 죄에는 도덕주의적 해석이 생각하는 것처럼 그렇게 인간의 자유의지가 중요한 역할을 하는 것이 아니라 오히려 죄(악)성, 즉 원죄가 더 크게 작용한다.

실제적으로 행해지는 죄의 원인은 모든 사람에게 공통되는 염려의 유혹이다. 그러나 염려 자체는 실제적인 죄가 아니며 원죄도 아니다. 염려한다고 해서 그것이 필연적으로 죄로 이어지는 것은 아니다. 결국 실제적인 죄의 원인이 되는 죄(악)성은 염려와 죄의 종합이다. 키에르케고르의 표현을 빌면 죄는 죄 자체를 전제한다. 만일 인간이 이미 죄를 범하지 않았더라면 그는 유혹을 받을 수 없었을 것이다.

3. 유혹과 죄의 불가피성

원죄론의 정당성을 입증하는 심리학적 사실들이 무엇보다 먼저 유혹과 죄의 불가피성의 관계와 관련해서 종합적으로 분석되어야 한다. 그런 분석은 왜 인간이 불가피하게 죄를 범할 수밖에 없음에도 불구하고 그의 죄에 대한 책임을 피할 수 없는지 밝혀줄 수 있을 것이다. 이미 언급되었듯이 죄에 대한 유혹은 인간이 처한 상황 자체에 있다. 인간은 정신적 존재로서 그가 처해 있는 유한하고 자연적인 과정을 초월하며 동시에 자기 자신을 초월하는 존재이다. 따라서 그의 자유는 그를 창조적이게 하기도 하지만 동시에 유혹에 빠지게도 한다. 인간은 한편에서는 자연의 과정에서 일어나는 우연적인 것들과 필연적인 것들에 연루되어 있으며, 다른 한편 그것들 밖에 서서 그것들의 무상함과 위험을 예견하기도 하기 때문에 불안하다. 불안한 인간은 그의 유한성을 넘어 무한성을 추구하며, 연약함을 극복하고 강함을 추구하며, 의존성을 벗어나 자립성을 추구한다. 다시 말해 그는 그의 삶을 질적으로 개선하기보다는 오히려 양적으로 발전시킴으로써 유한성과 약함을 피하려 한다. 유한성의 양적인 대립은 무한성이다. 인간 삶의 질적인 가능성은 하나님의 뜻에 절대적으로 복종하는 것이다. 이런 가능성은 예수의 다음과 같은 말에 잘 표현되어 있다. "나를 위하여 자기 목숨을 잃는 자는 얻으리라"(마 10:39).

여기서 주목할 것은 기독교에서 말하는 이상적인 가능성은 자아부정이 아니라 자아실현을 포함한다는 사실이다. 다시 말해 자아는 그것이 개별적인 자아이기 때문에 악한 것이 아니라는 것이다. 그리고 자아의 구원은 영원과의 합일에 있는 것이 아니다. 자아는 헬레니즘에서처럼 개별적 자아 또는 경험적 자아와 보편적 자아로 구분되지 않는다. 그리고 구원은 자아의 특수성을 벗어나 보편성에 도달하는데 있지 않다. 기독교적 자아관은 하나님은 단순히 무제한적이고 획일적인 영원한 어떤 존재자(x)가 아니라고 보는 기독교적 유신론의 관점으로부터만 가능하다. 하나님은 사랑하는 의지로서 계시된다. 그리고 그의 의지는 창조와 심판과 구원에서 작용한다. 그러므로 최고의 자아실현은 자아의 특수성을 제거하는 것이 아니라 자아의 특수한 의지를 보편적 의지에 복종시키는 것이다.

그러나 자아에게는 하나님에게 자신을 복종시킬 만한 믿음과 신뢰가 없다. 자아는 독립적으로 자신을 확립하고자 한다. 자아는 그의 삶을 발견하고자 하지만 오히려 그렇게 함으로써 자아를 잃어버린다. 왜냐하면 그가 자아라고 주장하는 그 자아는 참된 자아가 아니기 때문이다. 그 자아는 자아가 처한 직접적인 환경의 모든 우연적이고 일시적인 요인들에 연루되어 있는 자아이다. 직접적인 환경의 이런 우연적이고 일시적인 요인들을 주장함으로써 자아는 그의 참 자아를 상실한다. 그것은 자아의 불확실성을 더욱 증폭시킨다. 왜냐하면 자아는 그에게 직접 필요한 것들을 중요하게 생각하지만 그것들은 그럴 만한 가치가 있는 것이 아니며, 그것들을 그렇게 중요하게 생각하면 창조의 조화가 깨질 수밖에 없기 때문이다. 삶의 진정한 의미를 오해함으로써 자아는 자신과 타자를 위한 진정한 가능성들을 파괴한다. 따라서 부정의와 교만의 관계, 부정의의 악순환은 교만을 통해 극복하고자 했던 불안을 더욱 증폭시킨다.

과도한 이기심의 죄는 그에 앞서 먼저 하나님을 불신하는 죄를 전제한다. 불신앙에서 오는 불안은 단지 하나님에 대한 무지로부터 오는 두려움이 아니다. 키에르케고르가 주장하듯이 "불안은 자유의 현기증이다."[296] 그러나 중요한 것은 불안을 야기하는 바로 그 불안이 동시에 하나님을 아는 가능성을 포함하고 있다는 사실이다. 이 점에 있어서 바울의 심리학은 예리하고 의미 있는 통찰력을 보여준다. 사도 바울은 인간이 변명할 수 없는 이유에 대해 다음과 같이 말한다. "창세로부터 그의 보이지 아니하는 것을 곧 그의 영원하신 능력과 신성이 그 만드신 만물에 분명히 보여 알게 되나니"(롬 1:20). 자유의 불안은 단지 불신앙의 죄가 범해질 때에만 죄로 이어진다. 죄는 죄를 전제한다는 키에르케고르의 주장은 바로 이것을 의미한다.[297]

인간이 저지르는 과도하고 비정상적인 이기심의 죄는 결코 단순히 인간의 동물적 본성 때문만이 아니며, 인간의 자유와 자기초월의 필연적인 결과도 아니다. 그것은 오히려 전자보다는 후자의 결과라고 보는 것이 더 타당할 것이다. 왜냐하면 동물적인 생존본능은 인간의 욕망처럼 그렇게 무제한적이지 않기 때문이다. 비정상적인 이기심은 자연과 인간의 유한성을 영원한 것으로 생각하기 때문에 발생한다. 그러나 그렇게 생각된 영원성은 거짓 영원성이다. 그것은 "변하기 쉬운 선"을 무한한 것으로 바꾸는 것이다. 인간 욕망의 이런 무제한성은 시간과 영원에 대한 인간의 비정상적인 관계의 결과이다. 만일 인간이 하나님을 그의 존재의 근원이자 목표로서 인정했고, 그를 사랑했고, 그에게 순종했다면 자연적인 생존본능을 포함하여 그의 욕망에 적절한 한계가 설정되었을 것이다.[298]

---

296 *Begriff der Angst*, p. 57.

297 *Ibid.*, p. 27.

298 인간 행위의 불가피하지만 자연스런 특성과 부자연스런 특성 사이의 차이를 이해하지 못하면 러셀의 경우처럼 인간 행위의 본빌적 특성을 오해하게 된다. "인간과 다른 동물들 사이에는 다양한 차이가 있는데, 일부는 지성적인 차이이고 일부는 정서적 차이이다. 인간의 욕망은 동물의 욕망과 달리 본질적으로 무한하며, 따라서 완전한 만족을 모른다." *Power*, p. 9.
따라서 러셀은 인간의 본성에 관한 분석에서 무한한 권력의지를 자연스런 것으로 간

속이는 행위는 자기를 미화하는 죄와 대단히 깊이 연관되어 있다. 그리고 인간이 비정상적인 이기심에 사로잡힐 때 그는 그의 이익을 위해서가 아니라 보편적 이익을 위해서 그렇게 한다고 위장한다. 이런 사실은 죄가 죄를 전제한다는 사실과 자아로 하여금 죄를 범하게 하는 것은 무지가 아니며 무지의 무지도 아니라는 사실을 입증해 준다. 오히려 그것은 "불의로 진리를 막는다."

인간은 시간과 영원에 동시에 관계하기 때문에 유혹을 받을 수밖에 없지만 그렇다고 불가피하게 죄를 범하게 되는 것은 아니다. 이런 생각은 성경에서 다음과 같이 가장 완벽하게 표현되어 있다. "사람이 시험을 받을 때 내가 하나님께 시험을 받는다 하지 말지니, 하나님은 악에게 시험을 받지도 아니하시고 친히 아무도 시험하지 아니하시느니라. 오직 각 사람이 시험을 받는 것은 자기 욕심에 끌려 미혹됨이니, 욕심이 잉태한즉 죄를 낳고 죄가 장성한즉 사망을 낳느니라."(약 1:13-15)[299] 그러나 다른 한편 유한성과 자유는 일단 악이 거기에 침투하면 유혹의 원인이라는 생각과 인간의 어떤 행위보다 먼저 악이 유한성과 자유에 침투한다는 생각은 성서의 마귀 사상에서 표현되어 있다. 마귀는 타락한 천사이다. 그는

주할 수밖에 없었으며, 사회의 분석에서는 그런 권력의지를 악의 본질적인 원리라고 간주하지 않을 수 없었다.

299 사도 바울의 이런 주장은 죄의 불가피성을 유혹의 힘 때문이라고 보는 모든 철학적 해석들과 대립되는 성서의 일반적인 입장을 단적으로 표현하고 있다. 이런 해석들 중 가장 대표적인 것은 야콥 뵈메의 신비주의 사상체계로부터 영향을 받은 셸링의 이론이다. 셸링에 의하면 하나님은 "하나의 근거를 가지는데, 그 근거는 그가 바로 이 근거일 수도 있는 그런 근거이다." 단지 이 근거는 자신 밖에 있는 근거가 아니라 자기 안에 있는 근거이다. 그리고 그는 자기 안에 자기에게 속하기는 하지만 그와는 다른 속성을 가진다. 즉 하나님은 스스로가 자신의 근거인 존재자이다. 하나님에게는 이 근거, 즉 이 "어두운 근거"가 그의 사랑과 충돌하지 않는다. 그러나 인간에게서는 그것이 "끊임없이 작용하며, 이기심과 개별화된 의지를 일으켜 사랑하고자 하는 의지가 그 의지와는 전혀 다르게 나타난다." Schelling, *Human Freedom*, trans. by J. Gutman, pp. 51-53. 따라서 이런 관점에서 보면 죄는 덕의 선행조건일 뿐만 아니라 신적인 속성의 결과이기도 하다.

자기 분수보다 높아지려 했기 때문에 떨어졌으며, 그후 인간의 삶에 유혹의 씨를 뿌려 놓았다. 개별적인 인간들이 범하는 죄보다 먼저 아담의 죄가 있었다. 그러나 아담이 범한 죄도 첫 번째 죄는 아니다. 다시 말해, 죄의 역사는 인간의 역사보다 훨씬 이전으로 거슬러 올라간다. 그리고 만일 죄가 이미 형성되지 않았다면 유한성과 자유는 죄로 이어지지 않았을 것이다. 키에르케고르의 표현을 빌면 이것은 죄의 "질적인 도약"이며, 불가피성과 책임성의 역설적 관계를 드러내 보여준다. 죄는 결코 인간이 인간으로서 처해있는 또는 특수한 인간들이 처해 있는 특수한 상황이나 조건으로부터 발생하는 유혹 때문만은 아니다. 그리고 만일 죄가 인간의 삶에 이미 전제되어 있지 않다면 유한성과 자유의 복합적 상황에서 일어나는 유혹이 각 개인의 삶에서 필연적으로 죄로 이어진다고 볼 수도 없다. 이런 이유 때문에 죄의 불가피성을 인정한다 할지라도 책임감이 사라지는 것은 아니다. 죄가 단순히 유한성과 자유로부터 일어나는 유혹의 결과라면 개인은 그 죄에 대해 책임감을 가지는 것이 당연하다. 그러나 죄가 인간의 피할 수 없는 운명이라 할지라도 죄책감이 사라지는 것은 아니다. 인간의 삶에는 이미 죄가 원죄로서 전제되어 있기 때문이다.

4. 죄의 불가피성과 책임감

책임성은 죄를 범한 후에 따르는 자책감에 의해 입증된다. 피상적으로 보면 일반적인 죄뿐만 아니라 모든 특수한 죄도 유혹의 필연적인 결과처럼 보일 수도 있다. 따라서 단순한 결정론은 인간의 행위에 대한 모든 사회적 해석들의 자연적 특징이다. 그러나 엄밀한 내적인 관점에서 보면 이런 해석은 타당하지 않다. 피상적 관점의 단순한 결정론은 악한 행위를 동반했고 또 동반함에 틀림없는 자기합리화와 자기기만의 과정들에 내밀하게 관여하는 자아를 설명할 수 없다. 그런 자아의 행위를 내적으로 면밀히 관찰해 보면 자아의 그런 합리화와 자기기만에 자유가 중요한 역할을 함을 발견하게 된다. 어느 정도 의식적인 부정직이 그런 행위에 동반됨을 알 수 있다. 이것은 자아가 결정론적이고 맹목적으로 그런 행위를 하지 않았음을 의미한다. 이것은 행위의 순간에 자유가 결정적으로 중요한 역할을 함을 의미한다.

자아가 자신의 그런 자기기만 행위를 반성한 결과 가지게 되는 후회와 회개는 자유와 책임을 인정한다는 점에서는 유사하지만, 회개가 자유와 신앙의 표현인데 반해 후회는 신앙이 없는 자유의 표현이란 점에서는 서로 다르다. 회개는 사도 바울이 말하는 "경건한 슬픔"이며, 후회는 "사망에 이르게 하는 이 세상의 슬픔"이다. 다시 말해 죄에 앞서 불안이 있고, 이런 불안 때문에 죄를 범하게 되며, 그 결과 절망에 빠지게 된다.

물론 자아가 자신의 기만행위들에 너무나 깊이 연루되어 있고 전에는 악한 것으로 간주되었을 수도 있는 행위 기준들에 너무나 깊이 길들여져 있기 때문에 회개도 후회도 불가능해 보이는 경우들도 많이 있다. 이런 자기만족은 정신의 자유가 충분히 성숙되지 못한 자연적 불신앙으로부터 독선으로서의 죄가 교만 자체의 죄를 무색하게 하는 세련된 형태의 바리새주의에 이르기까지 다양한 형태로 나타난다. 하지만 습관적 죄가 양심의 가책을 완전히 마비시켜 개인으로 하여금 도덕적 책임성의 영역을 떠나 비도덕적인 본성의 영역으로 떨어지게 할 수 있다고 볼 수는 없다.[300]

원시인들은 희생 제물을 드림으로써 그들의 양심의 가책을 표현했으며, 자연재해가 그들의 죄에 대한 신의 분노라고 생각하는데, 이것은 원시인의 삶에도 어느 정도의 자유가 실재했음을 입증해 준다.[301] 모든 시대의 바리새인이 그의 위선을 지적하는 사람들을 잔인하게 보복하는 것은 그에게 양심의 가책이 있음을 입증해 준다. 죄의 불안은 언제나 이중적인 불안이다. 죄의 불안은 근원적인 관점의 유한성과 가치의 상대성을 – 이런 상대성을 숨기고자 하는 것이 죄의 목적인데 – 은폐하고자 하며, 또한 유한성과 상대성을 무색하게 하려 했을 때 동원된 부정직한 수단을 은폐하려 한다. 소수의 권력자들, 독재자들, 제사장-왕들과 거짓 이데올로기를 선전하는 자들은 예나 지금이나 그들의 비판자들과 적대자들을 맹

---

300 영국의 종교철학자 제임스 마르티누(James Martineau, 1805~1900)는 습관적 죄의 상태를 자연적 필연성으로 되돌아가는 것이라고 주장하지만 이것은 잘못이다. 그에 의하면 "자유를 상실하고 습관적 필연성으로 다시 돌아가는 것은 완고한 불신앙에 대해 가해지는 가장 두려운 형벌임이 분명하다. 그러나 일단 그렇게 자유를 박탈당하고 습관적 필연성에 따라 행동하게 될 수밖에 없게 된다면 그 결과 일어나는 모든 행위들은 더 이상 죄가 아니다. … 따라서 정의를 주장하는 선지자들이 그를 볼 때 그들이 첫 번째 받는 충격은 '그가 죄를 짓지 않을 수 없다'는 사실과 그럼에도 불구하고 그에게 영원한 징벌을 예언하지 않을 수 없다는 사실이다. 그러나 조금 더 깊이 생각해 보면 그 예언자들은 오히려 '그는 죄를 지을 수 있는 특권을 상실했으며 사람의 수준으로부터 멀어져 사물의 운명으로 떨어졌다'고 말하고 싶을 것이다." *A Study of Religion*, II, 108.

301 참조, W. E. Hocking, *The Meaning of God in Human Experience*, p. 235.

렬히 탄압하는데, 이것은 양심의 가책이 분노로 표출된 것이다. 비록 그런 양심의 가책이 언제나 온전한 자기의식에서 비롯된 것이라고 볼 수는 없지만 말이다.

온전한 자아의식에서 비롯되지 않는 양심의 가책은 또 다른 죄의 근원이다. 왜냐하면 자아는 다른 사람들을 비난함으로써, 즉 자기의 죄에 대한 책임을 그들에게 전가시키거나 더 악한 죄의 원인을 그들에게 돌림으로써 후회나 회개로 인해 막다른 골목에 몰리지 않기 위해 필사적으로 노력하기 때문이다. 이런 자기방어는 어느 정도 그럴 듯해 보인다. 왜냐하면 특별한 죄의 사회적 원인들은 언제나 발견될 수도 있기 때문이며, 심지어는 최악의 범죄자조차도 자기보다 더 깊은 불행에 빠져있는 것처럼 보이는 어떤 사람을 발견함으로써 어느 정도 일시적인 자존심을 획득할 수 있기 때문이다. 한편, 그런 사회적 비교들은 언제나 죄의 힘을 증가시킨다. 왜냐하면 그런 비교들은 자아와 하나님 사이의 교류를 은폐하기 위한 노력들이기 때문이다. 비록 하나님이 그 죄인에게 명시적으로 알려져 있지는 않지만 말이다. 모든 특별한 죄가 사회적 원인들과 사회적 결과들을 동시에 가지기는 하지만, 죄의 실제적인 본질은 하나님과 영혼의 수직적인 관계의 영역에서만 이해될 수 있다. 왜냐하면 자아의 자유는 모든 관계들을 초월하며, 따라서 하나님 이외에는 어느 누구도 그 자유를 심판할 수 없기 때문이다.[302] 이런 이유 때문에 죄의 본성에 대한 깊은 통찰을 가진 사람은 시편 기자처럼 다음과 같이 고백하지 않을 수 없다. "내가 주께만 범죄하여 주의 목전에 악을 행하였사오니."(시 51:4) 그러므로 양심의 가책, 후회와 회개의 모든 경험들은 종교적인 경험들이다.

---

[302] 참조, 고전 4:3절 이하. "너희에게나 다른 사람에게나 판단 받는 것이 내게는 매우 작은 일이라. 나도 나를 판단치 아니하노니, 내가 자책할 아무것도 깨닫지 못하나 이를 인하여 의롭다 함을 얻지 못하노라. 다만 나를 판단하실 이는 주시니라."

비록 그 경험들이 언제나 명시적으로 또는 의식적으로 종교적이지는 않다 할지라도 말이다. 후회와 달리 회개의 경험들은 하나님에 관한 어느 정도의 지식을 전제한다. 회개의 경험들이 명시적으로 성서의 계시와 관련되지 않을 수도 있다. 그렇지만 그런 경험들은 심판자로서의 하나님에 관해서는 물론이고 구원자로서의 하나님에 관해서도 어느 정도 – 적어도 희미하게나마 – 알고 있을 경우에만 가능하다. 하나님의 사랑에 관한 지식이 없다면 후회가 회개로 발전될 수 없기 때문이다. 만일 인간이 심판에 관해서만 알고 그의 죄가 드러난 것만 안다면 그는 후회의 절망을 넘어 회개의 희망으로 초월할 수 없다.

후회와 회개의 정확한 특징을 알면 왜 도덕적 선에 근거해서는 결코 죄책감이 제거될 수 없는지 알 수 있다. 사실 죄책감은 도덕적 감수성이 민감한 사람에게 일어난다. 파스칼에 의하면 "오직 두 종류의 사람이 있을 뿐인데, 한 부류는 자기가 죄인이라고 믿는 종교적인 사람들이고, 다른 한 부류는 자신이 의롭다고 믿는 죄인들이다." 적어도 이렇게 소박하게 인간을 두 부류로 분류하는 점에서 볼 때 파스칼은 죄책감의 그늘이 영적으로 무지한 사람들의 자기만족으로부터 자신이 성자가 아님을 아는 성자의 민감한 감수성에 이르기까지 얼마나 광범위할 수 있는지 충분히 알지 못했다. 그렇지만 죄책감은 영적인 감수성과 함께 발생한다는 사실은 분명하며, 그런 죄책감을 병적인 현상으로 생각하는 사람들은 영혼과 하나님에 관해 제대로 알지 못하는 도덕론자들 뿐이라는 사실은 아주 분명하다. 성자의 죄책감은 착각이 아니다. 사실 죄는 그것이 가장 모호한 형태들을 취할 때 가장 무섭게 나타난다. 높은 수준의 영적인 삶을 사는 사람은 우연적인 자아를 하나님과 동일시하는 죄를 비교적 범하지 않는다. 그러나 그런 동일시는 그럴듯해 보이기 때문에 그만큼 더 위험할 수도 있다. 정치적 삶의 영역에서 한 예를 살펴보면 왜 그런지 잘 알 수 있다. 가장 공평한 법정의 불가피한 불공평은 적대적인 정당들의 명백한 불공평보다 - 법정의 공평성은 정당들의 이런 불공평을 해소하기 위한 것인데 - 더 정의를 해친다. 대립적인 힘들 사이의 불공평성은 대단히 뚜렷하기 때문에 그런 불공평은 완화될 수 있다. 반면에, 법정의 불공평은 쉽게 드러나지 않는다. 일반적으로 사람들은 법정이 공평할 것이라는 생각을 가지고 있기 때문이다. 법정에서의 상대적인 공평성은 정치적 삶에 있어서 중요한 성취이다. 그러나 아무리 최선의 재판과정이라도 상급심에 의해 그 과정이 심의되지 않는다면 최선의 재판이 최악의 재판이 된다.[303]

죄책감은 도덕적 성취에도 불구하고 하나님과의 수직적인 관계에서 일어난다. 그러므로 죄책감은 도덕적 성취에 의해 완화되지 않으며, 우호적인 사회적 여론에 의해 감소되거나 비우호적인 사회적 의견에 의해 증가되지도 않는다. 이런 사실은 죄와 자유의 관계를 분명하게 조명해 준다. 인간의 정신은 그가 선과 악 사이에서 그의 의지대로 자유로이 선택하지 못함을 인식하고 있다. 왜냐하면 자아는 그가 정신의 최고의 단계에 도달할 때 관조와 반성을 통해 이전의 행위들은 하나 같이 자아가 정신으로서 느끼는 궁극적 실체와 가치를 자아의 직접적인 필요와 혼동한 결과임을 발견하기 때문이다. 만일 자아가 그가 과거의 행위들에서 이런 사실을 깨달았기 때문에 앞으로의 행위에서는 타락을 피할 수 있을 것이라고 생각한다면 그는 단순히 바리새인의 오류에 빠질 것이다.

관조하는 자아와 행동하는 자아 사이의 이런 차이는 정신으로서의 자

---

303 이사야 선지자의 다음과 같은 선언은 바로 이런 사실을 지적하고 있다. "귀인들을 폐하시며 세상의 사사들을 헛되게 하시나니."(사 40:23) 이집트에서 일어난 사회적 저항을 기록하고 있는 가장 위대한 문서들 중 하나에 보면 "능변의 농부", 즉 탄핵되어 법정에 선 농부는 다음과 같이 선언한다. "당신은 물에 빠져 죽어가는 불쌍한 사람들을 구하는 댐의 역할을 하도록 세워졌습니다. 그러나 보시오. 당신은 오히려 그 댐을 무너뜨리는 홍수가 되었습니다." 참조, H. Breasted, *The Dawn of Conscience*, p. 190.

아와 자연적 생명력으로서의 자아 사이의 차이와 동일한 것으로 간주되어서는 안 된다. 이 둘의 차이를 동일한 것으로 간주하는 것은 그럴듯해 보이기는 하지만 오류이다. 그리고 이런 오류는 모든 관념론적인 인간이해의 근저에 놓여 있는 오류이다. 그러나 이미 언급되었듯이 행동하는 자아의 죄는 오직 정신의 자유가 본성적 자아의 결정론적인 인과의 사실을 끊고, 자아를 미혹하여 자아로 하여금 위엄의 모습을 가장하게 하고, 안정을 추구하게 하며, 자아에 속하지 않는 신성을 주장하도록 하기 때문에 가능하다. 그러므로 관조하는 자아는 그의 죄를 의식하게 되는데, 이때 그는 그의 참 자아가 아닌 어떤 다른 경험적 자아를 보는 것이 아니다. 오직 하나의 자아가 있을 뿐이다. 때로는 그 자아가 행동하고, 때로는 바로 그 자아가 그의 행위들을 관조하기도 한다. 그 자아가 행동할 때, 그는 그의 상대적인 필요들을 절대적 가치라고 주장하며, 그의 삶을 삶 자체의 요구들과 동일시하는데 이것은 잘못이다. 행동하고 난 후 그 행동을 관조할 때 자아는 인간의 총체적 상황을 밝히 보게 되며, 그의 행위가 투명하지 못했고 정직하지 못했음을 어느 정도는 인식하게 된다. 그렇지만 관조하는 자아가 유한하고 경험적인 자아를 판단하는 보편적 자아라고 생각해서는 안 된다. 최선의 관조하는 자아는 그의 유한성을 깨닫게 된 유한한 자아이며, 그의 유한성의 한계이자 완성인 하나님과 관계를 맺고 있음을 깨닫게 된 유한한 자아이다. 그의 행위를 관조하여 반성하는 자아가 그의 죄책을 깨닫고 회개할 때, 자아는 이런 깨달음을 통해 다음에는 행동할 때 보다 더 정직하게 행동하게 된다. 회개가 "회개에 합당한 열매"를 맺게 할 수도 있다. 자기만족적 삶을 사는 사람들의 도덕성과 회개하는 사람들의 도덕성 사이의 차이는 객관적 관찰자들에 의해 드러날 수밖에 없다. 그러나 자아는 그들의 평가에 지나치게 의존해서는 안 된다. 왜냐하면 자아의 진정한 기준은 다른 사람들이 무엇을 하느냐 또는 무엇을 하지 못하느냐 하는 것이 아니기 때문이다. 자아의 참된 기준은 자아 자신의 본질적 자아이며, 본질적 자아는 오직 하나님의 뜻을 기준으로 가진다. 그런 기준에 의해 판단해 볼 때 회개의 경험이 이후의 행위들에서 정직하지 못한 행동이 다시 일어나지 않도록 보증해 주지는 못한다. 자아는 그가 관조하는 순간에도 여전히 유한한 자아이기 때문이다. 어느 순간 그는 그의 상황을 판단하고 그의 죄를 관찰할 수도 있다. 그렇지만 다음 순간 그는 근심 걱정 때문에 다시 죄에 빠지게 될 것이다. 그러므로 관조와 행위 사이의 구별도 지나치게 문자적으로 이해되어서는 안 된다. 왜냐하면 어떤 관조는 근심 걱정에 사로잡힌 이런 유한한 자아의 이익과 희망과 불안과 관련된 관조인데, 이런 관조는 행위의 영역에 속하는 것으로 보아야 하기 때문이다. 그런 관조는 직접적인 것과 궁극적인 것의 잘못된 동일시를 위한 – 어떤 행동도 이런 동일시에서 자유로울 수 없다 – 예비적인 단계이기 때문이다.

그러므로 초월적인 인간 정신에 내재는 자유는 행동할 때는 그 자유가 잘못 사용된다는 사실을 인식하는 자유이다. 이것은 우리가 피할 수 없는 궁극적인 역설이다. 인간은 그가 자유롭지 못하다는 것을 발견하는데 있어서 가장 자유롭다. 이런 역설은 대다수의 펠라기우스주의자들과 많은 아우구스티누스주의자들에 의해 무색하게 되었다. 펠라기우스주의자들은 인간 자유의 완전성을 지나치게 강조한 나머지 이런 자유의 발견에는 죄책감의 발견도 포함된다는 사실을 깨닫지 못했다. 반대로 아우구스티누스주의자들은 인간의 자유가 죄에 의해 상실되었음을 입증하는데 관심을 가지고 있었기 때문에 이런 죄의 부패를 발견하는 것은 자유에 의해 가능하다는 사실을 이해하지 못했다.

5. 축자적 해석의 오류

인간의 자유는 의지가 자유롭지 못함을 인식할 때 가장 완벽하게 발견되고 단언된다는 역설은 곧 무색하게 되었다. 불행하게도 펠라기우스주의자들과 아우구스티누스주의자들 사이의 논쟁에서 드러난 혼란은 아우구스티누스주의자들의 축자적 해석에 의해 더욱 악화되었다. 그들은 펠라기우스주의자들의 소박한 도덕주의에 반대하여 원죄를 유전된 죄라고 해석했다. 따라서 그들은 죄의 불가피성을 주장하는 교리를 죄가 자연적 역사를 가진다고 단언하는 교의로 바꾸었다. 그렇게 함으로써 그들은 그들을 비판하는 펠라기우스주의자들이 논쟁에서 유리한 위치를 차지할 수 있는 여지를 만들어 주었다.[304]

아우구스티누스 신학의 많은 부분은 원죄를 다루고 있다. 그의 원죄론은 원죄를 유전된 범죄와 동일시하며, 때로는 세대를 이으려는 욕구가 이런 죄의 유전을 야기한다고 생각한다. 그렇지만 아우구스티누스와는 달리 기독교 신학은 언제나 아담의 죄는 역사성보다는 오히려 대표성을

---

[304] 펠라기우스주의와 반펠라기우스주의가 바울의 이론에 대해 가하는 주된 비판들이 그 이론의 사실적 오류들을 비판하는 것인지 아니면 그 이론의 본질적으로 비합리적이긴 하지만 깊은 통찰들을 비판하는 것인지는 분명하지 않다. 그런 비판의 좋은 예는 그 주제를 다룬 영국 카톨릭 교회의 한 논문에서 발견될 수 있다. "인간이 범하지 않은 행위와 인간이 어쩔 수 없는 신체적 심리적 사실들에 대해 인간이 가장 공정한 심판관에게 책임을 져야 한다고 주장하는 원죄론은 명백하게 불합리하다. … 가령 유전적인 신체적 불구가 하나님에 의해 의도적인 범죄로 간주된다는 믿음을 공식적으로 논박하도록 요구하는 사람들은 ― 만일 그런 사람들이 있다면 ― 새뮤얼 버틀러의 소설 『에레혼』(*Erewhon*)에 나오는 신랄한 풍자에 의해 영향을 받았을 수도 있다." N. P. Williams, *Ideas of the Fall and Original Sin*, p. 79.

가진다고 주장했다. 기독교 신학은 아담을 대표적인 인간이라고 생각하기 때문에 역사적-축자적 오류에서 벗어날 수 있었다. 원죄론의 원천인 바울의 사상에 의하면 바울은 모든 사람은 역사적 유전에 의해서라기보다는 오히려 "동일한 씨"에 의해 아담의 죄와 관련되어 있다고 믿었다. 바울에 의하면 "그러므로 한 사람으로 말미암아 죄가 세상에 들어오고, 죄로 말미암아 사망이 들어왔나니, 이와 같이 모든 사람이 죄를 지었으므로 사망이 모든 사람에게 이르렀느니라."(롬 5:12)[305] 아담과 모든 사람의 신비주의적 동일성 사상은 이레니우스에게서 발견되며, 암브로시우스에게서 명시적으로 체계화되었다.[306] 죄가 유전되었다고 주장하는 아우구스티누스조차도 로마서 3장 23절을 인용할 때 동일한 성향의 흥미 있는 주석을 삽입하였다. "모든 사람이 죄를 범하였으매 – 아담 안에서이든 아니면 자신들 스스로이든 – 하나님의 영광에 이르지 못하더니." 동일한 사상이 칼뱅의 원죄 해석에서도 일부 발견된다. 심지어 그가 죄가 유전된다는 생각을 강조하는 동안에도 말이다.[307]

만일 죄의 불가피성과 책임성의 이율배반이 충분히 이해될 수 있으려

---

305 참조, C. H. Dodd, *Epistle to the Romans*, p. 79.

306 암브로시우스에 의하면 "그러므로 아담은 우리 모두 안에 있다. 아담 안에서 인간의 본성 자체가 죄를 범했기 때문이다." *Apol. David altera*, 71.

307 참조, *Institutes*, Book II, Ch. I, par. 7. "주께서 인간의 본성에 부여해 주시기로 작정하신 선물들을 아담에게 맡기셨다. 그러므로 아담이 그가 받았던 은혜를 잃어버렸을 때 그는 자신을 위해 베풀어진 은혜뿐 아니라 우리 모두가 받을 은혜도 잃어버렸다. 아담이 그가 잃은 선물들을 자신을 위해서 뿐만 아니라 우리를 위해서도 받았다는 말을 들을 때 누가 그의 영혼의 우리에게도 유전되기를 바랄 것인가? 그 선물들이 한 사람에게만이 아니라 인간의 본성 전체에 주어졌다는 사실을 들을 때 말이다." 물론 칼뱅은 아담과 인간 본성의 동일성을 원초적인 선물들에만 한정하고 있다. 그는 이 선물들의 상실을 아담과 그 후손들의 유전적 관계라는 관점에서 이해한다. 왜냐하면 칼뱅은 계속해서 다음과 같이 말하기 때문이다. "아이들은 그들의 부모에게서 오염되었기 때문에 그들의 자손들까지 전염되었다. 아담에게는 그런 부패의 샘이 있었기 때문에 그 샘이 부모로부터 자손들에게 영원히 유전되었다."

면 원죄 교리에서 축자적 해석의 오류를 제거할 필요가 있다. 유전된 제
2의 본성에 관한 이론은 인간의 악이 본성의 습성 때문이라고 주장하는
합리주의적이고 이원론적인 이론들과 마찬가지로 명백하게 죄에 대한
책임의식을 약화시킨다.[308] 이런 축자적 해석의 오류가 제거될 때 원죄론
의 진리가 보다 분명하게 드러났다. 그러나 이런 형태의 원죄론에서도 그
교리는 여전히 순수한 합리주의적 관점에서 볼 때는 불합리하다. 왜냐하
면 그 교리는 운명과 자유의 관계를 완전히 합리화될 수 없는 방식으로
표현하기 때문이다. 운명과 자유의 역설이 이성의 한계에 관한 합리적 이
해로 받아들여지고, 그런 역설이 합리적으로 해결할 수 없는 모순은 논
리적으로 설명할 수 없는 진리를 가리킬 수도 있다는 믿음의 표현으로
간주된다면 모르지만 말이다. 물론 형식적으로 볼 때 논리와 진리 사이
에는 아무런 충돌이 없을 수 있다. 논리의 법칙들은 진리의 영역에서 카
오스를 막는 이성의 파수꾼이다. 논리의 법칙들은 모순적인 주장들을 제
거한다. 그러나 논리적 규칙들을 통해서는 이성의 범주들에 상충되는 특
징들이 들어 있는 복합적인 현상들을 이해할 수 없다. 그 모든 사실들을
고려해 볼 때 성급한 논리적 일관성을 강조하다 경험적 사실들에 내재하
는 복합성이 부정되지 않도록 하기 위해 일시적으로 논리가 무시될 수
도 있을 것이다. 헤겔의 "변증법"은 "존재"의 범주에도 속하지 않고 "무"
의 범주에도 속하지 않는 현상으로서 "생성"의 문제를 놓치지 않고 다루
기 위해 고안된 논리이다.

　　죄의 불가피성과 죄에 대한 인간의 책임을 동시에 주장함으로써 논리

---

308 하르낙에 의하면 "원죄론은 마니교의 이원론에 원인을 제공했으며, 아우구스티누스도
　　이 이원론을 극복하지 못했다. 따라서 원죄론은 불신앙적이고 어리석은 도그마이다. ...
　　세속적 욕망에 관한 그의 이론도 마찬가지이다." *History of Dogma*, Vol. V, p. 217. 물론 다
　　른 기독교 도덕론자들의 비판과 마찬가지로 하르낙의 비판도 크게 고려할 만한 가치는
　　없다. 왜냐하면 "아우구스티누스는 악한 본성과 악마적 창조자를 주장한다."는 그의 단
　　언은 전혀 사실이 아니기 때문이다.

적으로 모순되는 것처럼 보이는 기독교 원죄론은 변증법적 진리, 즉 인간의 이기심과 자기중심주의는 불가피하지만 본성적 필연성의 범주에 속하는 방식으로 불가피한 것은 아니라는 사실을 정확하게 지적하는 변증법적 진리이다. 인간이 죄를 범하는 것은 그의 자유의지 내에서 자유의지에 의해 이루어지는 것이다. 결정적인 역설은 죄의 불가피성은 인간이 자유의지를 가지고 있음을 입증하는 최고의 증언이라는 사실이다. 죄를 발견하면 필연적으로 그런 발견에 의해 다음 행동에서는 죄를 범하지 않게 될 것이라고 바리새주의처럼 착각하게 된다는 사실은 자유가 어떤 방식으로 죄를 조장하는지 알 수 있게 해준다. 겸손과 인간의 자만 사이에서 결정적인 전투가 일어나는 것은 바로 이 점에서이다.

죄의 문제에 있어서 자유와 운명의 변증법적 관계에 관한 키에르케고르의 해석은 가장 심오한 기독교 사상 중 하나이다. 키에르케고르에 의하면 "죄와 죄책 개념의 가장 심오한 의미는 이교사상에서는 나타나지 않는다. 만일 그랬다면 이교사상은 인간이 운명에 의해 죄를 범하게 된다는 모순에 의해 와해되었을 것이다. … 기독교는 바로 이런 모순에서 탄생되었다. 죄와 죄책 개념은 개인으로서의 개인, 즉 인간의 자유의지를 전제로 한다. 어떤 우주적 총체성 또는 과거의 어떤 총체성과 그와의 관계는 중요하지 않다. 단 하나 중요한 것은 그가 개인으로서 죄를 범한다는 사실이다. 그렇지만 그는 운명에 의해, 즉 아무 관련이 없는 운명에 의해 죄를 범하게 된다는 것이다. 그리고 그렇게 함으로써 그는 운명 개념을 해결하는 어떤 것이 되며, 그것도 운명을 통해 그렇게 된다. 만일 우리가 이런 모순을 잘못 이해한다면 잘못된 원죄 개념을 가지게 되지만, 올바르게 이해한다면 모든 개인은 개인이면서 동시에 종이라는 생각, 즉 후대의 개인은 첫 번째 사람과 크게 다르지 않다는 올바른 관념을 가지게 된다. 불안의 가능성에서 자유는 상실된다. 왜냐하면 자유가 운명에 의해 압도되기 때문이다. 그렇지만 이제 그 자유가 실현된다. 그러나 그 자유가 죄책감이 되었다는 해석과 함께 말이다."[309]

309 *Begriff der Angst*, p. 105.

원초적 의

10장

10장

원초적 의

파스칼에 의하면 "인간의 위대성은 대단히 현저하기 때문에 그 위대성은 인간의 초라함에 의해서도 입증된다. 왜냐하면 동물에게서 본성이라 불리는 것을 우리는 인간에게서 초라함이라 부르기 때문이다. 따라서 인간의 본성이 동물의 본성과 같은 지금 우리는 인간이 한 때 그의 것이었던 더 나은 본성으로부터 타락하였음을 안다. 폐위된 왕이 아니라면 누가 왕이 아닌 것 때문에 불행하겠는가? ... 입이 하나밖에 없다고 불행하게 생각하는 사람이 있겠는가? 귀를 하나밖에 가지고 있지 않은데 불행하다고 생각하지 않는 사람이 있겠는가? 귀를 세 개 가지고 있지 않다고 해서 한탄한 사람은 없었을 것이다. 그러나 아무것도 가진 것이 없기 때문에 위로할 길이 없는 사람도 있다."[310] 하지만 어느 누구도 아무리 그가 죄에 깊이 빠져 있다 할지라도 죄로 인한 불행을 정상적인 것이라고 생각하는 사람은 없다. 이전의 행복했던 상황에 대한 모종의 기억이 그의 영혼에 사라지지 않고 여전히 남아있기 때문이며, 그가 위반한 율법의 울

---

310 Pascal, *pensees*, par. 409.

림이 그의 양심에서 메아리쳐 다시 울리기 때문이다. 죄의 습관을 정상적이라고 생각하여 마음의 위안을 가지려는 모든 노력은 양심의 가책을 은폐하려는 어떤 절망적인 몸부림이다. 본질로서의 인간과 현상으로서의 인간 사이의 현저한 차이는 이런 차이가 모든 인간에게서 발견될 수 있으며 인간 자신의 의지에 뿌리 깊게 자리하고 있음을 알지 못하는 사람들에게서도 발견될 수 있다. 죄의 실체를 이해하지 못하는 사람들은 종종 그런 차이를 문화적 다양성의 관점에서 설명한다. 현대의 어떤 과학자가 최근에 주장하듯이 "초인간이 비행기를 만들었지만 원숭이 인간이 그 비행기를 손에 넣었다." 아니면 그들은 종종 그런 차이를 선한 사람과 그의 후진적이고 불완전한 제도들 사이의 차이라고 생각한다.[311] 현상으로서의 인간과 본질로서의 인간 사이의 갈등은 모든 사람이 공통적으로 느끼는 감정이다. 비록 그런 갈등을 설명하는 방식들이 서로 모순되고 혼란스럽기는 하지만 말이다.

　인간의 경험에 관한 이런 광범위한 증언들은 인간이 선을 알고 있었지만 그런 지식이 죄에 의해 파괴되었음을 부정하는 모든 이론을 가장 설득력 있게 논박해 준다. 기독교 신앙이 주장하듯이 타락하기 이전의 인간에게 고유한 축복과 완전한 본성이 죄에 의해 오염되었기 때문에 첫 번째 아담이 타락하기 이전에 가지고 있던 사람의 형상을 회복시키기 위해 두 번째 아담인 그리스도가 필요하게 되었다. 기독교에서 그렇게 철저한 죄의식을 강조하는 이유는 그리스도를 따르고자 하는 사람은 본질로서의 인간과 현상으로서의 인간 사이의 현저한 차이를 가장 민감하게 느껴야 하기 때문이며, 죄악된 삶의 유형들에 의해 세상에서 주기적으로 성취되는 일상적인 특권을 포기해야 하기 때문이다. 그렇지만 만일 인간의 영혼이 그의 본질적인 모습과 현재의 모습 사이에 현저한 차이가 있음을

---

311 참조, Robert Briffault, *Breakdown*.

민감하게 느끼지 못한다면 그리스도에 대한 신앙은 인간의 영혼에 자리 잡을 수 없을 것이다. 비록 그리스도에 대한 이런 신앙이 그런 차이를 분명하게 해줌에도 불구하고 말이다. 죄의 늪에 깊이 빠져 있는 사람들은 결코 그들의 마음이 편안하지 못다. 그러나 그들의 양심의 가책은 종종 어린 시절의 순수함이나 청년의 열정을 생생하게 회상시키는 어떤 계기에 의해 더욱 가중된다.

죽음을 제외한 모든 형태의 질병이나 타락은 그들에 의해 붕괴되기 이전의 건강했던 구조를 여전히 어느 정도 가지고 있다. 맹인의 눈은 완전히 시력을 상실했음에도 불구하고 여전히 하나의 눈이다. 미치광이의 광적인 행동들은 동물이 아닌 인간의 마음만이 품을 수 있는 비논리적 생각들에 들어 있는 일관성들을 드러낸다. 전쟁의 무질서는 만일 그것이 어떤 종류이든 국가들의 조화와 상호의존성 내에서 그리고 그런 조화와 의존성을 무시하고 작동하지 않는다면 악이 아닐 것이다. 그리고 만일 그것이 국내의 평화로부터 정복능력을 이끌어 내 그것을 이용할 수 없다면 악일 수 없을 것이다. 아우구스티누스에 의하면 "도둑들은 그들 이외의 세계를 괴롭게 만들지만 그들조차도 자기들 사이에서는 평화를 유지한다."[312]

비록 기독교 신학이 종종 인간의 전적 타락 사상을 지나치게 강조한 적인 있긴 하지만 인간의 죄가 인간의 본성을 타락 이전의 상태로 유지할 수 없을 정도로 그렇게 완전히 파괴할 수 없다는 사실을 완전히 부정한 것을 아니었다. 전적 타락 사상을 지지하지 않는 토마스 아퀴나스는 당연히 이런 사실을 강조한다.[313] 심지어 죄를 범한 인간에게는 "하나님의

---

312 *De civ. Dei*, Book IV, Ch. 12.

313 아퀴나스에 의하면 "죄가 인간이 이성적 존재라는 사실을 인간에게서 완전히 빼앗을 수는 없다. 만일 그렇다면 인간은 더 이상 죄를 범할 수 없을 것이기 때문이다. 그러므로

형상"이란 이름 이외에는 아무것도 남아있지 않다고 믿는 루터조차도 양심의 가책은 인간의 본성이 그의 현재 상태에 대해 저항하는 현상일 뿐이라는 주장을 비판하였다. 아우구스티누스는 하나님이 인간에게 창조해 놓은 선이 죄의 악에 의해 완전히 파괴될 수 없다고 아주 분명하게 단언하였다. "나는 오염되어 있는 것들이 선하다는 사실을 확신했다. 그런 것들은 전적으로 선하지도 않지만, 그렇다고 그것들이 선하지 않았다면 오염되었을 수도 없을 것이다. 만일 그것들이 전적으로 선했다면 오염될 수 없었을 것이며, 전혀 선하지 않다면 그것들에는 오염될 것이 전혀 없을 것이다. ... 그러나 만일 그것들이 모든 것을 상실했다면 그것들은 더 이상 존재하지 못할 것이다. ... 그러므로 그것들이 있는 한 그것들은 선하다. 그러므로 있는 것은 무엇이든 선하다."[314]

인간의 본성이 그의 죄악된 상태와 어떤 관계에 있는가 하는 문제는 불행하게도 우리가 원죄론을 다룰 때 이미 살펴보았던 어려움 때문에 기독교 사상사에서 잊혀졌다. 기독교 신학은 타락설화에 관한 합리주의의 반대를 논박하려면 어쩔 수 없이 타락이 역사적 사건이라고 주장하는 축자적 오류에 빠질 수밖에 없음을 알았다. 인간의 본성에 관한 교회의 사상에 커다란 영향을 끼친 이런 문자주의의 결과들 중 하나는 인간이 타락하기 이전의 완전한 상태는 특수한 한 역사적 시기, 즉 타락 이전 낙원에 살던 시기에 해당한다는 가정이다. 인간의 본성과 그의 죄악된 상태 사이의 관계처럼 시간의 관점에서 표현되면 오류에 빠질 수밖에 없는 관계를 연대기적으로 해석하는 것은 성서의 신화가 가지는 권위 때문이라고만 생각되어서는 안 된다. 스토아 철학자들도 결국은 태초에 인

이런 본성이 완전히 파괴된다는 것은 가능하지 않다. *Summa*, First Part, Third Number, Question 85, Art. I.

314 *Confession*, Book VII, Ch. 12.

간의 본성이 순수했던 황금기가 있었다고 믿었으며, 그들의 자연법이 주
장하였지만 실제적인 역사에서 실현될 수는 없었던 자유와 평등은 바로
그 축복된 황금기의 현실들이라고 생각했다. 더 나아가 모든 사람은 현
실로서의 그의 존재와 당위성으로서의 그의 존재 사이의 차이를 연대기
적이고 역사적으로 해석하려는 경향이 있다. 그는 어린 시절의 순수성을
그의 본성의 상징이라고 생각하기 때문이다. 그렇지만 인간이 완전성을
가지고 있던 연대기적 시기가 있었다는 기독교적 확신의 가장 중요한 원
천은 성서의 신화이다.

　이런 문자주의 때문에 기독교 사상은 인간의 본성과 그의 죄악된 현
재 모습의 관계에 관해 혼란에 빠지게 되었다. 개신교 사상에서 문자주
의는 인간의 전적타락을 과도하게 강조하는 경향을 더욱 조장하였으
며[315], 인간에게는 여전히 정의의 능력이 약간이나마 남아 있음을 인정함
으로써 그런 극단적인 언급들을 완화시키려는 노력을 무색하게 만들었
다. 왜냐하면 그런 문자주의는 인간에게 남아있다고 인정된 원초적 완
전성을 "세속적 정의"[316]의 능력, 즉 인간의 어떤 다른 능력과 마찬가지
로 죄에 의해 명백하게 오염된 능력과 동일시하는 오류를 범했기 때문이
다. 카톨릭 사상은 연대기적 문자주의의 영향에 의해 원초적인 의로움의
상태를 순수한 본성(pura naturalia), 즉 아담이 인간으로서 가지고 있었
던 본질적 인간성에 부가적으로 주어진 특별한 초자연적인 은사(donum
supernaturale)라고 정의하였다. 결과적으로 죄에 의해 인간의 참된 본질
이 부패되기는 했지만 그의 본질이 파괴된 것은 아니라는 역설이 개신교

---

315 인간의 전적타락 교리에 관한 가장 극단적인 언급은 '루터의 일치 규정집'(Lutheran
　　Formulary of Concord)에서 발견된다. 그 규정집에 의하면 "우리의 본성이 대단히 약화
　　된 것은 사실이지만 결코 영적인 일들과 관련하여 모든 선을 완전히 상실한 것은 아니라
　　고 가르치는 사람들도 마찬가지로 받아들여져서는 안 된다."

316 참조, *Augsburg Confession*, Art. 18.

와 카톨릭 사상에서 모두 퇴색해지게 되었다. 카톨릭 교리에 의하면 아
담의 타락은 인간에게 본질적이지 않은 어떤 것의 상실이며, 따라서 인간
본질의 부패를 의미하는 것이 아니다. 급진적인 개신교 사상에 의하면 인
간에 내재하는 하나님의 형상이 파괴되었다.[317] 그리고 개신교 사상이 그
런 극단적인 입장에서 물러설 때 그 사상은 인간의 사소한 행위들에서
인간의 원초적인 선의 잔재를 발견하고자 한다.

인간의 본성과 죄악된 그의 현실상태 사이의 관계는 타락 이전의 완전
성을 연대기적 관점에서 해석해서는 해결될 수 없다. 말하자면 그 관계는
수평적 관계라기보다는 오히려 수직적인 관계이다. 아담의 타락은 인간
삶에서 일어나는 모든 역사적 순간의 한 양상을 상징하는 것으로 이해되
어야 한다. 그렇지 않고 아담의 타락이 역사에서 일어난 한 사건으로 해
석되는 순간 선과 악의 관계는 모호해진다.

---

317 K. 바르트는 인간의 죄악된 현상을 기술할 때 단지 "인간은 인간이지 고양이가 아니
　다"는 사실만을 인정한다. (그의 소책자 *Nein*, p. 27을 참조하라.)

1. 본성과 원초적 의로움

인간의 본성과 그 본성에 따르는 덕을 구별하지 않고는 하나님의 형상이란 개념과 타락 이전의 그 형상의 완전성을 올바로 이해할 수 없다. 눈이 멀었다고 해서 인간의 몸에서 눈이 사라지는 것은 아니듯이 어떤 것도 인간의 본성과 구조를 바꿀 수는 없다. 심지어 사고로 눈을 잃었다 해도 인간의 몸에 두 개의 눈이 필요하다는 사실은 바뀌지 않는다. 한편, 인간은 그의 자유에 의해 이런 본성의 요구들과 반대되고 그 요구들을 무시하는 행위를 한다. 이런 사실에서 볼 때 인간의 본질적 구조와 본성은 그 본성에 따르는 덕과 구별되어야 한다. 인간은 이런 덕을 잃어버릴 수도 있고 그의 본성의 고유한 기능을 파괴할 수도 있다. 그러나 그는 오직 그 본성에 들어있는 요소들 중 한 요소, 즉 그의 자유를 남용함으로써만 그렇게 할 수 있다.

따라서 이레니우스는 창세기 1장 26절에 근거하여 하나님의 "형상"(image)과 하나님의 "모양"(likeness)을 구분하는데, 이런 구분은 종교개혁 당시 그의 주석적 타당성에 의문이 제기될 때까지 기독교 전통에서 계속 유지되었다.[318] 이레니우스에 따르면 아담의 타락에 의해 하나님의 모양은 파괴되었지만 형상은 파괴되지 않았다. (그리스어로 ὁμοίωσις는 파괴되었지만 εἰκών은 파괴되지 않았으며, 라틴어로 similitudo는 파괴되었지만 imago는 파괴되지 않았다.) 루터가 주석의 관점에서 그 이론을 거부한 것은 대단히 옳았다. "우리가 우리의 모양에 따라 우리 형상대로 사람을 만들자"는

---

318 참조, Harnack, *History of Dogma*, II, p. 171.

창세기 1장 26절의 본문은 단지 동일한 의미의 단어를 다른 말로 반복하는 통상적인 히브리어 대구법에 불과하다. 그 본문은 이레니우스의 이론에 근거하여 '순수한 본성'(pura naturalia)과 하나님이 인간의 '자연적 본성에 부가적으로 더해 준 초자연적 은사'(donum supernatuale)를 구분하는 후대 카톨릭 교회의 주장을 정당화해 주지 않는다. 그럼에도 불구하고 그런 구분을 적절하게 제한적으로 수용된다면 도움이 되며 필요하기도 하다.

인간의 본성과 그 본성의 전형적인 표현이라 할 수 있는 덕과 완전성을 구분하는 것은 중요하다. 인간의 본성은 두 개의 요소들로 구성되어 있다. 따라서 인간의 원초적 완전성에도 두 개의 요소들이 있다. 인간은 본성에 속하는 첫 번째 요소는 인간에게 부여된 그의 모든 자연적 자질들과 한계들, 그의 신체적 욕구와 사회적 욕구, 그의 성별과 인종적 차이, 간단히 말하면 자연의 질서에 속하는 피조물로서 인간의 특성이다. 인간의 본성에 속하는 두 번째 요소는 그의 정신적 자유, 자연의 과정을 넘어서는 그의 초월성, 그리고 그의 자기초월성이다.

인간의 본성 중 첫 번째 요소에 상응하는 덕과 완전성은 일반적으로 자연법이라고 일컬어진다. 그 법은 인간이 가진 기능들의 적절한 성취, 욕구들의 정상적인 조화, 그리고 자연적 질서의 한계 내에서 자기 자신과 동료들 사이의 정상적인 사회적 관계를 규정해 주는 법이다. 인간이 가진 모든 자연적 기능은 자유에 의해 제한되기 때문에, 그리고 정상적임을 규정하는 "법"은 오직 인간의 자유를 위해 필요하기 때문에, 이와 같이 자연법의 윤곽을 정할 때는 언제나 하나의 애매한 요소가 있다. 그럼에도 불구하고 그 요소는 잠정적인 타당성을 가진다. 왜냐하면 그것은 자연의 질서에 속하는 피조물로서 인간의 본성이 요구하는 것들을 자유로운 정신으로서 인간의 본성이 특별히 요구하는 것들과 구별해 주기 때문이다.

인간 본성의 두 번째 요소, 즉 인간 정신의 자유에 상응하는 덕들은 카톨릭 사상의 "신학적 덕목들"인 믿음, 소망, 그리고 사랑과 유사하다. 이제 그런 덕목들을 상세하게 분석해 보자. 우선 단지 잠정적이긴 하지만 그 개념들이 자유의 기본적인 필요조건들임을 인정할 필요가 있다. 하나님의 섭리에 대한 믿음은 자유를 위한 필연적인 전제이다. 왜냐하면 만일 그런 믿음이 없다면 인간은 그가 통제하지 못하는 초월적인 힘에 의존하는 것과 양립할 수 없는 자기만족과 자기통제를 통해 자유의 불안으로부터 도피하고자 하는 유혹을 받기 때문이다. 소망은 그런 믿음의 특별한 형태이다. 그것은 무한한 가능성들이 현실화되는 미래의 영역에 관계하는데, 만일 그 영역이 하나님의 섭리에 의해 준비되지 않는다면 두려움의 장이 될 수밖에 없을 것이다. 그 영역이 하나님의 섭리 아래 있지 않다면 미래는 맹목적인 운명에 맡겨지거나 전혀 예측할 수 없는 영역이 될 것이다. 따라서 하나님을 아는 지식은 인간의 본성과 무관하게 주어진 초자연적인 은혜의 선물이 아니다. 그것은 자유의 정신으로서 인간 본성의 요구이다.

사랑은 바로 이런 자유의 독립적 요구이면서 동시에 믿음에서 파생된 산물이다. 사랑은 자유의 필요조건이다. 왜냐하면 인간이 그의 사회적 본성에 따라 결성한 공동체는 단지 그의 군거본능에 근거해서만 가능한 것이 아니기 때문이다. 모든 인간은 그의 자유와 탁월성에 있어서 본성의 결속에 한정되지 않으며, 서로의 삶을 이어주는 마음의 획일성을 초월한다. 인간은 개개인이 가진 정신의 탁월성과 개체성에 의해 서로 분리되어 있지만, 본성의 끈에 의해서 서로 밀접하게 결합되어 있기 때문에 만일 그들이 사랑에 의해 관계를 맺지 않는다면 본성의 결속력과 정신의 자유를 모두 만족시키면서 서로 관계를 맺을 수 없다. 사랑을 통해 정신은 각자의 내면 깊은 곳에 있는 본질에서 정신을 만난다. 본성의 결속력은 이런 관계성에 의해 제한되고 변형된다. 왜냐하면 다른 자아는 본성과 이성의 유사성들 때문에 자아에게 도움을 주는 단순한 하나의 대상이 아니기 때문이다. 타자는 단순히 하나의 객체가 아니라 그 자체로 하나의 주체로서 인정되어야 하며, 유일무이한 삶의 중심이자 목적으로 인정되어야 한다. 이와 같은 "나"와 "너"의 관계성은 다음과 같은 두 가지 이유 때문에 믿음이 전제되지 않고는 불가능하다. (1) 불안으로부터의 자유로워지지 않는다면 인간은 자기중심주의의 악순환에 빠져 자신의 이익에만 관심을 가지기 때문에 사랑의 모험을 감행할 수 없다. (2) 하나님과의 관계가 없다면 정신이 정신을 만나는 자유의 세계가 무색해지기 때문에 인간은 끊임없이 인간이 상상하는 사물들의 수준으로 영락하게 된다. 그러므로 "네 이웃을 자신과 같이 사랑하라"는 명령에는 적절하게 "주 너의 하나님을 사랑하라"는 명령과 "두려워 말라"는 명령이 선행된다.

그러므로 기독교 윤리의 이런 궁극적인 요구들은 단지 그렇지 않으면 불완전한 선이나 덕을 완성하는 유의 그런 조언들이나 신학적 덕목들이 아니다. 그런 요구들이 인간에게서 배제된다면 인간의 자유는 인간으로 하여금 죄에 감염되게 하는 원천이 된다. 실제로 그런 요구들은 죄를 범한 인간에게는 그런 요구들이 결핍되어 있으며 그런 요구들을 성취할 능력이 없다는 의미에서 완전성을 권고하는 것들이다. 그러나 그것들은 인간의 자유를 위한 부수적인 조건들이 아니라 근본적인 필요조건들이다.[319]

지금까지의 분석에서 볼 때 죄는 인간을 인간이게 하는 인간의 본질적 구조를 파괴하지 않으며, 그의 완전성의 잔재로 인간에게 남아있는 인간의 본성을 향한 의무감을 제거하지도 않는다. 사실 이런 의무감은 인간

---

[319] 참조, Emil Brunner, *Man in Revolt*, Ch. 5, c. I.

의 본성이 죄에 빠져 있는 그의 현재 상태에서 자신에게 부과하는 요구
이다. 그러므로 인간의 참된 본성에 상응하는 덕은 죄에 빠져있는 인간
에게 법의 형태로 나타난다. 그 덕은 바울이 말하듯이 "내가 하고자 하는
마음은 있지만 하지 못하는 선"이다. 그 법은 "생명에 이르게 할 계명이
내게 대하여 도리어 사망에 이르게 하는 것이 되었다." 법은 요구조건들
을 제시하기는 하지만 인간이 그 조건들을 성취할 수 있도록 도와주지
는 못하기 때문에 사망에 이르게 하는 것이다. 사실 법은 죄의 근원인 자
기중심적 탐심을 자극하여 인간의 본성을 더 의식적으로 무시하게 함으
로써 죄를 더욱 고조시킨다.(롬 7:7) 또한 법은 인간으로 하여금 그가 율
법을 알기 때문에 율법을 지킨다고 생각하도록 함으로써 죄의 근원인 교
만을 일깨울 수도 있다.[320] 인간이 단지 자기 내부에 있는 법의 관점으로
부터, 즉 그가 해야 한다고 생각하는 선의 관점으로부터 자신을 이해하
는 것은 불가능하다. 자신을 완전히 이해하기 위해 인간은 그가 그의 규
범으로 간주하는 그 법을 자신이 어긴다는 사실을 알아야 한다. 그러나
이 법이 인간의 본성에 의해 그에게 요구된 것이라는 사실이 인식되지 않
는 경우에도 인간은 완전히 이해될 수 없다.[321]

---

320 바울의 다음과 같은 주장은 바로 이런 점을 지적하고 있다. "유대인이라 불리는 네가
   율법을 의지하며 하나님을 자랑하며 율법의 교훈을 받아 하나님의 뜻을 알고 지극히 선
   한 것을 분간하며 맹인의 길을 인도하는 자요 어둠에 있는 자의 빛이요 율법에 있는 지
   식과 진리의 모본을 가진 자로서 어리석은 자의 교사요 어린아이의 선생이라고 스스로
   믿으니 그러면 다른 사람을 가르치는 네가 네 자신은 가르치지 아니하느냐? 도둑질하
   지 말라 선포하는 네가 도둑질하느냐?"(롬 2:17-21)
     바울의 이런 책망은 현대문화의 모든 독선을 놀라울 정도로 잘 지적하고 있다. 현대문
   화는 불의와 불화에 대해 책임이 있는 사람은 정의와 평화의 이념들을 수용하는 사람이
   아니라 다른 어떤 사람이라고 생각하기 때문이다.
321 현대 자유주의 문화의 유토피아적 환상들과 과도한 감성적 충동들은 실제로 모두 원
   죄를 부정하는 근본적인 오류에 기인한다. 4장에서 충분히 논의된 이런 오류는 현대인
   들이 인간의 선을 사회정의와 국제평화를 위해 그들이 기획한 다양한 성과들과 동일시
   함을 은연중 드러내는 것이다. 이런 기획들이 실현되지 못하거나 비극적인 분쟁들이 있
   은 후에 겨우 실현될 때, 현대인들은 유토피아적 환상으로부터 실망과 절망으로 돌아서

　인간에게서 하나님의 형상이 파괴되었음을 그렇게 열정적으로 입증하고자 하는 루터가 그 법과 양심의 가책이 하나님과 인간 사이의 가장 중요한 접촉점임을 마찬가지로 강조했다는 점은 주목할 만하다. 이런 양심은 죄인의 의로움(justitia peccatoris)이다. 인간 자신의 마음이 인간을 고발한다(cor accusator). 믿음이 없다면 이런 고발은 절망의 원인이 되지만, 믿음이 있다면 회개로 이어질 수도 있다.[322] 다시 말하면, 인간이 가지는 양심의 개책은 그의 마음에 기록된 율법의 표현이다. 인간은 율법과 그의 잘못된 행위들 사이에서 일어나는 대립과 긴장에 의해 이 율법을 가장 크게 자각한다. 사실 어떤 사람들은 양심을 구체적인 행위에 앞서 그 행위를 통제하는 특별한 지침으로 생각하기보다는 오히려 행위 후에 뒤따르는 양심의 가책에 국한시켜 해석한다.[323] 그런 해석들은 지나치게 편협하

거나, 아니면 실패의 책임을 어떤 특별한 사회단체 또는 어떤 특별한 형태의 경제적 사회적 조직 탓으로 돌린다.

　분명 죄와 죄책의 등급들은 다양하다. 어떤 사람들과 나라들은 "하늘의 비전에 불순종함"에 대한 책임이 다른 사람들과 나라들보다 더 크다. 또한 역사에는 사회적 정치적 조직의 특수한 불균형으로부터 발생하는 특별한 종류의 악이 있다. 그러나 이런 악들은 가장 적절하게 제거될 수 있다. 만일 사람들이 더 이상 그들 자신의 존재의 법에 대립하지 않을 어떤 특수한 사회 조직이 발견될 수도 있다고 착각하지 않는다면 말이다. 더 나아가 특별한 사람들과 나라들에서 발견되는 특히 악독한 유형들의 죄는 가장 성공적으로 저지될 수 있다. 만일 이런 유형들이 일반적인 인간의 상황을 악화시킬 뿐이라는 사실이 인식된다면 말이다.

　현대 자유주의와 현대 마르크스주의는 모두 언제나 도덕무용론이 아니면 도덕적 광신주의에 직면하고 있다. 순수한 형태의 자유주의는 일반적으로 도덕무용론의 위험에 빠진다. 그런 자유주의는 무죄의 유리한 위치를 발견하여 그 위치로부터 움직일 수 있을 때까지 악에 대항하여 행동하지 않을 것이다. 이것은 자유주의가 결코 행동할 수 없다는 것을 의미한다. 자유주의는 종종 이렇게 행동하지 않음이 그가 추구해 온 무죄의 상태라고 생각한다. 소수의 자유주의자들과 대다수의 마르크스주의자들은 행동에서 무죄의 위치를 발견했다고 주장함으로써 그 문제를 해결한다. 그 결과 그들은 광신주의의 오류에 빠지게 된다. 현대 문화의 모든 역사는 — 특히 열등하고 악마적인 문화들을 방어하려는 비교적 최근의 노력에서 — 인간의 특성에 관한 이런 환상들에서 유래한 약함과 혼란을 드러내 보여준다.

322 참조, M. A. H. Stromph, *Die Anthropologie Martin Luthers*, pp. 111-14.

323 참조, Rudolph Hoffmann, *Das Gewissen*, pp. 100 ff.

기는 하다. 그렇지만 인간이 양심의 가책을 느끼는 것은 무엇보다 먼저 불안, 즉 모든 도덕적 삶에서 표현되는 내적 갈등에 의한 것이 사실이다.

기독교 사상은 사도 바울을 따라 율법은 단순히 계시에 의해 인간에게 주어졌거나 사회적 권위에 의해 주어진 어떤 것이 아니라 마음에 새겨진 어떤 것으로 간주되어야 한다는 입장을 견지해 왔다.[324] 따라서 행위와 관련하여 인간의 본성에 의해 지시된 요구조건들은 인간의 참자아의 일부이다. 그 요구조건들은 행동할 때 자아 밖에 있다. 그렇기 때문에 그것들은 "율법"이며, 외부로부터 부과된 어떤 것처럼 보이며, "지식과 진리의 모본(형식)"(롬 2:20)을 가질 뿐이다. 물론 양심의 소리의 특별한 내용은 역사의 모든 상대성들에 의해 결정된다. 삶의 본질에 관한 설명이 잘못 이해될 수도 있다. 그리고 양심은 바로 그의 내용에 있어서 죄의 도구일 수도 있다. 그렇지만 그의 내용에 있어서도 양심의 보편성은 적어도 그의 다양성과 상대성과 마찬가지로 중요하다.[325] 삶의 진정한 구조, 예를 들어 동료들과의 관계성에 의존하는 삶의 구조는 그들 사이의 유기적이고 사랑하는 관계를 요구하는데, 이런 삶의 구조는 모든 오류들에도 불구하고 인간의 이기심과 교만 때문에 인간관계에서 야기되는 혼란에도 무너지지 않고 여전히 존속된다.[326]

---

324 참조, 롬 2:14-15. "율법 없는 이방인이 본성으로 율법의 일을 행할 때에는 이 사람은 율법이 없어도 자기가 자기에게 율법이 되나니, 이런 이들은 그 양심이 증거가 되어 그 생각들이 서로 혹은 고발하며 혹은 변명하여 그 마음에 새긴 율법의 행위를 나타내느니라."

325 데이비드 흄에 의하면 "사교적인, 온후한, 인도적인, 자비로운, 고마워하는, 친절한, 관대한, 인정 많은, 또는 그와 유한한 형용사들은 모든 언어들에 공통적으로 발견되며, 인간의 본성이 가질 수 있는 최고의 장점들을 보편적으로 표현한다." *An Enquiry Concerning the Principles of Morals*, Sec. II, Part I.

326 물론 거의 모든 사람들에 의해 비난의 대상이 되는 관습들이 어떤 특정한 단체의 풍습에서는 실제로 통용되는 경우들이 있다. 그리고 그런 관습들은 그 풍습의 세력과 영향을 통해 그 집단에 있는 개인들에게 양심의 내용이 된다. 그런 경우들에는 도덕적 삶이 총체적 부패의 상태에 이르렀다고 말할 수도 있다. 하지만 중요한 것은 어떤 집단의 관습도

　만일 이런 분석이 옳고 개신교가 카톨릭의 교리, 즉 아담의 타락에 의해 인간에게 주어진 초자연적인 선물이 파괴되었을 뿐 인간의 본성이 바뀐 것은 아니라는 카톨릭이 교리를 거부하는 것이 옳다면 아담의 타락에 의해 인간의 본성이 파괴되었다는 주장은 잘못된 것이었다. 카톨릭의 교리는 인간의 덕이 바뀌었을 뿐 인간의 구조가 바뀐 것은 아니라고 생각했을 것이다. 그러나 그 덕에 대한 카톨릭의 정의, 즉 하나님과 인간의 교제와 하나님과의 친밀한 접촉에 관한 정의에는 그의 근원과 목표 그리고 규범이 하나님의 뜻 안에 있을 때에만 건전하고 창조적일 수 있는 인간의 초월적 자유가 그의 본질적 구조의 일부로서 은연중에 암시되어 있다. 다시 말해, 인간의 자유가 초월적이긴 하지만 그 자유는 하나님의 뜻에 의해 제한된다는 것이다. 초월적이면서 동시에 하나님의 의지에 의해 제약되는 자유의 이런 구조는 죄의 속박에서 드러난다. 왜냐하면 인간이 그의 유한한 자아를 무한히 확장할 수 있는 것은 영원을 향한 이런 자유의 능력에 의해 가능하기 때문이다. 인간은 이런 능력에 의해서 죄를 범할 수도 있고 그의 죄를 어느 정도 인식할 수도 있다.

　따라서 인간의 원초적 완전성을 역사적인 타락 이전의 시기에 한정시키는 역사적-축자적 오류를 차단함으로써 카톨릭 사상과 개신교 사상을 모두 수정하고 보완할 필요가 있다. 그렇게 되면 전적 타락을 주장하는 개신교 사상과 달리 인간의 죄에도 불구하고 하나님의 형상이 보존되었다는 주장이 가능하게 되며, 카톨릭 사상과는 달리 상실된 원초적 정의와 타락하지 않은 자연적 정의 사이의 근거 없는 구분을 제거할 수도 있다. 카톨릭 사상에서 근원적 정의라고 일컬어지는 것은 사실은 인

거짓말, 도둑질이나 살인을 무조건적으로 명령하지는 않는다는 사실이다. 그렇게 명령하는 법이 있다면 그런 법은 그 집단을 완전한 혼란에 빠뜨릴 것이기 때문이다. 따라서 인간의 양심에는 언제나 법의 상대성을 제한하는 요소가 있다.

간의 자유가 가장 궁극적으로 요구하는 것들을 의미한다. 자연적 정의
는 피조물로서의 인간이 요구하는 것들을 의미한다. 그 둘은 모두 죄에
의해 부패하게 되었다. 그러나 그 둘은 여전히 인간에게 남아 있다. 물론
실현된 정의로서가 아니라 요구되는 정의로서 말이다.

　하지만 만일 "타락 이전"이란 개념이 역사적 시기가 아니라면 다음과
같은 두 가지 물음이 생긴다. (1) 인간에게 요구된 이런 완전성의 자리는
어디에 있는가? (2) 그런 완전성의 특성과 내용은 무엇인가?

2. 근원적 의로움의 자리

만일 원초적 의로움(justitia originalis), 즉 본원적 완전성의 역사적 시기가 언제였는지 정확하게 알 수 없다면 그 완전성의 자리를 발견하는 것이 가능한가? 이런 문제의 복잡성은 다음과 같은 비유적인 그러나 보다 단순한 물음에 의해 파악될 수 있을 것이다. '병든 신체의 생명에서 건강의 위치는 어디인가?' 우선 신체의 특정한 한 기관이 오염되었을 때 다른 기관들은 비교적 건강했을 것이다. 그렇지만 신체의 한 부분에 질병이 생기면 그 질병이 몸 전체로 퍼지게 되고 따라서 전체가 질병에 걸리게 된다. 그렇지만 생명이 있는 한 어느 정도의 건강은 남아있다. 질병에서 느끼는 고통들은 이런 부분적 건강의 증거이다. 고통은 신체의 정상적인 조화가 깨졌음을 나타내는 것이며, 따라서 질병을 경고하는 것이다. 질병에 걸린 신체의 어느부분에 건강이 남아있는지 측정하는 것은 불가능하다.

마찬가지로 "이성"이나 인간의 어떤 다른 능력이 죄의 질병에 걸리지 않고 남을 수 있다는 것은 불가능하다. 죄는 자신의 처지를 망각한 자아의 교만이기 때문에 인간의 삶에서 자아로 하여금 하나님에게 복종하고 동료들과 협동하는 정상적인 위치를 지키게 하는 어떤 힘은 건강의 한 요소로 간주되어야 한다. 만일 그런 요소가 없다면 인간의 삶은 완전히 자멸하게 될 것이다. 그런 건강한 요소들이 어디에 남아있는지 정확하게 알 수는 없지만 본원적 완전성을 의식하고 기억하는 것은 가능하다. 앞에서 언급되었듯이 자신의 죄책을 아는 자아는 초월적 자아 또는 보다 정확하게 말해 자기를 초월하는 순간에 있는 자아이다. 자기를 초월하는 순간에 있는 자아는 근원을 향한 자아의 무한회귀 능력을 행사하며 먼저 의지를 구체화 하고자 한다. 원초적 완전성을 의식하고 기억하기 시작하는 것은 바로 이 자기초월의 순간이다. 왜냐하면 바로 이 순간에 자아는 자신이 단지 많은 다른 피조물들 가운데 하나이 유한한 피조물임을 알게 되며, 이기적인 자아가 행위에서 요구하는 부당한 요구들이 결과적으로 이웃의 권리를 침해하게 됨을 깨닫기 때문이다.

초월하는 자아에서 원초적 완전성이 의식되고 기억되었다고 해서 완전성에 도달했다고 생각되어서는 안 된다. 사실 초월하는 자아는 언제나 이전 행위에서 있었던 자아의 과도하고 부당한 요구들을 판단하고 비판하는 자아의 현재 능력이 앞으로의 행위에서 자아의 덕을 보증해 준다고 잘못 생각한다. 그렇지 않다. 왜냐하면 자아가 행동할 때 그는 언제나 이전의 뛰어난 시각을 이용하여 부분적으로 그의 타산적 행위를 "합리화시키고"와 "위장하기" 때문이다. 그러므로 그 행위는 언제나 죄 있는 행위이다. 비록 타산적인 행위와 사욕 없는 행위의 등급들과 이런 행위들을 위장하는데 이용된 위장과 자기기만의 등급들이 무수히 많을 수도 있기는 하지만 말이다.

다시 말해, 아담이 타락하기 이전의 완전성은 행위 이전의 완전성이다. 그러나 "행위"의 개념을 지나치게 좁은 의미로 이해해서는 안 된다. 자아의 행위는 그 행위가 외적으로 드러나지 않을 때에도 행위라 할 수 있을 것이다. 자아가 염려하는 자아로서 그의 세계를 구성하는 위험과 격정의 파도 속에서 자신을 보호하기 위해 생각하거나 움직일 때는 언제나 그는 행동한다. 염려하고 유한하며 불안정한 자아에서 나오는 모든 생각, 기분이나 행위는 어느 정도 죄에 의해 오염된 것이다. 그러나 그런 죄에 물든 행위에는 죄의식이 없다. 자아는 그의 행위에 있어서 완전히 통일된 자아로서 행동하기 때문이다. 만일 그런 내적인 통일성이 없다면 자아는 결코 행동할 수 없을 것이다. 자아가 그의 행위의 비정상성을 의식하게 되는 것은 자아가 자기 내부보다는 오히려 자기 위부에서 자신을 반성할 때이다.

근원적 완전성이 의식되는 것은 경험적 자아와 구별되는 어떤 보편적 자아에서가 아니다. 단순히 두 자아가 서로 충돌하고 있는 것만은 아니다. 그러나 실존의 모든 순간에 자기의 가치와 필요의 관점으로부터 세계를 내다보는 자아와 세계와 자신을 동시에 바라보는 자아 사이에는 긴장관계가 있다. 예를 들어, 자아를 바라보는 이런 두 종류의 시각은 바울의 자아성찰 과정에 분명히 드러난다. 바울은 다음과 같이 선언한다. "우리가 율법은 신령한줄 알거니와, 나는 육신에 속하여 죄 아래 팔렸도다."(롬 7:14) 여기서는 죄에 물든 자아가 자아 밖에 있는 것처럼 보이는 실체를 바라본다. 그 실체는 율법이다. 그러나 거의 동일한 어조로 바울은 다음과 같이 선언한다. "이제는 이것을 행하는 자기 내가 아니요 내 속에 거하는 죄니라."(롬 7:17) 여기서는 자아가 궁극적 주체로서 죄에 물든 자아를 바라보며 그 자아는 참자아가 아니라고 선언한다. 그것은 "내가 아니요 … 죄니라." 자아-초월성의 관점에 근거하여 죄에 물든 자아를 자아가 아니라 "죄"로 간주하는 "나"는 죄로 물든 행위의 관점으로부터 자아의 초월적 가능성들을 자아가 아니라 "율법"으로 간주하는 바로 그 동일한 "나"이다. 그것은 동일한 자아이다. 그러나 이런 변하는 관점들은 분명 시사해 주는 점이 있다.

아우구스티누스의 사상적 경향, 특히 인간의 전적 타락을 철저히 강조하기 위해 이런 복잡한 체계를 부정하는 종교개혁자들의 사상적 경향은 단지 아담의 타락에 관한 축자적 해석의 오류들 때문만이 아리라 인간의 자존을 긍정하면 즉시 교만의 죄를 더욱 악화시키게 될 것이라는 두려움 때문이기도 하다. 이런 두려움은 당연하다. 왜냐하면 인간의 독선의 역사 전체를 통해 알 수 있듯이 인간은 언제나 그가 무엇을 행하느냐 하는 관점으로부터가 아니라 그가 무엇을 행해야 하는가에 대한 그의 인식의 관점으로부터 자신을 판단하기 때문이다. 인간은 그가 "율법"을 알기 때문에 그 율법에 순종한다고 자랑하면서 불순종의 책임을 다른 사람들에게 전가시킨다. 그런 이유 때문에 소위 "선한" 사람들의 독선에 대한 사도 바울의 책망은 오늘날 우리 시대의 도덕적 문제들에도 해당된다.[327] 도덕주의적 기독교의 가장 큰 죄는 정의와 사랑의 이념을 마음에 품고 있는 사람들은 선하다는 터무니없는 주장을 조장한다는 것이다. 물론 현대 기독교가 범하는 이런 죄는 우리 문화의 일반적 도덕주의에서 기원되었다. 현대의 도덕주의적 기독교가 이런 죄를 범한다고 해서 전적 타락을 주장하는 지나친 이론들이 정당하다는 것은 아니다. 그리고 그런 이론들은 관대한 도덕주의가 범하는 오류를 설득력 있게 논박하지도 못한다.

자아는 그가 역사를 초월하는 순간 "원초적 의로움"에 관한 의식을 가지게 된다. 그렇지만 그런 의식이 역사 안에 있는 자아 밖에서 일어나지는 않는다. 이런 주장은 아담의 타락 설화가 상징적으로 해석될 때 완전히 정당화된다. 그 설화는 죄가 없는 아담의 어떤 행위들을 기록한 것이 아니다. 비록 신학에서는 아담이 타락 이전에 가지고 있던 완전성을 중요하게 생각하지만 말이다. 대다수의 신학자들보다 더 실재론적인 이레니우스에 의하면 아담은 창조되자마자 바로 죄를 범하게 되었기 때문

---

327 "원초적 의로움"과 죄 사이의 이율배반적 관계는 파스칼의 다음과 같은 주장에 완벽하게 표현되어 있다. "허영심이 인간의 마음에 깊이 뿌리박고 있기 때문에 … 그것에 대해 비판적인 글을 쓰는 사람들은 잘 썼다는 영광을 가지고 싶어 한다. 그리고 그것을 읽는 사람들은 그것을 읽었다는 영광을 원한다. 이것을 쓰는 나는 아마도 이런 바람을 가질 것이며, 아마도 그것을 읽을 사람들도 그럴 것이다." *Pensees*. p. 149.

에 그가 완전했던 기간은 매우 짧았다고 한다. 아담은 그가 행동하기 전에는 죄가 없었으며, 그의 첫 번째 기록된 행위에서는 죄가 있었다. 다시 말해, 그는 그의 첫 번째 중요한 행위 이전에는 죄가 없었으며, 그의 죄는 그 행위에서 드러나게 되었다. 이것은 인류 역사 전체를 상징적으로 보여준다. 말하자면, 인간의 원초적 의로움은 역사 밖에 있다. 그렇지만 그 의로움은 역사 안에 있는 인간 안에 있다. 그리고 죄가 올 때 그 죄는 실제로 원초적 의로움에서 유래한다. 왜냐하면 죄는 그의 행위가 역사 안에 있지 않지만 평등의 행위이며 영원성의 행위라고 위장하기 때문이다.

3. 율법, 즉 원초적 의로움의 내용

우리는 원초적 의로움 또는 완전성이 "율법"으로서 죄인과 함께 현존함을 보았으며, 이 율법이 인간의 본성으로부터 유래했다고 잠정적으로 정의했으며, 인간의 본성에서 타고난 구조와 자유를 구분하였다. 이미 언급되었듯이 일반적으로 기독교 사상과 스토아 사상에서 모두 "자연법"으로 알려진 것은 피조물로서 인간의 필요조건들과 거의 동일하며, 카톨릭 사상에서 "신학적 덕"으로 정의된 믿음, 소망, 사랑은 인간 자유의 필요조건들이며 원초적 정의(justitia originalis)를 의미한다. 이런 의는 아담의 타락에서 완전히 상실되지 않았으며, 인간이 마땅히 존재해야 할 것에 관한 지식으로서, 즉 인간 자유의 법으로서 죄에 오염된 인간에게도 여전히 남아 있다.

(1) 원초적 의의 법을 내용적으로 보다 자세히 분석할 때 중요한 것은 피조물로서 인간의 필요조건들을 진술하는 자연법과 인간 자유의 필요조건들을 진술하는 원초적 의로움 사이의 구별은 단지 잠정적이고 예비적일 뿐이라는 사실이다. 카톨릭 신학의 가장 큰 실수는 바로 그 둘을 철저하게 구별하는데 있다. 카톨릭 신학에 따르면 아담이 타락할 때 원초적 의로움은 상실되었지만 자연적 의는 본질적으로 오염되지 않은 채 남아 있다는 것이다. 이런 구별은 인간의 모든 자연적 기능들에 대한 자유의 복합적 관계를 모호하게 만들며, 그 결과 모든 "자연적" 또는 "합리적" 기준들과 규범들이 죄와 연루되어 있다는 사실을 무색하게 만든다. 그러므로 완전히 상실되지 않은 원초적 정의가 없는 것과 마찬가지

로 죄에 오염되지 않은 자연법은 없다. 인간의 자유는 정의의 모든 기준을 보다 높은 가능성들을 바라보고 설정하며, 인간의 죄는 절대적이라고 생각된 인간 이성의 기준들 속에 우연적이고 상대적인 요소들이 자리 잡도록 만든다. 인간의 이성이 자연법의 자리이자 원천이라고 지나치게 신뢰하면 바로 이런 법 개념이 죄를 매개하는 수단이 된다. 그렇게 되면 어떤 특수한 역사적 순간에 이성이 작용하는 특별한 조건과 독특한 환경을 보편적인 것으로 신성시하게 된다. 오염되지 않은 이성을 통해 자연적 정의의 결정적인 기준들에 도달할 수 있다는 중세 카톨릭 교회의 신념은 그 시대 신앙인들로 하여금 허위의식의 죄에 빠지게 만들었다. 토마스 아퀴나스의 사회윤리는 봉건주의 농업경제의 특수성들과 우연적 요소들을 종합하여 사회-윤리적 원리들의 체계를 수립하였다.

자유와 죄가 모든 역사적 규범들에 끼친 영향은 몇 개의 구체적인 예들을 통해 입증될 수 있을 것이다. 카톨릭 교회의 자연법에서는 가족관계를 포함한 모든 사회적 관계들이 정확하게 규정되어 있다. 특히 그 자연법은 산아제한을 금지하며, 부인에 대한 남편의 우월성을 명령한다. 산아제한 금지 규정에 따르면 인간의 삶에서 성적인 기능은 그의 자연적 기능인 생식기능에만 국한되어야 한다. 그러나 인간 삶의 고유한 특징은 모든 동물적 기능들이 자유에 의해 촉발되어 보다 복잡한 관계들로 형성된다는 것이다. 이런 자유는 창조성의 기초이면서 동시에 죄의 근원이기도 하다. 성과 관련된 자유는 문란한 성생활의 원인이 될 수도 있지만, 성적 충동과 보다 복합적이고 정화된 영적 충동들 사이의 창조적 관계를 마련해 줄 수도 있다. 카톨릭 교회의 자연법 이론들은 성에 관한 가르침에 있어서 실제로 루터의 "창조질서" 개념과 다르지 않다고 볼 수도 있다. "창조질서"란 개념은 자연법을 자연적인 양성 성관계와 같은 자연적 사실에 국한시키며, 어떤 특별한 이성의 보편성을 도입하지 않기 때문이다. 자연에서 양성 성관계의 가장 중요한 목적이 생식이라는 자연적 사실을 부정하는 것은 불가능하다. 그러나 인간성의 역사적 발전에서 성기능의 경계를 영구적으로 규정할 보편타당한 "이성의 법"을 확립하기란 쉽지 않다.

모든 정통적 기독교 이론은 바울의 사상에 근거하여 여성에 대한 남성의 우월성을 주장한다. 따라서 그런 기독교 이론은 성경과 이성에 의해 모두 지지되기 때문에 그 타당성이 이중적으로 보증된다고 생각한다. 남성과 여성 사이의 자연법에 관한 모든 정의에는 남성적 오만의 죄가 그 기준으로 작용하고 있음을 알아야 한다. 남성과 여성 사이의 관계는 한편에서는 성별의 차이라는 자연적 사실에 의해 결정되고, 다른 한편에서는 인간의 자유라는 정신적 사실에 의해 결정된다. 여성이 아이를 낳는다는 자연적 사실은 여성을 자녀에게 묶이게 하며, 모성의 직업과 무관한 다양한 잠재성을 개발하는데 있어서 부분적으로 선택의 자유를 제한한다. 합리주의적 페미니즘은 의심의 여지없이 자연에 의해 정해진 경계를 넘어서고자 한다. 한편, 이와 달리 가정과 관련하여 어떤 역사적 기준들을 성급하게 확정하는 것은 남성의 오만을 다시 강화시킬 염려가 있으며, 모성의 역할과 모순되지 않는 자유를 쟁취하려는 여성의 정당한 노력을 방해할 우려가 있다. 인간의 고유한 능력인 자유는 남성과 여성의 관계를 포함한 모든 종류의 관계에 대해 모든 시대에 타당한 정확한 기준을 설정하기 어렵게 만든다. 한편, 인간의 죄성은 어떤 지배적인 계급, 집단, 그리고 성이 그의 지배를 보증하는 하나의 관계성을 영구적인 규범으로 규정하고자 하도록 만든다. 물론 칼 바르트와 같은 개신교 회의주의자들의 상대주의와 반대로 순전히 성서의 권위에 의해서뿐만 아니라 인류의 축적된 경험에 의해서도 보존되어 온 영구적인 어떤 규범들이 있다. 일부일처제는 그런 규범들 중 하나이다. 상대적인 규범들 가운데서 이런 보편적 규범들에 관해 언급할 필요가 있다.

카톨릭 자연법 이론들의 한계는 국제관계의 영역에 적용될 때 아주 분명해진다. "정당한 전쟁"[328]에 관한 카톨릭 이론이 적절한 한 예이다. 카톨릭 이론은 루터의 상대주의와 도덕적 회의주의보다 훨씬 더 탁월하다. 루터의 상대주의와 도덕적 회의주의는 결국 기독교인이 자기 나라가 내세우는 대의명분의 상대적 정당성을 판단할 수 있는 아무런 기준도 제시해 주지 못하기 때문이다. 카톨릭 이론은 "정의"와 "불의", "방어"와 "공격" 사이의 차이가 가능하다고 생각한다. 이 점에 관해 역사 전체가 주는 분명한 교훈들이 현대 역사에 의해 더욱 분명해진다. 모든 전쟁이 다 정당한 것은 아니며, 전쟁에 참여하는 모든 나라들이 다 정당한 것은 아니다. 무엇이 정당하고 무엇이 정당하지 않는지 구분할 필요가 있다. 그러나 우리가 그렇게 구분할 때 사용하는 판단들은 격정과 이권에 의해 영향을 받는다. 그래서 가장 명백한 공격의 대의명분조차도 방어의 필요성처럼 보이게 될 수 있다. 그리고 중립적 의견에 의해 전적으로 방어적이라고 판단된 전쟁도 완전히 떳떳하게 수행될 수 없다. 왜냐하면 지금 방어하는 측에서 행했던 이전의 공격행위들도 전쟁 발발의 한 원인이기 때문이다.[329] 그렇다고 해서 아무리 특별한 전쟁이라도 그 쟁점들은 언제나

---

328 스페인의 예수회 신부인 수아레즈는 정당한 전쟁을 다음과 같이 정의한다. "전쟁이 정당하게 수행되기 위해서는 어떤 조건들이 준수되어야 하는데, 이런 조건들은 대체로 다음과 같은 세 가지이다. 첫째, 정당한 전쟁은 정당한 권력에 의해 수행되어야 한다. 둘째, 전쟁의 대의명분이 정확하고 옳아야 한다. 셋째, 정당한 방법들이 사용되어야 한다. 즉 전쟁을 시작할 때, 전쟁을 수행할 때, 그리고 승리할 때 사용되는 방법이 정당해야 한다." *Tractatus de legibus*, I, 9.

329 현재 유럽에서 벌어지고 있는 전쟁이 좋은 예이다. 독일의 통치자들은 독일의 공격이 "베르사유의 부정의"를 바로잡는 것에 불과하다고 정당화한다. 이런 주장은 상당히 위장된 것인데, 그런 주장이 정당하다고 판단될 수도 있는 기준들이 있다. 그렇지만 아무리 "보편적 이성"에 호소한다 해도 사실이 달라지는 것은 아니다. 그리고 독일의 공격이 단순히 이전의 부정의를 바로잡는 것 이상이라는 사실을 확신하는 사람들조차도 이전의 전쟁을 끝낸 평화에 사실은 부정의가 연루되어 있음을 알기 때문에 양심의 가책을 피

모호하기 때문에 모든 전쟁을 거부하는 도덕론자들의 주장이 옳다는 것은 아니다. 명백한 "정의"의 명분을 전혀 제시하지 못하는 전쟁도 시민과 문화의 삶과 죽음에 관련이 있을 수도 있다. 우리는 어떤 일정한 규범들에 근거하여 역사적으로 중요한 결정들을 해야 한다. 비록 모든 역사적 규범들은 유한하며 죄에서 자유롭지도 못하긴 하지만 말이다. 그리고 역사적 규범들의 죄성은 바로 그 규범들이 절대적 합리성을 가진다는 거짓된 주장에 있다. 합리주의자들의 오류는 - 그들이 스토아 철학자들이든, 카톨릭 신학자들이든, 아니면 현대의 합리주의자들이든 간에 - 이성의 유한성과 죄성을 인정하지 않는 것이며, 보편적인 합리적 규범들을 이성에 대한 이런 신뢰로부터 도출한다는 것이다.

이런 오류를 거부하는 것은 중요하지만 모든 보편적 규범을 부정하는 도덕 상대주의자들의 오류를 거부하는 것도 마찬가지로 중요하다. 일반적으로 이런 상대주의는 극단적인 자연주의적 경험론의 산물이다. 종교사상사에서 볼 때 루터교 정통주의는 이성이 죄에 의해 완전히 오염되어 있다고 생각하기 때문에 "자연법" 규범들을 전혀 신뢰하지 않는다.[330] 지나치게 단순한 합리주의와 지나치게 완전한 상대주의 사이의 이런 갈등은 이성의 기능에 관한 비교적 변증법적인 분석에 의해 해결될 수 있을 것이다. 사실 이성은 주체로서의 자아와 행위자로서의 자아 사이, 즉 자기를 초월하는 자아와 행동하면서 염려하는 자아 사이에서 애매한 위치에 있다. 이성은 그 두 자아에 모두 봉사한다. 이성의 보편적 판단, 즉 모든 것을 하나의 일관된 체계에서 서로 관련시키고자 하는 이성의 노력은 주체로서의 자아가 죄에 물든 자아의 편파적이고 편견에 사로잡힌 행위

할 수 없다.

330 『기독교 신앙과 일상생활』(*Christian Faith and Common Life*)이란 논집에서 비즈너(W. Wiesner)가 쓴 단원은 모든 자연적 행위규범들 또는 "자연법적" 행위규범들을 완전히 거부하는 현대 루터교 정통주의의 흥미로운 한 예이다.

를 책망하는 수단일 수 있으며, 아니면 죄에 물든 자아가 그의 개인적인 필요와 편파적 통찰에 잘못된 보편성을 재가하려 할 때 사용하는 도구일 수 있다. "자연법" 개념과 보편적 양심이란 개념의 토대가 되는 복합적 사실들을 올바로 분석하려면 이성의 두 측면을 모두 고려해야 한다.[331]

(2) 지금까지 우리는 유한하지만 오염되지 않고 순수하다고 추정된 이성으로부터 지나치게 부적합한 도덕적 규범들을 추론하는 카톨릭 사상의 경향을 살펴보았다. 그렇지만 이런 오류에 관한 논의는 카톨릭 교리가 아담의 타락에서 완전히 상실된 것으로 간주하는 '원초적 의로움'의 문제에 대한 부정적인 접근일 뿐이다. 이 문제에 대해 긍정적인 자세로 접근한다면 "자연법"과 "원초적 의로움"은 서로 밀접하게 연관되어 있음을 알 수 있다. 이 둘이 그렇게 서로 연관되어 있는 것은 단지 그 둘이 모두 죄와 관련되어 있기 때문이 아니라 인간의 자유가 궁극적 가능성으로서의 "원초적 의로움"의 요구조건들을 자연법의 요구조건들보다 더 우위에 둔다는 사실 때문이다. 궁극적인 규범으로 간주될 수 있는 정의는 없다. 정의의 완성이면서 동시에 정의의 부정인 사랑의 보다 높은 가능성들이 언제나 정의의 모든 체계 위를 맴돌면서 감시한다.

앞에서 언급되었듯이 카톨릭 신학의 '원초적 정의'(justitia originalis)는 하나님과 영혼의 완전한 교제의 덕, 즉 하나님의 뜻에 대한 영혼의 완전한 복종의 덕인데, 그 결과 영혼의 모든 충동들과 기능들이 서로 완전한 조화를 이루게 된다. 원초적 정의의 덕은 "믿음, 소망, 사랑"의 덕으로 세분화 될 때 보다 완전하게 정의된다. 카톨릭 신학에 따르면 믿음, 소망,

---

331 이성에 대한 칼뱅의 태도는 카톨릭의 관점과 루터교의 관점 사이에서 절충적 입장을 취한다. 그의 입장은 일관성이 결여되어 있지만, 카톨릭이나 루터교의 입장보다 더 사실에 부합한다고 볼 수 있을 것이다. 칼뱅에 의하면 "인간이 선과 악을 구분할 때 작용하며, 이해하고 판단할 때 작용하는 이성은 자연적 재능이기 때문에 완전히 파괴될 수는 없지만, 부분적으로는 약화되어 있고 부분적으로는 손상되어 있어 일그러진 모양과 폐허 이외의 아무것도 보여주지 못한다." *Institutes*, Book II, Ch. ii, par. 12.

그리고 사랑은 하나님이 죄에 물든 인간에게 은혜로 베풀어 주어 아담의 타락에 의해 불완전하게 된 덕의 구조를 완성하는 "신학적 덕"이다. 이런 덕들이 타락하기 이전의 완전한 인간이 아니라 타락한 상태에서 다시 속죄된 인간에게도 카톨릭의 성화론이 가정하는 것처럼 그렇게 완전한 형태로 베풀어지는지는 확실치 않다. 이에 관해서는 후에 논의될 것이다. 여기서 중요한 것은 그 덕들은 카톨릭 사상이 주장하는 것처럼 그렇게 완전히 상실되지 않았음을 입증하는 것이다. 죄인이 상실했다고 추정되는 원초적 의로움이 사실은 인간 자유의 궁극적 요구조건으로서 인간에게 남아있다. 인간은 단순한 피조물이 아니라 동시에 자유로운 정신이기 때문에, 그리고 모든 도덕규범들은 인간의 자유가 요구하는 보다 높은 가능성들 아래 있기 때문에, "믿음, 소망, 사랑"의 규범 이외에는 인간 정신이 쉴 수 있는 어떤 도덕적 규범도 없다.

죄인에게 "율법"으로서 주어진 신학적 덕들의 특성은 다음과 같은 사랑의 법에서 완전하게 계시되었다. "네 마음을 다하고 목숨을 다하고 뜻을 다하여 주 너의 하나님을 사랑하라 하셨으니 이것이 크고 첫째 되는 계명이요, 둘째도 그와 같으니 네 이웃을 네 자신 같이 사랑하라 하셨으니 이 두 계명이 온 율법과 선지자의 강령이니라."(마 22:37-40) 여기서 명령되고 요구되는 어떤 것이 있다. 그것은 율법을 의미한다. 그러나 여기서 명령되는 내용은 마음과 뜻의 상태이며, 영혼과 하나님 사이의 조화이며("주 너의 하나님을 사랑하라"), 영혼 내부에서의 조화이며("마음을 다하고 목숨을 다하고 뜻을 다하여"), 자아와 이웃 사이의 조화이다("네 이웃을 네 자신 같이"). 이런 요구들이 성취된다면 율법적인 모든 명령은 없어도 될 것이다. 그런 명령은 영혼과 하나님 사이에서 완전한 조화가 이루어지기 위한 궁극적인 조건을 진술하고 있으며, 이런 조화가 실현되지 않은 상황에서 이웃과 영혼 사이에서 완전한 조화가 이루어지기 위한 궁극적 조건을 진술하고 있다. 만일 그런 조화가 실현되었다면 "너는 ~ 하라"라는 명령은 무의미할 것이다. 만일 죄의 상태에서 궁극적인 완전성을 지각할 수 있는 어떤 가능성이 없다면 "너는 ~ 하라"라는 명령은 부적절한 명령일 것이다. 도덕적 규범에 관한 철학적 논문들은 일반적으로 그들의 분석을 위한 기초로서 죄 개념을 알지 못하기 때문에 "사랑의 법"을 이해하지 못했다.

어떤 사람이 본성에 의해서이든 아니면 은혜에 의해서이든 이런 명령을 성취하는 것이 가능한지의 여부와 자기와 하나님 사이의 불화와 이웃과 자신과의 불화를 치유하는 것이 가능한지의 여부는 후에 기독교의 대속론을 다룰 때 논의될 것이다. 지금 우리의 관심사는 사랑의 법을 병든 사람도 기대할 수 있는 건강의 희망으로서 인정하는 것이며, 인간이 소유하고 있지는 못하지만 소유해야 함을 아는 원초적 의로움으로서 인정하는 것이다. 왜냐하면 인간이 처해있는 모순과 그 결과 하나님과 이웃과 자기 자신과의 관계에서 발생하는 강요와 복종은 분명 이상적인 건강의 상태가 아니기 때문이다.

사랑의 법과 법 자체의 관계는 부차 청년과 예수의 만남에 관한 이야기에서 완전하게 이해된다. 그 청년은 율법의 모든 규정들을 지켰다. 그러나 그 규정들, 보다 엄밀한 의미에서 "율법"은 그 청년을 만족시키지 못했다. 그는 불안한 마음으로 물었다. "내게 아직 부족한 것이 무엇입니까?" 이런 물음은 죄인이 양심의 가책을 느끼는 본질적 이유가 생명의 궁극적 법이 사랑의 법이라는 사실을 알기 때문이라기보다는 오히려 정의와 평등의 통상적인 규정들에 순종하는 것만으로는 충분하지 못하다는 부정적인 깨달음 때문임을 시사해 준다.

예수는 그 청년이 추구하고 있는 보다 궁극적인 가능성을 다음과 같은 말로 정의하고 있다. "네가 완전하고자 하면 가서 네 소유를 팔아 가난한 자들에게 주라." 여기서 요구되는 것은 자기에 대한 관심이 완전히 제거된 행위이다. 생명의 법이 진술되기만 하면 그 법을 따르게 될 것이라는 소박한 도덕주의의 모든 주장은 예수의 이 명령에 대한 젊은 율법사의 다음과 같은 반응에 의해 잘못되었음이 드러난다. "그는 소유한 재산이 많으므로 근심하며 돌아갔다." 그 순간 그가 궁극적인 법에 순종하는 것을 불가능하게 만든 것은 예수님의 다음과 같은 교훈에서 알 수 있듯이 그의 많은 재산이었던 것처럼 보인다. "진실로 너희에게 이르노니 부자는 하늘나라에 들어가기 어렵다." 그러나 제자들은 곧 그 명령은 모든 인간이 자신과 자기의 소유에 관해 가지는 염려를 책망하는 것임을 알았다. "그러면 누가 구원을 받을 수 있겠습니까?"라는 그들의 물음은 곧 그리고 정당하게 부자 청년의 처지를 모든 사람들에게로 확장하고 있다. 왜냐하면 모든 사람들은 그들이 소유하고 있는 것과 그들의 지위에 의해 자신의 안전을 확보하는 죄와 연루되어 있기 때문이다.

제자들의 이런 절망적인 물음에 대한 예수의 대답은 제자들의 관점을 전적으로 수용하고 있다. 예수는 인간 삶의 궁극적인 가능성은 죄에 물든 인간의 능력 너머에 있음을 인정한다. "사람으로서는 불가능하다." 그 가능성은 하나님의 은혜로부터 주어지는 궁극적인 가능성이다. "그러나 하나님에게는 모든 것이 가능하다." 현대의 자유주의 신학은 인간이 본성에 대한 예수의 태도와 사도 바울의 태도 사이의 차이를 중요하게 생각했다. 그러나 이 이야기에 내포되어 있고 단언된 예수의 주제는 바울의 구원론이 주장하는 주제와 동일하다. 즉 인간의 본성과 죄에 사로잡힌 그의 상황 사이의 모순은 인간 자신의 능력에 의해서는 해결될 수 없고 오직 하나님의 능력으로부터만 해결될 수 있다는 것이다.

그러므로 인간의 본성에 관해 이 이야기가 제시해 주는 명시적인 견해와 암시적인 견해는 다음과 같이 요약될 수 있을 것이다. (a) 죄인으로서의 인간은 자유로운 정신으로서의 그의 본성이 요구하는 궁극적인 조건들에 관해 무관심하지 않다. 그는 율법이 역사적으로 아무리 특수하게 구현된다 해도 충분하지 못하다는 것을 안다. (b) 인간은 이런 궁극적인 필요조건들의 성격을 충분히 알지 못한다. (c) 인간은 이런 필요조건들이 정의되자마자 곧 그 조건들을 충족시킬 준비가 되어있지 못하다. 이런 세 가지 전제들은 죄인으로서의 인간에 대한 "원초적 정의"의 전형적인 관계를 정확하게 설명해 준다.(마 22:37-39).

지금까지 우리는 법보다 더 고차원적인 이런 율법, 모든 법을 초월하는 이런 법, 죄인이 비록 소유하고 있지는 못하지만 결핍을 느끼는 방식으로 가지고 있는 이런 원초적 의로움에 관해 잠정적으로 정의해 왔다. 이제 이런 정의에 관해 보다 상세하게 설명해 보자. 그 정의에는 다음과 같은 세 가지 조건들이 포함되어 있다. (a) 영혼과 하나님의 완전한 관계. 이런 관계에서는 순종보다 사랑과 신뢰가 더 중요하다. ("주 너의 하나님을 사랑하라.") (b) 영혼의 모든 욕망과 충동에 있어서 자아와의 완전한 내적인 조화. ("마음을 다하고 목숨을 다하고 뜻을 다하여.") (c) 생명과 생명의 완전한 조화. ("네 이웃을 네 자신 같이 사랑하라").

(a) 이런 세 가지 요구 조건들 중 첫 번째 조건이 가장 본질적이다. 마치 불신앙과 불신이 근본적이고 원초적인 죄이듯이 말이다. 하나님을 사랑하라는 이런 근본적인 요구조건은 바울의 세 요구조건들 중 두 조건인 "믿음"과 "소망"과 동일하다. 하나님의 섭리에 대한 믿음이 없다면 인간의 자유는 방종으로 이어질 가능성이 있다. 소망은 믿음에 종속되지만 믿음과 동일하다. 소망은 미래에 관한 믿음이다. 미래는 시간 속에 나타날 수도 있는 영원성의 예측할 수 없는 가능성들을 상징한다. 믿음과 소망이 없다면 이런 가능성들은 인간의 보잘 것 없는 의미의 우주에게

견딜 수 없는 위협이 된다. 그런 가능성들은 어느 순간 하찮은 의미체계 속으로 – 인간은 이런 의미체계에 의지하여 살며, 그 체계에 의지하여 안정감을 유지하고자 하는데 – 예측되지 않고 예측할 수 없는 요소들을 이끌어 들일 수도 있다. 역사는 합리적이 아니다. 적어도 역사는 인간이 역사의 의미를 이해하기 위해 일정한 틀에 따라 체계화시켜 놓은 합리적 통일성의 체계들에 따라 일어나지는 않는다. 이런 체계들은 불가피하게 어떤 특별한 의미의 토대에 의존하게 되는데, 역사의 부침에 따라 이런 의미의 토대 자체가 변하기 때문이다. 그러므로 역사는 오직 믿음에 의해서만 유의미할 수 있는데, 믿음은 역사에서 비합리적인 것처럼 보이는 요소들을 포괄하며 그 비합리적 요소들을 인간의 이해를 초월하는 신적인 지혜의 표현이라고 보기 때문이다. 하나님의 지혜에 대한 믿음은 사랑의 필수적인 전제조건이다. 왜냐하면 믿음이 전제되지 않으면 인간은 불안하며, 그 불안에 의해 자만과 교만의 악순환에 빠지게 되기 때문이다. 이미 언급되었듯이 "염려하지 말라"는 교훈은 예수에 의해 다음과 같이 표현된 믿음과 결합될 때에만 의미를 가진다. "너희 하늘 아버지께서 이 모든 것이 너희에게 있어야 할 줄을 아시느니라."(마 6:32)

불안을 제거하는 믿음, 소망, 그리고 신뢰가 인간 존재의 단순한 가능성들이라고 생각되어서는 안 된다. 이것은 그리스도 안에서 하나님에 관해 약간의 지식을 가지는 사람들, 즉 죄의 혼란을 뚫고 계시된 기독교의 진리를 접하게 된 사람들에게도 마찬가지이다. "염려하지 말라"는 본문에 근거하여 설교하는 정직한 설교자, 즉 염려하지 말라는 권고를 주제로 설교할 때 회중의 지지를 받기 위해 그의 영혼이 얼마나 노심초사하는지 관찰하여 아는 정직한 설교자라면 누구든지 "염려하지 말라"는 이 권고가 얼마나 실천하기 어려운지 알 수 있다. 다시 말해, 염려 또는 불안으로부터의 자유는 인간이 죄인으로서 행위로 실천하지 못하는 궁극적 가능성이다. 믿음을 가진 사람도 마찬가지이다. 그가 죄인인 한 그는 불안으로부터 자유로울 수 없다. 그런 자유는 아담이 타락하기 이전의 완전성에 속하는 것이다. 죄에 속한 자아는 자신에 관해 염려한다. 그렇지만 그는 염려해서는 안 된다는 사실을 알기는 한다.

믿음과 신뢰가 자유의 필연적 전제조건임을 아는 이런 지식은 인간에게 본유적으로 부여된 능력이 아니라 오직 계시에 의해 인간 자유의 전 영역과 그 자유의 주인인 하나님의 실체가 드러날 때에만 인간에게 알려진다. 성서적 상징성의 관점에서 보면 타락하기 이전에 아담이 완전했었다는 사실은 "두 번째 아담"이 그것을 정의하기 전에는 완전히 알 수 없다. 적어도 이런 주장은 부분적으로는 옳다. 왜냐하면 기독교 신앙은 단순히 인간의 자기 모순적 상황에 대한 대답이 아니라, 그런 모순의 완전하고도 명백한 계시이기 때문이다. 대속자로서의 하나님에 관한 계시는 심판자로서의 하나님에 관한 이전의 지식을 더욱 공고히 해준다. 왜냐하면 하나님의 대속적 사랑에 관한 계시에 의해 그의 거룩성이 분명히 드러나는데, 그렇게 드러난 거룩성에 의해 인간의 죄가 심판되기 때문이다. 이런 역설의 인간학적 결과는 인간이 처해 있는 모순의 궁극적 해결자인 하나님에 대한 믿음이 그 모순에 대한 인간의 지식을 분명하게 해준다는 것이다. 인간은 불안의 원인이 그의 불신에 있음을 안다.

그렇지만 이것이 분명히 보이지 않을 때에도 "염려하지 말라"는 명령의 희미한 메아리가 불안해 하는 인간에게 들려온다. 믿음을 통한 평정심은 그의 소유가 아니다. 그러나 그는 믿음을 통해 평정심을 가져야 한다는 사실을 안다. 스토아 철학은 "자연법"을 체계화하였으며, "양심"은 그 "법"이 피조물로서의 인간을 위해 규정된 것이라는 이론을 체계화하였다. 그런 스토아 철학이 동시에 그 "법"은 자유로운 정신으로서의 인간을 위한 것이기도 하다는 이론을 주장하였다. 스토아 철학의 '아파테이아'($\grave{\alpha}\pi\acute{\alpha}\theta\varepsilon\iota\alpha$) 이론은 인간의 능력으로 어쩔 수 없는 삶의 모든 흥망성쇠에 대해 무관심하라고 가르친다. 스토아 철학의 이런 이론은 "염려하지 말라"는 명령에 관해, 그리고 자유를 위한 건전한 조건인 평정심의 필요 조건들에 관해 인간이 알 수 있는 것이 무엇인지 자연신학적 관점에서 정확하게 지시하고 있다. 그렇지만 스토아 철학의 범신론적 한계 내에서는 역사에서의 창조성을 파괴하지 않고 불안으로부터의 자유를 성취하는 것이 불가능하다. 스토아 철학의 신은 절대적으로 자유로운 정신이 아니며 창조자가 아니다. 결국 '아파테이아'는 영혼을 자아에 축소시키고 역사의 모든 문제들과 의무들과의 관계를 차단한 대가로 획득된 인간 정신의 자만이다.[332] 한편, 스토아 철학은 창조론이 없고 따라서 하나님과 세계 사이를 구분하지 않으며, 창조된 원초적 세계와 죄에 사로잡힌 세계를 구분하지 않기 때문에 모든 것이 선하다는 잘못된 확신을 가지고 불안으로부터 자유로워질 것을 조언한다.[333] 따라서 스토아 철학이 가르치는 불안으로부터의 자유는 인간의 현실적인 세계의존성을 무시하는 자만에 빠질 수밖에 없으며, 동시에 역사에서 일어나는 악의 문제

---

332 에픽테투스는 '아파테이아'에 관한 이런 사상을 다음과 같이 표현한다. "어떤 것은 우리가 할 수 있고, 어떤 것은 그렇지 못하다. 의견, 추구함, 욕망, 미움 등은 우리 자신이 할 수 있는 것들이다. 신체, 부, 명성, 지배력 등은 우리 자신이 할 수 없는 것들이다. … 바라건대 그대 자신의 것만 그대의 것이라고 생각시오. 다른 사람들에게 속하는 것은 그대로 두시오. 아무도 그대를 강요하지 않을 것이오. 아무도 그대를 제지하지 않을 것이오. 그대는 다른 사람의 흠을 잡지 마시오. 아무도 비난하지 마시오. 그대 자신의 의지에 반하는 일을 하지 마시오. 아무도 그대에게 상처를 주지 않길 바라오. 원수를 만들지 마시오. 그대가 해를 당하지 않길 바라기 때문이오." *The Enchiridion*, I.

333 마르쿠스 아우렐리우스에 의하면 "만일 신들이 그렇게 내게 일어날 일들을 특별히 계획했다면 나는 그들의 사려 깊고 지혜로운 계획들을 따라야 한다. 왜냐하면 신이 무분별하다고 생각할 수는 없기 때문이다. 그러나 만일 신들이 나에 관해 특별히 계획하지 않았다면 그들은 전체를 생각했음이 분명하다. 그리고 나는 이런 일반적인 계획의 결과 나에게 일어나는 일들을 수용하고 받아들이지 않을 수 없다." *Meditation*, VI, 39.

를 외면하는 결정론에 빠질 수밖에 없다.[334] 이런 오류들은 인간의 자유와 의존성의 문제를 해결하려 하는 범신론적 합리주의의 한계를 드러낸다. 그 문제는 오직 역사를 하나님의 섭리의 관점에서 이해하는 기독교 사상에 의해서만 해결될 수 있다. 그럼에도 불구하고 스토아 철학이 신뢰와 평정심에 관해 주장하는 것도 어느 정도 타당하다는 사실을 인정하는 것은 중요하다. 죄에 속한 인간도 신뢰와 평정심이 인간의 궁극적 선이라는 사실을 알기 때문이다. 이런 신뢰와 평정심은 근원적 완전성의 일부이다. 그런데 인간은 그런 신뢰와 평정심을 가져야 한다는 것을 알기는 하지만 스스로의 노력에 의해 실제로 가지지는 못한다.

(b) 원초적 의로움의 두 번째 필요조건은 "마음을 다하고 목숨을 다하고 뜻을 다하여"라는 사랑의 법에 표현되어 있다. 이런 필요조건과 이상적인 가능성은 영혼 내에서 완전한 내적인 조화가 형성될 때 가능하다. 이런 내적 조화는 죄에 속한 인간에게서는 실현될 수 없다. 왜냐하면 자아와 하나님 사이에서 그렇고, 자아와 사회 사이에서 그렇듯이 자아 내부에서도 강요와 복종이 있기 때문이다. 그러나 비록 죄에 속한 인간이라 할지라도 오직 그런 내적 조화만이 완전한 의로움의 조건이라는 사실은 안다. 죄에 속한 인간은 그의 마음과 뜻과 힘을 다하여도 아무것도 하지 못한다. 죄의 결과 인간은 선을 행하고자 하기는 하지만 실제로 선을 행하지는 못한다. 이런 사실에 관해 바울은 다음과 같이 고백한다. "원함은 내게 있으나 선을 행하는 것은 없노라."(롬 7:18) 여기서 알 수 있듯이 인간의 모든 행위는 "의지의 결함", 즉 특정한 경우에 일반적인 의지

---

334 마르쿠스 아우렐리우스는 스토아 철학의 이론이 가지는 양면성을 다음과 같이 표현한다. "그대는 그대의 죽음을 기다리는 수밖에 없소. 그동안 그대는 죽음이 더디 오는 것에 대해 슬퍼하지 말고 다음의 두 가지 것들에 만족해야 하오. 첫째, 우주의 법칙에 따르지 않는 어느 떤 것도 그대에게 일어나지 않을 것이오. 둘째, 그대 자신의 고유한 신과 내적인 정신에 모순되는 어떤 일도 행하지 않는 것은 그대의 능력에 있소." *Meditation*, V, 10.

를 수행할 능력이 없음을 드러낸다.

관념론자들은 전통적으로 이런 내적 모순을 지성적 자아와 감각적 자아 사이의 긴장, 또는 보편적 자아와 경험적 자아 사이의 긴장이라고 설명하였다. 이런 설명은 언제나 어느 정도 타당성을 가진다. 초월적 자아와 행위자로서의 자아 사이에는 실제적인 차이가 있기 때문이다. 그러나 관념론적 설명은 자아의 통일성을 고려하지 않으며, 오직 하나의 의지가 있을 뿐이라는 사실을 간과한다. 단 하나의 이 의지는 그가 의지하는 선을 행할 수 없기 때문에 자기모순적인 의지이다. 그 의지는 특정한 경우에 초월적인 목적을 수행하지 못한다. 왜냐하면 그 의지의 동력이 특정한 경우에는 부분적으로 염려하는 자아의 불안과 염려에 의해 공급되기 때문이다. 이런 불안이 초월적인 일반적 목적과는 다른 방향으로 동력을 작동시키기 때문이다.

염려하는 자아는 불가피하게 자신이 자기 자신의 중심이자 목적이라고 생각한다. 그러나 자아의 자기초월은 무한퇴행에 빠질 수밖에 없기 때문에, 즉 자아가 자신을 초월하려 하지만 결국은 자아 자신을 벗어날 수 없기 때문에, 오직 하나님만이 – 자아 자신이 아니라 – 자아의 중심이자 목적일 수 있다. 따라서 하나님에 대한 순종의 행위들에도 내적인 모순이 존재한다. 그런 순종의 행위가 사랑의 행위라기보다는 오히려 순종의 행위라는 사실은 그 행위가 "마음을 다하고 목숨을 다하고 뜻을 다하여" 행해진 것이 아님을 의미한다. 자아가 자신에 집착하는 한 그 자아는 완전한 신뢰와 믿음을 다하지 않으며, 따라서 강요될 수밖에 없다. 그렇지만 그 자아는 그렇게 자기에게 집착하는 자아가 자기 자신의 충분한 중심과 안전임을 확신할 수 없다. 그러므로 자아는 이런 내적 부조화가 극복된 이상적인 가능성을 늘 회상한다. 이렇게 자아가 그런 이상적인 가능성을 늘 회상한다는 점에서 볼 때 완전한 타락을 주장하는 모든 교리는 잘못된 것이다. 그러나 이런 부조화의 내적 긴장이 현실적으로 있다는 점에서 보면 인간의 선이 손상되지 않았다는 모든 교리는 잘못된 것이다.

자아가 자기중심적으로 자신에 집착하는 한 자아의 순종은 강요된 순종일 뿐이다. 자아가 자신을 초월하는 한 자아 마지못해서 하는 그런 태도가 부적절함을 안다. 그러므로 사랑에서 우러나지 않는 순종행위들은 양심의 가책을 유발한다. 단지 불순종에 의해 생긴 양심의 가책과는 정도와 종류에 있어서 다를 뿐이다. 이상적인 가능성은 언제나 "그들은 당신이 명령하시는 것들을 사랑하고 당신이 약속하시는 것을 바란다는 것"이다.

자아와 영혼의 완전한 조화는 하나님과 영혼의 완전한 교류에서 유래하는 것이며 하나님의 사랑에서 파생되는 것이다. 하나님의 사랑이 순종을 능가하는 곳에서는 영혼이 철저히 그의 참된 원천과 목표를 지향한다. 죄에 속한 인간이 행하는 어떤 행위들도 이런 이상적인 가능성과 완전히 일치하는 것은 없다. 사랑에 미치지 못하는 순종은 비록 그 순종이 보편적이라 할지라도 행위의 기준이 되지 못한다는 느낌은 원초적 의로움이다. 원초적 의로움은 의무감이 있어서는 안 된다는 느낌이다. 원초적 의로움은 "당신은 해야 한다"는 것이 전혀 없음을 연상시키는 "당신은 해야 한다"이다.

(c) 마찬가지로 이웃사랑, 즉 생명과 생명의 완전한 조화이자 의지와 의지의 완전한 조화인 이웃사랑은 하나님에 대한 완전한 믿음과 신뢰에서 파생되는 것이다. 그런 신뢰가 없다면 인간은 염려와 자만의 악순환에서 벗어나지 못하는데, 이런 악순환에 의해 인간은 이웃의 필요에 대해 진심어린 관심을 갖지 못하게 된다. 따라서 인간과 인간 사이의 사랑은 완전한 원초적 의로움의 절대적인 한 측면이다. 사랑은 또한 원초적 의

의 궁극적인 형태이기도 하다. 사랑은 인간관계의 궁극적인 요구조건이다. 만일 서로 관계를 맺고 있는 사람들의 자유가 존중된다면 말이다.

인간의 인격은 일상적인 인식과정을 통해서는 파악할 수 없는 깊이와 독특성을 가진다. 일상적인 인식은 언제나 인간을 하나의 사물이나 대상으로 환원하는 경향이 있다. 자아가 다른 자아를 단순히 하나의 관찰대상으로 이해하고자 할 때는 신적인 인격은 물론이고 인간의 인격도 무시된다. 다른 자아의 삶을 피상적으로 대하고 그의 존재의 깊이를 통찰하지 못하는 접근방식은 그의 창조적 주체성, 즉 그가 가지는 인격의 고유한 깊이가 드러나지 못하도록 막는다. 각 개인의 고유한 특성은 일반적인 지식에 의해서가 아니라 사랑에서 이해될 수 있다. 일반적인 지식에서는 자아가 다른 자아를 이성의 일반적 범주들에 맞추기 위해 그의 독특성을 제거하고 일반화시키기 때문이다.[335]

그러므로 인격과 인격 사이의 진정한 사랑은 사람들을 서로 결합시키고 분리시키는 본성의 획일적인 요소들과 차이들이 모두 초월되는 영역에서 정신과 정신이 만나는 관계성이다. 이것은 결코 쉬운 일이 아니다. 어떤 면에서 보면 각자의 영혼은 다른 사람들에게 불가해한 것이다. 다른 자아의 영혼을 이해하는 것은 오직 하나님의 사랑에 의해서만 가능하다. 개인과 개인 사이에서 일어나는 모든 인간적 사랑은 각자의 마음속에 있는 불가사의한 것들에 의해 좌절되며, 인간과 인간 사이에 쳐있는 불투명한 "차단막"에 의해 좌절된다. 그러므로 인간의 사랑이 가능하다면 그 사랑은 언제나 영혼과 영혼이 하나님과의 공통된 관계를 통해 형

---

335 이 문제에 관한 깊은 논의를 위해서는 부버(M. Buber)의 『나와 너』(*I and Thou*)와 베르디에프(Berdyaev)의 『고독과 사회』(*Solitude and Society*)를 참조하라. 주체에 관한 베르디에프의 주장은 이원론적 주장, 즉 다른 자아의 "너"를 "그것"으로 환원하려는 경향은 모든 대상인식이 가지는 비본질적 특성의 한 측면에 불과하다는 이원론적 주장에 의해 그 가치가 손상된다. 따라서 모든 피상적 지식은 "타락한" 세계의 한 모습으로 간주된다.

성된 영혼들 사이의 관계이다. 인간의 사랑이 가능하지 않다면 그 사랑
은 하나님에 의해서만 인간의 사랑이 궁극적으로 실현될 수 있음을 환
기시켜 준다. 하나님의 사랑이 인간과 인간의 관계를 뒷받침해주고 완전
하게 해주지 않는 곳에서는 본성에 의해 야기되고 죄에 의해 더욱 악화된
차이들, 즉 지리적, 인종적, 시간적, 장소와 역사적 차이들은 인간을 서로
분리시킨다. 사실 본성과 이성의 유사성들이 인간을 연합시킬 수도 있지
만 정신과 자유의 차원에서 그렇게 하지는 못한다.

따라서 사랑의 법은 인간 자유의 필요조건이다. 그리고 자아의 자유
와 타자의 자유는 모두 그런 사랑을 요구한다. 자아가 아무리 정의의 규
칙을 철저히 지킨다 할지라도, 아무리 특별한 방법으로 자아의 이익과
타자의 이익을 조정한다 할지라도 자아는 그가 최선을 다했다는 감정을
가질 수 없다. 자아의 자유는 그 이상의 것을 요구하기 때문이다. 자아는
그의 자유에서 이런 법과 규율을 끊임없이 초월하며, 그런 법과 규율들
은 우연적인 요인들에 의해 결정되기 때문에 이웃을 “네 자신처럼” 사랑
하는 궁극적 가능성에 미치지 못함을 깨닫는다. 정의감이 궁핍한 이웃에
대한 일반적인 의무감을 촉발하여 합법적인 실업보험 체계를 제도화 하
도록 할 수도 있다. 그러나 자아가 그런 최소한의 정의의 혜택을 받는 사
람들 가운데서 특별히 곤궁한 사람들을 발견할 때 그는 그런 제도에 책
임을 맡기고 자신은 무관심할 수 있다. 타자의 자유와 독특성도 역시 정
의의 모든 도식을 초월하는 도덕적 요구들을 제기한다. 타자는 일반적
인 형평성의 규범들에 의해 만족될 수 없는 특별한 것들을 요구한다. 공
산주의 이론에서도 기본적인 평등주의보다는 유토피아에 대한 궁극적
인 환상이 더 중요시된다. 그런 유토피아에서는 “부르주아 평등”조차도
모든 사람이 “그의 능력에 따라 주고 필요에 따라 받을” 완전한 상태에
미치지 못한다.

따라서 사랑은 모든 도덕체계의 마지막 용어이다. 사랑에서 정의의 모든 체계들은 완성되고 부정된다. 그 체계들이 사랑에서 완성되는 것은, 생명에 대한 생명의 의무가 평등과 정의의 어떤 체계에서보다 사랑에서 더 완전하게 충족되기 때문이다. 그 체계들이 부정되는 것은, 사랑은 정의의 모든 구조들을 계산하여 평가하지 않기 때문이다. 사랑은 자아의 필요와 타자의 필요를 계산하여 조정하지 않는다. 사랑은 자아에 대한 관심이 없이 타자의 필요를 채워주기 때문이다.

4. 원초적 의로움의 초월성

인간의 전적 타락을 단정적으로 주장하는 비관적인 이론들을 타파하기 위해 중요한 것은 인간의 내면에 원초적 정의인 사랑의 법이 법과 필요조건으로서 여전히 현존함을 단언하는 것이다. 마찬가지로 중요한 것은 현대의 세속적 이상주의와 기독교적 이상주의가 주장하는 것과는 달리 사랑의 법을 실천하는 것은 결코 단순한 가능성이 아님을 인식하는 것이다. 사랑은 자유의 법이다. 그러나 인간은 완전히 자유롭지 못하다. 인간이 가진 자유는 죄에 의해 손상된 자유이다. 정의를 실현하기 위한 모든 역사적 도식들과 구조들은 자연과 역사의 우연적 요소들과 죄의 사실성을 고려해야 한다. 인간은 인종과 국가, 시간과 장소를 초월하기 때문에 예를 들어 중국과 아메리카의 이익을 규정하는 어떤 정의의 도식도 중국에 있는 개인의 이익을 아메리카에 있는 개인의 필요보다 덜 지지하는 것을 막을 수 없다. 그러나 이런 이익들을 완전한 사랑의 논리에 의해 서로 조정하여 중국에 있는 사람이 아메리카에 있는 사람의 이익을 자기 자신의 이익처럼 대변해 주거나 아메리카에 있는 사람이 중국에 있는 사람의 이익을 자기 자신의 이익처럼 대변해 주게 될 가능성은 거의 없다. 인간의 상상력(구상력)은 너무나 제한적이기 때문에 다른 사람의 이익을 자신의 이익처럼 그렇게 생생하게 보고 이해할 수 없다. 게다가 그런 어떤 조화의 체계가 실현되기 위해서는 개인적 행위 이상의 어떤 조치가 필요할 것이다. 이를 위해서는 지정학적인 우연적 요인들과 천연자원의 차이 등에 의해 영향을 받지 않는 거대한 경제적 정치적 구조가 조직되어야 할 것이다. 그러므로 역사상의 어떤 정의의 구조도 사랑의 법을 성취할 수 없으며 그렇게 할 수 없는 것에 만족하고 있을 수도 없다.

죄는 본성과 유한성의 타성에 훨씬 더 강력한 부패의 힘을 이끌어 들인다. 시간과 공간의 제약을 받는 인간은 그에게 허락된 시간과 공간의 한계 너머에 살고 있는 다른 사람들의 필요를 느끼지 못한다. 그러나 단순히 그런 것만은 아니다. 그는 다른 사람들이 필요로 하는 것들을 해주라고 요구하는 양심의 소리를 거부하며, 자신의 이익을 위해 그들의 이익과 무관한 것들을 요구한다. 스토아 철학의 이론과 카톨릭 이론은 모두 절대적인 자연법과 상대적인 자연법을 구분함으로써 죄에 의해 야기된 상황을 특별히 고려하였다. 스토아 철학은 죄의 사실과 타협하지 않고 양심의 요구들을 제시한다. 카톨릭 이론은 죄악된 세상의 합법적이고 도덕적인 필요들을 주장하였다. 따라서 절대적인 자연법은 완전한 자유와 평등을 요구하였다. 한편, 상대적인 자연법은 정부의 강제, 노예제도를 포함하여 재산과 계급의 불평등, 그리고 갈등의 필연성 등을 정의하였다. 절대적 자연법은 전쟁을 금지하였지만, 상대적인 자연법은 죄악된 세상에서 정의를 실현하기 위한 수단으로서 전쟁이 필요하다고 인정했다.

카톨릭 합리주의는 자연법과 원초적 정의를 지나치게 철저하게 구분하듯이 상대적 자연법과 절대적 자연법을 너무 엄격하게 구분하는 경향이 있다. 그럼에도 불구하고 도덕적 경험의 실제적 현실들과 관련하여 볼 때 – 현대의 세속적 유토피아주의와 기독교적 유토피아주의가 무시하지만 – 이런 구분들은 정당한 구분이다. 죄의 세력이 가지는 한계 또는 죄를 초월하는 이상적 가능성들의 한계를 명확히 설정하는 것이 불가능하기 때문에 그런 구분들은 지나치게 단정적이다. 우리는 자연이나 역사의 불균형이 어디서 언제 불가피한 운명으로서 받아들여져야 하며 어디서 무시되어야 할지 단정할 수 없다. 그리고 전제정치와 불의에 대한 저항이 언제 어디서 정당화될 수 있을지도 미리 단정할 수도 없다. 만일 상대적 자연법과 절대적 자연법이 지나치게 철저하게 구분된다면 상대적 법이 허용하는 불평등과 갈등은 지나치게 낙관적으로 받아들여진다. 자연법과 사랑의 법을 정확하게 구분할 수 없듯이 상대적 자연법과 절대적 자연법도 정확하게 구분할 수 없다. 왜냐하면 정신의 자유는 본성의 필연성에 연루되어 있고 그 자유의 건전성과 병폐는 서로 불가분적으로 연관되어 있어, 자유의 필요조건으로서 사랑의 법이 요구하는 것들에 의해 본성과 죄의 확실한 요소들을 명확하게 분리해 내는 것이 불가능하기 때문이다.

그렇지만 이런 구분들이 아무리 독단적이라 할지라도 현대의 공상적 이상주의자들처럼 전혀 구분하지 않는 것보다는 구분하는 것이 더 낫다. 기독교적 이상주의자들은 사랑의 법이 완전히 실천된다면 정의를 위한 모든 제도들과 규범들이 필요없다고 생각한다. 그들은 사랑의 법이 역사의 중심이 아니라 역사의 경계에 서 있다는 사실, 즉 사랑의 법은 당면한 가능성이 아니라 궁극적 가능성이라는 사실을 알지 못한다. 그들은 만일 그들이 사람들로 하여금 전제정권에 저항하지 않도록 설득하여 전투를 피할 수만 있다면 하나님의 나라로 안내할 수 있을 것이라고 생각한다. 그들은 죄악이 지배하는 세상에서 경쟁적인 군사적 긴장에 의해 정의가 어느 정도까지 현실적으로 지속되는지 알지 못한다. 군사적 긴장은 언제나 전투에 휩싸일 위험을 내포하고 있지만, 그런 군사적 긴장이 없으면 약한 자의 의지가 강한 자의 의지에 종속되는 독재적인 평화만이 있을 것이다.

18세기의 세속적 이상주의자들은 초월적이고 절대적인 자연법의 자유와 평등에 모든 법을 초월하는 사랑을 추가하였으며, "자유, 평등, 그리고 동포애"가 엄밀한 의미에서의 "자연"이라고 생각했다. 그들은 모든 역사를 초월하는 인간 자유의 이런 궁극적 가능성들은 단순히 역사적 가능성들일 뿐만 아니라 자연의 실제적 사실들로서 주어져 있다고 생각했다. 종교적 유토피아주의와 세속적 유토피아주의는 현대의 부르주아적 자유세계에서 발생하는 총체적인 정의의 문제를 혼란에 빠지게 하였으며, 서양 문명의 데카당 운동으로부터 성장한 야만성의 위험에 대항하여 이런 세계의 순수한 가치를 방어하는 문제를 더욱 악화시켰다.

기독교는 인간이 자연의 필연성을 초월하는 자유를 가지고 있다는 점에서 인간을 높이 평가하지만 동시에 그 자유가 죄에 의해 파괴되었다는 사실을 안다. 그렇기 때문에 기독교는 죄에 속한 인간에게 법으로서 여전히 남아있는 원초적 의로움, 즉 타락 이전의 완전성이 궁극적으로 역사에서 실현될 수 있느냐 하는 물음에 대해 단순하게 대답하지 못한다. 우리는 후에 이 문제가 가지는 다양한 측면들과 함축적 의미들을 분석하게 것이다. 그런 분석에서 중요한 것은 종교개혁에 의해 전에 한 번 제기되었다 지금은 거의 잊어진 쟁점들을 다시 생각해 보는 것일 것이다. 종교개혁 초기 기독교의 일반적인 대답에 의하면 원초적 의로움, 즉 사랑의 법은 자연적 인간을 위한 가능성이 아니라 "은총"에 의해 죄의 상처가 치유된 구원받은 인간에 의해 실현될 수 있다. 종교개혁 사상은 죄의 사실성을 역사적 실존의 영속적 범주로서 보다 진지하게 받아들였으며, 역사의 어느 시점에서도 역사가 완성되지 않으며 인간의 자기모순이 끝나지 않는다고 주장했다. 그러므로 종교개혁 사상은 하나님의 "은총"을 인간의 불완전성을 완전하게 하는 인간 내부의 신적 능력으로 정의하지 않고, 오히려 인간의 다양한 성취욕에서 발견되는 지속적인 자기모순에도 불구하고 양심의 가책을 덜어주는 하나님의 자비로 정의한다. 종교개혁 사상의 이런 핵심적 쟁점은 현대의 개신교 신학사상에서 잊혀졌다. 개신교 신학사상에서는 성화와 완전에 관한 카톨릭 이론들의 제한조건들조차 사라졌다. 결과적으로 인간의 본성과 인간의 운명에 관한 현대 자유주의 개신교의 해석들은 현대 문화형성의 근간이 된 보다 세속적인 해석들과 마찬가지로 인간 역사의 비극적 사실들, 특히 현대사의 비극적 사실들과 명백히 모순된다.

인간의 본성에 관해 종교개혁은 카톨릭의 낙관론을 거부하였으며, 현대 개신교는 카톨릭과 종교개혁의 비관론을 모두 거부한다. 낙관론을 거부하는 종교개혁의 인간관과 비관론을 거부하는 현대 개신교 인간관 사이의 이런 철저한 대립은 기독교 인간론에서 해결되지 않은 문제들이 많이 있음을 보여주는 현상이다. 비교적 온건한 카톨릭 이론들은 인간의 본성에 관해 종교개혁의 비관론과 현대 개신교의 낙관론 사이에서 중도적 입장을 취하는 것처럼 보인다. 그렇지만 카톨릭의 종합은 르네상스와 종교개혁의 연합전선에 굴복하고 말았다. 르네상스는 인간의 본성과 인간의 역사를 무한한 가능성의 영역으로 간주하였으며, 중세 기독교에 의해 인간의 자유가 위축되었고 인간의 운명이 왜곡되었다고 생각했다. 이 점에서 르네상스는 옳았다. 그러나 선한 가능성들이 증대하면서 점차적으로 악한 가능성들이 제거될 것이라고 생각한 점은 잘못이다. 낙관적 발전을 예상하는 이런 잘못된 견해는 기독교의 종말론과 고전적 합리주의의 기묘한 결합에 – 이런 결합이 르네상스 정신의 토대가 되었는데 – 내재되어 있었다.

한편, 종교개혁은 선과 악 사이의 어떤 구분도 의미를 가질 수 없다는 사실에 사로잡혀 있었으며, 어떤 인간도 의롭다고 인정될 수 없는 하나님의 궁극적 심판에서는 이런 모든 구분들이 무의미해진다는 사실에 집착하고 있었다. 그리고 종교개혁은 인간의 본성과 역사가 최저 수준의 도덕적 사회적 성취는 물론이고 최고 수준의 성취에서도 자기 모순적이라는 사실 이외에도 역사에서 선을 실현하는 것이 가능하지 않다는 생각에 사로잡혀 있었다.

르네상스와 종교개혁은 모두 "중세의 종합"에서 이해된 한계를 넘어서는 인간 본성의 복합적 요소들을 탐구하였다. 그러나 그들이 탐구한 것들은 서로 모순되었다. 현대 문화에서 인간의 본성에 관해 서로 의견이 일치되지 않는 이유는 한편에서는 이런 미해결의 모순 때문이며, 다른 한편에서는 르네상스가 종교개혁에 대해 완전한 승리를 거두어 종교개혁의 통찰들이 현대 문화의 비주류에서만 보존되었기 때문이다.

르네상스와 종교개혁의 통찰들을 어느 정도까지 그리고 어떤 방식으로 서로 효과적으로 종합할 수 있을 것인가 하는 것은 우리가 이 책에서 앞으로 다루어야 할 중요한 문제들 중 하나이다.

인명색인

(ㄱ)

겐틸레(Gentile, Giovanni) 148
고드윈(Godwin, W.) 181, 182
괴테(Goethe, J. F.) 129
그레고리우스(Gregory of Nisa) 251, 274, 275, 279, 296, 333,
        348, 349
기포드(Gifford, A. L.) 5, 7, 8, 13, 22, 29, 30

(ㄴ)

노발리스(Novalis) 156
니체(Nietzsche, F. W.) 51, 54, 72, 86, 87, 89, 90, 93, 96, 97,
        108, 109, 111, 152, 153, 154, 157, 158, 159, 163, 164,
        205, 345

(ㄷ)

데모크리토스(Democritos) 51, 64, 65, 181
데카르트(Descartes, R.) 7, 65, 66, 138, 139, 197, 305, 306
둔스 스코투스(Duns Scotus) 274
듀이(Dewy, John) 5, 190, 191, 192, 193, 196
디드로(Diderot) 181
디오게네스 라에르티오스(Diogenes Laertius) 50

(ㄹ)

라바터(Lavater, J. C.) 156, 157
라스키(Laski, Harold J.) 317, 318
라우쉔부쉬(Rauschenbusch, Walter) 372
라이프니츠(Leibnitz, G. W. von) 145, 151, 197, 198, 200
러셀(Russel, Bertrand) 297, 300, 302, 381
레닌(Lenin, Nikolai) 102
레오나르도 다빈치(Vinci, Leonardo da) 65
레온(Leon, Philip) 316
로렌스(Lawrence, D. H.) 358, 359
로이스(Royce) 147, 148
로크(Locke,John) 138, 139, 140, 179, 180, 191
롬바르드(Lombard, Peter) 368, 369
루소(Rousseau, J. J.) 71, 97, 152, 154, 156, 170, 183, 184, 185,
        186, 205

159, 160, 161, 217, 372, 374
슐레겔(Schlegel, A. W. von) 156
스윈번(Algemon Charles Swinburne) 44
스피노자(Spinoza, Baruch) 65, 197, 198
실러(Schiller, J. C. F. von) 78, 86

(ㅇ)

아들러(Adler, Alfred) 99, 301
아리스토텔레스(Aristoteles) 45, 47, 48, 49, 50, 51, 52, 55, 59,
    64, 195, 226, 251, 252, 261, 330, 331, 346, 352
아우구스티누스(Augustine) 12, 46, 251, 252, 253, 254, 255, 256,
    257, 258, 259, 261, 266, 271, 273, 274, 276, 289, 295,
    306, 331, 332, 333, 338, 349, 350, 351, 352, 358, 359,
    365, 368, 369, 371, 372, 373, 376, 390, 391, 392, 393,
    401, 402, 416
아이스킬로스(Aeschylus) 53, 55
아퀴나스(Aquinas, Thomas) 47, 251, 252, 279, 293, 296, 351,
    352, 374, 375, 401, 420
아타나시우스(Athanasius) 277, 374
암브로시우스(Ambrose, bishop of Milan) 392
에크하르트(Eckhart, Meister) 120, 124, 125, 155
에피쿠로스(Epicuros) 51, 52, 64, 107, 172, 176, 181, 187, 197,
    206, 243
에픽테투스(Epictetus) 431
엥겔스(Engels, Friedrich) 100, 101, 102, 103, 104, 105, 305
오리게네스(Origenes) 251, 273, 348
오만(Oman, John) 215, 307, 313, 323, 324, 332, 333, 334, 335,
    345, 421
이레니우스(Irenaeus) 392, 405, 406, 417

(ㅈ)

제논(Zenon) 50, 53
제임스(James, William) 140, 144, 150, 187, 385
제임스 밀(James Mill) 187
제임스 워드(James Ward) 144, 150
존 바일리(Baillie, John) 29
존 스튜어트 밀(John Stuart Mill) 187
질손(Gilson, Etienne) 206

(ㅊ)

친첸도르프(Zinzendorf, N. L. von) 154, 155

개념색인

(ㄱ)

개체성 7, 10, 11, 48, 49, 59, 64, 67, 68, 69, 70, 93, 113, 115,
        116, 117, 119, 120, 121, 122, 123, 124, 125, 126, 127,
        128, 130, 131, 134, 135, 136, 137, 145, 146, 147, 148,
        149, 150, 151, 152, 153, 154, 155, 156, 157, 158, 159,
        160, 161, 162, 163, 164, 200, 211, 212, 226, 227, 268,
        271, 407
경험론 137, 139, 148, 178, 423
계몽운동 66, 71, 170, 180
계시 11, 59, 60, 62, 80, 119, 123, 129, 163, 215, 216, 217, 219,
        220, 221, 222, 223, 224, 229, 231, 234, 235, 236, 237,
        238, 241, 242, 251, 257, 263, 264, 298, 312, 314, 331,
        334, 380, 387, 411, 425, 429, 430
고난 받는 종 237
관념론 7, 8, 11, 46, 56, 57, 60, 64, 65, 66, 67, 69, 70, 79, 80, 81,
        84, 85, 86, 90, 95, 107, 137, 143, 144, 145, 146, 148, 149,
        150, 151, 153, 162, 163, 164, 170, 192, 194, 195, 196,
        199, 200, 201, 202, 203, 204, 212, 224, 225, 226, 243,
        272, 273, 306, 389, 433
관능적 욕구 12, 347, 348, 349, 350, 351, 352, 353, 354, 355,
        357, 358, 360, 361
교만 12, 17, 44, 53, 54, 62, 80, 96, 120, 135, 137, 150, 165, 172,
        197, 216, 230, 231, 232, 233, 234, 235, 242, 244, 272,
        276, 278, 284, 285, 286, 290, 293, 294, 295, 296, 297,
        298, 299, 300, 302, 304, 305, 306, 307, 308, 309, 310,
        311, 312, 313, 314, 315, 323, 324, 325, 326, 327, 328,
        329, 330, 331, 332, 333, 334, 335, 336, 341, 342, 343,
        344, 345, 346, 347, 349, 352, 354, 359, 376, 380, 385,
        409, 411, 414, 417, 429
구원 8, 43, 60, 61, 71, 80, 157, 158, 170, 173, 206, 220, 223,
        227, 231, 232, 250, 271, 275, 283, 308, 310, 311, 342,
        380, 387, 427, 441
기독교현실주의 15, 16, 20, 21, 22, 25, 29, 31, 32, 33, 34, 35, 36,
        37

(ㄴ)

낙관주의 51, 71, 72, 194, 195, 196, 204, 205, 239
낭만주의 10, 11, 13, 15, 22, 46, 51, 57, 64, 67, 71, 72, 78, 79,
        80, 81, 83, 85, 86, 87, 89, 90, 91, 92, 93, 94, 95, 96, 97,

98, 100, 107, 108, 109, 110, 112, 123, 129, 133, 151, 152,
153, 154, 155, 156, 157, 158, 159, 160, 161, 162, 163,
164, 170, 183, 184, 185, 205, 211
냉소주의 16, 21, 72, 110, 205, 305, 330
누스 12, 45, 46, 47, 48, 49, 57, 59, 125, 126, 127, 172, 224, 225,
226, 250, 251, 252, 253, 254, 255, 256, 257, 258, 259,
261, 262, 266, 271, 273, 274, 276, 289, 295, 306, 317,
331, 332, 333, 338, 349, 350, 351, 352, 358, 359, 365,
368, 369, 371, 372, 373, 376, 390, 391, 392, 393, 401,
402, 416

(ㄷ)

"닫힌" 종교 91
데카당 108, 109, 334, 335, 441
도덕법 145, 202, 203
도덕주의 181, 291, 310, 313, 338, 345, 365, 378, 391, 417, 427
도덕현실주의 17, 18, 19
독아론(solipsism) 316

(ㄹ)

로고스 48, 80, 85, 144, 226
로기스티콘 48
르네상스 9, 11, 46, 47, 64, 65, 68, 69, 70, 119, 121, 122, 124,
125, 126, 127, 128, 130, 134, 136, 152, 156, 169, 212,
243, 334, 442, 443
리바이어던 137

(ㅁ)

메시아 9, 30, 31, 233, 235, 237, 333

(ㅂ)

본성 1, 3, 5, 6, 7, 8, 10, 12, 13, 14, 17, 19, 20, 21, 22, 23, 24,
25, 26, 28, 30, 32, 33, 34, 35, 36, 46, 47, 49, 50, 56, 59,
60, 61, 63, 64, 72, 75, 77, 82, 83, 86, 88, 90, 92, 95, 108,
111, 126, 129, 137, 139, 143, 144, 148, 149, 162, 169,
171, 178, 182, 185, 187, 189, 194, 195, 204, 205, 207,
211, 215, 218, 219, 221, 225, 230, 234, 237, 239, 240,
241, 242, 243, 251, 252, 253, 254, 255, 256, 258, 259,
261, 262, 263, 273, 274, 278, 279, 319, 325, 326, 344,
346, 351, 354, 356, 359, 360, 366, 367, 368, 371, 372,
373, 374, 375, 378, 381, 385, 386, 389, 392, 393, 394,
399, 400, 401, 402, 403, 404, 405, 406, 407, 408, 409,

411, 412, 419, 424, 426, 427, 428, 430, 432, 434, 435,
     436, 439, 440, 442, 443, 454
부르주아 11, 51, 69, 70, 72, 86, 88, 95, 104, 107, 108, 109, 110,
     130, 131, 132, 133, 163, 171, 300, 306, 436, 441
불안 22, 42, 58, 62, 99, 100, 192, 196, 261, 288, 289, 290, 291,
     292, 293, 298, 299, 300, 301, 302, 303, 306, 307, 308,
     309, 319, 323, 326, 328, 353, 355, 356, 367, 377, 379,
     380, 381, 384, 385, 390, 394, 407, 408, 411, 415, 426,
     429, 430, 431, 433
불의 132, 189, 192, 193, 233, 235, 301, 316, 329, 339, 341, 344,
     345, 346, 382, 409, 422, 440
브라만 227
비아 146

(ㅅ)

사랑 5, 16, 23, 54, 60, 61, 83, 84, 119, 146, 155, 161, 162, 186,
     188, 189, 190, 191, 204, 237, 241, 251, 252, 260, 262,
     264, 275, 277, 290, 292, 296, 312, 315, 352, 353, 354,
     357, 358, 360, 380, 381, 382, 387, 407, 408, 411, 417,
     419, 424, 425, 426, 428, 429, 430, 432, 433, 434, 435,
     436, 437, 438, 439, 440, 441
사변적 이성 195
사회복음 15, 34, 372
생기론(vitalism) 50, 64
생명력 10, 18, 43, 53, 54, 56, 62, 67, 75, 77, 78, 79, 80, 81, 82,
     83, 84, 85, 86, 87, 89, 92, 93, 94, 95, 96, 97, 98, 100, 101,
     102, 103, 107, 108, 109, 110, 112, 153, 194, 197, 201,
     202, 211, 212, 226, 236, 251, 265, 274, 284, 332, 335, 389
생에의 의지 93, 94
선결문제해결의 오류 42
성육신 238, 241, 242
소여성 163, 225
순수한 본성(pura naturalia) 374, 403
스토아 철학 49, 50, 51, 52, 65, 66, 101, 172, 181, 187, 197, 243,
     331, 332, 338, 402, 423, 430, 431, 432, 439
신비주의 8, 30, 51, 59, 61, 91, 119, 120, 124, 125, 126, 129, 130,
     135, 146, 147, 149, 155, 213, 214, 215, 226, 227, 256,
     257, 271, 273, 274, 382, 392
신적인 지성 196
신플라톤주의 53, 59, 68, 69, 252, 253, 255, 257, 271
신학적 현실주의 19
실용적 이성 195
심판 51, 61, 126, 157, 163, 165, 180, 216, 217, 218, 219, 222,

223, 229, 230, 232, 233, 234, 235, 236, 237, 238, 241,
242, 298, 311, 316, 330, 331, 335, 336, 339, 341, 342,
343, 345, 347, 349, 380, 386, 387, 391, 430, 442

(ㅇ)

아트만 227
양성생식(bi-sexuality) 273
양심 43, 62, 63, 72, 112, 141, 161, 163, 169, 197, 205, 218, 220,
236, 261, 267, 305, 324, 346, 354, 357, 358, 377, 385,
386, 400, 401, 402, 410, 411, 412, 422, 424, 426, 430,
434, 439, 441
에로스 83, 84, 85
"열린" 종교 91
염려 87, 184, 205, 214, 261, 270, 272, 286, 289, 290, 291, 292,
293, 377, 378, 415, 421, 423, 427, 429, 430, 431, 433, 434
영적 제사장직 154
우상숭배 230, 265, 266, 267, 325, 353, 360
원시주의 81, 91, 152, 154, 184, 185
원죄 8, 12, 88, 90, 150, 165, 169, 176, 259, 295, 348, 351, 363,
365, 366, 367, 368, 369, 370, 371, 372, 373, 374, 375,
376, 378, 379, 383, 391, 392, 393, 394, 402, 409
원초적 외로움 12, 405, 414, 417, 418, 419, 424, 425, 426, 428,
432, 434, 438, 441
원형 80
유물론 13, 22, 30, 51, 65, 80, 86, 87, 89, 100, 102, 104, 107,
108, 109, 111, 137, 170, 272, 317
이기심 8, 15, 16, 72, 98, 105, 137, 156, 181, 189, 191, 198, 293,
295, 296, 302, 304, 305, 315, 318, 324, 337, 339, 347,
348, 350, 353, 358, 360, 361, 380, 381, 382, 394, 411
이기주의 21, 72, 162, 186, 187, 189, 316, 324, 326, 327, 328,
329, 334, 335, 337
이데올로기 18, 88, 103, 105, 106, 289, 304, 305, 306, 307, 385
이데올로기적 오염 18, 289
이드 72, 84, 88, 89, 90, 98, 99, 100, 110, 111, 112, 205, 359
이성 7, 41, 42, 45, 47, 48, 49, 50, 51, 52, 57, 58, 60, 62, 66, 67,
71, 79, 80, 81, 82, 83, 84, 85, 86, 87, 88, 89, 90, 92, 93,
98, 101, 104, 108, 109, 117, 137, 144, 145, 150, 152, 153,
154, 162, 164, 170, 172, 173, 178, 179, 180, 184, 186,
187, 188, 189, 190, 194, 195, 196, 197, 198, 199, 201,
202, 203, 204, 206, 211, 212, 213, 221, 224, 225, 226,
227, 250, 251, 252, 253, 256, 258, 259, 262, 264, 265,
266, 274, 293, 305, 325, 326, 331, 346, 351, 352, 354,
367, 375, 393, 401, 408, 414, 420, 421, 422, 423, 424,

        435, 436
인과응보 236
인식근거(ratio cognoscendi) 203
일반계시 11, 60, 215, 220, 221, 222, 223, 236, 237
입법적 합리성 197

(ㅈ)

자아 7, 8, 11, 21, 58, 59, 61, 62, 65, 88, 89, 91, 92, 94, 99, 111,
    115, 116, 118, 136, 137, 138, 139, 140, 141, 142, 143,
    144, 145, 146, 147, 148, 149, 151, 156, 162, 164, 199,
    200, 201, 202, 203, 205, 207, 214, 218, 221, 227, 231,
    253, 254, 255, 256, 263, 272, 273, 284, 296, 297, 298,
    300, 301, 305, 307, 309, 312, 315, 316, 317, 318, 319,
    324, 344, 345, 347, 353, 354, 355, 356, 357, 358, 361,
    372, 379, 380, 382, 384, 386, 387, 388, 389, 390, 408,
    411, 412, 414, 415, 416, 417, 423, 424, 425, 428, 430,
    431, 432, 433, 434, 435, 436, 437
자연법 121, 122, 179, 182, 234, 235, 338, 339, 403, 406, 419,
    420, 421, 422, 423, 424, 430, 439, 440
자연주의 7, 11, 45, 46, 47, 56, 57, 60, 64, 65, 66, 67, 69, 70, 71,
    72, 79, 82, 86, 95, 107, 129, 130, 134, 136, 137, 140, 141,
    143, 151, 164, 170, 176, 177, 178, 180, 184, 185, 186,
    187, 190, 194, 196, 197, 204, 212, 224, 225, 239, 240,
    241, 243, 264, 272, 305, 423
자유 6, 7, 8, 13, 17, 18, 19, 20, 22, 24, 32, 33, 34, 36, 50, 58,
    59, 61, 62, 68, 69, 70, 71, 72, 77, 78, 79, 81, 83, 86, 95,
    96, 99, 100, 102, 104, 112, 116, 117, 118, 119, 120, 121,
    122, 127, 134, 135, 136, 141, 158, 161, 164, 165, 171,
    172, 173, 176, 177, 178, 179, 180, 181, 182, 184, 185,
    186, 187, 189, 192, 193, 194, 195, 196, 197, 198, 199,
    200, 201, 202, 203, 204, 206, 212, 213, 216, 220, 221,
    224, 225, 228, 229, 235, 236, 239, 240, 241, 243, 262,
    263, 264, 265, 267, 271, 275, 283, 284, 285, 286, 287,
    288, 289, 290, 291, 293, 294, 295, 296, 297, 299, 307,
    308, 313, 327, 329, 334, 335, 336, 339, 354, 356, 366,
    367, 368, 369, 371, 372, 374, 375, 378, 379, 381, 382,
    383, 384, 385, 386, 388, 389, 390, 391, 393, 394, 395,
    403, 405, 406, 407, 408, 409, 410, 412, 413, 419, 420,
    421, 423, 424, 425, 427, 428, 429, 430, 431, 432, 435,
    436, 438, 439, 440, 441, 442
자유의지 72, 198, 241, 339, 366, 368, 369, 375, 378, 394
자유주의 70, 86, 104, 112, 182, 229, 239, 240, 243, 283, 295,
    313, 372, 409, 410, 427, 442

절대적 관념론 145, 146, 153, 203
정신 7, 8, 44, 45, 47, 48, 49, 53, 54, 56, 57, 58, 59, 60, 61, 62,
       65, 66, 68, 69, 70, 71, 78, 79, 80, 82, 83, 85, 86, 88, 91,
       94, 95, 96, 97, 98, 99, 102, 104, 105, 107, 110, 111, 112,
       115, 116, 117, 118, 119, 120, 121, 122, 123, 124, 125,
       126, 127, 128, 132, 134, 135, 136, 137, 138, 139, 141,
       143, 144, 145, 146, 147, 148, 151, 152, 153, 156, 157,
       159, 161, 164, 165, 170, 172, 173, 176, 185, 189, 191,
       192, 194, 196, 197, 198, 199, 200, 201, 202, 203, 204,
       206, 211, 212, 213, 216, 220, 227, 230, 247, 249, 250,
       251, 252, 253, 256, 259, 260, 261, 262, 264, 267, 272,
       274, 284, 287, 288, 289, 290, 293, 296, 304, 308, 316,
       325, 326, 351, 356, 359, 372, 379, 385, 388, 389, 390,
       406, 407, 408, 421, 425, 428, 430, 431, 432, 435, 436,
       440, 442
정치적 현실주의 16, 18, 25
존재근거(ratio essendi) 203
죄책 12, 170, 337, 339, 340, 341, 346, 355, 359, 371, 383, 387,
       388, 389, 390, 394, 395, 410, 414
주의론(voluntarism) 104
죽음 52, 115, 176, 235, 261, 264, 268, 272, 275, 276, 277, 278,
       279, 292, 300, 302, 327, 331, 351, 359, 401, 423, 432
질료충동 78

(ㅊ)

창조 9, 11, 18, 21, 24, 37, 43, 48, 49, 53, 54, 56, 57, 58, 60, 62,
       68, 69, 77, 78, 79, 80, 81, 82, 83, 84, 85, 87, 91, 93, 97,
       98, 101, 108, 109, 110, 112, 124, 127, 130, 131, 132, 155,
       163, 164, 170, 184, 196, 201, 205, 206, 216, 222, 223,
       224, 225, 226, 227, 231, 234, 236, 241, 249, 251, 252,
       253, 257, 258, 260, 263, 266, 268, 269, 270, 271, 274,
       275, 277, 279, 284, 287, 291, 292, 293, 299, 317, 340,
       349, 351, 357, 366, 374, 379, 380, 393, 402, 412, 417,
       420, 431, 435
초자아 99, 111, 205

(ㅋ)

카오스 71, 80, 98, 112, 393
쾌락주의 88, 170, 187, 190, 197

(ㅌ)

타락 8, 80, 170, 178, 197, 214, 251, 252, 260, 261, 273, 274,

277, 278, 279, 286, 287, 290, 296, 315, 316, 337, 348,
    349, 351, 359, 360, 366, 371, 374, 375, 383, 388, 399,
    400, 401, 402, 403, 404, 405, 412, 413, 415, 416, 417,
    419, 424, 425, 430, 434, 435, 438, 441
특수계시 60

(ㅍ)

파시즘 15, 67, 70, 90, 108, 110, 112, 152, 161
펠라기우스주의 12, 259, 371, 374, 375, 390, 391
프로테스탄티즘 121, 122, 123, 124
플라톤주의 51, 53, 59, 65, 66, 68, 69, 82, 84, 238, 251, 252, 253,
    255, 257, 271, 273, 349
피조성 6, 61, 65, 117, 192, 230, 247, 271, 284, 334

(ㅎ)

하나님의 형상 5, 6, 11, 24, 58, 60, 66, 245, 247, 249, 250, 251,
    252, 253, 257, 258, 259, 260, 261, 266, 267, 274, 275,
    278, 295, 402, 404, 405, 410, 412
합리주의 10, 45, 46, 49, 57, 58, 61, 64, 65, 67, 71, 79, 81, 82,
    83, 85, 86, 89, 90, 93, 94, 95, 97, 101, 107, 108, 109, 110,
    111, 112, 121, 124, 127, 143, 144, 146, 152, 153, 156,
    161, 163, 170, 184, 185, 186, 194, 196, 197, 198, 203,
    204, 211, 226, 251, 252, 257, 275, 296, 325, 331, 345,
    348, 365, 376, 393, 402, 421, 423, 432, 439, 442
헬레니즘 52, 237, 238, 241, 242, 274, 275, 276, 278, 279, 347,
    348, 349, 352, 380
형상 5, 6, 11, 17, 24, 37, 42, 48, 54, 56, 58, 60, 64, 66, 83, 125,
    129, 226, 230, 245, 247, 249, 250, 251, 252, 253, 254,
    257, 258, 259, 260, 261, 266, 267, 274, 275, 278, 279,
    295, 299, 368, 400, 402, 404, 405, 406, 410, 412
형식충동 78
형태심리학 141
회개 120, 262, 270, 312, 317, 384, 385, 386, 387, 389, 390, 410
후회 197, 200, 317, 384, 385, 386, 387
힘에의 의지 86, 87, 94, 96, 97, 98, 99, 153, 158, 164, 205, 284,
    292, 298

인간의 본성과 운명1

초판 1쇄 인쇄 2013년 12월 30일 | 초판 2쇄 출간 2015년 7월 30일 | 지은이 라인홀드 니버 | 옮긴이 오희천 | 펴낸이 임 용 호 | 펴낸곳 도서출판 종문화사 | 편집 손영섭 | 디자인 손영섭 | 인쇄 (주)북센 | 제본 우성제본 | 출판등록 1997년 4월 1일 제22-392 | 주소 서울시 중구 충무로 4가 진양빌딩 673호 | 전화 (02)735-6891 팩스 (02)735-6892 | E-mail jongmhs@hanmail.net | 값 29,000원 | ⓒ 2014, Jong Munhwasa printed in Korea | ISBN 8978987444 67-3-93230 | 잘못된 책은 바꾸어 드립니다